教育法学

原理、规范与应用（第2版）

申素平／著

教育科学出版社
·北京·

前　　言

一、从受教育权的视角展开教育法学研究

本书从受教育权的视角来研究教育法学。选择这个视角的原因，主要是基于对下面两个事实的考虑。首先，从教育立法产生和发展的历史来看，现代教育法的产生与发展过程与受教育权的法律确认过程具有一致性，教育法的每一步发展都伴随着或起因于受教育权性质和内容的变化，二者具有高度的不可分离性。其次，从对现今各国教育法体系或教育法内容的观察来看，对受教育权的确认和保护是现代教育法的目的与核心内容，也是各国教育法体系构成的内在逻辑线索。因此，从受教育权的基本理论出发，研究教育法学的基本问题，在此基础上建构教育法学的基本框架和范畴体系，是相当适合且具新意的切入角度。

二、思路与结构安排

基于受教育权的视角，本书的思路和结构安排主要是围绕受教育权的理论及其保护来建构教育法学的基本框架并分析相关问题。全书共分八章。

第一章为"教育法与受教育权"。本章分析教育法与受教育权的基本理论问题。具体内容包括：教育法的概念、规范对象及其在我国法律体系中的地位，教育法的法源及其适用原则，受教育权的概念、构造、性质与体系，以及受教育权与教育法的关系。本章内容构成了全书的重要理论依据

和分析基础。

第二章为"受教育权的法律体系"。本章从国际法、宪法、教育法及其他立法四个层次对涉及受教育权的实定法规定进行整理与分析。在国际法层次，重点分析《世界人权宣言》《经济社会文化权利国际公约》《公民及政治权利国际公约》《儿童权利公约》，以及其他国际人权法律文件对受教育权的规定。在宪法层次，主要介绍德国、日本、美国和我国宪法对受教育权的确认和保护情况，特别对《中华人民共和国宪法》（为行文方便，以下简称为宪法，书中提到的其他法律亦采用简称）第 46 条第 1 款的规定进行了重点阐释。在教育法层次，对我国的《教育法》《义务教育法》《高等教育法》《职业教育法》《民办教育促进法》等部门教育法的相关规定进行释义分析。在其他立法层次，选取我国《未成年人保护法》《残疾人保障法》《妇女权益保障法》的相关规定进行介绍。

第三章为"国家与教育"。本章主要分析国家介入教育的必要性与依据，以及国家介入教育的内容与限度问题。在内容上分为以下几个方面。一是从公民受教育权、国家对受教育权的义务、国家教育权三者相互依存关系的角度，分析国家教育义务的分类和内容，主要介绍国家的积极义务与消极义务，尊重、促进和保护的义务，最低核心义务和其他义务，教育的"4-A"义务，以及受教育权的国家义务矩阵；接着，以国家教育权与国民教育权论争为背景，分析国家教育权存在的必要性及其基本结构。二是围绕受教育权中首要的教育目的问题，对教育目的的价值选择、国际法和各国宪法对教育目的的规定，以及我国教育目的的变迁进行分析。三是分析国家对义务教育的介入问题，重点对义务教育中"义务"与"无偿化"的法律含义进行界定，并以此为基础对我国《义务教育法》的修改进行评析。四是针对国家介入私立教育这个富有争议性的问题展开，在肯定个人或团体有建立及管理私立学校的自由，同时国家对私立教育拥有必要监督权的基础上，对国家监督私立教育的法律依据、监督内容与监督限度进行分析。

第四章为"父母与教育"。本章主要以近代国家教育权的兴起为背景，分析父母在儿童教育中的地位、权利、义务与责任。本章结合中外各国的法律规定和典型判例，对父母教育权的地位、性质和内容，以及父母的教育义务和责任做了详细的阐述，特别是对父母教育权与国家教育权的关系，父母的教育选择权和教育参与权的内容与行使形式，以及颇受争议的在家教育问题进行了深入的理论分析，在此基础上对我国父母教育权的立法提出相关建议。

第五章为"学校制度与事故处理"。本章介绍与学校有关的法律制度与具体问题，包括学校的法律地位、学校法治管理的基本原则、学校与政府的关系以及学校事故的归责与处理。在学校法律地位部分，重点介绍学校的法人地位和行政主体地位。在学校法治管理的基本原则中，以合法性原则（重点是法律优先原则和法律保留原则）、合理性原则（重点是不当联结禁止原则和比例原则）及正当程序原则为核心，对其理论内涵及适用于学校管理的范围或程度分别做出分析。在学校自主与政府管理部分，首先分析学校与政府的关系以及政府对公立学校的监督问题；其次对学校的权利、义务与责任，以及学校自主权的赋权模式等问题进行探讨；最后对学校事故所涉及的法律问题进行分析，包括学校事故的概念与特点、学校事故的归责以及学校事故的处理。

第六章为"教师制度与职业保障"。本章内容主要围绕教师的法律地位、专业权利、职业制度和保障等问题展开。在教师的法律地位部分，聚焦教师的专业人员地位和公务员地位的讨论，结合各国各地区的法律规定、司法判例和学术见解一一分析，尤其对我国公立学校教师的法律地位问题进行深入探讨。在教师的权利与义务部分，一方面分析教师作为专业人员享有的权利及其相互关系，另一方面对教师的法律义务、教师的职业伦理与道德问题进行分析和比较。在教师的职业制度方面，主要介绍我国与其他国家及地区的教师培养和培训制度、资格制度、任用制度，探讨教师的职业保障问题，特别是对教师的解聘（还包括停聘和不续聘）事由和程序等问题有详尽的阐述。最后围绕教师的惩戒和救济问题，对我国现有的教师救济制度进行分析和讨论。

第七章为"学生制度与权利保障"。本章主要围绕学生权利保护的主题，对学生的权利体系、学生与学校的法律关系、学生惩戒制度以及救济制度进行研究。首先，在分清学生身份的基础上，构建学生权利的框架，其后围绕学生权利中较受关注和较有争议的几种类型，包括学生身份权、学习自由、校务参与权、表达自由和隐私权，分别探讨其权利内涵与表现形式。学生权利与学校权力相互依存又易彼此冲突，二者的关系是本章探讨的第二个内容，重点是对各国发展形成的学生与学校关系理论、我国学生与学校的入学关系与在学关系进行分析，在此基础上结合典型判例说明学生权利与学校权力的平衡问题。学生惩戒是学校不可避免要运用但又会对学生权利产生不利影响的管理措施，如何使学生惩戒合法规范运作，使其既能达成教育目的又不过分影响学生权利是本章探讨的第三个问题，有关学生惩戒的事由、原则和程度等都在重点探讨之列。最后，本章对学生权利的救济问题进行了分析和讨论。

第八章为"弱势群体教育与法律"。本章主要围绕弱势群体受教育权的保障问题，探讨教育平等、积极差别待遇的法律问题及残疾人教育立法问题。本章在回顾有关教育平等理论和重要司法判例的基础上，以《取缔教育歧视公约》的规定为基础，对平等受教育权进行界定，进而以妇女和女童为例，说明弱势群体受教育权平等保护的内涵和要求。作为弱势群体受教育权平等保护的重要内容，积极差别待遇一方面促进了教育平等，另一方面又引起了较多司法纷争，本章以教育优先区计划和美国高等教育录取中的种族优待措施为典型，结合判例具体说明积极差别待遇的司法审查原则与标准。最后，本章通过对残疾人教育立法的研究，对残疾人受教育权保障问题给予了特别的关注。

三、主要特点

1. 全面与重点兼顾，原理与应用并重

现有的教育法学书籍大体可分为两种。一种是学术著作，它们名称各异，一般针对教育法治的某些问题展开深入研究，并不考虑教育法学本身的学科体系问题。这类书籍较适合有兴趣深入了解或研究教育法某些专题的读者，但从学科体系的角度而言，研究的全面性和整体性自然有所欠缺。另一种书籍是在各级教育行政干部、校长、教师培训中使用的教材，数量

众多，大都以"教育法学"或"教育法规"命名，也已经形成一种相似的固定结构，即首先比照法学的概念，对教育法学的基本原理做些移植工作，再对现有的各部教育法进行逐一阐释。这类书籍作为一般性的干部或教师培训教材尚且可以，但因为其大多没有明确的问题导向，并严重缺乏理论分析，不能有效指导实践和解决现实的教育法律问题。而且，从学科体系的建构角度来看，因其不能或没有突出教育法学应有的一套概念、范畴和研究领域，所以也不适合成为教育法学的范例或模式。

有鉴于此，本书力图以形成一部专著型研究生教材为目标，从全面与重点兼顾、原理与应用并重的原则出发设计框架并展开分析。在结构编排上，本书充分考虑教育法学应有的完整框架和基本范畴，选择受教育权这一教育法学的核心概念为线索谋篇布局，力争做到内容全面。在次级内容选择上则坚持问题取向，选取教育现实中具有普遍性或争议性的法律问题进行分析，做到重点突出。本书从受教育权的理论视角出发，注重教育法学基本原理的阐述，并将这些原理作为基本分析工具，对现实教育法律问题进行深入探究，以期实现对教育法学研究者和教育管理实践者的双重参考价值。

2. 注重对现行法律的分析与评价

本书不仅关注中外教育法学的基本理论，也非常注重对现行法律规范的解释、分析和评价，尽可能做到理论与现实兼顾。教育法学原理和理论更多是从应然的角度提供分析问题的思路和模式，而现行法律规范则是描述现状的基本工具。对教育法问题进行分析和研究，既要知其发展的方向，又要知其目前的所在，不以现状为基础展开分析和批判，教育法学的研究就会失去落脚点。无论是教育法学的学习者和研究者，还是从事实务的教育管理者，抑或是对教育法治感兴趣的社会人士，都需要首先了解现行教育法律的规定，清楚现行教育法律设定的行为空间与规则，如此才能做到依法治教，准确适用法律和遵守法律，这是法治精神的基本体现。在此过程中，研究、解释已有法律规范的含义、存在的缺陷和不足，提出应予改进的方向，促进教育法治的进步。

3. 注重案例的解释与说明作用

案例是普通法系国家教育法的重要表现形式，对于学习和研究英美国家教育法的人来说，不了解其经典判例，就无法实现对其教育法的准确理解。即使对于如我国这样具有浓厚制定法传统的国家来说，案例虽不能作为审判的依据，但对抽象的成文法规则也可起到重要的补充说明作用。因此，本书重视典型案例的使用，一方面通过典型案例来介绍普通法系国家的教育法规范；另一方面通过典型案例来解释和说明我国教育法规范的具体内涵，或者通过案例分析来运用教育法学原理或理论，密切教育法学理论与实践的相互联系。

4. 注重比较方法的运用

教育法属于国内法，其研究离不开本国的历史文化、制度传统和具体国情，但在全球化的背景下，教育法的比较研究不仅可以帮助研究人员拓宽教育法学的视野，深化对教育法的认知，把握教育法的发展趋势，还可以为教育立法提供丰富的资料，在法律解释方面发挥辅助作用，具有重要的价值和意义。本书关注比较方法的运用，不仅尝试运用规范的比较，以规则为中心比较不同国家或地区同一名称的教育法律制度和法律规则，而且更加注重功能主义的比较，强调以问题为中心，确认、发现和了解域外教育法的相关理论、规则、判例和制度，并试图在此基础上结合我国的社会现实，形成对其能否借鉴、如何借鉴的结论，达到推动我国教育法学研究和教育法治进步的目标。

目　　录

第一章　教育法与受教育权 ……………………………………………… 1

　一、教育法 ………………………………………………………… 1

　二、受教育权 …………………………………………………… 18

第二章　受教育权的法律体系 ………………………………… 43

　一、国际法规定 ………………………………………………… 43

　二、宪法规定 …………………………………………………… 57

　三、教育法及其他立法规定 ………………………………… 73

第三章　国家与教育 ……………………………………………… 80

　一、国家的教育义务与教育权 ……………………………… 80

　二、国家与教育目的 …………………………………………… 99

　三、国家与义务教育 ………………………………………… 105

　四、国家与私立教育 ………………………………………… 120

　五、国家与家庭教育 ………………………………………… 131

第四章　父母与教育 …………………………………………… 140

　一、父母的教育权与教育义务 …………………………… 140

　二、父母的教育选择权 ……………………………………… 151

三、在家教育：是否构成另一种教育选择？ …………………… 160

四、父母的教育参与权 …………………………………… 166

第五章　学校制度与事故处理 …………………………… 175

一、学校的法律地位 …………………………………… 175

二、学校法治管理的基本原则 ………………………… 191

三、学校自主与政府管理 ……………………………… 197

四、学校事故 …………………………………………… 217

第六章　教师制度与职业保障 …………………………… 228

一、教师的地位 ………………………………………… 228

二、教师的权利与义务 ………………………………… 238

三、教师职业制度 ……………………………………… 252

四、教师惩戒与权利救济 ……………………………… 274

第七章　学生制度与权利保障 …………………………… 286

一、学生的法律地位与权利 …………………………… 286

二、学生权利与学校权力 ……………………………… 304

三、学生惩戒 …………………………………………… 319

四、学生权利的救济 …………………………………… 338

第八章　弱势群体教育与法律 …………………………… 350

一、弱势群体的受教育权及其平等保护 ……………… 350

二、弱势群体与积极差别待遇 ………………………… 365

三、残疾人教育立法 …………………………………… 379

参考文献 ……………………………………………………… 393

后记 …………………………………………………………… 406

第 2 版后记 ………………………………………………… 409

第一章　教育法与受教育权

一、教育法

（一）教育法的概念与地位

1. 教育法的概念与规范对象

（1）教育法的概念

教育法是法律的一种，了解教育法的概念须先从法律的概念入手。

法律是国家制定或认可的以国家强制力保证实施的行为规范的总称。就其本质而言，法律是一种规则，是一种指引或规范公民、法人或其他组织行为的规则，我国古代的法家先驱管仲将其喻为"规矩"。法律规定公民、法人或其他组织可以或不可以做、应该或不应该做的事情。在这一含义上，法律与道德、宗教有相似之处，因为道德、宗教也具有规范行为的功能，但法律与它们本质的区别在于法律具有强制性。法律是靠国家强制力保证实施的行为规范，不同于道德、宗教等依赖人们的良心、舆论或宗教教义等非强制性约束的规范。

法律有广义与狭义两种用法。广义的法律，包括宪法、立法机关制定的法律以及行政机关制定的法律文件。而狭义的法律，则专指立法机关制定的法律。

无论是广义的法律还是狭义的法律，在形式上都必须经过一定的程序制定，才能符合形式的合法要件。宪法的制定程序最为严格，立法机关制定法律的程序次之，行政机关的立法程序最为宽松。以狭义的法律为例，我国一般要经过提出法律案、审议法律案、表决法律案和公布法律案四个程序。在审议过程中，须依照《立法法》的规定经历各代表团和专门委员会的审议、法律委员会的审议、全国人民代表大会或其常委会的表决几个阶段。法律必须履行公布程序，未经正式公布的"法律"不是有效的法律，原则上不具有法律效力。

教育法是国家机关经过一定的程序制定，用以调整国家、父母、学校、教师、学生之间基于教育与受教育而产生的各种关系的规范性文件的总称。教育法包括广义和狭义两种用法。广义的教育法泛指一切具有立法权的国家机关制定的教育法律；狭义的教育法只包括全国人民代表大会及其常务委员会制定的教育法律。

（2）教育法的规范对象

教育法的规范内容或对象自然是教育，但并非所有的教育问题都需要国家以法律形式强行介入加以规范。教育事项有内部事项与外部事项之分，教育法作为具有强制力的行为规范，代表了国家公权力对教育的介入，原则上应限于教育的外部事项，也即规范教育的外部秩序。而作为教育内部事项的教师教学活动，则应属教育自主的范围，不适合由法律加以强行规范，若未被明显滥用，也不应受到司法审查。这是由教育这种具有高度创造性和灵活性的培养人的活动的本质特征所决定的。"授课与教学的成功与否，有赖教师感情的投入、师生的互动，亦即教师专业的纯熟。教育活动此种特质，无法期待老师服膺死板的授课规定而得以产生。"（董保城，1997）[252]

1933 年，美国比较教育学者康德尔在其比较教育学专著中最早提出教育内部事项与外部事项的区分理论（康德尔，1967）[294-297]。虽然迄今学术界对于什么是教育的内部事项、什么是教育的外部事项尚未形成完全统一的认识，但基本思路大体一致。一般认为，教育的内部事项是指为达成教育目的，由教师所直接采取的学科教学或发生教育效果之生活教养活动的"教育功能事务"，应使其保持高度自由。教育的内部事项包括教师对教学方式的选择、考试方式及学生成绩的评量，以及班级管理、学生座次分配、检查服装仪容等为达成教育目的所采取的内部程序或措施。而教育的外部事项则为有关教育行政管理事务，包括学校与学生间及教育行政机关与学校及其成员间的事务。（李惠宗，2004）[42-43]

日本教育学界也存在教育的内在性事项与外在性事项的划分理论，并由此提出国家对教育干预的原则和限度问题。该划分理论认为，教育内容、方法等属于教育的内在性事项，而教育设施、财政等则属于外在性事项。国家对于内在性事项不能介入，但对于外在性事项却能够介入。不过对于这种传统分类，也有学者认为并非所有事项都像二者必居其一那样明确，比如教育的人事事项等就包含了这两种事项的属性。（大须贺明，2001）[147] 还有学者进一步指出，教育的内在性事项与外在性事项从其外表特征上可以区分开来，但从其内在性质，即构成两者根基的教育本来的宗旨与目的的观点来看，又可以看成一个密不可分的整体。比如对教学课程的编制与实施这种属于内在性事项之事，本属于为实现适当的教育内容而进行的，但如果不具备把此变成可能的教学材料、教室等相关设施的话，教育原本的目的仍是无法实现的。（大须贺明，2001）[147-148]

我国采用的是成文法体系，较重视和依赖教育立法，加之教育法制尚在发展过程中，无法可依的问题依然存在，因此，教育立法尤其受到关注。但尤在此时，必须注意避免陷入立法万能的误区，不能将教育立法作为解决所有教育问题的万能钥匙。事实上，法律与教育分别具有不同的属性，法律对教育的介入有其必要性，也有其限度，并非所有的教育事务均须通过立法解决。教育立法在教育活动中具有重要的价值，但并非无所不能。在法律介入教育的限度与原则方面，教育理论界关于教育内部事项与外部事项的区分理论具有很好的启示意义。

现代教育法的中心内容是确认和保障公民的受教育权，因此，围绕公民的受教育权，可以发展出其与国家、父母（家庭）、学校、教师的不同的法律关系，而国家与父母、学校与教师之间又会产生相应的法律关系。在这当中，既存在外部事项的关系，也存在内部事项的关系，教育法应主要规范和调整教育的外部事项。但对于内部事项，也需要在其与外部事项有所联系的基础上加以适度规范。如学生与教师间存在教学方法选择这样的内部事项问题，教育法需要确认教师的教学自主权，确定滥用教学自主权的责任，但教师选择哪些教学方法、如何选择方法，则不属于教育法必须规范的问题。

教育法调整的法律关系可用图1.1表示。

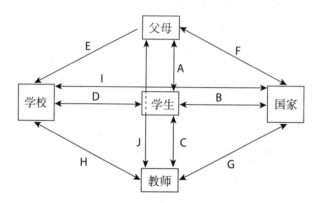

图1.1　教育法调整的法律关系

从图1.1可以看出，教育法调整的十个方面的关系，包括以学生为中心分别与父母、国家、教师、学校产生的四对关系，以及父母、国家、教师、学校两两之间产生的六对关系。这十对关系不仅构成了教育法的调整对象，其各自所涉及的问题也构成了教育法学研究的基本范畴。

A. 学生与父母的关系：主要涉及父母为子女接受义务教育提供条件的责任，以及对未成年子女进行家庭教育和保护的权利与责任。

B. 学生与国家的关系：主要涉及教科书审定、升学考试制度、学历学位认可、教育资助等问题。

C. 学生与教师的关系：主要涉及教师对学生的指导、管理与惩戒、教学与成绩品行的评价等问题。

D. 学生与学校的关系：主要涉及招生录取、考试与学籍管理、纪律处分、学生参与学校管理、学历学位授予等问题。

E. 父母与学校的关系：主要涉及父母教育权的委托、父母参与学校管理等问题。

F. 父母与国家的关系：主要涉及父母的教育选择自由、送子女入学接受并完成义务教育的责任。

G. 国家与教师的关系：主要涉及教师资格审定，教师职务评聘（中小学），师资培养与培训制度，教师医疗、退休、保险等社会保障制度。

H. 学校与教师的关系：主要涉及教师职务评聘（高等学校）、教师聘任与管理、教师的权利与职责、教师惩罚等问题。

I. 学校与国家的关系：主要涉及学校制度（包括学校举办、学校自主权与义务的确定、学校组织与管理制度、学校违法责任）、国家对学校的行政管理与监督等问题。

J. 父母与教师的关系：主要涉及父母教育权，特别是惩戒权的委托问题。

在以上十对法律关系中，学生作为受教育者处在核心位置。学生与国家、教师、学校的关系（B、C、D），教师与国家、学校的关系（G、H），以及学校与国家的关系（I）构成了教育法调整的主要对象，也是教育法学研究的重点。而在此当中，父母的地位是一个值得探讨的问题。父母一方面是其未成年子女的法定代理人，另一方面也在教育法中具有独立的法律地位，这两种地位在学生未成年阶段具有重要意义，但在高等教育阶段则因学生成年而失去其在子女教育上的法律意义。在我国，教育法对父母与学校、国家、教师之间关系（E、F、J）的规定并不多，在父母与学生的关系（A）中，主要是父母实施家庭教育的责任经由《家庭教育促进法》而为教育法所调整。但是在很多西方国家，父母的教育选择权、教育参与权等是教育法的重要规范内容，其与国家、教师、学校之间的关系也在教育法中占有重要的地位。

2. 教育法在法律体系中的地位

对法律进行分类是法学研究的重要内容，在大陆法系国家更是如此①。

---

① 有人认为，英国法律家很少关心法律分类问题，对这种问题缺乏兴趣，主要不是因为英国人观念特异或有自负倾向，而是与英国法律科学发达较晚有关。参见达维. 英国法与法国法：一种实质性比较［M］. 北京：清华大学出版社，2002：38.

大陆法系国家最重要的法律分类是对法律进行公法与私法的划分。早在古罗马时代，罗马五大法学家之一的乌尔比安就指出，公法调整罗马帝国的利益，私法调整个人的利益（查士丁尼，1989）[5-6]，由此产生了最早的公法、私法划分理论。受罗马法的影响，法国和德国等大陆法系国家广泛接受公法和私法的划分理论，并将其实际运用于法典编纂和法制改革运动。

关于公法与私法的区别，目前有不同的理论。就法律的目的而言，公法是以公益为目的的法，而私法则是以私益为目的的法；就法律关系而言，公法是规定国家与国家间、国家与公民间公权力关系的法律，而私法是规定个人之间或国家与个人之间私权关系的法律；就法律关系的性质而言，公法规定的是权力者与服从者之间的关系，而私法规定的则是对等者之间的关系。根据上述分类原则，宪法性法律和行政法属于典型的公法，而民商法则属于典型的私法。教育法一般被认为是行政法的分论部分①，属于公法。

英美法系国家很少进行公法和私法的划分，但依然存在诸如宪法、行政法、合同法、侵权法、家庭法等法律部门。教育法在《大不列颠百科全书》中被认为从逻辑上可视为行政法的一部分，但从实践的观点看，由于它的内容庞杂，很难纳于单一的体系（劳凯声 等，1997）[56]。

针对教育法的地位问题，日本学术界存在"教育行政法规说"及"教育制度独自法说"两种理论。所谓"教育行政法规说"，就是将教育管理视为国家行政的组成部分，将教育法视为行政法的一部分，认为教育法的体系包括国家教育法规和地方公共团体教育法规两大基本部分。而"教育制度独自法说"则强调教育法特有的、区别于行政法的法理、体系和规范领域，主张教育法应有独立的地位。如日本著名的行政法学家兼子仁就提出特殊法学论的主张，认为教育行政及其他个别行政已分别具有自己的法理论，逐渐成为独立的法及法学，实际上可以说是一种特殊法学，应将特殊法从行政法中分离出去。（杨建顺，1998）[121]"教育制度独自法说"坚持以教育活动与教育制度的内在逻辑为基本依据划分教育法，包括教育基本法

---

① 行政法分为总论（一般行政法）和分论（特别行政法）。总论部分讨论行政的一般法理，即各部门行政法共同的法律问题。分论部分研究各个部门的行政法，如教育、卫生、财政、农业、工业等，由相关方面的专家和部门行政法专家来研究。

规、有关学校教育和社会教育制度的法规、有关教育职员的法规、有关教育行政与财政的法规等（教育部人事司，1999）[56]。

我国学界目前对教育法在法律体系中的地位也未达成一致意见，存在与日本相似的两种主张，但主流观点还是认为教育法应归属行政法。从上文对教育法规范和调整的对象的分析来看，其中大部分的关系都可归入行政法律关系，如国家与学校、父母、教师和学生的关系，以及学校、教师与学生的关系等，但也确实存在一些非行政性的法律关系，如父母与学生、父母与学校和教师的关系。从现实情况来看，随着学校类型的多样化和教育改革的深化，教育领域内的法律关系已经不仅仅涉及行政法律关系，也会存在大量的民事法律关系或混合型的法律关系。但是必须认识到，教育领域内的法律关系并非都是教育法所调整的法律关系，学生之间、师生之间、学校与社会之间的人身财产关系虽然发生于教育领域，但本质上是民事关系，其只是民事关系在教育领域的具体表现。教育法所调整的法律关系是指直接由我国《教育法》《义务教育法》《高等教育法》等教育法律规范所调整的社会关系。这些法律规范在性质上主要属于行政法规范，其内容则是对宪法受教育权的具体化以及对国家保护和促进义务的展开。因此，就教育法的基本性质而言，教育法应归入行政法，但具有自身的独特性和复杂性。

（二）教育法的法源

法源为法律渊源的简称。法律渊源是个多义词，可以从不同的角度理解，如正式意义和非正式意义、形式意义和实质意义、直接意义和间接意义等。在中外法学的多数著作中，法的渊源是指效力渊源，即根据法的效力来源划分法的不同形式，如制定法（包括宪法、法律、行政法规等）、判例法，以及习惯、法理等（沈宗灵，1994）[303]。教育法的法源，就是教育法是由哪些国家机关制定或认可的，表现为哪些具有不同法律效力或法律地位的法律类别的问题。

1. 制定法（成文法）与判例法

制定法与判例法是法律的两种表现形式，也构成了大陆法与普通法（英美法）的最明显区别。在欧洲大陆，法律主要以法典和法规的形式出现，而在普通法国家，法律则主要存在于法院的判决中。因此，大陆法系以完善的制定法（成文法）著称，而普通法系则以判例法为代表。因此，就教育法的法源而言，也存在这样的基本区分，即在欧洲大陆国家及受大陆法系影响较深的国家，教育法主要表现为制定法（成文法），而在普通法系国家，判例法则构成了重要的教育法渊源。

应当注意的是，随着两大法系的不断发展与相互借鉴，在保留基本样貌的同时，两大法系也呈现出一些趋同的特征。如制定法（成文法）在大陆法系国家虽构成了教育法的主要渊源，但判例仍具有重要的补充作用。在普通法系国家，尽管判例法占据了主导地位，但也不能忽视国会（议会）及相关行政部门制定的成文教育法。

2. 我国教育法的法源

我国属于成文法国家，教育法主要表现为成文法的形式。就成文法方面而言，我国教育法的法源主要有下列六种类型（见表1.1）。

（1）宪法

宪法由全国人民代表大会制定，是具有最高法律地位和效力的法源。我国先后颁布的四部宪法都对教育问题做出了规定，现行宪法（1982年通过）也有多个条文涉及教育问题，特别是第19条、第46条、第47条等，这些规定成为制定教育法的重要依据。任何教育法律都不得逾越宪法的理念与规范。

（2）法律

这里的法律是狭义的法律，指国家最高权力机关（全国人民代表大会）及其常设机构（常务委员会）制定的规范性文件。法律的地位和效力仅次于宪法，可以约束行政立法和地方立法。

根据制定机关的不同，法律可分为基本法律和基本法律以外的法律。前者是指全国人民代表大会制定的法律，通常规定和调整某一方面的根本性、普遍性事务；后者是指全国人民代表大会常务委员会制定的法律，规定的对象比较具体。

自 1949 年以来，全国人大及其常委会先后制定颁布了《学位条例》（1980 年 2 月 12 日）、《义务教育法》（1986 年 4 月 12 日）、《教师法》（1993 年 10 月 31 日）、《教育法》（1995 年 3 月 18 日）、《职业教育法》（1996 年 5 月 15 日）、《高等教育法》（1998 年 8 月 29 日）、《民办教育促进法》（2002 年 12 月 28 日）、《家庭教育促进法》（2021 年 10 月 23 日）八部教育法律。① 其中，1995 年制定的《教育法》属于基本法律，其他都属于基本法律以外的法律。

（3）行政法规

行政法规是指国务院制定和颁布的规范性文件。它是国家最高行政机关依据宪法和法律的规定，在自己的职权范围内制定和发布的规范性文件。

目前，由国务院制定颁布的有效的教育行政法规共有 16 项，包括：《中华人民共和国学位条例暂行实施办法》（1981 年）、《普通高等学校设置暂行条例》（1986 年）、《征收教育费附加的暂行规定》（1986 年）、《扫除文盲工作条例》（1988 年）、《高等教育自学考试暂行条例》（1988 年）、《幼儿园管理条例》（1989 年）、《学校体育工作条例》（1990 年）、《学校卫生工作条例》（1990 年）、《教学成果奖励条例》（1994 年）、《残疾人教育条例》（1994 年）、《教师资格条例》（1995 年）、《禁止使用童工规定》（2002 年）、《中华人民共和国中外合作办学条例》（2003 年）、《中华人民

---

① 就我国当前存在多少部教育法律这一问题，学界存在争论，有七部说、八部说、九部说等不同观点。争论焦点为《国家通用语言文字法》和《家庭教育促进法》。本书认为，尽管目前全国人大"国家法律法规数据库"将《家庭教育促进法》归入"社会法"序列，但其主要内容深度关涉公民受教育权实现、教育与受教育关系等事项，因此属于教育法律。而《国家通用语言文字法》虽因国家语言文字工作委员会属教育部序列而常被视作教育法律，但其核心规范内容与教育无涉，因此不属于教育法律。

共和国民办教育促进法实施条例》（2004 年）、《校车安全管理条例》（2012 年）、《教育督导条例》（2012 年）。

（4）地方性法规

根据《立法法》有关规定，地方性法规是指省、自治区、直辖市的人民代表大会及其常务委员会根据本行政区域的具体情况和实际需要，在不同宪法、法律、行政法规相抵触的前提下制定的规范性文件；此外，设区的市的人民代表大会及其常务委员会根据本市的具体情况和实际需要，在不同宪法、法律、行政法规和本省、自治区的地方性法规相抵触的前提下，也可对城乡建设与管理、生态文明建设、历史文化保护、基层治理等方面的事项制定地方性法规，法律对设区的市制定地方性法规的事项另有规定的，从其规定并报省、自治区的人民代表大会常务委员会批准后施行。

根据《立法法》第 82 条，地方性法规可以就下列事项做出规定：（一）为执行法律、行政法规的规定，需要根据本行政区域的实际情况做具体规定的事项；（二）属于地方性事务需要制定地方性法规的事项。除前述法律绝对保留事项外，其他事项国家尚未制定法律或者行政法规的，省、自治区、直辖市和设区的市、自治州根据本地方的具体情况和实际需要，可以先制定地方性法规。在国家制定的法律或者行政法规生效后，地方性法规同法律或者行政法规相抵触的规定无效，制定机关应当及时予以修改或者废止。

目前我国各省、自治区和直辖市都有一定数量的地方性教育法规，内容集中在一些重要教育法律的实施方面，如 1986 年《义务教育法》颁布之后，各地相继制定了实施《义务教育法》的地方性法规，2002 年《民办教育促进法》颁布后，一些地方制定了相应的实施条例。除此之外，也有一些基于本地情况和现实需要先行制定的地方性教育法规，如天津市 2016 年制定的《天津市学前教育条例》、安徽省 2020 年制定的《安徽省老年教育条例》等。

（5）自治条例与单行条例

自治条例和单行条例属于自治法规，由民族自治地方的人民代表大会制定。根据宪法第116条和《立法法》第85条的规定，民族自治地方的人民代表大会，有权依照当地民族的政治、经济和文化的特点，制定自治条例和单行条例。自治区的自治条例和单行条例，报全国人民代表大会常务委员会批准后生效。自治州、自治县的自治条例和单行条例，报省、自治区、直辖市的人民代表大会常务委员会批准后生效。

自治条例和单行条例可以依照当地民族的特点，对法律和行政法规的规定做出变通规定，但不得违背法律或者行政法规的基本原则，不得对宪法和民族区域自治法的规定以及其他有关法律、行政法规专门就民族自治地方所做的规定做出变通规定。

（6）规章

根据《立法法》第91条和第93条的规定，国务院各部、委员会，中国人民银行，审计署和具有行政管理职能的直属机构以及法律规定的机构，可以根据法律和国务院的行政法规、决定、命令，在本部门的权限范围内，制定部门规章；省、自治区、直辖市和设区的市、自治州的人民政府，可以根据法律、行政法规和本省、自治区、直辖市的地方性法规，制定地方政府规章。其中，部门规章规定的事项应当属于执行法律或者国务院的行政法规、决定、命令的事项。地方政府规章应当规定为执行法律、行政法规、地方性法规的规定需要制定规章的事项，以及属于本行政区域的具体行政管理事项。

规章是我国目前数量最多的教育法类型，规范内容也最为全面。教育部作为国家教育行政主管部门，制定了大量的教育部门规章，对指导和规范全国的教育工作起到了重要的作用，比较受关注的有《中小学教育惩戒规则（试行）》《普通高等学校学生管理规定》《学生伤害事故处理办法》《国家教育考试违规处理办法》等。

表 1.1　我国的立法体系

		立法机关	立法形式
权力机关立法	1	全国人大及其常委会	法律
	2	省、自治区、直辖市的人大及其常委会	地方性法规
		自治区人民代表大会	自治条例、单行条例
	3	设区的市人大及其常委会	地方性法规
		自治州人民代表大会	自治条例、单行条例
	4	自治县人民代表大会	自治条例、单行条例
行政立法	1	国务院	行政法规
	2	国务院各部委	部门规章
	3	省、自治区、直辖市人民政府	地方政府规章
	4	设区的市、自治州人民政府	地方政府规章

3. 我国教育法的适用原则

我国教育法的法源包括宪法、法律、行政法规、地方性法规、自治条例与单行条例、规章等，它们依效力高低与适用范围的大小形成了一个较为完整有序的体系。要准确理解和适用教育法，必须遵循一些基本的原则。

（1）上位法优于下位法

不同种类和形式的法律之间存在地位和效力的差别，上位法优于下位法，下位法不得抵触上位法，抵触将导致法律无效。

根据我国《立法法》的规定，宪法在我国具有最高的法律效力，一切法律、行政法规、地方性法规、自治条例和单行条例、规章都不得同宪法相抵触。

法律的效力高于行政法规、地方性法规、规章。

行政法规的效力高于地方性法规、规章。

地方性法规的效力高于本级和下级地方政府规章。

省、自治区的人民政府制定的规章的效力高于本行政区域内的设区的市、自治州的人民政府制定的规章。

地方性法规与部门规章之间对同一事项的规定不一致，不能确定如何适用时，由国务院提出意见，国务院认为应当适用地方性法规的，应当决定在该地方适用地方性法规的规定；认为应当适用部门规章的，应当提请全国人民代表大会常务委员会裁决。

部门规章之间、部门规章与地方政府规章之间具有同等效力，在各自的权限范围内施行。部门规章之间、部门规章与地方政府规章之间对同一事项的规定不一致时，由国务院裁决。

存在以下例外，自治条例和单行条例依法对法律、行政法规、地方性法规做变通规定的，在本自治地方适用自治条例和单行条例的规定。经济特区法规根据授权对法律、行政法规、地方性法规做变通规定的，在本经济特区适用经济特区法规的规定。

（2）特别法优于一般法

根据《立法法》第 103 条的规定，同一机关制定的法律、行政法规、地方性法规、自治条例和单行条例、规章，特别规定与一般规定不一致的，适用特别规定。

（3）新法优于旧法

根据《立法法》第 103 条的规定，同一机关制定的法律、行政法规、地方性法规、自治条例和单行条例、规章，新的规定与旧的规定不一致的，适用新的规定。

例外是当同一机关制定的新的一般规定与旧的特别规定不一致时，由制定机关裁决。因此，法律之间对同一事项的新的一般规定与旧的特别规定不一致，不能确定如何适用时，由全国人民代表大会常务委员会裁决；行政法规之间对同一事项的新的一般规定与旧的特别规定不一致，不能确定如何适用时，由国务院裁决。其余可如此类推。

（4）不溯及既往

《立法法》第 104 条规定，法律、行政法规、地方性法规、自治条例和单行条例、规章不溯及既往，但为了更好地保护公民、法人和其他组织的权利和利益而做的特别规定除外。也就是说，法律、行政法规、地方性法规、自治条例和单行条例以及规章等各种法律文件的施行日期为其生效日期，法律效力自施行之日起产生，对施行日期前已经发生的行为不具有法律效力，但为了更好地保护公民、法人和其他组织的权利和利益而做的特别规定可以除外。

（三）教育法与受教育权

教育法与受教育权密不可分，具体表现为两个主要方面。

1. 现代教育法的产生及发展与受教育权的法律确认过程具有一致性

现代教育立法的产生及发展过程与受教育权的法律确认过程是一致的。受教育权在性质上经历了从"既非权利也非义务"到"法律义务"，再到"基本权利"的演变过程（劳凯声，1993）[105]（温辉，2003）[71-78]，而现代教育法也在这个变化过程中产生并不断发展。

受教育权的产生经历了一段漫长的发展过程，其与国家介入教育事务的发展有相当紧密的关系，如果把教育与国家的关系看作权利的发展过程，则受教育权的发展可以分为四个阶段（周志宏，2002）。

第一阶段（16 世纪义务教育制度形成以前）：教育属于私人事务。在民族国家形成之前，大部分国家虽然设有学校，却不积极介入，教育与国家目的没有直接关系，教育基本上属于私人事务，国家并不干预教育，也未对其立法。受教育既不是人们法律上的权利，也不是法律上的义务。

第二阶段（16 世纪至 20 世纪初）：受教育被视为人民的义务。中世纪欧洲城邦结合成具有相当权力的国家组织，通过国家的组织运作拥有了更大的力量从事各种活动。随着资本主义大工业时代的来临，国家逐渐认识到教育不仅对个人有价值，而且对整个社会乃至国家都具有相当广泛而深远的影响，教育事务乃国家积极介入的一环，于是开始通过立法规范和调整教育的运作。此外，由于公共教育兴起，义务教育制度逐渐建立，教育成为国家的需要，受教育成为人民的义务。

第三阶段（第二次世界大战之后）：受教育成为基本人权。20 世纪之后，特别是第二次世界大战之后，各国宪法逐渐承认受教育是人民的权利，强调教育是为个人目的而存在的，受教育是人的基本权利而不是义务，因此宪法文本不再陈述受教育为一种义务，而确认其为一种基本人权。

第四阶段（20 世纪 80 年代以后）：学习权成为基本人权。学习权的观念很早就已经出现，但直到 1985 年联合国教科文组织通过《学习权宣言》后才被确认，其影响持续至今，成为目前受教育权的主流思想。

与受教育权的发展相应，义务教育立法是现代教育法的开端。1619 年德意志魏玛邦最早公布了《学校法令》，规定父母必须送 6—12 岁的子女入学，否则教会会予以劝告，必要时当局会出面干预，甚至给予处罚，这一做法被视为义务教育立法的开端（熊贤君，1998）[4]。1763 年颁布的《普鲁士普通学校规章》进一步规定 5—12 岁的儿童必须到学校接受教育，否则要对家长课以罚金（王天一 等，1993）[186]。1870 年，英国颁布《初等教育法》（也称"福斯特法"），在全国划分学区，规定各学区有权实施 5—12 岁儿童的强迫教育。日本于 1879 年颁布的《教育令》和 1880 年颁布的《改正教育令》也强调，接受教育不是个人的权利，而是和服兵役、缴税款一样，是国民必须承担的义务。整个 19 世纪，很多国家相继通过立法，要求一定年龄的儿童必须入学接受规定年限的教育，受教育作为公民的义务被写入法律，正式成为一项法律义务。

受教育被作为一项法律义务加以规定，不仅是当时教育立法的模式，而且普遍存在于各国颁布的宪法当中。如 1913 年的中华民国《天坛宪法草案》第 19 条规定："中华民国人民依法律有受初等教育之义务。"同属于这一时期的《瑞士联邦宪法》（1874 年）、《哥伦比亚宪法》（1886 年）、《墨西哥宪法》（1917 年）和《芬兰宪法》（1919 年）也都从国民受教育义务的角度做出了明确规定。作为公民对国家应尽的一种义务，受教育的内涵是相当有限的，相应地，对其进行保障的教育立法也处于初级发展阶段，义务教育立法数量有限，内容也较为单一。

20 世纪以来，作为蓬勃兴起的社会主义运动的标志性成果，1936 年的苏联宪法明确将受教育权作为公民的权利予以确认，其第 121 条规定："苏联公民有受教育的权利。这种权利的保证是：在教育和生活、生产相联的基础上实行八年制普及义务教育；广泛发展中等一般技术教育，各种职业教育，中等专业和高等教育，尽力发展夜校和函授教育，对各种教育都实行免费和国家的助学金制度；各地学校用当地语言讲课，在工厂、国营农场及集体农庄中对劳动者进行免费生产教育，工艺教育及农艺教育。"因此，有学者指出，社会主义运动的兴起和发展是受教育权利发展的又一个推动力（劳凯声，1993）[97]尤其是第二次世界大战以后人权思潮普及，受教育权开始作为一种新型人权得到各国的确认和保障，在此过程中，受教育逐渐从公民对国家应尽的义务转变为公民享有的基本权利。1948 年，联合国通过《世界人权宣言》，其第 26 条规定人人皆有受教育的权利。这一思想得到了世界各国的广泛认同，成为其后各国立宪和教育立法的基本指导原则。在受教育权作为一项基本权利（或者说人权）被广泛载入各国宪法的过程中，其内涵不断得到充实，国家对受教育权的保障义务也不断扩展，新的教育法源源不断地出台，教育立法无论在数量上还是在内容上都得到了前所未有的发展。

2. 对受教育权的确认和保护是现代教育法的目的与中心内容

对受教育权的确认和保护是现代各国教育立法的基本目的，也是现代教育法的中心内容。在某种意义上，一个国家的教育法体系就是围绕其对受教育权的确认和保护而形成的法律体系。教育法体系与受教育权的法律保障体系具有高度统一性。以日本为例，其在百余年的教育立法过程中，本着"保障受教育权为根本、法律主义的法制、以教育基本法为基本原理、教育行政的地方自治"四项基本的教育法制原理，形成了一套完整的教育法体系（神田修，1993）[14-18]（尹力，2000）[51]。有学者认为，这一教育法体系可以理解为保障受教育权的法体系，并可根据受教育权的理论将其结构做如下分类（神田修，1993）[60-62]（尹力，2000）[52]。

一是关于教育之基本的法体系。包括《日本国宪法》《教育基本法》《儿童权利宪章》《儿童权利公约》等。

二是终身教育法体系。包括学校教育法体系和社会教育法体系。学校教育法体系包括《学校教育法》《国立学校设置法》《私立学校法》《学校图书馆法》《学校保健法》《学校给食法》《理科教育振兴法》《日本体育·学校健康中心法》《确保义务教育诸学校教育政治之中立性的临时措施法》《大学设置基准》《高中设置基准》《教科书检定规则》《学则》《校则》等。社会教育法体系包括《社会教育法》《图书馆法》《博物馆法》《青年学校振兴法》《体育振兴法》《青少年保护育成条例》等。

三是有关受教育权利主体经济方面之保障的法体系。包括《儿童福利法》《生活保护法》《少年法》《勤劳少年福利法》《身心障碍者对策基本法》《关于就学困难儿童及学生就学奖励之国家援助法》《盲校、聋哑学校和特殊学校就学奖励法》《关于义务教育诸学校教科书无偿之法律》《育婴会法》等。

四是关于教育维持之法体系。包括有关教职员的法体系和有关学术、文化等教育环境之法体系。有关教职员的法体系包括《教职员许可法》《教育公务员特例法》《国家公务员法》《地方公务员法》《确保义务教育诸学校教育政治之中立性的临时措施法》《为维持并提高学校教育水准确保义务教育诸学校教职员人才之特别措施法》《关于育儿休假法》《关于义务教育诸学校编制及教职员定数标准之法律》《都道府县教职员工资条例》等。有关学术、文化等教育环境之法体系包括《日本学术会议法》《学术审议会令》《联合国教科文组织活动法》等。

五是有关教育行政、财政之法体系。包括《文部省设置法》《私立学校振兴助成法》《日本私学振兴财团法》《关于地方教育行政组织及运营法》《教育课程审议会令》《教科书检定调查审议会令》《国立学校特别会计法》《义务教育费国库负担法》《充实公立养护学校特别措施法》等。

我国的教育立法在 20 世纪 80 年代以后有较快发展，至今已建立起以《教育法》为基本法，以《学位条例》《义务教育法》《教师法》《职业教育法》《高等教育法》《民办教育促进法》《家庭教育促进法》等为部门教育法，以十余部教育行政法规、百余部地方性教育法规及教育规章为主体的教育法体系的初步框架。虽然其中一些早期的立法具有明显的管理本位特征，强调国家发展和管理教育的重要性，但放在我国宪法第 46 条"中华人民共和国公民有受教育的权利和义务"的基本原则下进行分析，仍可被视为以对公民受教育权的保护为核心的体系的一部分。而自 2000 年以来，随着国家和社会对受教育权的重视程度不断提高，对受教育权的保障已经明确成为我国教育立法的重要目的之一。如 2006 年修订的《义务教育法》第 1 条就开宗明义地指出"为了保障适龄儿童、少年接受义务教育的权利，保证义务教育的实施，提高全民族素质，根据宪法和教育法，制定本法"，将保护公民的受教育权利作为第一位的立法目的加以明文表述。在从管理本位到权利本位的观念转变过程中，教育立法对受教育权的保护日趋完善，教育法作为以保护受教育权为核心的法律体系的特点也愈发明显。

二、受教育权

（一）受教育权的概念

1. 受教育权、教育权与学习权

（1）受教育权

受教育权有狭义和广义两种用法。狭义的受教育权仅指"接受教育的权利"，英文为"the right to be educated"或"the right to receive an education"，权利主体限于受教育的公民本人。它是公民作为权利主体，为了人格的自我完善而享有的一项要求国家提供教育机会与设施，并不得侵犯受教育自由的基本权利。

广义的受教育权对应的英文为"the right to education"，是我国学界常用的概念，也是《世界人权宣言》《经济社会文化权利国际公约》《儿童权利公约》等众多国际法律文件中"the right to education"的官方中文版本通用译法。其权利内涵较为丰富，不只是"接受教育的权利"，还包括教的权利和选择教育的自由（Daniel et al.，1995）[6]。《经济社会文化权利国际公约》更进一步将建立教育机构的自由和免遭非人道的纪律措施的权利增列其中（Centre for Human Rights United Nations Office at Geneva，2001）[15-16]。

受教育权的内涵非常丰富，在不同的国家也有不同的侧重点，"接受教育的权利"在我国构成受教育权的核心内容，而在许多欧洲国家，"教育自由"，包括选择教育的自由和建立教育机构的自由，构成受教育权的实质内容。

(2) 教育权

教育权与受教育权的关系十分复杂，其本身也是一个多义的概念，对应英文同为"the right to education"。教育权有狭义、广义、最广义三种用法。狭义的教育权专指人民受教育的权利；广义的教育权是指"人民在教育上的权利"（教育上之权利）；最广义的教育权还包括"国家或各级地方自治团体，以及其所属机关或公务员所应行使之权力"（教育上之权力与教育上之权利）（许志雄 等，1999）[187]。因此，教育权可包括教育的权力和权利两层含义：就权力的角度而言，教育权是指国家或各级地方自治团体在教育事务上所拥有的权限，以及其所属机关或公务员所行使的公权力，亦即国家的教育高权；若就权利的角度而言，教育权则泛指公民在教育事务上所享有的各种权利（许志雄 等，1999）[186-187]，这时的教育权也被称为国民教育权或教育基本权。

从上述教育权的概念区分来看，狭义的教育权与前文所述的狭义的受教育权概念相当，指人民接受教育的权利；广义的教育权或从权利角度理解的教育权与前文的广义受教育权概念相当，指人民在教育上的权利；最广义的教育权包含且大于受教育权的概念；而从权力的角度理解的教育权，则与受教育权完全不同。

教育法学界还有一种教育权的概念用法，其完全从教育的立场出发，将教育权与狭义的受教育权对应，认为教育权是为满足和实现公民接受教育的权利而相应存在的一种"对教育决定一定之方针，并付诸实施之一种权能"（谢瑞智，1996）[89]。因此，有人认为教育权包括国家教育权、父母教育权和教师教育权（谢瑞智，1996）[89]。也有人认为："现代社会的基本教育权结构，由国家教育权、家庭教育权和社会教育权所组成。……所谓的'学校教育权'和'教师教育权'，其本质要么是国家教育权，要么是社会教育权，其性质的归属取决于教师所在的学校是公立还是非公立。"（秦惠民，1998）[169-170]

受教育权的广义和狭义两种用法与教育权的多种用法交织在一起，经常产生歧义并造成理解上的困难。较为理想的做法是仅维持受教育权的狭义用法，而放弃受教育权的广义用法，改用"教育基本权"表达与之相同的含义。这样既符合国人的一般思维习惯，不致出现受教育权包括教育权这种让人百思不得其解的结论，同时，"基本权"三个字又可以表达出其为公民"权利"的含义，表示其系站在与国家相对的立场上的公民在教育上的权利，从而与国家教育权区分开来。在使用"教育权"概念的时候，则可从教育的立场出发，强调其与受教育权相对的内涵，至于其究竟包括的是国家教育权、家庭教育权和社会教育权，还是另有教师教育权，则可作为次级概念再予以探讨。这样既可以坚持概念内涵的准确性和科学性，又可以将现有各种各样的概念用法稍加统一。

然而，值得指出的是，概念的使用不仅要求准确，也需要考虑现有的习惯。从这个角度讲，教育基本权在我国算是一个新概念，是否能取代原有的受教育权的广义概念，还是一个未知数。更为关键的是，"基本权"意味着宪法权利的属性，然而在我国宪法中，公民的受教育权是宪法基本权利无人质疑，但对于其他权利，如教师的权利、父母的权利以及建立教育机构的自由是否也是宪法基本权利，恐怕还不能简单得出肯定结论。在这样的情况下，其作为"基本权"的依据就会欠缺实定法的支持，在一定程度上阻碍教育基本权概念的推广使用。因此，考虑到"受教育权"已是我国宪法学界惯用的概念，也是众多国际法律文件中"the right to education"

的官方中文版本的通用译法，本着尊重概念使用习惯的原则，本书仍然采用受教育权的两种概念用法。

（3）学习权

学习权与受教育权的关系相当复杂。在关于受教育权本质的讨论中，有生存权说、公民权说与学习权说三种不同的观点。生存权说认为受教育权本质上是一种生存权，是公民为了更好地生存而必须拥有的基本权利。公民权说认为受教育是为了使公民了解政治的运作原理，能有效地参与民主代议制的政府，因而本质上是一种公民权。而学习权说作为最新发展出来的学说，认为受教育权的本质是学习权，每个人生来就拥有发展自己潜能与完善自己人格的权利，有些可以通过自己的学习实现，有些必须借助政府提供受教育的机会和条件而实现，因此，受教育权是为了实现公民的学习权而存在的。学习权说被认为是日本教育法学的重要理论成果，目前已得到世界各国的普遍承认和接受。1985 年联合国教科文组织发表的《学习权宣言》指出："所谓学习权乃是：读与写的权利；持续疑问与深入思考的权利；想象与创造的权利；阅读自己本身的世界而编纂其历史的权利；获得一切教育方法的权利；使个人与集体的力量发达的权利。"它还进一步提出学习权是人类生存不可欠缺的要素，而且所有教育活动的核心便是学习活动，由此确立了学习权的普遍性地位。

学习权的概念一经提出，就受到教育学界的强烈关注和支持。教育学界普遍认为，与受教育权的概念相比，学习权的概念凸显了公民的主体地位，更具有积极的意义。学习权将每个人从任其自然发展的客体，转变成创造自己历史的主体，强调公民作为权利主体，为了完善自身人格、实现自我潜能而进行自主学习与思考的权利本质，而不仅仅将公民视为一个接受教育的被动客体，符合教育学尊重学生主体地位的教育理念，因此教育学界对其深为认同和接受。

学习权概念的提出无疑在确定受教育权的本质和丰富其内容方面发挥了重要的作用，但是，学习权能否取代受教育权成为教育法学研究的基本概念仍值得探讨。这是因为"学习只是人的一种自然潜能。学习的好奇心，让人从自我出发去感应外在世界，而热切地以自我实现的方式去开展自我，并在人格的自由开展过程中渴望学习"（许育典，2005）[12]。学习权的内容涵盖多个方面，学习权的实践形式不限于学校教育，其实现也未必需要国家为其提供特定的条件，例如公民可以通过自学、自主地思考、观察社会与他人、在经验中领悟等各种途径进行学习。因此，虽然有学者认为学习权就是接受教育的权利，即接受教育，由学习而成长之权利（永井宪一，1977）[154]，但这一解释实有缩小学习权内涵的效果。事实上，学习权包括主动学习权和被协助学习权。被协助学习权可以称作受教育权，是指公民无法自己学习，或者虽然可以自己学习，但需要他人协助学习的权利（胡锦光 等，2002a）[48]。

从这个角度看，学习权概念的内涵和外延过于宽泛，权利内容的确定性不强，不适宜作为一个法律概念。相比而言，受教育权的概念更能满足法律概念确定性的要求。而且，受教育权并非仅将公民作为接受教育的被动客体对待。事实上，从前面的概念可以看出，受教育权是公民作为权利主体，为了人格的自我完善而享有的一项基本权利。它不仅要求国家提供教育机会与设施，而且强调国家不得侵犯公民受教育的自由，其权利构造也具有积极的意义。并且，值得指出的是，受教育权的概念被《世界人权宣言》《经济社会文化权利国际公约》《儿童权利公约》等国际及地区的法律文件所使用，较学习权的概念更具有普适性，适宜作为教育法的核心概念。

2. 受教育权的构造

权利是由权利主体、权利客体和权利内容等构成的，受教育权作为一项基本权利也是如此。通过分析受教育权的权利主体、权利客体、权利内容以及义务主体等要素，可以深入了解该项权利的内涵并据此建构其法律保障制度。

(1) 权利主体

权利主体是指能够享有权利的人。受教育权的权利主体是指能够享有受教育权的人。《世界人权宣言》称人人都有受教育的权利。这一表述同样在《经济社会文化权利国际公约》中出现，"人人"一词显示出受教育权权利主体的普遍性。除上述国际人权公约规定外，各国的宪法和法律一般也将受教育权的权利主体限定为该国的所有人民，在一国之内具有普遍性。

我国宪法第46条第1款规定："中华人民共和国公民有受教育的权利和义务。"《教育法》第9条第2款进一步规定："公民不分民族、种族、性别、职业、财产状况、宗教信仰等，依法享有平等的受教育机会。"在我国，根据《国籍法》的规定，取得中国国籍的人，就是中华人民共和国的公民，因此所有具有中国国籍的人都是我国法律上的受教育权的权利主体。①

受教育权的权利主体具有普遍性。只要是中国公民，无论其具有怎样的民族、种族、性别、职业、财产状况或宗教信仰特征，都不影响其享有平等的受教育权。即使有些公民具有法律没有明文列举的情形，如身体状况，是否是超生子女、非婚生子女或其他情况，也均应视为包含在"等"字中的情况，同样平等享有法律规定的受教育权，同样是受教育权的权利主体。

进一步分析会发现，虽然所有公民都是受教育权的权利主体，然而不同类型的公民在具体受教育权的享有和实现方面还是存在差别的。如义务教育阶段的适龄儿童、少年②不仅具有平等的受教育机会，而且在受教育方面享有实质意义的请求权，即要求国家必须提供教育机会、条件及必要资助。而非义务教育阶段的公民则主要享有平等的教育机会和对学校的自由选择权，不具有向国家请求必须满足其受教育需求的权利。除此之外，在

---

① 我国于1980年颁布了《国籍法》，确立了国籍制度，其中包括国籍的取得与丧失制度。《国籍法》第4条规定："父母双方或一方为中国公民，本人出生在中国，具有中国国籍。"第5条规定："父母双方或一方为中国公民并定居在外国，本人出生时具有外国国籍的，不具有中国国籍。"第6条规定："父母无国籍或国籍不明，定居在中国，本人出生在中国，具有中国国籍。"我国不承认双重国籍原则，因此《国籍法》第9条规定："定居外国的中国公民，自愿加入或取得外国国籍的，即自动丧失中国国籍。"我国在国籍问题上实行民族平等、男女平等的原则。任何民族，不分男女，都依据同样的原则取得或丧失国籍。

② 本书的"儿童"概念，主要采纳《儿童权利公约》的用法，指18岁以下的人，如无特别说明，皆取此意。唯在论及我国《义务教育法》的部分，为与该法的概念一致，会采用"适龄儿童、少年"这一特定用法，指6—15岁的应当接受义务教育的公民。

受教育权的权利主体方面，还存在普通权利主体和特殊权利主体的区别。那些智力与身体正常、处于社会主流地位、家庭经济状况良好的人，比较容易充分实现其受教育权，是普通权利主体。而那些由于主观或客观的因素成为特殊权利主体的人，如妇女、儿童、残疾人，以及在种族、语言、文化或宗教等方面处于弱势地位的人，他们在享有和行使受教育权时就需要一些特殊的照顾和帮助。各国一般通过立法或制定相关政策专门给予他们特别的扶持和帮助，以使他们与普通权利主体一样充分地行使自己的受教育权。

另外，需要注意的是，《儿童权利公约》第 2 条和联合国教科文组织《取缔教育歧视公约》第 3 条都确认"非歧视原则"应延伸至所有居住在缔约国境内的包括非本国人在内的学龄人口，而不管他们的法律地位如何。也就是说，在受教育权的保障上，国家不仅需要确认本国公民的受教育权，同时，对非本国公民的学龄人口也应坚持平等原则，平等保护"人人"的受教育权。

（2）权利客体

权利客体是指一项权利的具体载体。受教育权的客体就是受教育权的具体载体。简单地说，受教育权的权利客体就是教育，包括一切种类和一切级别的教育。进一步细化，可从类型上将受教育权的客体分为公立教育和私立教育，家庭教育、学校教育和社会教育，普通教育和职业教育，等等；从层级上可分为学前教育、初等教育、中等教育、高等教育、成人教育等；从教育内容上可分为教育的机会、教育的条件、教育的标准和质量等。

（3）权利内容

权利内容是指一项权利的范围与界限，受教育权的内容是指受教育权的范围与界限。受教育权有三种存在形态：应有形态、法定形态和实有形态。受教育权的内容也可根据这三种形态分别加以确定。受教育权的应有形态是指公民应当享有的受教育权。受教育权的法定形态是指公民根据实在法的规定可以享有的受教育权。受教育权的实有形态是指公民实际享有的受教育权。受教育权的应有形态要转化为实有形态，必须经过教育法律或其他社会规范的中介，并使这种规范在社会生活中真正得到实现。要将应有权利转化为规范权利，通过立法就可以做到，但要将规范权利转化为实有权利，还需要社会观念、制度及文化的配合，这有时就不那么容易。受教育权的三种形态既有相同的内容，也有不同的内容，存在着相互转化的可能性。但是，既不能简单地把应有的受教育权等同于法律规定的受教育权，也不能将法律规定的受教育权等同于公民实际享有的受教育权，因为应有权利要变为法定权利、法定权利要变为实有权利，都需要一个转化和发展的过程。

从三种不同的形态研究受教育权的内容具有重要的价值。其中，对受教育权应有形态的研究可以帮助我们根据正义和公平的要求确定受教育权的内容，并为随着社会发展而不断扩展受教育权的内容奠定基础。对法定形态的研究可以确定受教育权在特定的国家中和社会历史条件下的具体性质和内容，为建立其法律保障制度特别是救济制度奠定基础。而对受教育权实有形态的研究可以帮助我们发现实在法的事实规范效力和受教育权实现过程中的具体阻碍和问题，为完善实在法、排除法律实施的障碍提供重要参考。

受教育权的法定内容由各国法律加以确定，因而不尽相同，有的国家保障的范围较广，有的国家则较窄。但由于受教育权不只是各国国内法确认的基本权利，也是国际人权法认可和保护的一项基本人权，其内容也受到国际人权法的规定，特别是国际人权法规定的受教育权最低核心内容，需要所有缔约国承担立即实现的履约义务，因此各国的受教育权的最低内容也具有一些共同性。

对于我国宪法规定的公民受教育权，有学者认为其主要包括三方面的内容。第一是学习的权利，即以适龄儿童和少年为主体的权利主体享有接受教育并通过学习而在智力和品德等方面得到发展的权利。这是受教育权的核心内容。第二是义务教育的无偿化。第三是教育的机会均等，任何权利主体均不得在教育上受到不平等的对待。（许崇德，1999）[182] 事实上，我国宪法规定了受教育权，但未明示其范围或内容，因而受教育权的具体内容还需经由教育立法加以确定。从现有的教育立法来看，受教育权主要包括三个方面的内容，即免费义务教育、教育机会平等、选择教育的自由。其中，在义务教育阶段，适龄儿童和少年享有接受免费教育的权利；在非义务教育阶段，公民则只有教育机会平等的权利，但并没有必然接受高等教育的权利。选择教育的自由在各个教育阶段都受到法律保护，但其内涵有所不同。在义务教育阶段，法律上选择教育的自由仅意味着选择私立学校的自由，不包括在公立学校之间进行选择的自由；在非义务教育阶段，则包括选择是否受教育的自由、选择不同类型教育（如职业教育与普通教育）的自由及选择哪一所学校的自由。

总体来讲，受教育权的内容在特定时间、特定国家具有法律确定性。但从一个长的历史时段看，受教育权的内容和范围是不断变化的，应当随着国家的经济发展和社会对受教育权重视程度的加强而不断拓展，国家的立法机关对此负有特定的立法任务。

(4) 义务主体

受教育权作为公民的一项基本权利，必然指向国家的相应义务，国家与公民构成受教育权的基本权利义务关系的主体。但公民接受教育的过程又是十分复杂的，就受教育权的外在形式看，公民受教育权的实现需要教育机会及相应的条件，这些必须由国家积极提供。而从受教育权的内在方面看，公民受教育必须借助一定的教育内容，那么谁有权决定教育的内容呢？这一问题在日本教育法学界曾引起热烈讨论，并形成"国民教育权说"与"国家教育权说"两种理论观点。"国民教育权说"认为，教育内容的决定权属于包含学生、教师、家长及私学办学者等在内的所有国民。"国家教育权说"认为教育内容的决定权属于议会民主主义下的国家。（许志雄 等，1999）[184] 然而，理论上的争议固然存在，但从世界各国的教育立法及实践来看，各国基本都承认政府对课程拥有适度控制的权力，允许其通过制定课程大纲、课程计划或课程标准等各种形式实施控制。因此，无论从哪个方面看，国家都是公民受教育权的基本义务主体，这一点毋庸置疑。

受教育权也是一项权利构造颇为复杂的权利。在公民受教育的过程中，除了国家提供教育机会和条件，学校、教师、父母等主体也会以不同的身份或形式参与进来，在教育上同样有特定的权利和义务，由此在国家与公民的基本关系之外会形成另一层复杂的教育权利义务关系。其中，学校是公民实现受教育权的基本场所，其固然享有自主管理的权利，但也必须贯彻教育的方针目的，保证教育教学质量，建立尊重学生受教育权的规范管理制度，依法对学生进行学籍管理、纪律处分并发放学业学位证书。教师的教学自由虽然有独立的法律依据，应当受到尊重和保护，但处在公民受教育权的相对地位上，仍须以保障公民的受教育权为本旨。例如，德国学者认为，教学目的并非为促进教师人格的发达而存在，而是为学习者利益而存在，因此，教师的教育自由是一种尊重学习者基本权的义务。（吴明益，1994)[101] 父母既有教育子女的权利，也有保证子女入学接受义务教育的义务，因而父母也应被视为公民受教育权的辅助义务主体。

（二）受教育权的性质

权利属性是判断一项权利的基本特征及其保障模式的重要依据，受教育权的有效保障也必须以确定其权利性质为基本前提。

1. 受教育权是一项基本权利

权利是一个内容丰富、种类繁多的庞大体系。在权利体系中，有一些权利是人们必不可少的，对人们非常重要，它们被称为基本权利（基本权）。许多人又把基本权利称为人权（human rights），以表明它们是人所固有的权利。人权这一概念在很多国家被广泛应用，但仍有些严谨的学者称基本权利为基本人权。

受教育权已被现代国际法和大多数国家的宪法所确认和保护，是一项基本人权。《世界人权宣言》第 26 条、《经济社会文化权利国际公约》第 13 条、《儿童权利公约》第 28 条都确认了受教育权；而在拥有成文宪法的国家中，据世界政策分析中心的统计，截至 2017 年，在 193 个联合国会员国中，有83%的国家在其宪法中明确规定了受教育权的某些方面，由此可知，仍有17%的国家未在其宪法中对受教育权予以规定。（World Policy Analysis Center, 2020）而一项由得克萨斯州大学的埃尔金斯（Zachary Elkins）教授等指导的比较宪法项目发现，世界上90%的宪法都有关于受教育权的规定。在那些有教育规定的宪法中，56%的宪法要求在一定程度上实行义务教育。此外，65%的宪法规定教育应在一定程度上免费。（Elkins et al., 2014）

受教育权作为基本权利具有下列性质。

一是固有性与法定性。"天赋人权"的观点认为，人的基本权利是上帝或某种造物主赋予的，是一种与生俱来的权利。这源于自然法的思想。另一种观点认为，基本权利就是实在的宪法所确认的权利，没有宪法的规定，就没有基本权利。这是一种法律实证主义的观点。那些认为基本权利是国家赋予公民的权利的看法，也属于这种观点。

二是不受侵犯性和受制约性。基本权利作为人所固有的权利，并且经过宪法的确认和保障，具有不受侵犯的性质。同时，公民的基本权利会受到各种因素的制约，如所在国家的历史文化、地理环境、社会制度及经济水平等。

三是普遍性与特殊性。普遍性是指基本权利作为人所固有的、不受侵犯的权利，不应该受到性别、职业、年龄、民族、宗教信仰、家庭出身、财产状况等因素的影响，而应具有普遍性。基本权利的普遍性导致当今世界出现了人权的国际保障趋势。我国于1997年10月和1998年10月先后签署了《经济社会文化权利国际公约》《公民及政治权利国际公约》，明确表示人权的普遍性原则应当得到尊重。基本权利的特殊性是指基本权利的具体实现状态往往受到一个国家社会历史条件的制约，呈现出一定的特殊性。

对于受教育权为何能作为一项基本权利存在这一问题，学术界多从教育在社会中的作用出发来论证说明，进而发展出多种不同的理论。这些理论可以粗略地被划分为四种，但彼此之间并非泾渭分明，有些内容可以互相替代，也可能存在重叠。（Hodgson, 1998）[17-20]

第一种理论从社会功利论或公共利益的观点来说明教育的重要性。这种理论认为，公共教育是一个社会保存其文化和价值并将它们传递给年轻一代的首要途径，一种适当的教育是公民更理性地行使政治与公民权利的先决条件，受过良好教育的人更有利于保持民主的社会结构和理念。受教育权的存在可以帮助训练年轻一代成为社会和世界大家庭中有用的成员，这一点也是有力的论据。《儿童权利宣言》的第 7 项原则指出儿童应当通过接受教育成为社会的有用的一员。《世界人权宣言》第 26 条第 2 款称："教育的目的在于充分发展人的个性……。教育应促进各国、各种族或各宗教集团间的了解、容忍和友谊，并应促进联合国维护和平的各项活动。"

美国联邦最高法院历史上对教育重要性所做过的最强烈表述也是基于这个角度。联邦最高法院在"普莱勒诉多伊案"判例[①]的结论中称："美国人民总是将教育以及对知识的获取视为最具重要性的事务。我们已经认识到，公共学校是维持政府民主系统的一个最重要公民机构，也是传递我们社会赖以建立的价值的主要媒介……并且，教育提供了基本的工具，将每一个人引向造福于我们所有人的富有生产力的生活。总而言之，教育在维持我们社会构造方面具有基础性的角色。当某些群体不能获得学习这个社会所依赖的价值和技能的途径时，我们不能忽视国家会为此付出的沉重社会代价。"这也是从教育的公共利益角度进行的阐释。

第二种理论认为，个人尊严是国际社会至为重视的基本价值，而教育是个人拥有尊严的基本先决条件。《世界人权宣言》指出，所有人类社会成员的内在尊严是世界上自由、正义与和平的基础。而"一种传递必要技能知识和训练个体形成逻辑思维和理性分析的教育，构成了个体尊严和自尊的基础"。"在尊崇学习与进步的社会，那些被剥夺了从这样一种教育中获益的机会的人是不会有尊严的。"（Foster et al.，1988）因此，通过教育使社会的每一个个体获得自尊和尊严，进而推动建立自由、正义与和平的世界，就构成了对受教育权存在之必要性的有力论证。

第三种理论将教育视为个人发展的先决条件，认为若没有受教育权，

---

① *Plyler v. Doe*，457 U. S. 302（1982）. 该案当中，州政府否认一个外国移民接受公共教育的权利，法院认为该行为构成宪法第十四修正案平等保护条款下的非法歧视。

人类就不能实现他们的潜能并成为充分发挥作用的社会成员。如世界全民教育大会从发展的理论视角提出了教育的三个重要性理由。第一，基础教育让人获得阅读和书写的基本能力。作为发展的重要成果之一，这种能力本身便具有重大价值。第二，教育能够消除生活中的一些不良现象。例如，免费小学义务教育可以减少使用童工的现象。第三，教育能大大改善那些在许多方面都遭受不平等待遇的人的境况。例如，受过教育的妇女可以比原来生活得更好，寿命也更长。由此可见，不分阶段、种族或性别的面向所有人的普及教育在消除社会和经济隔阂方面能够发挥巨大作用，也是实现人的各种自由的关键。

还有一种将教育作为个体福利加以说明的理论。一般认为，福利权①的内容包括免受饥饿的权利、获得基本医疗与住所的权利，但现在也有人试图将教育加入其中。该理论认为，教育不仅可以帮助个人获得工作，并进而满足其对住房、医疗以及营养等的需要，是第二位的或派生的权利，而且本身即可被视为福利权的重要内容，其功能是帮助个人达到最必需的读写算的基本要求，从而使个人能在各自社会的不同生活层面充分发挥作用。

应当说，无论从哪种理论出发，受教育权都值得作为基本权利而存在。教育在使个体获得基本的读写能力、充分发展潜能、获得自尊并更加了解社会的价值等方面的功能已经得到世界各国的广泛认可，上述理论只是从不同角度论述了教育的重要性，而事实上，教育的各种功能是密切联系在一起的，并不能截然分割。

2. 受教育权是兼具社会权与自由权双重属性的基本权利

社会权和自由权是现代宪法对基本权利的一种分类，前者又被称为积极权利（positive right），后者又被称为消极权利（negative right）。关于两种权利的差异，有很多宪法论著都做了精辟分析，大致可归纳为如下几个方

---

① 所谓"福利权"，是指在有迫切需要的情况下，一个人不能自己提供，因而必须由整个社会提供某些特定必需品的权利。参见 Wringe C. The ideology liberal individualism, welfare rights and the right to education [M] //Freeman M, Veerman P. The ideologies of children's rights. Norwell, MA: Kluwer Academic Publishers, 1992: 191, 192.

面（胡锦光 等，2002a）[43-59]（温辉，2003）[102-103]（谢瑞智，1999）[144]（大须贺明，2001）[162-163]。

第一，产生背景不同。自由权是在资产阶级反对封建专制统治、建立一个自由竞争的新社会的背景下提出的概念，强调反对国家的干涉，对抗国家权力的滥用。而社会权是在为避免资本主义的构造性弊病，弥补因自由权的高度发展而产生的种种弊端的背景下提出的福利国家观念，要求国家提供使人们能享有体面及有尊严的生活的条件。

第二，目的不同。自由权保障的目的是使个人私领域生活自由自在，因此着重保障全体国民的形式上的平等。而社会权则以社会整体的安全和生活的和谐为保障目的，因此必然要对居于弱势地位的特定国民予以不同于一般国民的实质自由平等的保障，以使其恢复人类实质的自由，过有尊严的生活。

第三，国家所负的义务不同。自由权是一种消极的权利，国家负有不侵害自由权的消极不作为的义务。社会权是一种积极的权利，国家负有努力实现特定社会阶层福利的积极作为义务。

第四，权利保障的实现不同。自由权在实现中原则上无界限，也不附条件，受到侵犯时，可向司法机关提起诉讼并要求国家机关承担赔偿责任，救济效果明确而具体。社会权则有界限与条件，并须视国家的财政状况予以实现，在受到侵犯时，不一定具有可诉性，也不一定会得到赔偿，救济效果不够明确。

对于受教育权究竟属于哪种权利这一问题，一些学者认为其在宪法性质上属于积极的社会权利，而不是消极的自由权，是宪法赋予国家的积极责任，也是实质平等价值的宪法形式体现（郑贤君，2003）[140-141]。确实，从受教育权产生的历史背景看，它是社会发展到一定阶段，在福利国家的理念形成背景下产生的新型权利。其目的是保障处于社会劣势地位的广大劳动人民的子女接受基本的教育训练，以成为社会合格的劳动者。从权利内容方面看，受教育权主要要求国家积极作为，提供合理的教育制度、平等的教育机会和适当的教育设施及条件。从权利实现和保障来看，受教育权的具体内容需要根据各国在具体财政状况约束下制定的法律法规加以确定，有一定的界限与条件，而且在受教育权受到侵犯时是否能够提起诉讼并要求国家赔偿，也存在一定的难度。这些方面确实体现出受教育权的社会权属性，因此一般认为受教育权属于社会权的范畴。

承认受教育权为社会权的学者对受教育权更进一步的法律性质仍持有不同的观点。

第一种观点是生存权说，为传统宪法学的通说。其认为受教育权是人民的生存权，属于经济上的权利。即受教育权具有社会权的性格，人民因接受教育而可过上健康且具有文化性质的生活。因此，人民当有权依其能力的需要，要求国家提供适当的教育；而国家为实现这些权利，负有采取适当措施的义务，即举办学校教育或社会教育，以满足人民的需要，并对经济上的弱者，如因财力不足无法就学的，提供适当的奖学金。（谢瑞智，2000）[312] 尽管为学界通说，但生存权说因被认为单纯从经济的层面去解释受教育权，而忽视了文化层面的理解，受到了很多批评。

第二种观点是公民权说。其认为受教育权不仅是在义务教育阶段从经济上保障人民都有接受学校教育的均等机会，更进一步认为为培养主权者人民的民主政治能力，人民当有受教育权。换言之，即在人民主权的现代宪法规定下，主权者为行使其参政权，必须具备适当的知识能力，因此，人民当有权要求国家提供符合宪法理念的教育内容，而国家也就透过学校教育与社会教育，保障人民能获得具备公民资格应有的知识，使人民能顺利行使其参与民主政治的权利。（谢瑞智，2000）[312-313] 公民权说同样因为只关注了政治角度而忽视了一个人还有追求自己人格发展乃至人生幸福的重要目的而备受批评。

第三种观点是学习权说。其认为受教育权是儿童由接受教育而学习，从学习中成长的一种权利。换言之，即人权的基础在于生存的权利，为了生存，儿童必须有未来的发展性，而这种发展则需依赖学习权加以充实。因此，一个人的基本人权，也是在其儿童时代能有充分的学习权的基础上才能确实受到保障。由此可知，学习权是与其他人权并行的儿童的基本人权之一，同时也是为了保障将来的生存权、幸福追求权、参政权等权利而要求国家充实其条件，以便接受教育的一种社会权。（谢瑞智，2000）[313] 学习权说从人类的成长与发展的角度解释受教育权，颇受教育学界支持，被认为是对受教育权理论的重要发展。

上述三种学说虽然有各自的支持者和充分的论证，但不能忽略的是，它们都是建立在受教育权是社会权这一共同基础上的。在讨论受教育权性质的时候，不能仅从上述三种学说展开，因为受教育权不仅仅是一项社会权，在不同的国家和地区，其形成过程和权利内容存在差异，因而其权利性质定位不尽相同。如在英国及欧洲大陆的其他一些国家，其宪法并不认可社会权意义上的受教育权，而是将受教育作为一项自由加以保障，关注的重点在于教育自由不受国家的恣意干预。欧洲各国知识界近年来不断批判公立教育制度，认为"国家通过政府控制的教育机构在满足了具备自己所需要文化知识的人力资源的同时，客观上将其他知识体系排斥在官方认可的正统知识体系之外，这对个人自由权造成冲击，影响了个人在决定接受何种知识体系过程中的选择权"（郑贤君，2003）[142]，格外强调受教育的自由权。

受教育权除了具有培养国家所需要的合格公民等社会功利目的，也具有促进个体个性发展的目的。从个体发展是社会发展的基础这个意义上，个体发展的目的无疑更具有基本性。个体为了满足人格充分发展的需要，理应对自己的发展方向、学习内容、学习形式等具有自主选择权。国家和社会作为全体公民的共同代表，可以确定一些共同价值观念和知识体系作为受教育的内容，但其限度却需以不损害公民的充分发展为基本前提。也就是说，公民在受教育的过程中享有基本的自由，这些自由构成对国家不干预或国家干预应有必要界限的要求，还构成国家保障私人兴学的自由及提供多样性教育的要求。从这个角度讲，无论在拥有何种社会制度和教育传统的国家，受教育者对教育内容和教育形式都享有一定的自由选择权，受教育权都有其自由权侧面的特征。因此，应当认为受教育权是一项兼有社会权和自由权双重属性的基本权利。

（三）受教育权的体系划分

受教育权是一项复杂的综合权利，其权利内容十分丰富，既包括权利主体的作为或不作为，也包括对应义务主体的作为或不作为，如何根据一定的原则将这些权利内容加以分类，使其构成一个有机联系的统一整体，就成为受教育权体系研究的中心内容。

1. 从受教育权的实现过程划分

有学者从受教育权的实现过程出发，将受教育权的体系划分为三个阶段，分别是开始阶段的"学习机会权"、过程阶段的"学习条件权"和结束阶段的"学习成功权"。在每一个阶段，受教育权的内容又可以划分为若干项子权利。如："学习机会权"具体包括入学升学机会权、教育选择权和学生身份权；"学习条件权"具体包括教育条件建设请求权、教育条件利用权和获得教育资助权；"学习成功权"则包括获得公正评价权和学业学位证书获得权。（龚向和，2004）[36-59] 这一体系可用图 1.2 表示。

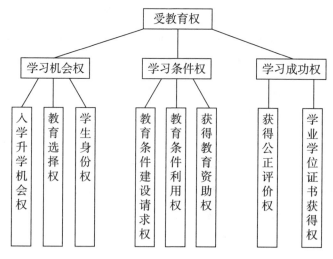

图 1.2 基于受教育权实现过程的受教育权体系划分

2. 从基本权的功能理论划分

中国台湾学者多从基本权的功能理论出发对受教育权的体系进行分析，但也有少许不同或各有侧重。许育典认为，教育基本权具有主观法功能与客观法功能，教育基本权的主观法功能体现在其防御权与共享权两方面。教育基本权的客观法功能体现在其作为客观价值秩序、制度性保障以及组织与程序的保障方面。

进一步来讲，在主观法功能中，作为防御权的教育基本权包括学生的自我实现权、父母的教育权及教师的教学自由；作为共享权的教育基本权包括现有教育设施的入学请求权及必要教育设施的创设请求权。在客观法功能中，作为客观价值秩序的教育基本权包括以学生自我实现为核心的课程标准、以学生自我实现为核心的教育计划、以学生自我实现为核心的教科书编制，以及以学生自我实现为核心的师资培育；作为制度性保障的教育基本权包括以学生自我实现为核心的国家监督制度和以学生自我实现为核心的私立学校制度；作为组织与程序保障的教育基本权包括以学生自我实现为核心的学校自治、学生代表组织参与学校自治程序，以及父母代表组织参与学校自治程序。(许育典，2005)[20-34] 如此，教育基本权的体系如图1.3 所示。

3. 从国际人权文件的标准划分

从 20 世纪中期以来，经过半个多世纪的不断发展，现代国际法已经内在地形成了一个受教育权的体系框架。这一框架由五个维度和五个层次构成：五个维度包括教育目的、教育受益权、教育自由权、不歧视与制度保障；五个层次包括初等教育、中等教育、职业技术教育、高等教育与基本

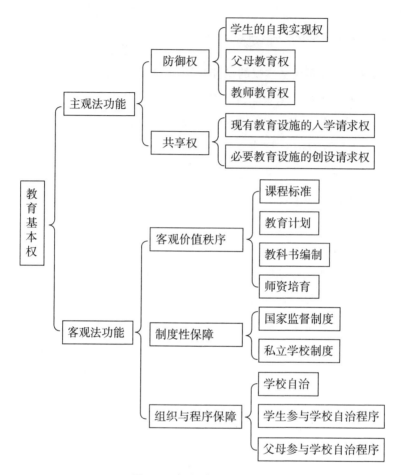

图 1.3　教育基本权的体系

教育。① 其中，教育的受益权维度在五个教育层次中的内涵差异较为突出，而其他维度在各个教育层次的内涵差异较小。

---

① 此处关于教育阶段的划分，主要是根据联合国于 1997 年制定的《国际教育标准分类法》（International Standard Classification of Education，ISCED）。其中，初等教育指系统学校教育的第一阶段（ISCED level 1），相当于我国的小学教育；中等教育包括初级（ISCED level 2）和高级（ISCED level 3）两个阶段，相当于我国的初中和高中阶段的教育；高等教育包括第一阶段（ISCED level 5）和第二阶段（ISCED level 6），相当于我国的本科和研究生教育。基本教育包括 ISCED level 1 和 level 2，但并不强调入学年龄。

(1) 教育目的

教育须有一定的目的，以满足提高个体的知识和能力水平、维持具有人性尊严的生活的需要。主要国际文件在确认受教育权的时候，首先阐明了教育的基本目的，要求各国实施的教育必须符合这些目的。

(2) 教育受益权

教育受益权主要表现在初等教育、中等教育、职业技术教育、高等教育和基本教育五个层次。每个层次上的受教育权内容既有共同点，也有各自的特殊内容。其中，初等教育必须是普遍的、义务的且免费的，应确保所有儿童的基本学习需要被满足，并且考虑到儿童所在社区的文化、需求与机会，"义务"和"免费"是其核心内容。中等教育是为人的终身学习及人格发展巩固基础的重要阶段，应"普遍设立"、"对一切人开放"和"逐渐做到免费"。职业技术教育是人人都有权享有和接受的，应当在各个教育阶段提供，但以中等教育阶段最为重要。高等教育也应以多样的形式提供，逐步做到免费，而且必须根据能力平等获得。那些没有接受或完成初等教育的人以及所有未满足基本学习需要的人，则有接受基本教育①的权利。

(3) 教育自由权

在自由权的维度上，主要国际文件直接确认了两项教育自由：第一是选择教育的自由，第二是建立教育机构的自由。选择教育的自由是指父母或其他监护人有确保其子女所受的宗教和道德教育与其自身的信仰一致的自由，以及由此带来的选择非公立学校的自由。建立教育机构的自由是指每个人，包括非本国国民、法人或其他组织，均有设立和管理各种类型教育机构的自由，但这些学校需要符合教育目的，并且满足政府制定或批准的最低教育标准。

---

① 在国际文件中，"fundamental education"与"basic education"的含义基本相同，只是前者为《经济社会文化权利国际公约》所使用，后者为《世界全民教育宣言》所使用。

(4) 不歧视

"不歧视"是人权类国际公约共同确定的原则①，也是受教育权国际标准的重要组成部分。教育中的"不歧视"既包括形式上的平等对待，如教育机会的平等，也包括事实上的平等，也就是教育的标准、质量和条件的平等。特别是对于那些事实上受到歧视的弱势群体，国际人权文件允许各国对他们采取一些暂时性的特别优惠措施以促进其受教育权的平等，并明确指出这样的区分和特惠并不构成对另外一些人的歧视，但要求这些措施必须在达成所追求的目标之后停止使用。（Economic and Social Council, 1999）para32

(5) 制度保障

受教育权的实现需要基本的制度保障，其中首要的是学校制度的完善。国家有责任制定以初等教育为优先的，包括中等教育、高等教育和基本教育在内的教育发展规划，并且应使教育发展规划在国家整体发展规划中占有一定的优先地位。国家应采取一切适当措施，确保学校执行纪律的方式符合儿童的人格尊严。保证其所管辖的任何公立或私立教育机构不使用有违儿童人格尊严的纪律措施，并鼓励学校引入"正面"的、非暴力的纪律执行措施。除了学校制度，国际人权文件还要求各国建立津贴制度，帮助那些在经济、社会、文化方面处于不利地位的群体，以增加其获得公平教育的机会，并从教师职业发展、有效教学的条件、薪水及社会安全制度保障等方面不断改善教师的物质条件。这些都被视作促进受教育权实现的基本保障制度。

4. 分析与讨论

前述第一种分析思路针对的是狭义受教育权，其将受教育权划分为学

---

① 其中，联合国教科文组织《取缔教育歧视公约》是最为详细的一部，其他还包括《消除对妇女一切形式歧视公约》《消除一切形式种族歧视国际公约》《儿童权利公约》和国际劳工组织1989年《土著和部落人民公约》的相关条款。

习机会权、学习条件权和学习成功权三个方面，涵盖了学生受教育的入门、过程和结果三个阶段，注重受教育过程的完整性，并且将受教育权的内容与受教育者的权利有机联系起来，较具合理性。但其不足之处在于未能清晰呈现受教育权的双重属性，以及作为宪法权利的受教育权与受教育者的权利之间的关系。

第二种分析思路是对广义受教育权的体系划分。其从基本权的功能理论出发分析受教育权的体系构成，清晰呈现出受教育权的基本权属性，理论论证严密，最能反映受教育权作为教育法学核心范畴的地位与作用，启示颇多。但其采用的基本权功能的理论分析框架建基于德国宪法学理论，将教育基本权解释为具有主观法功能与客观法功能两个面向，这两个面向又各自包含多种功能，这与我国目前对宪法基本权利条款的解释理论并不相同。即使仅从理论层面探讨，鉴于目前我们对客观法、客观价值秩序等相关概念的认知、理解和接受程度都相当有限，将这种思路直接运用于分析我国受教育权的体系尚有一定困难。

第三种分析思路也是对广义受教育权的体系划分，不同之处在于它提供了一个国际法的视角，具有更为普遍和重要的价值。其内容涉及受教育权的多个维度和层次，较为丰富。但其不足之处在于国际法的制定过程涉及多国的政治利益，需要多国协商，很多时候是一个折中的结果，因此在体系构成的逻辑性、严密性及内容的完整性方面仍有所欠缺。

在借鉴前面各种分析思路的优势与不足的基础上，本书尝试结合国际公约、我国宪法和教育法的规定，从受教育权的双重性质出发，同时考虑受教育权的实现过程，综合确定受教育权的体系。在这一思路下分析我国受教育权的体系构成，首先是从受教育权的自由权（对应防御权功能）和社会权（对应受益权①功能）两个层面出发，再由每个层面继续细分出若干

---

① 受益权，是人民站在积极的地位，要求国家做出一定行为，以享受特定利益的权利，参见谢瑞智. 宪法新论 [M]. 增订版. 台北：正中书局，2000：315. 有学者直接将社会权称为受益权；也有学者指出二者虽有密切的联系，但也有根本性的区别，认为受益权功能只是社会权的权能之一，除此之外，社会权还有免于国家侵害的防御权功能和客观价值秩序功能。而且，受益权功能不只是社会权的功能，自由权在一定程度上也具有受益权功能。参见张翔. 基本权利的受益权功能与国家的给付义务：从基本权利分析框架的革新开始 [J]. 中国法学，2006（1）：21-36.

项具体权利。同时，将受教育权与我国宪法关于平等权的规定相结合，延伸出受教育的平等权，也就是宪法平等原则在受教育权的社会权层面（受益权功能）和自由权层面（防御权功能）的内化和体现。

社会权层面（受益权功能）的受教育权，是指受教育权所具有的可以请求国家做出某种行为，从而享受一定利益的功能。它针对的是国家的给付义务，也就是国家提供受教育权实现所需的物质、程序或者服务的义务。它强调公民作为权利主体，为保障其切实享有和实现受教育权，要求国家提供受教育的机会、条件及相关救助的内容。具体包括如下四项内容。

第一，教育机会请求权。在义务教育阶段，每个适龄儿童少年都有绝对的受教育机会，国家必须满足；在非义务教育阶段，公民有经过平等竞争接受教育的权利。公民的教育机会一旦获得，未有合理理由及经正当程序，不得被随意取消。

第二，教育条件请求权。公民，特别是入学接受教育的学生，对学校的教育设施和条件有平等的利用权。对于处于义务教育阶段，家庭合理距离内没有学校可以就读，或者学校未达到基本办学标准的公民而言，则有对学校及必要教育设施的创设请求权。

第三，免费教育请求权。义务教育为免费教育，适龄儿童少年有接受免费教育的权利。非义务教育阶段尽管需要缴费，但国家有逐步降低学费的责任。

第四，教育资助请求权。受教育权的实现不仅需要公民自身入学接受教育，而且需要很多外部条件的支持。处于弱势地位的公民受传统观念的影响且自身可支配的资源有限，在具体接受教育的过程中经常面临很多障碍，因此，他们法定的权利难以变为现实的权利。这些特定的弱势群体有权要求国家为其受教育提供必要的帮助和扶持。

自由权层面（防御权功能）的受教育权，是指受教育权所具有的要求国家不予侵犯的功能，所针对的国家义务是消极性的。具体来讲，自由权层面的受教育权主要是指公民作为权利主体，在接受教育的过程中自由选择最为合适的教育的权利，包括对学校、教育形式与内容的选择等。在以上自由有效实现的基础上，自由权层面的受教育权还包括父母选择教育的自由、个人或团体设立及管理教育机构的自由、教师的教育自由。这三项权利的主体虽不是接受教育的公民本人，却是公民实现受教育权不可或缺的重要前提或条件，也都具有要求国家不得侵犯的功能，因此可被包括在广义受教育权的体系内。

第一，受教育自由。受教育自由指公民作为权利主体可以根据身心发展的需要选择是否接受教育以及接受什么样的教育的自由。它不仅包括外在的对教育形式的选择，如完成义务教育之后是否选择接受高一级的教育、接受什么类型的教育、选择哪所学校和专业、选择哪些课程等，还包括一些更具内在性的内容，如学生依其能力及性格的特别性自我开展学习的可能性，以及学生对共同参与与其"自我"开展密切相关的学校事务的决定权等。（许育典，2005）[21-22] 值得指出的是，受教育自由的主体虽是所有受教育者，但未成年受教育者的部分选择自由系由其父母代为行使的，因此存在着未成年子女与父母共同决定的可能。

第二，父母选择教育的自由。选择教育的自由是指儿童的父母或法定监护人对其子女所应受的教育种类的选择自由，特别是对非公立教育机构的选择自由。在有些国家，它还包括父母对在家教育的选择自由。

第三，设立及管理教育机构的自由。设立及管理教育机构的自由是指公民、法人等有依法设立及管理非公立教育机构的自由。国家应当保证该项权利的自由平等行使，但可进行必要的管制，如要求非公立教育机构达到基本的教育标准。

第四，教师的教育自由。教师的教育自由是指教师在教育过程中根据自己的专业背景，在教育内容、教育方法及对学生的指导等事项上享有的自主判断和决定的权利。联合国经济、社会和文化权利委员会认为教师的教育自由属于学术自由的一部分①，并表示"只有在教师……的学术自由相伴随的情况下，受教育权才可被享有和实现"（Committee on Economic, Social and Cultural Rights，1999a）[para38]。

———————————

① 教育自由与学术自由的关系，详见本书第六章第二部分。

基于上述分析，受教育权的体系可用图 1.4 表示。

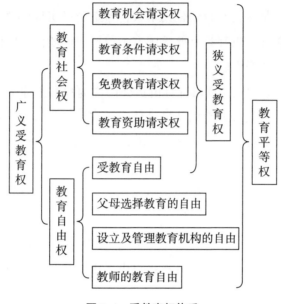

图 1.4　受教育权体系

第二章 受教育权的法律体系

一、国际法规定

教育是实现个人的尊严、自由和发展的前提，也是实现民主、和平与社会进步的重要手段，教育的重要性受到国际社会的广泛承认，受教育权已成为一项基本人权并受到国际法的确认和保障（Hodgson，1998）[17-20]。

联合国促进、保护和监督人权和基本自由的主要依据是由三个文件构成的国际人权宪章，即《世界人权宣言》《经济社会文化权利国际公约》《公民及政治权利国际公约》。这三部国际人权文件都确认受教育是人人应享有的权利，它们与《儿童权利公约》《消除对妇女一切形式歧视公约》《消除一切形式种族歧视国际公约》《保护所有移徙工人及其家族成员权利国际公约》《残疾人权利公约》一起，成为确认和保障受教育权的重要依据，也共同确立了受教育权的国际保障标准（见表 2.1）。

表 2.1　确认受教育权的主要国际文件

国际文件名称	有关条款	通过时间	实施时间	缔约国数	中国批准时间
《世界人权宣言》	26	1948 年	—	—	
《经济社会文化权利国际公约》	13、14	1966 年	1976 年	171	1997 年签署，2001 年批准
《公民及政治权利国际公约》	18	1966 年	1976 年	173	1998 年签署，尚未批准
《儿童权利公约》	28、29、30	1989 年	1990 年	196	1990 年签署，1991 年批准

续表

国际文件名称	有关条款	通过时间	实施时间	缔约国数	中国批准时间
《消除对妇女一切形式歧视公约》	5、10、11、14	1979 年	1981 年	189	1980 年签署，1980 年批准
《消除一切形式种族歧视国际公约》	5、7	1965 年	1969 年	182	1981 年批准
《残疾人权利公约》	8、24、27	2006 年	2008 年	185	2007 年签署，2008 年批准

注：统计截止时间为 2022 年 9 月 18 日。

上述国际人权文件中，《世界人权宣言》的规定已被国际社会普遍承认和接受，并已具有国际习惯法的效力（白桂梅 等，1996）[73]，另外六部属公约，对其缔约国具有法律拘束力。"一国一旦批准一项《公约》，它就承担了一种庄严的义务，忠诚地履行《公约》所载的每一项义务，并保证其本国法律符合其国际义务。因此通过批准人权公约，各国对国际社会负责，对批准统一文案的其他国家负责，并对其公民和其领土上的其他居民负责。"（Centre for Human Rights United Nations Office at Geneva，2001）[3] 国家有责任和义务保护其公民和其他在其领土上的居民的受教育权不受侵犯。

（一）《世界人权宣言》

1948 年 12 月 10 日，联合国大会通过第 217A 号决议并颁布《世界人权宣言》，其序言的开篇指出了其创立的目的，即"力求藉训导与教育激励人权与自由之尊重，并藉国家与国际之渐进措施获得其普遍有效之承认与遵行"，并在第 26 条首次规定"人人皆有受教育之权。教育应属免费，至少初级及基本教育应然"，该文件成为首个确认受教育权的国际人权文件。虽然《世界人权宣言》在制定的时候并不具有法律拘束力，但随着现代国际法的发展，它的规定已被国际社会普遍承认和接受，从而具有了国际习惯法的性质。（白桂梅 等，1996）[73]

《世界人权宣言》

……

第 26 条

人人皆有受教育之权。教育应属免费，至少初级及基本教育应然。初级教育应属强迫性质。技术与职业教育应广为设立。高等教育应予人人平等机会，以成绩为准。

教育之目标在于充分发展人格，加强对人权及基本自由之尊重。教育应谋促进各国、各种族或宗教团体间之谅解、容恕及友好关系，并应促进联合国维系和平之各种工作。父母对其子女所应受之教育，有优先抉择之权。

……

（二）《经济社会文化权利国际公约》与《公民及政治权利国际公约》

经过近 20 年的起草辩论，联合国大会于 1966 年 12 月 16 日第 2200A（XXI）号决议通过了《经济社会文化权利国际公约》和《公民及政治权利国际公约》，并于 10 年后的 1976 年生效。其中，《公民及政治权利国际公约》在第 18 条第 4 款中规定："尊重父母或法定监护人确保子女接受符合其本人信仰之宗教及道德教育之自由。"该款重申了《世界人权宣言》第 26 条第 3 款中规定的父母教育选择自由。

《经济社会文化权利国际公约》第 13 条和第 14 条是对受教育权的规定，其中第 13 条是该公约中最长也是规定最全面的一个条款，体现出该公约对受教育权的特别重视。上述两条规定不仅确认了《世界人权宣言》所载的"人人皆有受教育之权"，而且对《世界人权宣言》的相关内容进行了合理的调整和补充。第 13 条和第 14 条规定了个体享有的接受免费且义务性的初等教育的权利，平等取得教育机会的权利和平等享受教育设施的权利，选择教育和建立教育机构的自由，保护学生免遭非人道的纪律措施，以及学术自由。（Centre for Human Rights United Nations Office at Geneva，2001）[15-16] 这些权利内容可以分为两大类，一类是个人作为受教育的权利主体直接享有的权利，如享受免费的义务初等教育的权利、平等取得教育机会和平等享受教育设施的权利、选择教育的权利、免遭非人道的纪律措施的权利；另一类则并非由受教育权的权利主体直接享有，而是由其他相关主体享有，但与个人受教育权的实现密不可分，如建立教育机构的自由与学术自由。

《经济社会文化权利国际公约》

......

第 13 条

一、本盟约缔约国确认人人有受教育之权。缔约国公认教育应谋人格及人格尊严意识之充分发展，增强对人权与基本自由之尊重。缔约国又公认教育应使人人均能参加自由社会积极贡献，应促进各民族间及各种族、人种或宗教团体间之了解、容恕及友好关系，并应推进联合国维持和平之工作。

二、本盟约缔约国为求充分实现此种权利起见，确认：

（子）初等教育应属强迫性质，免费普及全民；

（丑）各种中等教育，包括技术及职业中等教育在内，应以一切适当方法，特别应逐渐采行免费教育制度，广行举办，庶使人人均有接受机会；

（寅）高等教育应根据能力，以一切适当方法，特别应逐渐采行免费教育制度，使人人有平等接受机会；

（卯）基本教育应尽量予以鼓励或加紧办理，以利未受初等教育或未能完成初等教育之人；

（辰）各级学校完备之制度应予积极发展，适当之奖学金制度应予设置，教育人员之物质条件亦应不断改善。

三、本盟约缔约国承允尊重父母或法定监护人为子女选择符合国家所规定或认可最低教育标准之非公立学校，及确保子女接受符合其本人信仰之宗教及道德教育之自由。

四、本条任何部分不得解释为干涉个人或团体设立及管理教育机构之自由，但以遵守本条第一项所载原则及此等机构所施教育符合国家所定最低标准为限。

第 14 条

本盟约缔约国倘成为缔约国时尚未能在其本土或其所管辖之其他领土内推行免费强迫初等教育，承允在两年内订定周详行动计划，庶期在计划所订之合理年限内，逐渐实施普遍免费强迫教育之原则。

……

(三)《儿童权利公约》

除了国际人权宪章对受教育权的确认，1989 年 11 月 20 日联合国大会第 44/25 号决议通过的《儿童权利公约》也是一部专门规定儿童受教育权的重要人权公约。其所确立的不歧视、儿童的最大利益、儿童的生命权及生存与发展、尊重儿童的意见四项普遍性原则，结合第 28 条、第 29 条、第 30 条对儿童受教育权的内容、目的与要求的具体规定，大大发展了受教育权的规范内涵。这部公约因突出了儿童在受教育过程中的权利主体地位和儿童权利保护的最大利益原则，成为儿童受教育权发展中的重要里程碑。

《儿童权利公约》确立的儿童权利保护的四项普遍性原则如下。

● 不歧视——第 2 条第 1 款：缔约国应尊重本公约所列举的权利，并确保其管辖范围内的每一儿童均享受此种权利，不因儿童或其父母或法定监护人的种族、肤色、性别、语言、宗教、政治或其他见解、民族、族裔或社会出身、财产、伤残、出生或其他身份而有任何差别。第 2 条第 2 款：缔约国应采取一切适当措施确保儿童得到保护，不受基于儿童父母、法定监护人或家庭成员的身份、活动、所表达的观点或信仰而施加的一切形式的歧视或惩罚。

● 儿童的最大利益——第 3 条第 1 款：关于儿童的一切行动，不论是由公私社会福利机构、法院、行政当局或立法机构执行，均应以儿童的最大利益为一种首要考虑。

● 儿童的生命权及生存与发展——第 6 条：缔约国确认每个儿童均有固有的生命权。缔约国应最大限度地确保儿童的存活与发展①。

● 尊重儿童的意见——第 12 条：缔约国应确保有主见能力的儿童有权对影响到其本人的一切事项自由发表自己的意见，对儿童的意见应按照其年龄和成熟程度给以适当的看待。为此目的，儿童特别应有机会在影响到儿童的任何司法和行政诉讼中，以符合国家法律的诉讼规则的方式，直接或通过代表或适当机构陈述意见。

《儿童权利公约》

……

第 28 条

1. 缔约国确认儿童有受教育的权利，为在机会均等的基础上逐步实现此项权利，缔约国尤应：

（a）实现全面的免费义务小学教育；

（b）鼓励发展不同形式的中学教育，包括普通和职业教育，使所有儿童均能享有和接受这种教育，并采取适当措施，诸如实行免费教育和对有需要的人提供津贴；

（c）根据能力以一切适当方式使所有人均有受高等教育的机会；

（d）使所有儿童均能得到教育和职业方面的资料和指导；

（e）采取措施鼓励学生按时出勤和降低辍学率。

2. 缔约国应采取一切适当措施，确保学校执行纪律的方式符合儿童的人格尊严及本公约的规定。

---

① 发展一词应以广义解释，增加其质的方面，不仅指身体健康，而且包括心理、情绪、认识、社会和文化方面的发展。

3. 缔约国应促进和鼓励有关教育事项方面的国际合作，特别着眼于在全世界消灭愚昧与文盲，并便利获得科技知识和现代教学方法，在这方面，应特别考虑到发展中国家的需要。

第 29 条

1. 缔约国一致认为教育儿童的目的应是：

（a）最充分地发展儿童的个性、才智和身心能力；

（b）培养对人权和基本自由以及《联合国宪章》所载各项原则的尊重；

（c）培养对儿童的父母、儿童自身的文化认同、语言和价值观、儿童所居住国家的民族价值观、其原籍国以及不同于其本国的文明的尊重；

（d）培养儿童本着各国人民、族裔、民族和宗教群体以及原为土著居民的人之间谅解、和平、宽容、男女平等和友好的精神，在自由社会里过有责任感的生活；

（e）培养对自然环境的尊重。

2. 对本条或第 28 条任何部分的解释均不得干涉个人和团体建立和指导教育机构的自由，但须始终遵守本条第 1 款载列的原则，并遵守在这类机构中实行的教育应符合国家可能规定的最低限度标准的要求。

……

（四）《消除对妇女一切形式歧视公约》

1979 年 12 月 18 日联合国大会第 34/180 号决议通过的《消除对妇女一切形式歧视公约》是一项旨在消除对妇女的一切歧视、实现充分性别平等的国际人权条约。该公约全面规定了妇女在家庭、政治、就业、教育等多领域享有的与男子平等的权利，被称为"妇女权利宪章"。该公约的内容包括对妇女歧视的界定、缔约国消除对妇女歧视的义务以及对实现男女实质平等的强调。（邹晓巧，2020）公约不仅在第 10 条、第 11 条、第 14 条中强调妇女在教育和接受职业训练方面享有与男子同等的权利，而且在第 5 条中明确指出需要对男女进行教育，使其接受男女权利和责任平等的观念，克服传统的性别刻板印象。（Centre for Human Rights United Nations Office at Geneva，1995）[3] 第八章将就此问题进一步展开分析，在此不再赘述。

《消除对妇女一切形式歧视公约》

......

第5条

缔约各国应采取一切适当措施：

（a）改变男女的社会和文化行为模式，以消除基于因性别而分尊卑观念或基于男女定型任务的偏见、习俗和一切其他方法。

（b）保证家庭教育应包括正确了解母性的社会功能和确认教养子女是父母的共同责任，但了解到在任何情况下应首先考虑子女的利益。

......

第10条

缔约各国应采取一切适当措施，消除对妇女的歧视，并保证妇女在教育方面享有与男子平等的权利，特别是在男女平等的基础上保证：

（a）在各种教育机构，不论其在农村或城市，职业和行业辅导、学习的机会和文凭的取得，条件相同。在学前教育、普通教育、技术、专业和高等技术教育以及各种职业训练方面，都应保证这种平等；

（b）课程的选择、考试、师资的标准、校舍和设备的质量相同；

（c）为消除在各级和各种方式的教育中对男女任务的任何定型观念，应鼓励实行男女同校和其他有助于实现这个目的的教育形式，并特别应修订教科书和课程，修改教学方法；

（d）领受奖学金和其他研究补助金的机会相同；

（e）接受成人教育，包括成人识字和实用识字教育的机会相同，特别是为了尽早缩短男女之间存在的教育水平上的一切差距；

（f）减少女生退学率，并为离校过早的少女和妇女办理种种方案；

（g）积极参加运动和体育的机会相同；

（h）有接受特殊教育性辅导的机会，以保障家庭健康和幸福，包括关于计划生育的知识和辅导在内。

第 11 条

1. 缔约各国应采取一切适当措施，消除在就业方面对妇女的歧视，以保证她们在男女平等的基础上享有相同权利，特别是：

……

（c）享有自由选择专业和职业，升级和工作保障，一切工作福利和服务条件，接受职业训练和再训练，包括实习训练、高等职业训练和经常训练的权利；

……

第 14 条

……

2. 缔约各国应采取一切适当措施，消除对农村地区妇女的歧视，以保证她们在男女平等的基础上参与并受益于农村发展，尤其是保证她们有权：

……

（d）接受各种正式和非正式的训练和教育，包括实用识字的训练和教育在内，以及除了别的以外，享受一切社区服务和推广服务的益惠，以提高她们的技术熟练程度；

……

（五）《消除一切形式种族歧视国际公约》

1963 年 11 月 20 日联合国大会第 1904 号决议宣布了《消除一切形式种族歧视宣言》。为给这一宣言提供一个具有法律效力的实施框架，1965 年 12 月 21 日联合国大会第 2106A 号决议通过了《消除一切形式种族歧视国际公约》。该公约的基本内容主要包括对种族歧视的界定、缔约国消除种族歧视的义务以及监督执行机制。（于文豪，2016）该公约第 5 条强调缔约国有义务保证人人不分种族享有接受教育与训练的权利，第 7 条指出缔约国应当立即采取措施以在教育领域打击导致种族歧视的偏见。

《消除一切形式种族歧视国际公约》

……

第 5 条

缔约国依本公约第 2 条所规定的基本义务承诺禁止并消除一切形式种族歧视，保证人人有不分种族、肤色或民族或人种在法律上一律平等的权利，尤得享受下列权利：

……

（辰）经济、社会及文化权利，其尤著者为：

……

(5) 享受教育与训练的权利；

……

第 7 条

缔约国承诺立即采取有效措施尤其在讲授、教育、文化及新闻方面以打击导致种族歧视之偏见，并增进国家间及种族或民族团体间的谅解、容恕与睦谊，同时宣扬联合国宪章之宗旨与原则、世界人权宣言、联合国消除一切形式种族歧视宣言及本公约。

……

（六）《残疾人①权利公约》

2006 年 12 月 13 日联合国大会第 A/RES/61/106 号决议通过的《残疾人权利公约》是 21 世纪以来的第一部综合性国际人权公约。该公约旨在促

---

① 在国内，"persons with disabilities" 这一概念存在 "残疾人" 和 "残障人" 两种译法，前者仅表达了个体身心缺陷的含义，而后者则既包含个体的缺陷又包括环境上的障碍。不过，中国法律文本仍使用 "残疾人" 这一概念。关于使用 "残疾人" 还是 "残障人" 的讨论，参见刘璞. 残疾人或残障人：可期待的法律用语转换 [J]. 人权，2019（6）：77-90. 出于同法律文本保持一致的考虑，本书均采用 "残疾人" 一词。

进、保护和确保所有残疾人充分和平等地享有一切人权和基本自由，并促进对残疾人固有尊严的尊重。① 该公约确认，缔约国应当确保残疾人在不受歧视和机会均等的情况下享有和实现受教育权，并明确规定缔约国应当在各级教育中"实行包容性教育制度和终生学习"。该公约不仅在第 24 条和第 27 条详细规定了缔约国在尊重、促进和保护残疾人受教育权（包括接受职业训练的权利）方面的义务，而且在第 8 条强调缔约国应当立即采取措施在各级教育系统中培养尊重残疾人权利的态度。

残疾人受教育权的内涵主要包括两方面的内容。一是同其他受教育者一样，享有宪法和教育法规定的受教育权。在义务教育阶段，每个适龄残疾儿童和少年都应当接受免费的教育；在非义务教育阶段，残疾人享有平等的受教育机会，不因残疾而被拒绝入学。二是由于残疾人身心方面存在障碍，是受教育者中的弱势群体，因此需要国家为其接受教育提供必要的援助。包括在学校创设无障碍环境，使残疾学生平等地享受各种教育教学资源；在教学中为残疾学生设计个别化的教育计划和教育方式，提供能使他们获得最大收益的、最为适合的教育，此外还应视条件在教育费用和其他服务措施上为残疾学生提供更多的援助。

《残疾人权利公约》

……

第 8 条 提高认识

一、缔约国承诺立即采取有效和适当的措施，以便：

（一）提高整个社会，包括家庭，对残疾人的认识，促进对残疾人权利和尊严的尊重；

（二）在生活的各个方面消除对残疾人的定见、偏见和有害做法，包括基于性别和年龄的定见、偏见和有害做法；

（三）提高对残疾人的能力和贡献的认识。

---

① 详见《残疾人权利公约》第 1 条。

二、为此目的采取的措施包括：

……

（二）在各级教育系统中培养尊重残疾人权利的态度，包括从小在所有儿童中培养这种态度；

……

第24条　教育

一、缔约国确认残疾人享有受教育的权利。为了在不受歧视和机会均等的情况下实现这一权利，缔约国应当确保在各级教育实行包容性教育制度和终生学习，以便：

（一）充分开发人的潜力，培养自尊自重精神，加强对人权、基本自由和人的多样性的尊重；

（二）最充分地发展残疾人的个性、才华和创造力以及智能和体能；

（三）使所有残疾人能切实参与一个自由的社会。

二、为了实现这一权利，缔约国应当确保：

（一）残疾人不因残疾而被排拒于普通教育系统之外，残疾儿童不因残疾而被排拒于免费和义务初等教育或中等教育之外；

（二）残疾人可以在自己生活的社区内，在与其他人平等的基础上，获得包容性的优质免费初等教育和中等教育；

（三）提供合理便利以满足个人的需要；

（四）残疾人在普通教育系统中获得必要的支助，便利他们切实获得教育；

（五）按照有教无类的包容性目标，在最有利于发展学习和社交能力的环境中，提供适合个人情况的有效支助措施。

三、缔约国应当使残疾人能够学习生活和社交技能，便利他们充分和平等地参与教育和融入社区。为此目的，缔约国应当采取适当措施，包括：

（一）为学习盲文，替代文字，辅助和替代性交流方式、手段和模式，定向和行动技能提供便利，并为残疾人之间的相互支持和指导提供便利；

（二）为学习手语和宣传聋人的语言特性提供便利；

（三）确保以最适合个人情况的语文及交流方式和手段，在最有利于发展学习和社交能力的环境中，向盲、聋或聋盲人，特别是盲、聋或聋盲儿童提供教育。

四、为了帮助确保实现这项权利，缔约国应当采取适当措施，聘用有资格以手语和（或）盲文教学的教师，包括残疾教师，并对各级教育的专业人员和工作人员进行培训。这种培训应当包括对残疾的了解和学习使用适当的辅助和替代性交流方式、手段和模式、教育技巧和材料以协助残疾人。

五、缔约国应当确保，残疾人能够在不受歧视和与其他人平等的基础上，获得普通高等教育、职业培训、成人教育和终生学习。为此目的，缔约国应当确保向残疾人提供合理便利。

……

（七）其他国际文件

除了上述主要国际文件对受教育权的内容予以界定，其他一些国际文件也对受教育权持续确认，或赋予其某些内容以更为详细具体的内涵，或进行顺应时代发展的调整（见表 2.2）。这些国际文件大多以"宣言""建议""行动纲领"的形式出现，不像"公约"那样对国家具有法律拘束力（Daudet et al.，2001）[para. 43]，传统上只具有政治和道德上的拘束力。不过随着现代国际法的发展，目前普遍认为，这些文件（宣言和建议）通过对受教育权的持续确认，已经逐渐包含了国际法上的"法律确念"（opinio Juris）① 成分，从而具有了国际习惯的性质（Daudet et al.，2001）[para45]，因此，其也是确认受教育权的重要国际文件。

---

① "opinio Juris"系拉丁语，曾被译为"法律信念""法律确信""法之信念"，我国著名国际法专家王铁崖将其译为"法律确念"，法律确念是构成国际习惯的两因素之一，而国际习惯是国际法体系的首要渊源。参见王铁崖. 国际法引论 [M]. 北京：北京大学出版社，1998：67-85.

表 2.2　确认受教育权的其他国际文件

国际文件名称	制定组织	通过时间
《取缔教育歧视公约》	联合国教科文组织	1960 年
《关于教师地位的建议》	联合国教科文组织、国际劳工组织	1966 年
《技术与职业教育公约》	联合国教科文组织	1989 年
《世界全民教育宣言》《满足基本学习需要行动纲领》	世界全民教育大会	1990 年
《萨拉曼卡宣言》《特殊需要教育行动纲领》	世界特殊需要教育论坛	1994 年
《为了和平、人权和民主的教育的联合行动纲领》	联合国教科文组织	1995 年
《成人教育汉堡宣言》	第五届国际成人教育论坛	1997 年
《关于高等教育教学人员地位的建议》	联合国教科文组织	1997 年
《21 世纪高等教育世界宣言：视角和行动》《适应高等教育变化和发展的优先行动纲领》	世界高等教育论坛	1998 年
《达喀尔行动纲领》	世界教育论坛	2000 年
《仁川宣言》	世界教育论坛	2015 年
《关于职业技术教育与培训的建议书》	联合国教科文组织	2015 年
《关于成人学习与教育的建议书》	联合国教科文组织	2015 年

此外，2019 年 2 月，在科特迪瓦共和国最大的城市阿比让，一个由来自世界各地的 57 名专家组成的大会通过了《阿比让原则》（the Abidjan Principles on the human rights obligations of States to provide public education and to regulate private involvement in education）。尽管属于民间共识，但《阿比让原则》自通过后已陆续取得多个联合国和区域层面主要人权机构的承认。[①] 尤应指出的是，联合国人权理事会分别于 2019 年 7 月和 2021 年 7 月通过的

---

① 详情参见 https：//www.abidjanprinciples.org/en/support/official-recognition。

两项决议中提及《阿比让原则》。①

二、宪法规定

（一）若干国家及地区对受教育权的确认

1. 各国宪法受教育权确认的基本情况

20 世纪以来，特别是《世界人权宣言》发表以来，受教育权的基本权利地位逐渐得到世界各国的普遍承认。据学者统计，自 1949 年至 1975 年，世界上共有 110 个国家颁布了新宪法，其中有 60 个国家在宪法中规定了受教育权，占这一时期所颁布的宪法总数的 54.5%（马尔赛文 等，1987）[259]。而 2014 年的一项比较宪法项目发现，世界上 90% 的宪法都有关于受教育权的规定。在那些有教育规定的宪法中，56% 的宪法要求在一定程度上实行义务教育。此外，65% 的宪法规定教育应在一定程度上免费。（Elkins et al.，2014）但仔细分析受教育权在各国宪法中的具体表述形式，仍能看出差异所在。大体来看，受教育权在各国宪法中的表述方式可以分为如下四类模式（温辉，2003）[7-13]。

（1）受教育权是公民的一项基本权利

《巴西联邦共和国宪法》（1988 年）第 176 条规定：“在国家统一原则和人类自由和友爱思想鼓舞下，教育是全体巴西人的权利和国家的义务，教育应在家庭和学校里实施。”

---

① 参见 Human Rights Council. Promotion and protection of all human rights, civil, political, economic, social and cultural rights, including the right to development [R]. 41th session. U. N. Doc. A/HRC/41/L. 26, 2019; Human Rights Council. Promotion and protection of all human rights, civil, political, economic, social and cultural rights, including the right to development [R]. 47th session. U. N. Doc. A/HRC/47/L. 4/Rev. 1, 2021.

（2）受教育是公民的一项自由

《泰王国宪法》（2017 年）第 40 条规定："在没有与本宪法规定的公民义务相抵触，以及没有与义务教育法和组织教育机构法相抵触的情况下，个人享有受教育和培训的自由。"

（3）公民有平等的受教育权

《日本国宪法》（1946 年）第 26 条规定："一切国民，依照法律规定，都享有按能力同等受教育的权利。"《法兰西共和国宪法》（1958 年）确认了 1946 年宪法序言的规定："国家保证儿童及成年男女获得一般教育与职业教育及文化之均等机会，并应设立各级非宗教之义务教育机关。"

（4）受教育既是公民的权利也是公民的义务

我国宪法第 46 条规定："中华人民共和国公民有受教育的权利和义务。"

《巴拿马宪法》第 91 条规定："人人都有受教育的权利和义务。"

《越南社会主义共和国宪法》（1992 年）第 59 条规定："学习是公民的权利和义务。"

2. 德国

1919 年的德国《魏玛宪法》是世界上第一个对教育问题做出详细规定的宪法文本，标志着文化宪法的产生。《魏玛宪法》专设了"教育及学校"一章，全面规定了国民的教育义务及国家与学校各方面的事务。具体包括①：（1）确立了国家教育权（第 144 条）："教育事务，在国家监督之下，国家亦得令自治区参与之。学校之监督，应由教育为主要职业及有专门学识之官吏担任之。"（2）规定了国民的受教育义务（第 145 条）："受国民小学教育为国民普通义务。就学期限，至少 8 学年，次为完成学校至满足 18

---

① 参见姜士林，鲁仁，刘政，等. 世界宪法全书 [M]. 青岛：青岛出版社，1997：821.

岁为止，国民小学及完成学校之授课及教育用品，完全免费。"（3）确立了公共教育制度、对贫困儿童的教育救助制度（第 146 条）及私立学校制度（第 147 条）。（4）规定了学校教育的目的及课程设置（第 148 条），特别规定了宗教课程（第 149 条）。

尽管《魏玛宪法》规定了免费的国民小学教育制度及对贫困儿童予以救助的制度，但其只是规定"受国民小学教育为国民普通义务"。此时宪法中的教育条款几乎没有任何法律上的实效性，受教育既不是个人可以主张的权利，也不能够有效约束公权力。受教育条款只被看作对立法机关的"指示"或者"纲领"，而不是可以诉请法院保护的权利。根据当时的"转换理论"，宪法上的基本权利并不构成实质意义上的权利，只有经过立法机关制定法律才能成为真正的权利。

德国现行宪法是 1949 年颁布的《德国基本法》，其第 7 条是对教育的规定。《德国基本法》第 7 条的很多内容延续了《魏玛宪法》的规定，但非常重要的一点是，它未将受教育规定为国民的义务，而是规定为国民的权利。《德国基本法》第 7 条主要规定了国家的学校监督权、国民的受教育权、宗教课、私立学校的权利以及预备学校等问题。

《德国基本法》对教育的规定主要有如下几个方面。

第一，确定了国家教育权。规定国家对学校事务享有监督权，其权力范围覆盖所有的公立和私立学校。

第二，受教育不再作为国民的义务，而经由相关判例、对《德国基本法》第 2 条第 1 款（人格自由发展权）和第 12 条第 1 款（职业自由选择权）的解释，推导出受教育是国民的一项基本权利，但其保障的侧重点在于教育自由的部分，即受教育者自由选择教育形式和内容以及个体自由发展的权利。这和多数欧洲国家的情况是相似的。

第三，确认并保护了国民个人或其他群体举办私立学校的权利。"这在具有国家举办教育传统的德国不仅具有象征意义，而且具有实际意义。象征意义在于它打破了国家垄断教育的局面，而实际意义则更多地体现在教育投融资体制的多元性、学生选择和发展的多样性等方面。"（胡劲松，2004）在确认国民举办私立学校自由的同时，《德国基本法》也对私立学校的设立批准和管理问题做出了详细规定，要求私立学校必须达到基本的教育标准，必须经过国家批准，且在州法的监督之下。

第四，规定宗教课为公立学校的基本课程，但也要尊重教师及学生的宗教自由，不得强迫教师违背自己的意愿教授宗教课程，学生或其父母也有选择是否学习宗教课的自由。

《德国基本法》

第7条

1. 整个学校事业均处于国家的监督之下。

2. 父母和监护人有权决定儿童是否参加宗教课的学习。

3. 除非宗教学校以外，宗教课是所有公立学校的正式课程。在不损害国家监督权的前提下，宗教课按照所属宗派的基本原则和教条授课。不允许强迫任何教师违背其意愿进行宗教课的教学。

4. 保护建立私立学校的权利。作为公立学校的替代或补充，私立学校的建立需要国家的批准，并处于州法的监督之下。如果私立学校在教学目标、办学条件、教师学术水平等方面不落后于同类公立学校，学生家长的财产状况也没有强化学生的特殊性，则应该获得批准。如果私立学校教师的经济和法律地位没有得到足够的保障，则应该拒绝批准其设立。

5. 只有当教育行政机关（或教育当局）认定其能够代表某种特殊的教育利益，或者在依据教育权所有者的申请的情况下，只有在其相应社区没有此类公立国民学校存在的情况下，只有在其以非宗教学校、宗教学校或者世俗学校形式出现的情况下，私立国民学校才能获得批准。

6. 取消预备学校。

与《魏玛宪法》相比，《德国基本法》对受教育权的规定，不仅发生了从受教育义务到受教育权利的转变，而且包含了更深刻的内涵变化。第二次世界大战之后，德国宪法理论在自然法的影响下发生了重要变化，基本权利开始被看作先于国家和高于国家的存在，传统的法律与权利的关系发生了逆转。个人的权利不再是立法者的创造物，相反，法律和国家权力要从保障基本权利中获得正当性。在这种意义上，拉德布鲁赫等法学家"赋予各种基本权利一种普遍的价值"。而且，作为普遍的客观价值，基本权利对于立法权不再是空洞的"指示"和"纲领"，而是能够实际约束立法者的客观规范。（张翔，2005）因此，在当代德国宪法理论与实践中，基本权利被认为具有"主观权利"和"客观法"的双重性质。在"个人得向国家主张"的意义上，基本权利是一种"主观权利"。同时，基本权利又被认为是《德国基本法》所确立的"客观价值秩序"，公权力必须自觉遵守这一价值秩序，尽一切可能去创造和维持有利于基本权利实现的条件，在这种意义上，基本权利又是直接约束公权力的"客观规范"或者"客观法"。（Alexy，1999）

3. 日本

对于国民的教育基本权，《日本国宪法》主要是以第 23 条和第 26 条来进行保障的。《日本国宪法》第 23 条规定："保障学术自由。"第 26 条规定："一切国民，依照法律规定，都享有按能力同等受教育的权利。一切国民，依照法律规定，都负有使其所保护的子女接受普通教育的义务。义务教育为免费教育。"前者保障了以教师为首的国民的教育自由；后者保障了以儿童和青少年为首的国民接受教育的权利和自由。二者共同保障了为达成教育的内容不受国家权力性统治、满足以儿童和青少年为首的国民对教育的要求这样的目的，教育应当由以教师为主的教育权者，通过专门的见识来自由地加以决定和实现。（大须贺明，2001）[137] 因此，日本学者普遍认为，《日本国宪法》里的受教育权包含了两层含义：一层含义是教育自由权，保障教育不服从于不正当的支配，而直接对全体国民负责，这是一种要求国家不作为的"不作为请求权"；另一层含义是教育社会权，是对国家提出"作为请求权"的教育权。其中，教育社会权的内容表现为两个方面，一是作为教育权者的国民，具有请求国家采取措施以完善各种教育外部条件的具体权利，即要求国家为教育提供必要的财政支出、设立和管理有关设施、制定有关制度等；二是为了确保教育目标得以实现，国家必须履行上述积极作为义务。（大须贺明，2001）[137-138]

针对《日本国宪法》第 26 条规定的"受教育权"的宪法性质和效力，特别是涉及教育社会权的部分，日本学界有两种不同的意见。传统占主导地位的意见被称为"纲领性规定论"，认为该权利条款并不保障国民实际上的请求权，"受教育权"的具体内容只有通过立法才能实现；而且是否对此进行立法，得完全委任于国家的立法政策；必须对立法做合宪性推定，且这种推定不能由反证来推翻。因此，该条款不过是对立法权规定了其纯粹的政治性、道德性的义务而已，而并不属于法的义务，国民既不能对国家违反义务的行为提起诉讼，也不能追究立法机关的不作为。东京大学宪法研究会在对《日本国宪法》第 26 条进行注解的时候就指出，该条规定的"所谓权利，是将国家应该顾及的教育机会均等之事，放到国民的角度上作为权利来考虑的。其内容为，国家在立法或者决定政策之际，必须对此予以充分的考虑；再者就是为了实现这样的宗旨，有责任采取适当的措施。……但是，在此即使说是权利，也并非是指某特定个人可以依据本条款向国家请求支付给予接受教育所必需费用那样的具体性权利"（東京大学憲法研究會，1953）[500-501]。

另外一种意见则反对"纲领性规定论"，认为《日本国宪法》第 26 条规定的"受教育权"是"主观性公权"，是作为法的具体权利存在的，具有直接拘束立法、行政和司法三权的法的效力，是现实性的客观规范（大须贺明，2001）[140-141]。这种观点承认国民可以基于自身地位，借着法秩序所赋予的途径，直接主张其自身利益，而国家当然具有义务予以满足（温辉，2003）[118]。这是赋予《日本国宪法》第 26 条最强法律效力的解释。

4. 美国

美国没有在其联邦宪法中规定受教育权，受教育权是由各州宪法规定的，因此，受教育权不被认为是美国联邦宪法确认的基本权利，而是各州宪法确认和保障的宪法权利。但即使如此，教育的重要性在美国联邦依然受到充分的肯定，在"普莱勒诉多伊案"中，联邦最高法院做出了被认为是迄今为止对教育重要性的最高的评价："公共教育不是宪法赋予个体的一项权利，但也不仅仅是一些不可与其他形式的社会福利立法区分的政府利益。教育在保持我们基本制度方面的重要性，以及剥夺它会给孩子造成的持久影响，都明确予以了区分……美国人民总是将教育以及对知识的获取视为最具重要性的事务。"

尽管教育在宪法分权中属于州政府的权限，但在20世纪后四分之一的时间里，美国联邦政府已经极大地扩张了其在教育立法上的事务。从美国联邦宪法的角度来看，这一变化首先因宪法第1条成为可能，因为它赋予国会征税并为一般福利的目的使用税收的权力；其次，宪法第十三、第十四修正案也提供了依据，它们允许国会进行公民权利立法，而《残疾人教育法》就是这方面立法的典型。

比较而言，美国联邦宪法与教育关系最密切的条款是宪法第十四修正案。第十四修正案包括保护个人的两条至关重要的规定——正当法律程序条款和平等保护条款。正当法律程序条款通过规定"任何州，非经正当法律程序，不得剥夺任何人的生命、自由或财产"，保护公民免受不公平的或没有公平程序的政府行为侵害。在这一条款约束下，州和地方学区（包括学校和教师）不得对学生实施不合理的体罚或其他惩罚，也不得未经听证而开除学生。平等保护条款规定"州不得否认任何人受平等保护的权利"，确保人人平等并受到政府公平和平等对待，对受教育权的平等保护起到了重要的作用。在该条款规定下，任何人在教育上的利益都应当受到平等保护。如果外国移民被拒绝进入公立学校就读，或者政府与学校故意不教授移民学生英语，都可以认为该学生未受到平等保护。

正当法律程序条款和平等保护条款是美国关于个人权利与自由的极为重要的保护渊源。起初，上述条款被认为只是限制联邦政府权力的，而州政府则不受联邦宪法的约束，但经过长期的司法解释之后，州政府也开始受到该条款的约束，不得侵犯联邦宪法保障的所有重要宪法权利。① 而受教育权尽管不被认为是联邦宪法确认的基本权利，但没有因此被排斥在正当法律程序条款和平等保护条款的保护范围之外。这是由于美国联邦法院认为教育的利益与"生命、自由和财产"这三类宪法基本权利密不可分，因此将其纳入该条款的保护范围。事实上，美国联邦法院审理的教育案件是非常多的，其中的大量案件都与受教育权相关，只不过它们大多被披上了"生命、自由和财产"的外衣。

必须注意的是，正当法律程序条款和平等保护条款作为规范政府行为的重要宪法原则，只适用于约束政府实施的行为，并不能用来约束私人和私权行为，这个前提被称为"政府行为原则"。也就是说，只有实施政府行为的公共机构才受宪法正当法律程序条款和平等保护条款的约束，因此，公立学校作为实施政府行为的公共机构，适用该宪法条款，而私立学校一般不受其制约，除非其在特定方面接受政府拨款从而构成"实施政府行为"。不过，美国目前已有很多州另行制定法律或通过专门政策为私立学校的学生提供与公立学校学生相似的程序保护，此时私立学校的管理和惩戒行为也需满足相似的程序要求，但须注意的是，其法律依据并不是宪法第十四修正案的正当法律程序条款，而是州立法或地方学区的政策。

除了宪法第十四修正案，其他与公共教育具有密切关系的宪法条款还包括：第一修正案禁止公共权力"建立宗教"的规定以及由此必然带来的对"宗教信仰自由"的保障；第一修正案对言论、出版、集会和请愿的附加保护；第十四修正案规定免受"不合理的搜查和抓捕"的权利；以及第十五修正案的正当法律程序条款，也被称为"第二"正当法律程序条款，其作用是为那些没有被第十四修正案正当法律程序条款涵盖的人——如华盛顿特区的学生、咨询者、教师和公立学校——提供正当法律程序保护。

---

① 举例来说，言论自由权在第一和第十四修正案保护下免受联邦和州政府的侵犯。但第一修正案的表述只是说"国会不能制定法律……剥夺言论自由"。为了禁止州的官员干预言论自由，人们将言论自由视为被第十四修正案的正当法律程序条款所包含的。这个"选择包括"的过程（之所以选择，是因为不是所有权利法案中的权利都可被包括进正当法律程序条款的保护范围），具有禁止州政府未经正当法律程序而剥夺人民的任何重要自由权利的作用。

而且，法院认为第十五修正案的正当法律程序概念足够宽泛，可以涵盖"平等保护"概念包含的公平原则，如此，华盛顿特区的公立学校官员必须遵循第十五修正案之下的正当法律程序与平等保护的原则。

（二）我国宪法中的教育条款

1. 我国宪法对教育的规定

自 1949 年以来，我国先后制定了四部宪法，即 1954 年宪法、1975 年宪法、1978 年宪法和 1982 年宪法。此外，1949 年的《中国人民政治协商会议共同纲领》被认为起到了临时宪法的作用。

《中国人民政治协商会议共同纲领》没有规定受教育义务，也没有规定受教育权，只在文化教育政策里提到了关于受教育的事项。1954 年宪法第 94 条规定："中华人民共和国公民有受教育的权利。国家设立并且逐步扩大各种学校和其他文化教育机关，以保证公民享受这种权利。国家特别关怀青年的体力和智力的发展。"1954 年宪法规定了公民的受教育权，没有规定受教育义务。

1975 年宪法在第 27 条简单提到公民受教育的权利，也没有规定受教育的义务。

1978 年宪法第 51 条规定："公民有受教育的权利。国家逐步增加各种类型的学校和其他文化教育设施，普及教育，以保证公民享受这种权利。国家特别关怀青少年的健康成长。"与前几部宪法相同，1978 年宪法也是仅规定了受教育的权利，而未规定受教育的义务。

1982 年宪法则产生了较大的变化，既规定了受教育的权利，也规定了受教育的义务。其中，受教育权作为一项基本权利在三个条款中得到明确规定。

第 19 条

国家发展社会主义的教育事业，提高全国人民的科学文化水平。

国家举办各种学校，普及初等义务教育，发展中等教育、职业教育和高等教育，并且发展学前教育。国家发展各种教育设施，扫除文盲，对工人、农民、国家工作人员和其他劳动者进行政治、文化、科学、技术、业务的教育，鼓励自学成才。国家鼓励集体经济组织、国家企业事业组织和其他社会力量依照法律规定举办各种教育事业。……

第 24 条

国家通过普及理想教育、道德教育、文化教育、纪律和法制教育，通过在城乡不同范围的群众中制定和执行各种守则、公约，加强社会主义精神文明的建设。国家提倡爱祖国、爱人民、爱劳动、爱科学、爱社会主义的公德，在人民中进行爱国主义、集体主义和国际主义、共产主义的教育，进行辩证唯物主义和历史唯物主义的教育，反对资本主义的、封建主义的和其他的腐朽思想。

第 46 条

中华人民共和国公民有受教育的权利和义务。国家培养青年、少年、儿童在品德、智力、体质等方面全面发展。

1982 年宪法除了规定公民受教育的权利与义务，与教育相关的规定还包括第 49 条第 3 款"父母有抚养教育未成年子女的义务"，以及第 47 条"中华人民共和国公民有进行科学研究、文学艺术创作和其他文化活动的自由。国家对于从事教育、科学、技术、文学、艺术和其他文化事业的公民的有益于人民的创造性工作，给以鼓励和帮助"。这一条款中规定的从事科学研究的自由以及从事教育事业的权利，被学界认为实际上相当于其他国家宪法中的学术自由（许崇德，1999）[169]。

2. 对宪法第 46 条的解释

1982 年宪法第 46 条第 1 款规定"中华人民共和国公民有受教育的权利和义务"，涉及公民受教育的权利和义务两个方面。与前面几部宪法相比，1982 年宪法是唯一规定受教育义务条款的。至于原因，有学者分析，因为建设强大国家需要提高全民文化素质，所以在宪法里面需要规定受教育义务，这是带有强迫性的（许崇德，2003）⁸⁰⁴。也有学者解释1982年宪法之所以这样规定，是因为受教育是公民对社会应尽的义务，也是其自我完善的需要（蔡定剑，2006）²⁷⁷。

学术界近年来对宪法第46条的内涵进行了热烈的讨论，形成了不同的解释和观点。传统的观点认为，宪法的这一规定表明受教育既是公民的一项权利，同时又是公民的一项义务，这是一条权利义务复合规范。① 质疑和批评的典型意见则认为：将某一权利一方面界定为权利，另一方面又界定为义务，必然产生理论上的困惑。公民受教育既是权利又是义务，作为权利，它可以被放弃，作为义务，它必须被履行，在实践中使受教育者感到无所适从。（温辉，2003）⁶⁹也有学者认为："这样的制度设计针对性是比较差的。……与纳税、服兵役等宪法义务具有绝对性不同的是，受教育如果作为普通公民所必须履行的一般性质的宪法义务实际上是不具有现实性的。"（莫纪宏，2003）¹²⁶⁻¹²⁷有学者更直接地指出，宪法把受教育既规定为公民的权利，又规定为公民的义务，实际上是不妥当的，混淆了权利主体与义务主体的关系（张庆福，1998）³¹。在对传统观点进行批评的基础上，产生了对宪法该条规定的一些新解释，新解释大体上又可以分为两种观点。一种观点依然坚持受教育权的复合性质，认为受教育不仅是一项权利，还是公民的一项重要义务，是权利与义务的结合与统一，应将受教育的权利与义务结合起来（刘松山，2003）¹⁵⁹⁻¹⁶⁰。其论证根据是：受教育既是人格与个性全面发展的要求，也是现代国家全面管理社会的需要，是国家为造就和培育经济生产和社会管理所需的人力资源的必要手段。受教育权作为一项权利无须过多论证，但其作为一项义务的根据在于，公民只有接受教育，才具备符合国家与社会需求的知识品格，才具有参与职业生活所必需的知识与经验，否则就有可能被社会排斥，增加国家的负担。在此情况下，国家必须强制公民接受教育，以减轻管理和安排就业方面的负担。义务教育

---

① 参见李步云. 宪法比较研究 ［M］. 北京：法律出版社，1998：543. 不仅宪法学界这样解释，对于此后颁布的1986年《义务教育法》和1995年《教育法》中相同的表述也有同样的解释，可参见陈德珍. 中华人民共和国义务教育法讲话 ［M］. 北京：法律出版社，1993：75；国家教委师范教育司. 教育法导读 ［M］. 北京：北京师范大学出版社，1996：41.

更是达到这一目的的基本保证，国家、社会和家庭必须保证初等教育的实现，接受初等教育因此成为国家对公民的一项强制性措施，这就表现为宪法对教育的义务性规定。（郑贤君，2003）[140-141] 这一观点虽然坚持受教育也是公民的一项重要义务，但指出受教育义务的履行主体并不限于受教育者本人，还包括适龄儿童的父母等监护人和国家，而且后两者的义务更为重要。同时，在受教育义务阶段的界定上，只限于初等教育或义务教育阶段。

另一种观点认为受教育对公民而言只是一项权利，对国家及适龄儿童的父母或监护人来说才是一项义务。如有学者认为，宪法第 46 条的规定有三重含义：一是确认了公民有受教育权；二是表示国家应当制定保护公民受教育权实现的法律并积极创造条件；三是国家在制定法律时不得侵犯公民受教育权。（胡锦光 等，2002a）[49] 这一解释突出公民作为受教育权的权利主体地位和国家保护公民受教育权实现的义务主体地位，没有包括公民履行接受教育的义务。还有一种解释也坚持受教育仅是权利而非义务，但其分析结构更为复杂。其认为，宪法第 46 条的规定概括地表述了"受教育的权利和义务"所蕴含的复杂的关系结构。一般而言，任何公民都是受教育的主体，然而在权利实现的现实中，受教育权利之主体大多由适龄儿童和少年构成。与这部分主体受教育的权利相对应，其亲权人（父母或其他监护人）既拥有对他们实施教育的自由，亦负有让他们接受教育的义务，其中，后者构成宪法第 46 条第 1 款中的受教育的义务。与适龄儿童和少年的受教育权以及其亲权人施予教育的自由相对应，国家和社会又负有相应的义务，其中包括提供合理的教育制度以及适当的教育设施和条件等内容。由此看来，与宪法第 42 条有关劳动的权利和义务的规定一样，第 46 条第 1 款中所谓"受教育的权利和义务"，在结构上也具有复合而不矛盾的规范内容。（许崇德，1999）[181] 该解释的基本论点可用图 2.1 表示。

传统的观点将受教育的权利和义务主体置于同一主体之上，确实有令人迷惑之处，应当做必要的澄清和解释，而且只提及公民受教育的义务而不强调国家的义务也是失之偏颇的。在新近的几种解释中，第一种观点虽认为公民负有受教育的义务，但特别强调了国家和适龄儿童的父

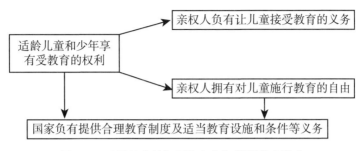

图 2.1　"受教育的权利和义务"解释基本论点

母或监护人的义务，是一个较大的进步。其主张将义务教育确认为公民的义务，确实对实现国家繁荣富强、增强国家观念、促进民族团结等国家目标是有益的，在现实中也确实存在这样的理解。但关于如何解决备受批评的权利与义务主体合一带来的困惑，尚需更有说服力的论证和解释。

第二种观点将受教育权的权利主体和义务主体分开，受教育的权利主体是公民，义务主体是国家及适龄儿童的父母或其他监护人。国家的义务在于为儿童提供合理的教育制度及适当的教育设施和条件，父母或其他监护人的义务在于送其子女入学接受教育。同时还增加了父母或其他监护人对适龄儿童施予教育的自由。这一解释增加了适龄儿童的父母或其他监护人这一新的主体，更容易理解《义务教育法》为何在规定适龄儿童、少年必须入学接受教育的基础上，进一步明确其父母或者其他法定监护人应当送其入学接受并完成义务教育，并且规定在儿童没有按时入学的情况下，应对儿童的父母或其他监护人进行批评教育。这一解释构建了国家、适龄儿童、适龄儿童的父母或其他监护人三主体共同构成的复杂权利义务体系框架，较为完整和丰富，值得关注和重视。

总之，对于宪法第 46 条第 1 款所规定的"中华人民共和国公民有受教育的权利和义务"，确实存在多种不同的解读。但是，把握住以下几点，还是可以更接近对其的科学认识的。第一，受教育是公民的一项基本权利。第二，国家对公民受教育权的实现负有主要义务和责任。第三，父母或其他监护人有义务使其子女接受义务教育。至于公民的受教育义务，虽然其在义务教育阶段有一定的合理性，但必须注意的是，宪法的主要目的不是规定个人义务——纯粹的公民义务应保留给普通法律加以规定。

3. "齐玉苓案"

齐玉苓（曾用名齐玉玲）与陈晓琪均系滕州八中1990届应届初中毕业生，陈晓琪在1990年中专预选考试时成绩不合格，失去了升学考试资格。齐玉苓则通过了预选考试，在统考中成绩为441分，超过了委培录取的分数线。后来济宁商校发出了录取"齐玉玲"为该校1990级财会专业委培生的通知书，但陈晓琪在其父陈克政的操纵下，从滕州八中领取了该通知书后即以"齐玉玲"的名义入济宁商校就读。陈晓琪从济宁商校毕业后，以"齐玉玲"的姓名在中国银行滕州支行工作。齐玉苓经过复读，后就读于邹城劳动技校，1996年8月被分配到山东鲁南铁合金总厂工作，自1998年7月起，有相当一段时间下岗待业。1999年，齐玉苓在得知陈晓琪冒用其姓名上学并就业这一情况后，以陈晓琪及有关学校和单位侵害其姓名权和受教育权为由诉至法院，要求被告停止侵害，并赔偿经济损失和精神损失。枣庄市中级人民法院一审认为陈晓琪侵害了齐玉苓的姓名权，判决陈晓琪停止侵害，陈晓琪、陈克政、济宁商校、滕州八中、滕州教委向齐玉苓赔礼道歉并赔偿其精神损失费35000元。齐玉苓不服，提出上诉，要求陈晓琪等赔偿各种损失56万元。

该案二审期间，最高人民法院于2001年8月13日专门就该案作出了《关于以侵犯姓名权的手段侵犯宪法保护的公民受教育的基本权利是否应承担民事责任的批复》，明确指出：根据本案事实，陈晓琪等以侵犯姓名权的手段，侵犯了齐玉苓依据宪法规定所享有的受教育的基本权利，并造成了具体的损害后果，应承担相应的民事责任。

山东高院8月23日做出了终审判决，判决陈晓琪停止对齐玉苓姓名权的侵害；陈晓琪、陈克政、济宁商校、滕州八中、滕州教委向齐玉苓赔礼道歉；齐玉苓因受教育的权利被侵犯造成的直接经济损失7000元由陈晓琪和陈克政赔偿，济宁商校、滕州八中、滕州教委承担连带赔偿责任；齐玉苓因受教育的权利被侵犯造成的间接经济损失由陈晓琪、陈克政赔偿，济宁商校、滕州八中、滕州教委承担连带赔偿责任；陈晓琪、陈克政、济宁商校、滕州八中、滕州教委赔偿齐玉苓精神损害费 50000 元。

在本案中，法院依据宪法第 46 条的规定保护了公民的受教育权，引起了对受教育权性质和宪法适用的热烈讨论。对于受教育权的性质，一种观点认为，受教育权有双重含义，既是宪法权利，也是民事权利。作为宪法权利，受教育权是指公民享有的在各类学校、各种教育机构或通过其他途径获得文化科学知识，提高自己科学文化水平的权利。而作为私法权利的受教育权乃是对传统民法人格权的丰富、完善与发展，宪法规定公民受教育的基本权利并不影响其作为民事权利存在。《民法通则》虽未规定受教育权①，但可以通过解释法律来补充法律漏洞。尤其在现代社会高度分工的情况下，受教育已成为个人生存和发展的必要条件，而民法上的受教育权正是现代社会人格权的丰富与发展。私法意义的受教育权本质上是平等权和自由权，其实质为民事权利。

另一种观点认为，受教育权不是民事权利，而是宪法权利。其理由是：第一，我国民事法律没有受教育权的规定，民法理论上也没有受教育权的概念。国外的民事立法和理论均没有将受教育权作为民事权利的情形。受教育权是一项宪法权利，是宪法社会权利的内容。第二，如果将受教育权作为一种民事权利，就需要对其内涵外延做出界定，而事实上，这种界定是非常困难的。一种作为民事权利的抽象的受教育权不仅在实践中没有意义，在适用上也势必造成混乱。第三，否认受教育权民事权利的性质不等于对本案涉及的情形不予保护。事实上，本案中齐玉苓失去受教育的机会，可以作为陈晓琪等侵害齐玉苓姓名权的损害后果来考虑，这同样可以使齐玉苓的权利得到救济。（宋春雨，2001）"齐玉苓案"以宪法名义保护公民的受教育权，因涉及宪法第 46 条（公民受教育权条款）而被视为涉及宪法层面的争议。在我国的司法实践中，法院并不将宪法作为直接的法律依据在法律文书中援引。"齐玉苓案"引发了一场有关司法判决援引宪法条文的讨

---

① 《民法典》"人格权编"也未规定受教育权。

论。支持者肯定"齐玉苓案"在公民受教育权保障方面的积极意义，反对者则认为"齐玉苓案"不能被称作宪法诉讼案件，其在本质上仍然是一个民事案件。

有学者指出，二审法院判决书虽然提到宪法第 46 条、《教育法》第 9 条和第 81 条，但实际上所适用的法律规则是《民法通则》关于侵权责任的第 106 条第 2 款。该条款规定："公民、法人由于过错侵害国家的、集体的财产，侵害他人财产、人身的，应当承担民事责任。"这是我国民法关于过错侵权行为责任的基本规则。1995 年《教育法》第 81 条规定："违反本法规定，侵犯教师、受教育者、学校或者其他教育机构的合法权益，造成损失、损害的，应当依法承担民事责任。"其"应当依法承担民事责任"一句所谓的"依法"，正是指依据规定民事责任构成要件的民法规则，即《民法通则》第 106 条第 2 款。本案二审判决的"创造性"体现在判决书对"加害行为要件"的认定上。若对《民法通则》第 106 条第 2 款的规定做严格解释，只有在侵犯民事权利（财产权和人身权）时，才构成侵权行为，才承担民事责任；侵犯民事权利以外的权利，如宪法上的"受教育权"，不构成侵权行为，不承担民事责任。但最高人民法院认为，作为侵权责任构成要件的"加害行为"所侵害的客体，不以民事权利（财产权和人身权）为限，还可包括宪法上的受教育权。这是用宪法关于受教育权的规定，解释《民法通则》关于侵权责任的规定。解释的对象是《民法通则》关于侵权责任的规定（第 106 条第 2 款）；宪法关于受教育权的规定，只是作为解释的根据；所采用的解释方法是合宪性解释①，也就是以宪法上的规定解释民法上的规定。（梁慧星，2002）

也有学者认为，"齐玉苓案"并不涉及宪法意义上的受教育权。在现行法律体系中，公民同时享有法律意义上的受教育权和宪法意义上的受教育权，唯有《教育法》《高等教育法》等法律法规关于受教育权的规定违反宪法关于受教育权的规定、原则或者精神时，才涉及公民宪法意义上的受教

---

① 所谓合宪性解释，指以宪法及阶位较高的法律规范解释阶位较低的法律规范的一种法律解释方法。

育权受到侵犯。"齐玉苓案"并不属于此类情形。在"齐玉苓案"中，法院在审理时认为《民法通则》《教育法》《高等教育法》等关于公民受教育权的规定不够明确，需要对之进行解释，使前述规定更为具体化，能够作为案件裁判依据。因此，"齐玉苓案"中的最高人民法院批复的意义在于，明确了以冒用他人姓名的方式侵犯公民受教育权并造成严重后果的，应当承担民事赔偿责任。（胡锦光 等，2002b）还有学者指出，"齐玉苓案"中的主要被告是个人，其没有也不可能承担宪法责任，而应该承担民事责任，"齐玉苓案"只是一起发生在两个民事主体间的民事案件。该案可以通过对《民法通则》中的民事权利条款做扩大解释等方法加以解决，而不必动用宪法。（马岭，2004）2008 年，最高人民法院未附理由废止了《关于以侵犯姓名权的手段侵犯宪法保护的公民受教育的基本权利是否应承担民事责任的批复》，为"齐玉苓案"相关讨论画下了休止符。事实上，《教育法》1995年颁布后，宪法第 46 条的规定（公民受教育权）已在法律层面得到具体化，《教育法》2021 年修正后增加了冒名顶替入学现象的法律责任及其救济途径，公民受教育权法律保障体系已经形成且愈发完善。时至今日，法院审理受教育权侵害案件可直接适用《教育法》等，没有必要引用宪法条文。

三、教育法及其他立法规定

（一）教育法对受教育权的规定

1. 教育基本法

《教育法》是我国的教育基本法。作为基本法，《教育法》负有将宪法规定的受教育权予以具体落实的责任，因此，《教育法》于第 9 条规定："中华人民共和国公民有受教育的权利和义务。公民不分民族、种族、性别、职业、财产状况、宗教信仰等，依法享有平等的受教育机会。"在沿袭宪法的模式规定了公民受教育的权利和义务的基础上，在第2款增加了公民受教育机会平等的规定，并在第五章"受教育者"部分对不同群体的受教育权保障做了较为细致的规定，相对更关注公民受教育的权利。

《教育法》第五章主要从以下三个方面具体规定了公民的受教育权。

(1) 受教育的平等权

《教育法》第37条第1款规定："受教育者在入学、升学、就业等方面依法享有平等权利。"其不仅强调受教育者在入学方面的平等，也强调受教育之后的结果平等，也就是受教育者在升学、就业方面的平等。

(2) 特定人群的受教育权保障

根据教育平等的原则，《教育法》对一些特殊群体的受教育权问题做出了专门规定，其中，对女子的教育，《教育法》主要强调了其平等权，在第37条第2款规定："学校和有关行政部门应当按照国家有关规定，保障女子在入学、升学、就业、授予学位、派出留学等方面享有同男子平等的权利。"对其他群体，《教育法》则分别使用了资助、创造条件、提供帮助和便利等不同的用语。如第38条规定："国家、社会对符合入学条件、家庭经济困难的儿童、少年、青年，提供各种形式的资助。"对残疾人的教育，第39条规定："国家、社会、学校及其他教育机构应当根据残疾人身心特性和需要实施教育，并为其提供帮助和便利。"第40条规定："国家、社会、家庭、学校及其他教育机构应当为有违法犯罪行为的未成年人接受教育创造条件。"第41条规定："从业人员有依法接受职业培训和继续教育的权利和义务。国家机关、企业事业组织和其他社会组织，应当为本单位职工的学习和培训提供条件和便利。"对其他公民的教育，第42条强调："国家鼓励学校及其他教育机构、社会组织采取措施，为公民接受终身教育创造条件。"

(3) 受教育者的权利

《教育法》不仅一般性地规定了公民的受教育权，而且在第 43 条专门针对已经入学的公民在受教育中的权利做出了规定，包括：参加教育教学计划安排的各种活动，使用教育教学设施、设备、图书资料；按照国家有关规定获得奖学金、贷学金、助学金；在学业成绩和品行上获得公正评价，完成规定的学业后获得相应的学业证书、学位证书；对学校给予的处分不服可向有关部门提出申诉，对学校、教师侵犯其人身权、财产权等合法权益，提出申诉或者依法提起诉讼；法律、法规规定的其他权利。

2. 《义务教育法》

在教育基本法颁布之前，我国于 1986 年制定的《义务教育法》就依据宪法确认了适龄儿童、少年接受义务教育的权利。其在第 4 条规定："国家、社会、学校和家庭依法保障适龄儿童、少年接受义务教育的权利。"第 10 条规定："国家对接受义务教育的学生免收学费。国家设立助学金，帮助贫困学生就学。"

2006 年修订后的《义务教育法》较之前的立法更进一步，其根据教育基本法的精神和原则，将保障适龄儿童、少年的受教育权作为首要的立法目的在第 1 条予以规定，更突出儿童受教育的权利。在具体条款中，该法第 2 条规定："义务教育是国家统一实施的所有适龄儿童、少年必须接受的教育，是国家必须予以保障的公益性事业。实施义务教育，不收学费、杂费。"第 4 条规定："凡具有中华人民共和国国籍的适龄儿童、少年，不分性别、民族、种族、家庭财产状况、宗教信仰等，依法享有平等接受义务教育的权利，并履行接受义务教育的义务。"同时规定了适龄儿童、少年的受教育权利和义务。第 5 条规定："各级人民政府及其有关部门应当履行本法规定的各项职责，保障适龄儿童、少年接受义务教育的权利。适龄儿童、少年的父母或者其他法定监护人应当依法保证其按时入学接受并完成义务教育。依法实施义务教育的学校应当按照规定标准完成教育教学任务，保证教育教学质量。社会组织和个人应当为适龄儿童、少年接受义务教育创造良好的环境。"

《义务教育法》在突出保障权利的同时，也明确提出了儿童受教育的义务，其第2条和第4条都是明显的例证。《义务教育法》是教育部门法，其规定必须符合宪法及教育基本法确立的原则，因此，必须首先确定宪法第46条第1款"受教育义务"的含义，才能对《义务教育法》第4条中"履行接受义务教育的义务"规定做出正确评价。如果宪法条款的含义仅指国家的义务或父母及监护人的义务，那么《义务教育法》规定适龄儿童、少年应履行接受义务教育的义务就不是十分妥当；而如果宪法条款本身就包含了适龄儿童、少年的受教育义务，那么《义务教育法》的此条规定就是正确的。在确定"受教育义务"含义的过程中，非常需要深入思考义务教育的意义、目的及国家介入教育的功能等问题。

3. 《高等教育法》

《高等教育法》第9条规定"公民依法享有接受高等教育的权利。国家采取措施，帮助少数民族学生和经济困难的学生接受高等教育。高等学校必须招收符合国家规定的录取标准的残疾学生入学，不得因其残疾而拒绝招收"，确认公民在高等教育领域享有受教育权。但对该条款中公民"享有接受高等教育的权利"的准确含义，理解并不完全一致。一种观点认为，根据宪法和《教育法》的规定，公民享有受教育的权利，这一权利没有限于某一年龄阶段的公民，也没有限于某一阶段的教育，因此公民不仅享有接受义务教育的权利，也享有接受高等教育的权利。（中华人民共和国教育部研究室，1998）[39] 但事实上，高等教育与义务教育不同，义务教育机会人人可得，而高等教育机会目前只能竞争择优获得，国家并不保证每个公民都能接受高等教育，所能保障的只是一个平等竞争的机会，也就是高等教育机会的平等。因此，《高等教育法》的规定并未为我国公民创设出一项类似义务教育的高等教育权，公民必须依照现行法律的规定，通过竞争确定能否具体实现接受高等教育的权利。也就是说，公民要先符合国家法律、行政法规和国家教育行政部门规章所规定的条件，才能接受高等教育。（中华人民共和国教育部研究室，1998）[39]

4.《职业教育法》

我国《职业教育法》第 5 条规定："公民有依法接受职业教育的权利。"职业教育不仅与受教育权相关，而且与劳动权和工作权具有密切的关系，因此，职业教育权是公民一项重要的受教育权利。公民有依法接受职业教育的权利，这里的职业教育应采取广义的解释，不仅包括职业学校教育，也包括职业培训。

5.《民办教育促进法》

我国《民办教育促进法》中没有直接规定受教育权的条款，但其第 28 条规定了民办学校的师生具有与公办学校师生同等的法律地位，第 33 条规定了民办学校对受教育者合法权益的保障义务，第 34 条具体列举了民办学校受教育者享有的多方面的平等权。这些规定从整体来看，实际上是保障受教育者的就学自由权与平等权，从制度上建构民办教育这一替代性教育制度，实现多元选择。

6.《家庭教育促进法》

我国《家庭教育促进法》中没有直接规定受教育权的条款，但其第 4 条明确规定未成年人的父母或者其他监护人负有实施家庭教育的义务，国家和社会负有为家庭教育提供指导、支持和服务的义务。具体而言，《家庭教育促进法》分别在第二章、第三章和第四章专章规定了父母/其他监护人及其他家庭成员在实施家庭教育方面的义务、国家在支持家庭教育实施方面的义务、其他社会主体在协同开展家庭教育方面的义务。例如，《家庭教育促进法》第 14 条明确规定，父母或者其他监护人应当承担对未成年人实施家庭教育的主体责任，共同生活的具有完全民事行为能力的其他家庭成员应该配合实施家庭教育。《家庭教育促进法》第 30 条规定，设区的市、县、乡级人民政府应当结合当地实际采取措施，为留守未成年人和困境未成年人的父母或者其他监护人实施家庭教育创造条件。上述条款所确立的义务均与公民受教育权的实现紧密相关。换言之，《家庭教育促进法》通过设立义务的方式扩大了公民受教育权的保障范围，从而在实质意义上保障了公民接受家庭教育的权利。

（二）其他立法对受教育权的规定

除了教育法的规定，我国其他一些法律也对公民的受教育问题做出了规定，其中以《未成年人保护法》《残疾人保障法》《妇女权益保障法》最为典型。

1.《未成年人保护法》

2020年修订的《未成年人保护法》加强了对未成年人受教育权的保护，尤其强调受教育权保障的政府责任。在家庭保护方面，未成年人的父母或者其他监护人应当尊重未成年人受教育的权利，保障适龄未成年人依法接受并完成义务教育；不得放任或者迫使应当接受义务教育的未成年人失学、辍学。在学校保护方面，学校应当保障未成年学生受教育的权利，不得违反国家规定开除、变相开除未成年学生。学校应当对尚未完成义务教育的辍学未成年学生进行登记并劝返复学；劝返无效的，应当及时向教育行政部门书面报告。在政府保护方面，各级人民政府应当保障未成年人受教育的权利，并采取措施保障留守未成年人、困境未成年人、残疾未成年人接受义务教育。对尚未完成义务教育的辍学未成年学生，教育行政部门应当责令父母或者其他监护人将其送入学校接受义务教育。《未成年人保护法》还关注了特殊儿童受教育权的保障问题，规定"各级人民政府应当保障具有接受普通教育能力、能适应校园生活的残疾未成年人就近在普通学校、幼儿园接受教育；保障不具有接受普通教育能力的残疾未成年人在特殊教育学校、幼儿园接受学前教育、义务教育和职业教育"。

2.《残疾人保障法》

《残疾人保障法》也专辟一章对残疾人教育问题做出了规范，其第21条规定："国家保障残疾人享有平等接受教育的权利。各级人民政府应当将残疾人教育作为国家教育事业的组成部分，统一规划，加强领导，为残疾人接受教育创造条件。政府、社会、学校应当采取有效措施，解决残疾儿童、少年就学存在的实际困难，帮助其完成义务教育。各级人民政府对接受义务教育的残疾学生、贫困残疾人家庭的学生提供免费教科书，并给予寄宿生活费等费用补助；对接受义务教育以外其他教育的残疾学生、贫困残疾人家庭的学生按照国家有关规定给予资助。"其他各条则详细对残疾人教育的机构、形式、师资及课程等问题做出了规定。该法明确了国家对接受义务教育的残疾学生、贫困残疾人家庭的学生进行资助、补助的范围，并且对残疾人教育机构的设置做出了明确规定："县级以上人民政府应当根据残疾人的数量、分布状况和残疾类别等因素，合理设置残疾人教育机构。"

3. 《妇女权益保障法》

《妇女权益保障法》对妇女受教育问题专门做出了规定，明确指出国家保障妇女享有与男子平等的文化教育权利。具体规定则包括：首先，学校和有关部门应当执行国家有关规定，保障妇女在入学、升学、授予学位、派出留学、就业指导与服务等方面享有与男子平等的权利。学校在录取学生时，除国家规定的特殊专业外，不得以性别为由拒绝录取女性或者提高对女性的录取标准。其次，政府、学校应当采取有效措施，解决适龄女性未成年人就学存在的实际困难，并创造条件，保证适龄女性未成年人完成义务教育。这些内容不仅突出了妇女受教育权的平等，而且对政府、社会和学校提出了为女童解决困难、创造条件、实现其义务教育权的责任。

第三章　国家与教育

一、国家的教育义务与教育权

受教育权作为一项基本权利，其实现有赖于国家的某种积极或消极作为。国家对个体受教育权的实现承担着首要的基本的义务。由于受教育权对个体和社会均具有特别重要的意义，很多学者都对国家承担的受教育权义务及其类别进行了研究，形成了两种主要的模式：一种是将受教育权作为国际人权法承认和保护的人权之一，基于人权的国家义务分类一般理论进行分析；另一种是直接以受教育权为对象，从受教育权的性质、内容出发对其国家义务进行专门的分类研究。

无论采用哪种分类或分析方法，都应当注意到受教育权是一项复杂的权利，受教育权的国家义务也不适宜被简单地截然划分，而应该是一种相互关联的连续统一体。对受教育权国家义务的类型划分只是在理论上为国家厘清了通向履行义务这个阶梯的一级级台阶，而在实践中更应该把国家义务的履行过程比作一个斜坡，并没有明显的层次划分。（尹文强 等，2007）

（一）国家义务的一般分类

1. 消极义务与积极义务

根据权利性质的不同，国家义务可以分为消极义务与积极义务两类。传统理论认为，公民、政治权利与经济、社会、文化权利是两种性质不同的权利。对于公民、政治权利，国家只要不采取损害它们的行动就可以立即实现，承担的是消极义务。而对于经济、社会、文化权利，国家承担的是积极义务，即必须采取积极行动，提供相应资源，才能保证权利的充分实现。这一分类虽有一定的合理性，但当今的学者们越来越认识到，人权的充分保护，不管是公民、政治权利，还是经济、社会、文化权利，都可能要求消极的和积极的两方面义务的履行，这些义务相互依赖并相互关联。①

受教育权是联合国《经济社会文化权利国际公约》第 13 条、第 14 条确认的权利，通常被认为属于经济、社会、文化权利，因此要求国家履行积极义务，采取积极行动，提供资源和条件以促进其实现。但受教育权也具有自由权的属性，要求国家不得损害公民的受教育自由。因此，国家对受教育权既承担积极义务，也承担消极义务，这印证了国家人权保护义务全面性的要求。

2. 尊重、保护、实现的义务

美国政治哲学家亨利·舒在其著作《基本权利》中提出国家义务的三种类型，即避免剥夺的义务、保护不被剥夺的义务和帮助被剥夺者的义务。挪威人权专家阿斯布佐恩·艾德教授对这一观点进行了进一步阐述，提出国家应对人权的实现承担尊重、保护和实现三个层次的义务。第一层次的义务是尊重的义务。它禁止国家侵犯公认的权利和自由，要求国家不得干涉或限制这些权利和自由的行使。第二层次的义务是保护的义务。它要求国家采取措施，通过立法或其他途径，阻止并禁止第三人对个体权利和自由的侵犯。第三层次的义务是实现的义务。它具有计划性特征并且更多暗示了一种实现上的长期性。在这三个层次的义务中，尊重的义务基本上是不耗费资源的消极的义务，在向保护的义务和实现的义务过渡的过程中，国家越来越需要发挥积极的作用并投入更多的资源。

与传统的消极义务与积极义务的二分法相比，三层次的分类标准指明

① 如有学者认为，某些公民、政治权利的实现要求国家采取积极行动，投入一定的资源，其充分实现也需要一个渐进过程，而某些经济、社会、文化权利，如参加工会权等，却并不需要国家投入多少资源。参见刘楠来. 关于国际人权公约下缔约国义务的几个问题［M］//王家福，刘海年，李林. 人权与21世纪. 北京：中国法制出版社，2000：110—111.

了公民、政治权利与经济、社会、文化权利都包含一种从"消极"逐步向"积极"过渡的义务谱系，在两类权利之间架设了桥梁，被广泛采用。依此分类，受教育权和其他人权一样，也要求国家履行三个层次的义务。第一，国家自身不能采取阻碍或阻止受教育权行使的措施。第二，国家应采取措施禁止第三方对受教育权的侵害。第三，国家应采取积极措施提供帮助并使个人能够享有受教育权，国家既应直接提供教育，也应创造条件使受教育权的实现更为便利。

3. 最低核心义务与其他义务

对于基本权利，国家承担的义务内容很多，但并非都处于同样的地位。有一些权利的内容属于核心内容，核心内容的具体要素产生了具体义务，这些义务可表述为国家的最低核心义务。最低核心义务与资源的可用性无关，要求国家立即予以实现。（Committee on Economic, Social and Cultural Rights, 1990）[para10] 而其他义务不是实现权利的核心内容所迫切必需的，通常与资源的可用性具有密切关系，只要求国家渐进实现。

联合国经济、社会和文化权利委员会曾在第 3 号一般性意见中指出，缔约国有"最低核心义务以确保实现那些最低的、最小的以及具实质性的"公约确认的每一项权利，包括提供"最基本的教育类型"，并据此将国家在受教育权方面的义务分为最低核心义务与其他义务两种。联合国经济、社会和文化权利委员会在第 13 号一般性意见中将国家在教育上的最低核心义务具体表述为以下四项。

第一，国家应确保公民在非歧视的基础上进入公共教育机构或项目接受教育，禁止在教育机会获得方面的任何歧视，包括因种族、肤色、性别、语言、宗教、政治或其他见解、国籍或社会出身、经济条件或出生等各个方面产生的歧视。

第二，国家应确保教育符合国际公约确定的教育目的。如充分发展每个人的个性、天赋和能力；增强对人类及基本自由的尊重；使所有人有效且负责任地参与自由社会；促进所有国家、种族、民族或宗教组织间的理解、宽容和友谊，增强联合国维持和平的活动。

第三，国家应为所有人提供初等教育，并保证其义务性和免费性；对其他阶段的教育，国家需要在最低水平上制定并实施一项提供中等教育、高等教育和基本教育的国家教育发展规划，以更有效地渐进实现这些目标。

第四，国家应确保公民享有不受国家或第三方干预的选择教育的自由。与此相联系的是，国家应制定最低的教育标准并确保所有的教育机构都符合该标准。

对于受教育权的其他内容，其实现大多需要一定的时间并受到国家可用资源的限制，因而只能是渐进式的，国家需要渐进地"采取步骤"促进其全面实现。渐进实现意味着国家有特定而持续的义务"尽可能迅速和有效率地推进"，以全面实现受教育权，而不得被解释为国家可以任意选择和作为。联合国经济、社会和文化权利委员会在第 13 号一般性意见中就特别提出："不允许采取任何导致受教育权及公约明文规定的其他权利退步的措施。如果缔约国有意地采取任何退步措施，将需证明其已慎重评估了所有的替代性措施，并且通过引入公约规定的权利整体性以及充分利用了缔约国的最大可用资源以证明其合理性。"

（二）受教育权国家义务的专门分类

受教育权作为国际法和诸多国家宪法确认的基本人权之一，对国家义务的要求，除了可根据上述一般分类标准进行分析，尚有一些专门的理论对其进行分类，其中，"国家的'4-A'教育义务"与"受教育权国家义务矩阵"两种分类最具代表性。

1. 国家的"4-A"教育义务

国家在教育上的"4-A"义务最早由联合国人权委员会受教育权问题特别报告员卡塔琳娜·托马斯瑟夫斯基提出。她在对包含受教育权保护条款的主要国际人权公约进行横向对比的基础上，提出国家所提供的教育应体现出可获得性（Availability）、可进入性（Accessibility）、可接受性（Acceptability）和可适应性（Adaptability）四个互相联系的基本特征①。由于这四个特征都以字母 A 开头，因此又被称为教育的"4-A"基本特征。此后，联合国经济、社会和文化权利委员会认可并沿袭了这一观点，在其颁布的一系列文件中都提出了教育的"4-A"基本特征，要求国家提供的教育无论是何种形式和层次，都必须具备这些特征以满足个人接受教育的需要。（Economic and Social Council，1999）[para6]

教育的"4-A"基本特征具体如下。

可获得性指一国必须有足够数量的教育机构和教育项目以使每个儿童都可获得受教育机会，并且这些教育机构应有基本的校舍建筑、卫生设施、安全的饮用水、经过训练并由本国支付工资的教师、教学设备材料等，还有一些教育机构需要具备诸如图书馆、计算机设备以及信息技术等条件。

可进入性指每一个人应不受歧视地进入教育机构和项目。可进入性本身具有三个相互重叠的维度。

非歧视——教育须使所有人进入，特别是确保那些在法律上或事实上最为脆弱的群体，不因任何一种被禁止的理由受到歧视。

身体可进入性——教育必须在身体可安全达到的限度内具有可进入性，包括在较为合理和便利的地理位置上学（就近设置的学校），或通过现代技术接受教育（远距离教学项目）。

经济可进入性——教育对所有人来说必须是支付得起的，包括初等教育、中等教育与高等教育。

可接受性指教育的形式和内容，包括课程和教学手段，必须对学生，并在一定条件下对父母，具有可接受性（如文化上的适切性与良好的质量），这是由教育目的和国家须提供的最低教育标准所要求的。

可适应性指教育必须是弹性的，能适应社会和社区变革的需要，并能在多样的社会和文化背景下对学生的多种需求做出回应。

基于教育的"4-A"基本特征，国家在教育方面的"4-A"义务就相应产生了，也就是国家在教育的可获得性方面的义务、教育的可进入性方面

① E/CN. 4/1999/49，para. 50.

的义务、教育的可接受性方面的义务和教育的可适应性方面的义务（见表3.1）。（Tomasevski，2004a)[7-9]

表3.1 国家的"4-A"教育义务

可获得性	确保一定年龄段的儿童，至少是未达最低就业年龄的儿童能够接受义务性的免费教育。 在儿童最大利益原则的基础上，尊重父母为子女选择教育的自由。
可进入性	消除歧视，包括因种族、肤色、性别、语言、宗教、所持观点、血统、经济状况、出身、社会地位、少数民族或土著身份、残疾等已被国际社会普遍禁止的理由导致的歧视。 通过确保全部人权实际上被平等拥有而非仅做正式禁止的方式来消除性别和种族歧视。
可接受性	制定包括教育媒介、内容、教学方法等的最低教育标准，并确保所有教育机构遵守这些标准。 通过确保整个教育系统都符合全部人权要求来提高教育质量。
可适应性	为被排除在正式学校教育之外的儿童（如寻求避难的儿童或者无家可归的儿童、丧失自由的儿童或工作的儿童）设计和实施相应的教育。 使教育适合于儿童，特别是残疾儿童、少数民族和土著儿童的最大利益的实现。 以人权的不可分性为指导，通过教育来加强人权保障。

2. 受教育权国家义务矩阵

相比于前面的分类，荷兰人权学者冯·科曼斯根据艾德提出的"食物安全矩阵"设计了受教育权国家义务矩阵。这个矩阵从社会和自由两个维度分析受教育权。社会维度包括教育的可进入性和可利用性要素；自由维度包括选择教育的自由和设立教育机构的自由。国家在这两个维度的四个要素方面都承担尊重、保护和实现的义务（见表3.2）。以社会维度的可进入性要素为例，尊重的义务要求国家在公立学校录取中不能根据性别或种族而歧视某类学生。① 保护的义务要求国家确保在私人组织或个体之间受教

---

① 教育上非歧视和公平对待的详细标准在联合国教科文组织《取缔教育歧视公约》（1960年）第1条和第3条有明确规定。参见：Nowak M. The right to education: its meaning, significance and limitations [J]. Netherlands Quarterly of Human Rights, 1991, 9 (4): 418-425.

育权的行使，如保护学生在私立学校的录取中免受歧视。实现的义务要求国家在多数情况下直接提供教育，应使各种类型的教育对所有人都是可进入的和容易接受的，并要保持实现的水平。此外，科曼斯教授也在该矩阵中详细划分了国家在受教育权方面的最低核心义务。（Coomans，2002）[217-246]

表3.2　受教育权国家义务矩阵

受教育权的维度	社会维度（接受教育的权利）		自由维度（选择教育的权利）	
国家义务的性质	可进入性	可利用性	选择教育的自由	设立教育机构的自由
尊重	不仅在立法和政策中，而且在实际中尊重公民不受任何歧视地自由接受公共教育（m.c.o.）。	尊重现有的用少数民族语言进行的公共教育。	尊重宗教和哲学信仰；尊重选择学校的自由；尊重人的尊严；尊重用少数民族语言进行的教学(m.c.o.)。	尊重设立私立学校（符合法定最低标准）的自由；尊重教育中的（文化）多元性。
保护	在立法、政策和实际中实施并坚持不受第三方（父母、雇主）侵犯的平等的受教育机会；制定并实施禁止使用童工的法律。	制定规范，认可私立教育机构及其颁发的文凭。	打击其他人对受教育者的思想灌输或强迫；保护合法的选择自由(m.c.o.)；反对私立教育机构录取中的歧视；确保课程的多元化。	实施并坚持平等对待原则；保护合法的私立教育培训机构及其颁发的文凭。
实现	为在教育上有缺陷的人（如：残疾人、辍学者、流浪儿童）提供专门的教育设施（m.c.o.）；消除歧视；逐步实施免费的中等和高等教育；促进奖学金制度发展。	确保义务和免费的初等教育（m.c.o.）；培训教师；提供交通设施和教学材料；消除文盲；促进成人教育；确保教育质量（m.c.o.）。	促进课程的多元化；促进跨文化教育。	在非歧视基础上为私立教育机构提供财政和物质支持。

注：m.c.o.指最低核心义务。

这个矩阵没有为个别国家列出一份详尽的行动清单，只是为所有国家提供了可能的选择，各个国家可以根据自己的教育情况增加其他形式的行动或措施。但其中涉及最低核心义务的部分，是任何国家都不可回避、需要立即予以实现的义务。

（三）国家教育权

1. 国家是否具有教育权：国家教育权与国民教育权的论争

教育法学界论述教育权主体时通常有两种论述典范，一种为国家教育权，一种为国民教育权。主张国家教育权者，认为教育权属于国家，教育之方式及内容应由国家决定。主张国民教育权者，则认为要排除国家教育之主导权，有关教育事项应由儿童、家长及教师所构成的国民来决定，国家权力不得任意、片面、强制介入教育内容，而仅能在教育外在条件及环境之整备事项上发挥公权力作用。（周志宏，1999；许庆雄，1991）

主张国家教育权的理论根据主要有以下三种。（许庆雄，1991）（薛化元，1997）[17-19]

第一种认为，国家因有统治权之故，拥有教育权。此说是站在国家的立场，含有国家乃固有教育权主体的意味。但反对者认为，在绝对主义国家体制下，国家垄断教育权是很自然的，而从国民主权作为国家基本原理之近代民主国家立宪角度，此说违背民主基本精神，应被扬弃。（薛晓华，1996）[46]

第二种基于现代福祉国家的教育理念，认为教育权已由家长委托给国家，国家有义务整备教育制度、保障教育均等，拥有教育权，并以代议制度作为诉求来确立。

第三种依民主主义的原理，认为国家依法律规定拥有经营教育的权能，并直接对全体国民负责；且为使义务教育符合内容一致性的要求，并使国民所受教育有一定的水平，国家公权力也必须介入教育领域等。此说以国民主权理论下的国会立法为依据，借由教育行政机关依法进行教育行政而确立国家教育权。有学者指出，此说与国民为教育权主体的精神不必然违背，但此所谓国家教育权，系指在民主国家中，国家在教育事项上的公权力行使，似应称国家在教育上之权力。

主张国民教育权者，也有两种主要论据。（薛晓华，1996）[47]

一为国民主权说，认为在民主国家，一切权力既来自国民，国民教育权的主张乃当然之物。国家教育的合法性根源，便是由教育权的主体（国民）所选出的国会制订有关的教育法令。但国民对国家机关的付托未必是完全的，国民可以依照类似直接民主的方式参与教育内容事项。

二为国民的自由权说，认为民主立宪国家的宪法保障人民学问自由，以及带有浓厚社会权色彩的国民受教育权利。肯定国民有受教育之权，则国家自然有义务为国民提供受教育的均等机会，但此并不意味着国家有权介入教育内容。

国家教育权与国民教育权的争论焦点主要集中在国家是否有教育内容的决定权，而在教育外在条件的配备方面，则并不否认国家权力介入的合法性。因此，判断国家是否具有教育权，首先取决于对教育权的概念界定。若如一些学者所言，教育权更明确的名称应为教育内容决定权，即决定教育内容之权限，而非教育他人的权限（许庆雄，1991），则以此为立论根据，多会产生否认国家教育权存在的结论。但是如果不认为教育权就是教育内容的决定权，而是将教育权作为决定教育方针并将其付诸实施的一种权能的话，那么无论是哪个国家，都必须借助国家机构的有效作为或不作为，才可广设学校，发展教育制度，积极提供教育条件，满足公民受教育权实现的需要，由此，自然可得出国家具有教育权的结论。

现有关于国家教育权与国民教育权的论争，若从教育权的终极来源角度分析，有其理论价值，但若从教育制度层面来看，其有将国家教育权与国民教育权对立的简单化倾向。如其认为，承认国家教育权就表示认同教育为国家的权力、人民的义务；而主张国民教育权则表示认同教育为国民的权利、国家的义务。依照这样的定义或逻辑，自然只能从国家教育权或国民教育权中选择其一，而在现代社会，由于各国普遍承认公民的受教育权利，自然会得出国民教育权存在而国家教育权不存在的结论。但实际上，教育权是一个内涵相当丰富的概念，有狭义、广义和最广义三种用法，也可从权利和权力两个层次进行解释，并非非此即彼的关系。无论是最广义的教育权，还是从权力角度理解的教育权，都包括了国家教育权，因此，国家教育权在现代各国教育制度中的存在当属无疑。

事实上，自16世纪马丁·路德发起宗教革命以来，教会的权威就逐渐瓦解，教育事务逐渐被纳入世俗国家的权力范围。特别是19世纪以来，民族国家兴起，各国纷纷建立公共教育制度，实施强迫义务教育，教育成为现代民族国家的重要权力范围。20世纪是国家教育快速扩张的时代，教育机会均等的理念更促使国家积极地介入教育事务，教育成为国家权力的重要组成部分成为历史发展的必然。

公民的受教育权、国家的教育义务以及国家教育权之间存在彼此依存的关系。权利的需要是国家义务的依据（陈醇，2002）。公民享有受教育权，由此引发了对国家教育义务的要求；国家要履行其相关义务，实现公民的受教育权，也需要有经营管理教育之权责。因此，正像世界教育论坛2000年通过的《全民教育：实现我们的集体承诺——对达喀尔行动纲领的详细说明》指出的那样：受教育权给国家提出了一项义务，即确保所有的公民都有满足其基本学习需求的机会。义务教育应当是免费的、义务性的和高质量的。不论明天的教育体制的形式如何多样化，在管理和经费的使用上都应当具有透明度，并实行责任制。国家在教育中应当发挥不可或缺的作用，同时还必须动员全社会深入、广泛地开展教育合作，配合和支持国家的教育工作。全民教育意味着所有的人都参与教育并为教育尽义务。

随着世界范围内教育水平的不断提高，公民受教育权的需求不断变化，国家的义务也随之变化，越来越多样及深入，这就要求国家教育权不仅不能被削弱，还应更加有效地介入教育外在条件的提供及整备。只有依据受教育权的需求现状，从多维视角具体分析国家的教育义务，以此为基础有效界定和行使国家教育权，才能更好地保护和实现公民的受教育权。

2. 国家教育权的结构

教育为现代福利国家的重要给付内容。为了更好地向人民提供教育，使人民真实平等地享有受教育权，国家需要建立行使教育权的机构，并将教育权在不同的国家机构、中央与地方或地方与地方之间进行横向和纵向的分权。对国家教育权力进行分配是各国共同的规律，但由于历史传统及其他一些因素的影响，不同国家结构形式下的国家教育权分配体制及形成的结构呈现出不同的特点。

(1) 联邦制国家的国家教育权结构

本书以美国为例，试论联邦制国家的国家教育权结构。美国的国家教育权结构独具特色，有学者将其特点概括为纵向上的联邦制和横向上的三权分立制交织（劳凯声，1993）[176]。具体来说，它是这样一种体制：纵向上，联邦与州高度分权，州又将其部分权力授予地方；横向上，立法机构、行政机构、司法机构三权分立、互相制衡。

在教育权的纵向分配上，美国的教育权力归各州行使，联邦对教育并无直接的权力，这种高度分权的体制是由美国宪法决定的。美国宪法第十修正案规定："本宪法所未授予联邦或未禁止各州行使的权力皆保留给各州或其人民。"而宪法中授予联邦的权力有：国防、外交、铸币、邮电、关税专卖及专利权的保障、度量衡的规定、州际贸易、设法院、移民及归化的管理、宣战、设军等，并未包括教育。宪法规定禁止各州行使的权力有：不得停止人身保护令状的特权，不得制定剥夺公权的法案及追溯既往的法律，不得颁授贵族爵位，不得因性别、种族、肤色或曾为奴隶而剥夺美国公民的投票权，不准有奴隶制度或强迫劳役制的存在，不得不经过正当法律程序剥夺公民的生命、自由或财产等。这部分也不包括教育。教育权既未被授予联邦，又未禁止各州行使，故成为各州的保留权力之一，州政府对教育拥有全权。

尽管如此，联邦政府也并非对教育毫无作为。事实上，联邦的立法、行政及司法机构都在教育上发挥了重要的作用，尤其是联邦国会，其制定了许多教育法律，并且以大笔经费资助各州的教育。国会的这种行为是否违宪，以前曾有过激烈的争论，但现在已几乎没有人怀疑国会这种权力的正当性了。

美国国会进行教育立法的宪法根据在于：首先，美国联邦宪法第 1 条规定"国会有权为共同防卫和一般福利的目的征收赋税"，"在行使上述权力时，以及在行使本宪法所赋予美国政府部门或其官员的权力时，得制定一切必需而适当的法律"。据此，一般认为联邦有为教育而课税，并在教育财政拨款的范围内立法的权力。此外，根据宪法第十四修正案，国会也有为实现公民受法律平等保护和正当程序的权利而立法的权力。国会已经根据这些宪法权力进行了广泛的教育立法活动。

美国联邦教育部主要是提供教育服务的机构，它不规定全国统一的教育和学校制度，也不制定统一的教学大纲、课程和教材，这些权力均由各州自行行使。联邦教育行政机构与州及地方的教育行政机构之间没有命令与服从的关系，联邦对州及地方教育权力的行使并无强迫力，州及地方如果认为不妥，可以拒绝联邦的服务。这是美国教育分权制的一个突出表现。

美国的联邦法院和州法院是两个各有完整体系的系统，各自有最高法院以及下设的若干低级法院，在教育上都有自己的权力。其中，州法院可以对所有本州的教育问题实施司法裁判，而联邦法院只限于那些涉及联邦宪法、联邦法律或法规的事项。此外，州和联邦的法院都可以解释联邦宪法，但只有州法院可以解释州宪法。（Birch et al.，1990）[7-8]

总体来看，美国各州对教育拥有全权。但州并不独揽大权，只是规定一些教育的大政方针、教育条件的最低标准、人员的资格条件等原则问题，而把具体经营学校和聘用教职员工的权力交给地方学区，由此便形成了联邦一级宏观指导教育、州一级直接控制教育、地方一级因地制宜管理教育的格局。

在教育权的横向分配上，联邦一级的横向分权是指联邦立法机构、行政机构和司法机构之间的分权。其中，联邦立法机构是国会，包括参议院和众议院。两院均设若干常设委员会分别审议有关法律提案，其中参议院的劳工与公共福利委员会和众议院的教育与劳工委员会负责有关教育法案的审议。国会主要行使联邦的教育立法权。历年来国会制定或核准的教育法律很多，包括 1785 年的《土地法》和 1787 年的《西北土地法》、1862 年的《莫里尔法》、1917 年的《史密斯－休斯法》、1958 年的《国防教育法》、

1964 年的《民权法》、1965 年的《初等及中等教育法》及 1988 年的《提高学校教育质量法案》等。这些法律涉及的内容虽然广泛，但范围基本上没有超出为实现公民的平等受教育机会拨款以及为国防需要而开设的学校课程拨款两个方面。（Valente et al.，1980）[5-6] 另据美国学者的研究，美国国会制定教育法律一般是出于下列考虑：一是关注国家应优先考虑或与国家有利害关系的教育问题，如 1958 年的《国防教育法》；二是鼓励发展教育，如《改善地方教育实践法》；三是保护公民权，如 1964 年的《民权法》及其后的一系列相关法律（Birch et al.，1990）[4-5]。国会除拥有教育立法权之外，还拥有联邦教育经费的筹款权、经费预算的议决权以及联邦高级教育行政人员的任命同意权和弹劾权，这些权力都内含于联邦宪法的一般规定中。

联邦教育行政机构主要是联邦教育部①。此外，因美国是总统制国家，总统作为行政首长，对教育也有一定的影响力，包括公布和否决教育法律、任免联邦教育行政人员以及指挥、监督教育部等。联邦教育部行使教育行政权，可以制定行政规则来贯彻实施国会制定的教育法律，同时还负责执行国会通过的教育法律，其中主要是分配联邦经费以促进教育机会平等的法律。由于联邦进行资助时大多附带条件，所以这种有条件的资助就成为教育部推行工作以达成目标的有效手段。联邦教育部的另一项重要职责是进行教育统计和教育研究，教育部内设的国家教育统计中心专门负责搜集、报道国内外的教育信息，分析统计资料的意义和重要性并将分析结果出版发布。

联邦法院行使国家的教育司法权。在美国，法院对于调整各种教育关系的作用非常大，每年都要处理很多教育诉讼案件。联邦法院处理的教育诉讼案件一般涉及宪法第一修正案、第四修正案、第五修正案和第十四修正案的规定，具体包括：宗教自由、言论自由及出版自由的保障；保护公民及其财产免受不合法的搜查或没收；未经正当程序不得剥夺公民生命、自由与财产；公民应受法律的平等保护。另外，联邦法院具有违宪审查权，

---

① 1867 年以前，美国联邦没有教育行政机构，1867—1868 年，联邦设教育部；1868—1939 年、1939—1953 年、1953—1980 年其名称为教育署，分别隶属于内政部、联邦安全署、卫生教育福利部。今天的教育部地位与其他联邦各部平行，设于 1979 年卡特总统任职后。

可以审查联邦法律、行政命令、州宪法、州法律及行政命令是否与联邦宪法或法律相抵触，发现有抵触则可判其无效，故对教育的运作有重要的影响力。

州一级的横向分权指的是州立法机构、行政机构和司法机构在州的教育立法权、教育行政权和教育司法权上的分配，与联邦政府的横向分权性质相同。由于教育是各州的保留权力之一，州一级的教育事务十分繁杂，因此，教育权力如何在州的各分支机构进行分配就显得格外重要。

州立法机构是州议会，它对教育拥有全权。绝大多数州议会都采用两院制，分为参议院和下议院，两院的财政教育委员会在教育立法方面的作用很大。州议会行使教育立法权，其制定的教育法律内容十分宽泛。有学者综合了美国各州的教育立法，将其内容归纳为以下八个方面：州教育董事会成员的选任方式；州立中小学应讲授或禁止讲授的学科；各类教育的修业年限及义务教育年限；各级各类学生的入学条件或标准；核准学校设备标准的有关法规；核准教师证书，颁授有关法规；决议教育预决算；规定州基本教育政策、方针。（谢文全，1984）[188-189] 但值得注意的是，几乎所有的州议会都把大量的教育权力授予地方和州的教育行政机构，以适应各地方的特点以及教育的专业化特点。

州的教育行政机构主要是州教育董事会和州教育厅，州长作为一州的行政首长，在教育行政上也有其地位。美国各州为使教育尽可能脱离政治的不当影响，使州的教育行政能够尽量独立化及非政党化，大都创设教育董事会作为州教育行政的主要决策机关，创设教育厅作为议会和教育董事会的执行机关。教育董事会是一州初等、中等教育的管理机构，其职权主要集中在制定各种规章和教育条件的最低标准方面。大多数州的教育董事会为执行州宪法和履行法律所赋予的职权，可以制定州的教育政策和必要的规章，并对其制定的规章有解释权和裁决权；根据州法律，制定州教育人员证书颁授和撤销的标准；制定分类、批准及认可公私立学校的标准；规定保存完善教育财会记录制度及规定搜集、报道教育信息的办法；规定评价教育进展情况的制度等。此外，教育董事会还可根据州教育厅厅长的推荐，任用教育厅的专业行政人员并核定其薪俸；核准教育厅提出的州教育预算案，并转呈州长和州议会审核。州教育厅及其厅长负责执行州议会和教育董事会制定的各种法律、法规、规章和政策，并在这些法律法规的约束下负起具体实施的责任，如视导中小学、认可中小学、办理教育人员资格检定并颁发证书以及协助地方办理教育事务等。

州法院是州的司法机构，行使州的教育司法权。各州的法院组织体系由州宪法及法律规定，大体都分为三或四级，由州最高法院掌握最高决定权。教育司法权的行使，目的在于制裁违法行为，处理教育纠纷，保证法律规定的教育权利的实现和义务的履行。（成有信 等，1993）[144] 美国各州的法院在教育上都表现出了一定的作用，州法院的判决及对宪法的解释常影响课程内容、教育财政、教育人事制度及其他教育行政管理事宜。如1970年，堪萨斯州托皮卡学区的课程有部分内容涉及性教育，遭到居民反对，他们认为会对学生造成不良的影响，并向该州地方法院提起诉讼，控告托皮卡教育董事会此举有违联邦宪法及堪萨斯州宪法人权条款的规定。此案经地方法院审理后，判决教育董事会有权在学校实施性教育。因为董事会受州宪法及政府机构的授权负责办理教育，以促进民众的健康、福利及道德，而性教育的实施乃促进民众健康、福利及道德的合理措施。（谢文全，1984）[214]

美国今天的教育权力分配体制有其历史和文化的根源。一方面，自殖民地时代起，在新英格兰地区，教育就是州而非地方自治团体的责任，人们也广泛接受了这一准则。当时殖民地的立法机关是一切权力的渊源，它决定地方应否维持一个学校系统以及学校的种类、学期的长短、为维持学校所必须征收的税种以及教师的资格标准等。后来制定联邦宪法时，教育又未被列入，联邦与州的分权有了明确的法律依据。另一方面，美国今天的教育权力分配体制也有其理论基础，即孟德斯鸠的三权分立学说。孟德斯鸠把国家权力划分为三种：代表国家意志的立法权、执行国家意志的行政权和保护民众利益的司法权。对于每一种权力都应设置一个行使这种权力的主体，它是行使这种国家权力的机构。这种三权分立的原则奠定了美国教育权力横向分配的基础。尽管随着时代的发展，这种严格的三权分立已经不多见了，但作为美国基本政治生活的原则，它还是清晰可辨的。

(2) 单一制国家的国家教育权结构

本书以我国为例，试论单一制国家的国家教育权结构。我国教育权的结构特点大致可概括为纵向上的中央集权制与横向上的有限分权制交织。具体来说，我国教育权的结构表现为纵向上中央集权，但中央与地方之间、地方之间也存在不同类型或程度的分权；横向上人民代表大会、人民政府、人民法院各自行使教育立法权、教育行政权与教育司法权，但各级人民政府以及法院均由人民代表大会产生，并对人民代表大会负责，并非三权分立之制。

纵向上，国家教育权的分配主要涉及中央与地方之间，以及地方之间的权力分配。根据我国的行政区域划分原则，全国分为省、自治区、直辖市；省、自治区分为自治州、县、自治县、市；县、自治县分为乡、民族乡、镇。直辖市和较大的市分为区、县。自治州分为县、自治县、市。自治区、自治州、自治县都是民族自治地方。

因此，"中央"包括了全国人民代表大会及其常务委员会、国务院及其教育主管机关（教育部）以及最高人民法院；"地方"则包括省（自治区、直辖市）、市（自治州，直辖市的区、县）、县（自治县、县级市）、乡（镇）四个层级。城市和农村按居民居住地区设立的居民委员会或者村民委员会是基层群众性自治组织，不属于一级政权。

横向上，国家教育权根据其权力性质可分为立法权、行政权与司法权，三权各归不同的部门行使。教育立法权主要由各级人民代表大会行使，教育行政权由各级人民政府及其教育行政机关行使，教育司法权①统一由各级人民法院和检察院行使。但我国并不实行三权分立的制度，宪法第3条规定"国家行政机关、监察机关、审判机关、检察机关都由人民代表大会产生，对它负责，受它监督"，故而各级政府和人民法院均需接受同级人民代表大会的工作监督。因此，《教育法》第16条规定："国务院和县级以上地方各

---

① 从狭义的司法权概念出发，教育司法权就是教育案件的审判权，其行使机构为各级人民法院。

级人民政府应当向本级人民代表大会或者其常务委员会报告教育工作和教育经费预算、决算情况，接受监督。"

在教育立法权方面，我国的立法权主要由权力机关——人民代表大会行使。其中，全国人民代表大会及其常务委员会制定法律；省级（包括自治区、直辖市）人民代表大会及其常务委员会制定地方性法规，设区的市、自治州人民代表大会及其常务委员会、经济特区所在地的省、市的人民代表大会及其常务委员会也可制定地方性法规；民族自治地方（包括自治区、自治州、自治县）的人民代表大会制定自治条例与单行条例；其他各级人民代表大会及其常务委员会则无立法权。

除了权力机关立法，中央和地方政府、教育部及其他部委也享有一定的立法权。其中，国务院根据宪法和法律，可制定行政法规。国务院各部、委员会可以根据法律和国务院的行政法规、决定、命令，在本部门的权限范围内，制定规章。省、自治区、直辖市和设区的市、自治州的人民政府，可以根据法律、行政法规和本省、自治区、直辖市的地方性法规，制定规章。

也就是说，我国的教育立法权在横向上分为两个部分，即权力机关立法与行政立法。其各自在纵向上又分为四个等级。从中央与地方的分配角度来看，中央立法由三个层次组成，即全国人民代表大会及其常务委员会制定的法律，国务院制定的行政法规，国务院各部委制定的规章。地方立法由三种类型组成，即地方性法规、自治条例与单行条例、地方政府规章。其中，地方性法规和地方政府规章均包含两个层次，即省（自治区、直辖市）级和市（设区的市、自治州）级；自治条例和单行条例则包括自治区、自治州和自治县三级立法。

从我国现有的立法体系和立法权限划分来看，教育非属中央专有立法权领域。首先，我国《立法法》第 11 条规定的法律保留事项不包括教育。该条规定只能制定法律的事项包括：国家主权的事项；各级人民代表大会、人民政府、监察委员会、人民法院和人民检察院的产生、组织和职权；民族区域自治制度、特别行政区制度、基层群众自治制度；犯罪和刑罚；对公民政治权利的剥夺、限制人身自由的强制措施和处罚；税种的设立、税率的确定和税收征收管理等税收基本制度；对非国有财产的征收、征用；民事基本制度；基本经济制度以及财政、海关、金融和外贸的基本制度；诉讼制度和仲裁基本制度；必须由全国人民代表大会及其常务委员会制定法律的其他事项。教育不在其中，因此，人民代表大会并非一定要通过全国人民代表大会立法对教育问题加以规范。

其次，根据《立法法》第 82 条的规定，地方性法规可以就下列事项做出规定：为执行法律、行政法规的规定，需要根据本行政区域的实际情况做具体规定的事项，属于地方性事务需要制定地方性法规的事项。关于何为地方性事务，学者意见虽然不同，但一般认为本行政区域内的教育事务应属其中。（许安标，1996）不仅如此，根据《立法法》的规定，在中央尚未对教育事项制定法律或者行政法规的时候，省、自治区、直辖市和设区的市、自治州还可根据本地方的具体情况和实际需要，先制定地方性法规。民族自治地方拥有更自主的教育立法权限，只要不违背法律或者行政法规的基本原则，不对宪法和民族区域自治法的规定以及其他有关法律、行政法规专门就民族自治地方所做的规定做出变通规定，可以依照当地民族的特点，对法律和行政法规的规定做出变通规定。

我国幅员广阔、民族众多，各地经济文化差异较大，地方教育立法应发挥重要的作用，其功能应得到进一步加强。

在教育行政权的分配上，根据宪法第 3 条的规定，"中央和地方的国家机构职权的划分，遵循在中央的统一领导下，充分发挥地方的主动性、积极性的原则"，实行中央集权的行政管理体制，但同时也存在民族区域自治等地方分权制度①。教育行政权总体上遵循上述权力分配原则，但也存在一定层次和类型的分权。首先，宪法第 4 条规定："各少数民族聚居的地方实行区域自治，设立自治机关，行使自治权。……各民族都有使用和发展自己的语言文字的自由，都有保持或者改革自己的风俗习惯的自由。"因此，民族区域自治地方根据本民族的历史、语言、风俗习惯等，对本民族的教

---

① 香港与澳门两个特别行政区除国防与外交之外，在行政管理上享有高度的自治权。但此处只探讨内地部分，不包括港澳地区。

育问题有一定的自主管理权限。

其次，地方可以根据法律授权享有部分自主管理权限。《教育法》第 14 条规定，"国务院和地方各级人民政府根据分级管理、分工负责的原则，领导和管理教育工作。中等及中等以下教育在国务院领导下，由地方人民政府管理。高等教育由国务院和省、自治区、直辖市人民政府管理"，因此，地方政府有权管理本地方的基础教育与高等教育事务。此外，地方也可根据特定的教育政策和行政命令获得其他的自主管理权限。但由于权力来源不同，地方教育管理权的法律依据不同，效力及稳定性也不同。其中，民族自治地方对教育的自主管理权有宪法依据，具有最高的法律依据，稳定性最强，来自法律授权的教育管理权次之，来自其他政策文件的教育管理权则相对最不稳定。

在基础教育领域，1985 年 5 月 27 日《中共中央关于教育体制改革的决定》做出把发展基础教育的责任交给地方的重大决策，指出"实行九年制义务教育，实行基础教育由地方负责、分级管理的原则，是发展我国教育事业、改革我国教育体制的基础一环"。随后颁布的《义务教育法》（1986 年）和《教育法》（1995 年）均对"基础教育由地方负责"的制度予以确认。《教育法》第 14 条规定："国务院和地方各级人民政府根据分级管理、分工负责的原则，领导和管理教育工作。中等及中等以下教育在国务院领导下，由地方人民政府管理。"在具体的职能分工上，《教育法》第 15 条规定："国务院教育行政部门主管全国教育工作，统筹规划、协调管理全国的教育事业。县级以上地方各级人民政府教育行政部门主管本行政区域内的教育工作。县级以上各级人民政府其他有关部门在各自的职责范围内，负责有关的教育工作。"农村教育基本属于中等及中等以下教育，所以实行"在国务院领导下，由地方人民政府管理"的行政体制。

20 世纪 90 年代中后期以来，随着我国经济持续稳定发展，国家的教育财政能力大大增强。同时，由于城乡收入差距持续扩大，以及东部地区和中西部地区发展差距扩大，中央政府需要在义务教育均衡方面发挥更重要的作用，以促进公民义务教育权的平等实现。在这样的大背景之下，2001 年，《国务院关于基础教育改革与发展的决定》颁布，确定基础教育实行

"国务院领导下，由地方政府负责、分级管理、以县为主"的管理体制。2006 年修订的《义务教育法》第 7 条也明确地规定"义务教育实行国务院领导，省、自治区、直辖市人民政府统筹规划实施，县级人民政府为主管理的体制"，进一步明确了县一级政府在基础教育管理中的重要地位与作用。

在高等教育领域，中央和省、自治区、直辖市政府共同管理高等教育。《高等教育法》第 13 条规定"国务院统一领导和管理全国高等教育事业。省、自治区、直辖市人民政府统筹协调本行政区域内的高等教育事业，管理主要为地方培养人才和国务院授权管理的高等学校"，基本确立了在国务院领导下，中央主管部属高等学校，省级政府主管地方所属高等学校并统筹协调区域内高等教育的权力分配格局。

教育司法权由人民法院负责行使，人民法院在纵向上分为四级：最高人民法院、高级人民法院、中级人民法院和基层人民法院。其中，各级人民法院内部设立刑事审判庭、民事审判庭、经济审判庭和行政审判庭，分别审理刑事、民事、经济和行政案件。我国法院实行两审终审制。教育纠纷主要由行政诉讼和民事诉讼制度加以解决，一般在地方各级人民法院进行审理。

二、国家与教育目的

教育目的是社会对教育所要造就的社会个体的质量规格的总的设想或规定，也就是教育要培养什么样的人的问题，与国家及受教育者都有重要的联系。学校是为实现教育目的而设立的专门的、制度化的教育机构，学校教育是实现公民受教育权的主要途径，因而教育目的对于指导和规范学校课程的设置、教学及管理制度的建立，以及学校生活的各方面事务均具有统领作用。教育目的还在家庭教育、社会教育中发挥重要的引导作用。教育制度和教育过程如果没有适当的目的，或者这些目的不能切合个体提升自己的知识和能力水平、维持具有尊严和幸福的人生的需要，那么，这样的教育也许是空洞的。教育目的是建立和完善教育制度的基础和先导，也是受教育权内涵中不可或缺的重要因素，必须科学、合理地加以确定。

（一）教育目的的价值取向

教育目的受社会制约，不同国家、不同社会和不同的人对教育目的的理解不同，由此形成了多种教育目的价值取向，其中最有影响的就是社会本位论和个人本位论。

社会本位论认为教育目的要根据社会的需要来确定，个人只是教育加工的原料，他们的发展必须服从社会的需要。教育的目的在于把受教育者培养成符合社会准则的公民，使受教育者社会化，保证社会生活的稳定与延续。在他们看来，社会价值高于个人价值，个人的存在与发展依赖并从属于社会，评价教育的价值只能以其对社会的效益来衡量。贺拉斯·曼曾经说："上帝的旨意……赋予每一个来到世上的儿童受到一定程度教育的权利，以使他，尽可能地，预先安排自己，履行所有的民主、社会、公民和道德责任。"（Hodgson，1998）[73] 涂尔干说："教育在于使青年社会化，——在我们每个人之中，造成一个社会的我，这便是教育的目的。"（南京师范大学《教育学》编写组，1984）[161] 凯兴斯泰纳则认为："国家的教育制度只有一个目标，就是造就公民。"（南京师范大学《教育学》编写组，1984）[161]

个人本位论者主张从受教育者的本性出发提出教育目的。教育的目的在于把受教育者培养成人，充分发展受教育者的个性，增进受教育者的个人价值。在他们看来，个人价值高于社会价值，社会只有在有助于个人的发展时才有价值。评价教育的价值也应当以其对个人的发展所起的作用来衡量。（王道俊 等，1989）[102] 个人本位论的代表人物之一是卢梭，其在名著《爱弥尔》中说：凡是出于造物主手中的东西都是好的，人一插手就变坏了。因此，解放儿童是教育的最重要目的。（张焕庭，1979）[95-137]

除了从社会本位或个人本位的视角分析各国的教育目的，其他一些分析角度也具有一定的启发性。如有学者认为，教育目的依其性格可分为实用性、人文（文化）性、道德性、宗教性、学术性。实用性是现代最普遍、最流行的一种形态，反映了现代教育的趋向。实用主义的教育有源远流长的历史，可溯及古罗马。中国的墨家也是典型代表。它侧重知识的应用，以解决现实生活问题、改进生活内容及质量、满足实际需要及获得具体有形成果为出发点，是一种硬性、外向的教育。人文性则主张个人人格的充分发展、人的自我价值实现及自由表达，欲求一种美丽、生动、丰富的人生，是一种软性的、内向的教育。道德性是普遍的、共同的教育目的，几乎任何类型的教育都或多或少、或直接或间接地含有道德课程。宗教性以对神圣的服从和服务为依托。学术性以纯粹学术趣味及知识的追求为宗旨。（谢仲明，1985）

关于教育目的的争论在一定程度上与受教育权的价值和意义对应。一方面，受教育权首先是一项个体权利，其目的指向个体人格和潜能的充分发展，教育目的如果忽视这一基本事实，就有违受教育权的基本权利属性，与现代社会理念不符。另一方面，个体总是在社会中生存的，人之所以为人，只因为他生活于人群之中，并且参加社会生活（吴俊生，1943）[146]。受教育权不仅在维持个体的尊严和促进个性的充分发展方面具有不可替代的作用，在维护人类和平、民族认同、理解和团结等社会目标方面也具有重要的价值。正如1995年的《达喀尔行动纲领》指出的那样："教育应能真正地和充分地满足他们的基本学习需求并应包括学会认知、学会做事、学会共同生活和学会生存。这种教育的目的是开发每个人的才智和潜力及发展学习者的个性，使他们能够改善生活和改造社会。"正是由于受教育权在个体和社会发展两方面所具有的重要意义，其才成为现代社会普遍承认和保障的基本人权。因此，教育目的的确定必须以受教育权的理念为基础，包含个性尊严的发展和社会发展双重维度。也就是说，在民主法治国家的教育理念中，教育的目的应涵盖两方面：一是使个人具有独立自主的能力，即以个人生存、幸福为中心的目的；二是使个人适应社会，继而维持社会政治与经济秩序，使社会持续发展，此即以社会福祉为中心的目的。（林孟皇，1999）

（二）教育目的立法

教育目的具有重要的价值和作用，其内容及价值取向不仅在理论上受到重视，也是各国、地区及国际人权公约立法的重要对象。

1. 国际及区域性人权文件规定的教育目的

国际及区域性人权文件在确认受教育权的同时，也都阐明了教育的基本目的或目标。这些内容也就成为各国教育系统追求的普遍目标。国际人权文件规定的教育目的既包括个性和尊严的发展，也包括个人生活于其中的整个社会的价值，兼顾了个人和社会两个方面的利益。《世界人权宣言》第 26 条第 2 款规定："教育应鼓励人的个性和尊严的充分发展，加强对人权和基本自由的尊重。教育应促进各国、各种族或各宗教集团间的了解、容忍和友谊，并应促进联合国维护和平的各项活动。"《经济社会文化权利国际公约》再次确认了这些目的，并增加了"教育应使人人均能参加自由社会积极贡献"的内容，而且在顺序上也进行了调整，将教育目的提前到第 1 款规定，之后才规定受教育权的其他内容。《儿童权利公约》第 29 条是迄今为止国际法上对教育目的最详细综合的表述，它不仅包含了前述目的，还增加了培养儿童对自然环境的尊重，以及对儿童的父母、儿童自身的文化认同、语言和价值观，儿童所居住国家的民族价值观，其原籍国及不同于其本国的文明的尊重，被认为是最近以来从儿童角度阐述教育目的的最重要的尝试。（Turner，1996）（Hodgson，1998）[81]

尽管教育目的倾向于因历史、政治、文化、宗教或民族状况的不同而不同，但下列四个基本目的是国际及区域性人权文件经常且连续地提到的，是所有缔约国都必须加以实施的。（Hodgson，1998）[74-78]

- 充分发展每个人的个性、天赋和能力。这个目标包括了人类经验的所有维度，包括身体的、智力的、心理的和社会的，其实质是教育应帮助个体最大限度发展他们自己。

- 增强对人类及基本自由的尊重。
- 使所有人有效且负责任地参与自由社会。联合国教科文组织 1974 年《关于国际理解、合作与和平的教育以及涉及人权和基本自由教育的建议》将"负责任的生活"定义为——作为个体愿意参与解决其社区、国家和整个世界的问题。
- 促进所有国家、种族、民族或宗教组织间的理解、宽容和友谊，增强联合国维持和平的活动。这个教育目的认为，儿童应当被置于一个宽容的环境之中，以补足他们从父母或其他接近的人那里获得的某些特定价值观。儿童应当学会知晓人们所持价值观的差异性，并欣赏其成为存在这些差异的社会的组成部分。（Hobson et al.，1993）

除了以上四个基本的教育目的，其他一些国际文件提到但出现频率相对较低的教育目的还包括：

- 文化遗产的代际传递
- 国家意识的发展
- 促进经济与社会的发展
- 道德感与社会责任感的发展
- 个体批判能力与判断能力的发展
- 对自然环境之尊重的发展
- 人类个性尊严感的发展
- 受教育者生活水平的提升
- 维护国家独立
- 与他人沟通的能力
- 达致社会正义、自由与和平
- 提升儿童对基本健康医疗的认知

2. 各国的教育目的规定

作为整个教育活动的根本指导要求，许多国家的宪法和教育法都对教育目的做出了规定。早在 18 世纪，普鲁士的《教育法令》就将其教育目的规定为"增进人类幸福及利益"，扫除"文盲、无知及愚蠢"。现代各国宪法和教育法各自从社会本位或个人本位的视角出发确定教育目的。如《秘鲁共和国宪法》（1993 年）第 13 条规定"教育的目的是全面发展人的个性"，偏重个体的价值。而《阿拉伯叙利亚共和国宪法》（2012 年）第 18 条规定"教育制度以培养为其身份、遗产、归属感和民族团结而献身的一代人为基础"，具有强烈的社会本位的特征。

更多的国家是将社会需求与个人发展的需要加以调和，将其共同规定在教育目的之中。如《西班牙宪法》（1978 年）第 27 条第 2 款规定："教育的目的是在尊重共处的民主原则和基本权利与自由的范围内，充分发展人的个性。"日本在《教育基本法》（2006 年）的开篇指出："我们日本国民期望，在进一步发展经过坚持不懈的努力而构筑起来的民主的、文化的国家的同时，为世界的和平和人类福祉的提高而做出贡献。为了实现这一理想，我们期望，培养尊重个人尊严、追求真理和正义、尊重公共精神、具有丰富的人性和创造性的人，同时，推进以继承传统和创造新文化为目标的教育。"之后在第 1 条规定："教育必须以完善人格为目标，要培养作为和平民主国家和社会的建设者而具备必要素质的身心健康的国民。"

也有很多国家的教育目的建立在宗教、道德价值或政治需要的基础上（Nowak，1995）[193]。如《希腊共和国宪法》（2008 年）第 16 条第 2 款规定："教育是国家的一项基本使命。教育的目的在于对希腊人进行德、智、体以及职业培养训练，发扬民族和宗教的良心，将他们造就成为自由而有责任心的公民。"其强调了宗教和道德价值。而社会主义国家的教育目的则具有鲜明的政治性。如《朝鲜民主主义人民共和国社会主义宪法》（2019 年）第 43 条规定："国家运用社会主义教育学的原理，把后代培养成为为社会和集体，为祖国和人民而奋斗的真正的爱国者、智德体兼备的社会主义建设的主力军。"《越南社会主义共和国宪法》（2014 年）第 35 条规定："教育的目标是形成和培养公民的人格品质和能力；造就有技艺、能动创造、有民族自豪感、有道德、具有响应建设和保卫祖国事业的要求而为民富国强做出贡献的上进意志的劳动者。"

3. 我国的教育目的

马克思关于人的全面发展的理论是我国教育目的的理论基础，它为教育学解决了一个根本问题，即规定了社会主义的教育目的和现代教育的基本特征。它不仅指导着社会主义教育的方向，同时也规定了不同于古代教育的现代教育的主要特征。（王焕勋，1988）[139]

我国宪法第 46 条第 2 款规定："国家培养青年、少年、儿童在品德、智力、体质等方面全面发展。"《教育法》第 5 条进一步规定："教育必须为社会主义现代化建设服务、为人民服务，必须与生产劳动和社会实践相结合，培养德智体美劳全面发展的社会主义建设者和接班人。"这一规定主要包括三方面的内容：第一，教育必须为社会主义现代化建设服务、为人民服务，这是我国教育工作的总方向；第二，教育必须与生产劳动相结合，这是培养全面发展的社会主义建设者和接班人的根本途径；第三，培养德智体美劳全面发展的社会主义建设者和接班人，这是我国教育的培养目标。其中，培养社会主义事业的建设者和接班人，是我国各级各类学校总的培养目标，而德智体美劳全面发展则是培养目标的重要内容。

三、国家与义务教育

（一）义务教育的"义务"性

1. 义务教育的"义务"含义

理论界关于"义务教育"含义的争论有很多，尤其是对义务教育中"义务"二字的含义，一直存在不同的解读。义务教育，英文为"compulsory education"。由于义务（compulsory）是指非自愿的、被强制的、被法律程序或法律的强制性所要求的①，因此义务教育也被称为强迫教育。义务教育具有强制性，人们对这一点并无异议，但有争论的是义务教育的强制性是对谁而言的，或者说，义务教育是谁的义务？

早在 20 世纪二三十年代，我国就有一批学者对义务教育的含义进行了解释。袁希涛从义务教育的本体出发，将"义务"的含义概括为：

- 谓国内人民，在国家规定之学龄期间，有应尽教育之义务；
- 谓父母或其家长，对于在学龄期间之子女，或其监护之儿童，有绝对使受教育之义务；
- 谓国家对于人民，在学龄期间，有制定法律使受教育之义务；
- 谓一般社会，对于人民在学龄期间，应就学者，有纳规定之税额，设立学校，或相当场所，使受教育之义务。（袁希涛，1921）[6]

认为人民（儿童）、父母或家长、国家、社会各有其适当义务。

但姜琦等否认人民的义务，认为"义务"一语，从政府方面说，政府有使人民受适当教育之义务；若从人民方面说，则人民只有要求受教育的权利（姜琦 等，1925）[7]。又据《第一次中国教育年鉴》所述，"义务"二字做广义之解释者，指人民对国家有使其及龄之子女受国民教育之义务；同时国家对人民有使人民在学龄期间受国民教育之义务（熊贤君，1998）[3]。其观点是认为父母及国家应承担各自的特定义务，而学龄儿童并没有义务。

今日学者对义务教育的解释与这三种观点有很大的相似性，其中又以突出儿童受免费义务教育的权利、淡化儿童受教育的义务的观点稍占上风。有学者给出了以下四项理由来说明义务教育是一种权利而非义务（周志宏，2002）。

第一，从学习与受教育之目的与本质来看，受教育之目的在于发展个人人格，本质上，难以运用强制的方式来强迫个人学习。

---

① 参见《布莱克法律词典》第 6 版。

第二，从义务教育的发展来看，义务人为父母或监护人，而非儿童自身。

第三，从负担义务之能力来看，儿童对于本身之最佳利益欠缺了解与判断能力，实质上不具履行义务之行为能力。

第四，从强迫入学制度之设计来看，对于违反强迫入学之规定者，仅对其父母或监护人做出处罚，尚不及于受教育之本体，亦即儿童本人。

虽然如此，仍有学者持不同的观点，认为我国在现阶段明确规定义务教育为受教育者的义务，与将其作为权利相比较，更具有现实的意义（温辉，2003）[69-70]。这是因为，"我国义务教育起步晚，发展水平低，对教育本身意义的认识以及对教育与民主宪政的关系的认识远未达到与我们社会民主发展和现代化建设要求相适应的程度"，温辉援引一项农村女童受教育权的实现状况的社会调查证明，学生辍学的因素除贫困、教育机会不足等外，厌学也是不容忽视的。因此，在我国现有的义务教育发展水平的基础上，确认义务教育为受教育者的义务是十分必要的，让每一位学龄儿童，特别是少年懂得接受义务教育是他们对国家、社会应尽的义务，必须履行，不得放弃。（温辉，2003）[69-70]

此外，诸多国际人权法律文件在规定缔约国公民享有的受教育权时，均明确规定缔约国应当确保初等教育具有义务性质。例如，《经济社会文化权利国际公约》第13条第2款（子）项规定："初等教育应属强迫性质……"《儿童权利公约》第28条第1款（a）项规定"实现全面的免费义务小学教育"。关于国际人权条约中规定的初等教育的义务/强迫性质，经济、社会和文化权利委员会在其第11号一般性意见中指出，初等教育的强迫性质意味着家长/监护人和国家都无权将儿童接受初等教育视为具有可选择性的行为。（Committee on Economic, Social and Cultural Rights, 1999a）[para6]换言之，在国际人权法上，义务教育的"义务"意味着国家和家长/监护人无权为儿童做出不接受初等教育的选择。

义务教育是公民受教育权中最基础、最核心的部分，对义务教育的性质的分析离不开对受教育权的整体认识。从受教育权的宪法权利及其人权属性来看，它是伴随社会发展和国家观念的变化而形成的一种复合权利，其实质是公民为了自身人格的充分发展而自由学习，并要求国家为其提供受教育（辅助学习）的机会和条件，应主要被作为一项权利加以认可和保障。虽然现实生活中存在儿童厌学或因各种原因不愿上学的情况，但其并不能成为确认受教育为儿童义务的根据。因为即使将入学接受教育强令为儿童的义务，但若受教育成本过高，教育内容不能切合儿童发展的需要，仍无法避免那些因贫困、路途遥远或厌学而无法入学或辍学等情况的发生。学习是每个人的内在需求，只能在儿童真正投入和参与时才会发生，因此，重要的不是在法律上将受教育确定为儿童的义务，反而是要强调儿童的受教育权利和国家的教育义务，不断改善儿童受教育的条件和教育的质量，让教育不仅是可获得的，而且是可利用的、可接受的、可适应的，使儿童的学习行为真正发生。

2. 义务教育与政府责任

为了确保义务教育的义务性，使适龄儿童接受义务教育，国家和父母共同承担着相应的责任。父母有义务送其适龄子女入学接受教育，国家（政府）一方面负有建设义务教育基础设施、推行免费义务教育的责任，另一方面也对父母是否履行义务拥有监管的权力和责任。

针对父母义务的履行，我国 1986 年《义务教育法》规定，父母不履行法定义务送适龄子女入学接受义务教育的，由当地人民政府对其进行批评教育，并采取有效措施责令其送子女或者被监护人入学（第 15 条）。1992 年发布的《义务教育法实施细则》① 进一步规定，"……经教育仍拒不送其子女或者其他被监护人就学的，可视具体情况处以罚款，并采取其他措施使其子女或者其他被监护人就学"（第 40 条）。据此，各地方大多通过立法规定了罚款的具体数额，如 1986 年制定的《北京市实施〈中华人民共和国义务教育法〉办法》② 规定："未经批准，适龄儿童、少年不按时入学或者辍学的，由当地街道办事处或者乡（镇）人民政府对其父母或者其他监护

---

① 该文件已失效。
② 1986 年 7 月 8 日通过，1993 年修订，第 11 条第 2 款，已经废止。

人给予批评教育，责令改正；仍不改正的，处以 200 元以上 5000 元以下罚款，并采取有效措施使其送子女或者被监护人就学。"

2006 年修订的《义务教育法》在父母责任方面基本延续了旧法，其第 58 条规定："适龄儿童、少年的父母或者其他法定监护人无正当理由未依照本法规定送适龄儿童、少年入学接受义务教育的，由当地乡镇人民政府或者县级人民政府教育行政部门给予批评教育，责令限期改正。"但该法并未出台实施条例或细则，未再确认罚款等其他处罚。

保证义务教育的义务性，强调父母的责任固然重要，但是，由于在儿童入学的义务上，国家和父母存在着先后次序，国家提供免费教育的义务在先，父母送其子女入学的义务在后。因此，凡是公民没有接受九年义务教育的，首先应当承担补救责任的是国家，而不是学校和家庭。（高家伟，2007）[10] 下面的这个案例在很多方面都凸显出该问题的重要性和复杂性。

子里甲乡政府诉失学儿童家长案

2019 年 6 月 20 日，云南省怒江傈僳族自治州福贡县人民法院巡回法庭走进子里甲乡俄科罗村，依法公开开庭审理义务教育阶段学生失学案件。

原告子里甲乡人民政府在履行义务教育管理职责的过程中，发现子里甲乡俄科罗村呢机一组适龄儿童林某某，时年 11 岁，依法应到学校接受义务教育，但一直没有到校上学。原告对林某某的失学问题高度重视，对被告迪某某做了大量动员工作，但被告迪某某仍然漠视其未成年子女林某某接受义务教育的权利。在向被告迪某某送达《责令被监护人接受义务教育通知书》《行政处罚决定书》未果后，原告根据《义务教育法》《未成年人保护法》的相关规定对被告迪某某提起诉讼。

在庭审中，审判人员以案释法，对旁听人员、群众用傈僳语宣传了《义务教育法》《未成年人保护法》及教育惠民政策，让家长和村民意识到，作为公民必须知法、守法，坚决摒弃厌学、读书无用论等思想。通过庭审，被告也明白了作为监护人不送适龄儿童上学是一种违法行为，若不履行义务，则要依法承担法律责任。（陈晓波，2019）

这起案件与二十多年前发生在贵州的平乐乡政府诉失学儿童家长韦其明等三人案（韦克凡，2001）一样，都是在义务教育实施过程中的政府对失学儿童父母提起诉讼的案件，它们涉及的问题很多，可以从不同的视角进行分析。从诉讼形式来看，这些案件既非平等主体之间的民事诉讼，也非传统"民告官"的行政诉讼，而是颇为新颖的"官告民"案件。"官何以告民？""官如何告民？"政府应通过什么方式保证义务教育的实施？政府、父母与儿童之间存在怎样的法律关系？这些都是值得反思的问题。

案件中，面对违反法定义务的家长，政府使用了批评教育、下达复学通知书、下达行政处罚决定书等一系列管理措施，但这些传统管理手段在上述案件中均未收到应有效果，政府最终选择了"官告民"的执法模式。有学者认为"官告民"在一定意义上体现了政府执法方式的重大变革，是结合政府监管与法院诉讼以替代传统政府监管的一种新的执法方式。"官告民"与"民告官"作为解决行政法律关系纠纷的机制，其设计思路殊途同归并具有异曲同工的效果。当公民违反行政法规范，对公共秩序和公共利益产生侵害时，行政法律关系就出现了问题，相关纠纷发生在代表公共利益的政府与违法公民之间，政府可以提起法律诉讼，请求法院解决纠纷，恢复被破坏的行政法律关系，并保护公共利益；但当政府对破坏行政法律关系的违法者自行采取措施构成对公民权益的侵害时，行政法律关系便出现了另外的问题，公民可以通过行政诉讼请求法律解决纠纷，恢复被政府破坏了的行政法律关系，并保护公民合法权益。（肖金明，2008）

但随着"官告民"案件不断出现，有学者在整理了有关控辍保学诉讼案件报道和数据库中的判例后，发现"官告民"在取得立竿见影促学效果的同时，也存在一定的合法性瑕疵，具有较强的行政执法权宜性，因而建议在控辍保学基本任务完成后，"官告民"案应回归正轨。（蒋鸣湄 等，2021）实际上，对于保护未成年人的受教育权来讲，相比于政府，由检察院作为原告提起诉讼在法理上更为妥当。在2020年《未成年人保护法》修订后，各级人民检察院加强对未成年人的权益保障，依法成立专门部门、确定专门人员办理未成年人案件，且其同时具有提起公益诉讼的资格。检察院既负有保护未成年人的责任与义务，满足适格原告资格，又具有诉讼方面的专业素质、人才队伍配置，因此以检察院提起公益诉讼的方式作为控辍保学的诉讼机制不失为一种替代方案。

还应当注意的是，要使失学儿童不仅能够返学，而且能够持续完成其义务教育，还要有更多的条件保障。儿童义务教育权的实现，不仅是有学可上（Available）的问题，上学的距离也应在儿童身体能够接受的范围内。也就是说，学校本身应当满足可进入性（Accessibility）的特征，这是国家应承担的"4-A"教育义务的重要内容。如英国1944年《教育法》规定，父母有义务送其子女入学，未能履行义务即构成犯罪，但若能证明学校离家太远，超出了儿童步行可及的距离，而当地政府又未做出适当的交通或住宿安排的话，则视为无罪。（Poole，1988）[146]

儿童上学的距离应当多远，各国有不同的界定和判断标准。一般而言，可用三种方法判断：一是物理距离（physical distance），即实际的空间距离，用"千米"来衡量；二是文化距离（cultural distance），是指儿童不得不离开自己的社区到另一个把他们当作外人并对他们不友好的社区上学，从而导致的上学的距离；三是时间距离（time distance），考虑诸如山地、河流、森林等自然条件的阻碍而延长上学途中的时间。（Lehman，2003）这三种距离都应当在学校布局设计及调整中被整体考虑，保证儿童在经济上、身体上及文化上能够接受的合理范围内入学受教，否则，也应视为政府未能善尽责任。

政府义务与父母义务存在着顺序性，因此，在政府义务未能履行的情况下，单方面要求父母履行义务是欠妥的。这是没有处理好政府在保证义务教育方面的职责与适龄儿童和青少年以及其监护人在接受义务教育方面的权利和义务之间的相互关系。事实上，政府的义务在先，适龄儿童和青少年及其监护人的义务在后，只有在政府为适龄儿童和青少年提供了接受义务教育的充分必要条件之后，如果适龄儿童和青少年以及其监护人拒绝接受义务教育，才算是违反了法律上所规定的接受义务教育的义务。政府如果没有足够的资金来保证所有适龄儿童以及青少年接受义务教育，那么，从法理上来看，适龄儿童和青少年接受义务教育的权利在法律上就是不充

分的，与此相对应，也不可能要求其充分履行相关义务。 （莫纪宏，2003）[133]

监护人的义务应当控制在政府有充分的能力来保证适龄儿童和青少年接受义务教育的时候，监护人不得拒绝其子女接受义务教育，否则就是违法。因为在这种情况下，监护人的义务不会影响到监护人自身其他法律权利的行使，如政府给贫困家庭的孩子免除接受义务教育的一切费用后，监护人不得以家庭贫困上不起学为由让孩子辍学。但是，如果政府不能给贫困家庭的孩子提供足够的条件来让他们接受义务教育，而监护人也没有能力来支持子女接受义务教育，在这种情况下，政府就不能强迫监护人履行义务。唯一的途径就是政府应当降低对适龄儿童和青少年享有接受义务教育的权利的"承诺水平"。（莫纪宏，2003）[133-134]

（二）义务教育的无偿化

接受免费的义务教育，或称义务教育的无偿化，是受教育权最为基础的内容，也是国际人权公约和各国宪法确认和保障的最普遍的权利。但免费的具体内容为何，在不同国家有不同的规定，这往往与各国政府的财政能力以及对宪法免费性条款的解释有很大关系。

1. 义务教育无偿化的几种理论

以日本为例，《日本国宪法》第26条第2款规定"义务教育为免费教育"。围绕免费（无偿）的具体范围问题，日本学术界出现了三种不同的见解，分别是"无偿范围法定论""授课费无偿论""就学必要费用无偿论"。（永井宪一，1980）[233]

"无偿范围法定论"主张，宪法的"义务教育免费"条款一方面规定了国家对于国民具有强制使其就学的义务，但另一方面，宪法对于尽可能使国民义务教育必要费用无偿化之事，仅仅是将其作为国家的职责加以宣告而已；无偿的范围应该考虑到国家的财政等情形，由法律加以具体化。这种对宪法条款的解释，实际上只是对国家提出免费的政治性要求，至于免费的真正内容，则完全交给立法机关加以裁量。就像有的学者认为的那样：
"据此见解看来，就是将无偿的范围缩减为零，这在理论上亦属可能的。"
（大须贺明，2001）[180] 因此，这是一种非常倾向于"消极纲领性规定论"的
学说①。

　　"授课费无偿论"则认为，在义务教育费用之中，只有授课费属于宪法
该条款所指的无偿范围；授课费之外的其他费用不包括在内，不属于国家
必须提供的法律性的义务，充其量只是国家所追求的一种理想。如日本学
者佐藤功指出："在义务教育中，至少作为强制就学的反面而将其无偿化，
是当然地伴随着义务教育本身之理念的。这项原则是将国家应该负担起一
切伴随义务教育而来的费用作为理想的，但是，在与国家财政能力的关系
上对其范围加以限制，这并不应该说马上就违宪了。法律仅仅停留于这样
的地步，即仅仅就国立或者公立的承担义务教育的学校，免除其授课费。"
（佐藤功，1979）[184]（大须贺明，2001）[180] 这一观点同时以《教育基本法》
和《学校教育法》的规定作为佐证。《教育基本法》第 5 条第 4 款规定：
"国家或者地方公共团体所设置的学校的义务教育，不征收授课费。"《学校
教育法》第 6 条规定："学校可以征收授课费。但是，国立或者公立小学、
初中或者相当于此的盲人学校、聋人学校以及养护学校的义务教育，则不
能征收授课费。"以上应被视为是对宪法该条款的确认。

　　"就学必要费用无偿论"是对免费范围做最宽泛解释的学说。它认为宪
法"义务教育为免费教育"的规定中，无偿的范围应该包括义务教育的授
课费、教材费、学习用品费及其他一切就学所必需的费用。但对于该学说
与《教育基本法》仅规定授课费无偿的矛盾关系，甚至是《教育基本法》
的规定是否违宪的问题，该学说却同时提出：由于宪法第 26 条第 2 款所规
定的内容不充分，故并不能说《教育基本法》（1947 年）第 4 条第 2 款就是
违宪的规定。正如之前所述的那样，这应该是置于国家以及地方公共团体
关于学校教育行政之财政负担能力的关系上来加以决定的事项。（有仓遼吉
等，1958）[76-77]（大须贺明，2001）[181-182] 这一说法无疑有将免费的具体范围

---

① 关于"消极纲领性规定论"的内涵与解释，参见本书第二章第二部分（一）的第 3 点。

留给立法机关裁量的意思，与其自己所主张的"伴随义务教育的一切费用免费"的宪法解释有些自相矛盾，因此在一定程度上削弱了其论证力。

整体说来，日本学界对宪法"义务教育免费"范围的解释还是以"授课费无偿论"为多数，也就是国家必须保证义务教育的授课费免费，这属于宪法义务，必须在教育立法中实现，否则即属违宪。而授课费之外的其他费用，如教科书等是否免费，则由立法机关根据国家的财政负担能力逐步加以确定，并不存在违宪的可能。这一观点在其最高裁判所大法庭的意见中表述得非常清楚："就是对监护人所负担的教科书等费用，希望国家尽量考虑予以减轻，并为此而做出努力；但是，这应该是考虑到国家财政等事情之后再作为立法政策问题来进行解读的事项，而不是前述宪法条款所规定的问题。"

在"授课费无偿论"原则指导下，日本的《教育基本法》及《学校教育法》都明确规定了义务教育的授课费免费。对于其他费用，日本在 1962年制定了《关于义务教育诸学校的教学用图书免费措施的法律》，并随后制定了其法律施行令，确定在义务教育学校（无论公立还是私立），由国家提供免费教科书。

除此之外，日本还通过了一系列教育立法，对贫困儿童、残疾儿童及偏僻地方儿童等弱势群体提供特别的免费措施。如 1956 年颁布的《关于国家援助就学困难儿童和学生的就学奖励的法律》，对由于经济的缘故而就学困难的儿童和学生提供学习用品或其购入费、学生走读需要的交通费，以及修学旅行所包括的交通费、住宿费和参观费等，做到义务教育无偿化。1954 年制定的《关于对盲人学校、聋人学校和养护学校的就学奖励的法律》，规定都道府县须对就学于上述学校的儿童支付全部或部分的就学及相关费用，包括教学用图书的购入费、学校供给饮食费、走读或回家所需交通费和跟随照管人的跟随照管所需交通费、居住学校附设宿舍的经费、修学旅行费、学用品的购入费，并特别在其后的"施行细则"中指出：儿童若有疾病或其他特别情况，可将其需要的同项经费加进饮食费；上述用品包括儿童的跟随照管人伴随居住学校附设宿舍所需的洗脸用杂品、通信用品、修补衣服用品及内衣等。可见日本对弱势儿童免费教育的界定范围相当广泛。

2. 义务教育免费范围的确定

我国在 1986 年《义务教育法》中规定"国家对接受义务教育的学生免收学费"，但学生仍需缴纳适当的杂费。虽然由于其时国家财政能力有限，许多地区存在办学经费不足的问题，但向学生收取杂费并不适当。有些学校甚至巧立名目乱收费，造成一些儿童因交不起费用而被迫辍学。杂费的收取及其范围的不确定造成学校过度收费，这不仅加重了受教育者的经济负担，而且实质上背离了义务教育的免费原则，侵害了儿童受宪法保障的受教育权。

1986 年《义务教育法》颁布后的 20 年中，我国经济快速发展，综合国力日渐增强，全面免费的义务教育理应成为公民受教育权的重要内容。因此，2006 年修订的《义务教育法》修改了义务教育费用的条款，明确规定"实施义务教育，不收学费、杂费"，并且规定为贫困学生提供免费教科书并补助寄宿生生活费。这是我国义务教育的巨大进步，标志着公民受教育权的保护进入了一个更高的层面。但后续的立法仍需对杂费的内涵和具体包括的对象进行界定，才能使免费的范围更加清晰。

在界定免费的范围时，需要注意"免费"包含的两层含义：从全球的角度看，其含义是界定并消除上学的"直接费用"，这是各国促进教育无偿化的重要内容；从拉丁美洲的经验看，其第二层含义是向贫困家庭提供上学直接费用以外的补助，引导贫困家庭送其子女上学并保持在学率，处理的是"机会成本"问题。仅就直接费用而言，联合国受教育权问题特别报告员提交的 2004 年年度报告指出，其包括了教科书、学习材料（各种练习本和笔）、交通费、食物以及学校要求必须穿着的校服。（Tomasevski，2004b）[10-12]

义务教育应当免费，在接受义务教育或者让子女接受义务教育之际，授课费、教材费与其他一切就学所必需的费用（有仓遼吉 等，1958）[76-77]（大须贺明，2001）[158]，都应当在免费范围内。也就是说，除了免除学费，还应免除各种相关的杂费。在确定义务教育杂费的范围和对象时，一方面必须以"是否为就学所必需"为判断标准，将就学必需的费用包括在杂费的范围内；另一方面，对于好像不属于义务教育必需费用的部分和处于边界的部分，比如家长教师协会会费和学校供餐伙食费等，也有必要将其置于同义务教育之宗旨与目的相关关系之下，以教育学关于义务教育的成果为前提来确定其是否成为免费的对象（大须贺明，2001）[158]。也就是说，义务教育的免费对象首先应包括那些入学接受教育所必不可少的费用，而对于那些不太好确定是否为必需的费用或不属于必需的费用，在界定和解释是否应当免费时，也应从义务教育的免费性这一基本原则出发，在综合国家财政能力并借鉴教育学研究成果的基础上加以确定，其趋向免费的指向性也是非常明确的。

除了考虑义务教育的基本原则及前文所述的宗旨，尤其还应当考虑到"免费"的两层含义，牢记世界教育论坛起草委员会的建议，即"对于有多种困难、生活在贫困之中的数以百万计的儿童，必须毫不含糊地做到教育免收学费和其他费用，并尽一切可能减少或免去书本费、校服费、用餐费和交通费等费用。应当采取更广泛的社会政策、各种措施及奖励办法来降低上学的间接机会成本"，真正令所有适龄儿童享受到免费的义务教育。

（三）我国《义务教育法》的修订与评析

我国的《义务教育法》于 1986 年制定，2006 年、2015 年、2018 年三次修改。其中，2006 年是一次重大修订，其在适龄儿童、少年受教育权的规定方面有了很大变化，从中明显可以看出义务教育立法对受教育权的认可和保障程度得到很大的提高。下文即以 2006 年《义务教育法》的修订为例，从受教育权保障的角度进行评析。

1. 立法目的

在一部法律的制定中，立法目的是最基本的出发点和落脚点，其他具体权利义务设置的法律规范都是围绕立法目的进行的。1986 年《义务教育法》的第 1 条规定："为了发展基础教育，促进社会主义物质文明和精神文明建设，根据宪法和我国实际情况，制定本法。"这一条阐明了制定《义务教育法》的目的和依据是确立我国的义务教育制度，保障义务教育制度得到有效的贯彻施行，从而为国家的发展建设服务。这一立法目的突出的是国家发展基础教育的意志，强调义务教育制度实施的效率和成果，具有较强的管理本位的立法特征。同时，该法第 5 条还有这样的规定："凡年满六周岁的儿童，不分性别、民族、种族，应当入学接受规定年限的义务教育。条件不具备的地区，可以推迟到七周岁入学。"该条更是明显地强调了适龄儿童受教育的义务。1986 年的《义务教育法》虽然在第 4 条规定"国家、社会、学校和家庭依法保障适龄儿童、少年接受义务教育的权利"，出现了"权利"的字眼，但通观其上下文规定不难看出，该部法律还是更多地强调国家发展义务教育的意志和适龄儿童少年接受义务教育的义务。

在当代立法中，管理本位的立法观虽然具有突出效率的优点，但由于它过于强调国家权力，较为忽视公民的权利，因而遭到强烈的批判，逐渐为各国立法所摒弃，权利本位的立法观念取而代之成为各国立法的基本取向。尤其随着受教育权理论的发展和国际社会对受教育权的认可和重视程度逐步提高，以保障公民的受教育权作为教育立法的基本出发点的情况已经成为基本的现实和发展趋势。

在公民的受教育权中，免费接受义务教育是最有实质意义的核心部分。《义务教育法》作为落实宪法和教育基本法对公民受教育权保障的重要部门法，应当从权利本位的立场出发，确认适龄儿童和少年接受义务教育的权利，并将对此权利的保障作为重要的立法目的。因此，2006 年的《义务教育法》第 1 条明确将立法目的修改为"为了保障适龄儿童、少年接受义务教育的权利，保证义务教育的实施，提高全民族素质，根据宪法和教育法，制定本法"，体现了以人为本、尊重权利的立法理念。

2006 年的《义务教育法》不仅在立法观上有了明显改变，在具体条文的设计上也有相应修改。其虽在第 4 条沿袭了宪法和《教育法》的表述方式，规定"凡具有中华人民共和国国籍的适龄儿童、少年，不分性别、民族、种族、家庭财产状况、宗教信仰等，依法享有平等接受义务教育的权利，并履行接受义务教育的义务"，将接受义务教育作为权利和义务一并提出，仍在法律层面上确认适龄儿童、少年接受义务教育的义务，但删除了1986年《义务教育法》第5条对适龄儿童受教育义务的单独规定，而是在第11条规定"凡年满六周岁的儿童，其父母或者其他法定监护人应当送其入学接受并完成义务教育；条件不具备的地区的儿童，可以推迟到七周岁"，将义务的重心转至儿童的父母或其他监护人，符合义务教育的实际情况，也显示出对儿童作为义务教育权主体地位的尊重。

2. 立法内容

2006年《义务教育法》不仅在立法目的上充分确认适龄儿童、少年的受教育权，而且从受教育权的受益权、自由权和平等权三个维度对该权利的内容进行了较为全面和具体的规定。

受教育权的受益权侧面强调公民作为权利主体，为保障受教育权能够切实享有和实现，要求国家提供受教育的机会、条件及相关救助的内容。2006年《义务教育法》修订中体现受教育权受益权的内容主要有以下方面。

第一，为每个适龄儿童提供接受义务教育的机会。在义务教育阶段，每个适龄儿童均有就学权利，国家必须予以保证。这种就学权利不仅不能因儿童的民族、种族、性别、家庭背景等有所差别（第4条），而且不能与儿童的能力挂钩，必须坚持免试入学（第12条），这些都在法律中有了明确规定。

第二，提供免费的义务教育。获得免费的义务教育是儿童受教育权的重要内容，也是世界各国教育立法的保障对象。2006年《义务教育法》规定"实施义务教育，不收学费、杂费"（第2条）。明确要求各级政府按照义务教育教职工编制标准、工资标准和义务教育学校建设标准、学生人均公用经费标准，及时足额拨付义务教育经费，确保义务教育学校的正常运转和校舍安全，确保教职工工资按照规定发放（第42条）。在财政负担机制上改变了原有的机制，明确中央政府在义务教育经费提供保障中的责任，并合理确立中央财政和地方财政的分担项目及比例（第44条）。具体规定了经费保障方面的违法、失职行为带来的法律责任以及学校乱收费的法律责任，以切实维护儿童接受免费义务教育的权利（第51条、第54条、第

56 条）。

第三，提供基本的教育设施条件。2006 年《义务教育法》第 16 条规定"学校建设，应当符合国家规定的办学标准，适应教育教学需要；应当符合国家规定的选址要求和建设标准，确保学生和教职工安全"，保证学生能够利用基本的教育教学设施和条件。

第四，对家庭贫困者及其他弱势群体提供必要的帮助和扶持。2006 年《义务教育法》在第 44 条规定："各级人民政府对家庭经济困难的适龄儿童、少年免费提供教科书并补助寄宿生生活费。"

受教育权的自由权侧面主要是指公民作为权利主体，在接受教育的过程中选择其认为最为合适的教育的权利。虽然 2006 年《义务教育法》未明确规定父母为其子女选择民办学校的权利，但由于此前《民办教育促进法》已经出台，因此，将两部法律综合起来理解，父母当然有选择民办学校的自由。在儿童的学习方面，2006 年《义务教育法》明确规定，教育教学工作应当符合教育规律和学生身心发展特点，面向全体学生，重视培养学生的创新能力和实践能力，促进学生全面发展（第 34 条）。学校应当保证学生的课外活动时间，组织开展文化娱乐等课外活动（第 37 条），满足学生根据自己的兴趣、爱好多方面自由发展的需要。

在义务教育阶段，适龄儿童应享有平等的受教育权。但由于经济发展和教育资源配置的不均衡，我国城乡之间、区域之间、学校之间仍存在教育差距。因此，缓解和消除教育不公平现象，促进义务教育均衡发展，保障所有儿童的平等受教育权，也是 2006 年《义务教育法》修订的重点之一。

2006 年《义务教育法》一是通过明确经费投入主体，即中央和省级政府的经费投入责任，促进区域间教育均衡发展。二是明确规定县级政府部门应当均衡配置教育资源，缩小学校之间办学条件的差距，促进区域内教育均衡发展（第 6 条、第 22 条、第 32 条、第 45 条）。三是明确规定加大一般性转移支付规模和规范义务教育专项转移支付（第 46 条），设立专项资金，扶持农村地区、民族地区实施义务教育（第 47 条），促进城乡教育均衡发展。四是明确规定学校不得分设重点班和非重点班（第 22 条），保障儿童平等的受教育权。五是明确规定流动人口子女、少数民族适龄儿童、残疾适龄儿童以及未成年犯的平等受教育权（第 12 条、第 18 条、第 19 条、第 21 条）。此外，2006 年《义务教育法》还提出发达地区支援欠发达地区、城镇教师支援农村学校等政策措施。由此可见，《义务教育法》在处理教育公平问题上并不是采取"一刀切"的方式，而是将平等原则、差别待遇原则和补偿救济原则相结合，在平等的前提下，加大对农村和少数民族地区的政策倾斜力度，同时为弱势群体接受义务教育提供补偿。

四、国家与私立教育

（一）私立教育是教育自由的体现

1. 私立学校与公立学校的区分

如何区分公立学校（政府学校）与私立学校（非政府学校），不同的国家有不同的政策认定与解释，界限和标准并不总是那么清晰。联合国教科文组织采用的分类方式现已在教育统计中被广泛使用，它以学校的经营管理者为分类标准：如果学校的经营者是政府，那么它就是公立学校；如果其经营者是私人，该学校即为私立学校。因此，即使是政府提供经费资助的学校，只要它是由私人经营管理的，那么也将被认定为私立学校。与此不同的是，英国的法院则主要根据经费来源来确定学校的性质，如果一所学校是由公共财政资助的，不论它是如何被经营的，都会被归入公立学校。①

我国对私立教育或私立学校概念的使用目前仅在学术研究和日常语言中出现，在正式的法律和政策文件中，使用的是社会力量办学或民办教育（学校）的概念。虽在起草制定《民办教育促进法》的过程中，对这些概念

---

① National Union of Teachers v. Governing Body of St. Mary's Church of England Aided school［1995］ICR 317, EAT［1997］IRLR 242（CA）; R. v. Haberdashers' Aske's Hatcham Trust, ex parte T［1995］ELR 350; EA 1996, SS482（1）（b）,（3）483.

的选择曾有过争议①，但立法最终选择了民办教育（学校）这个具有较强中国特色的概念。这里的"民"指的是非国家机构的企业事业单位、其他社会组织和个人，不排除有些事业单位和社会团体是全额财政拨款的公共机构，与"私"的含义不完全一致。这里的"办"应是举办的意思，与"立"（设立）具有同样的含义，而不是指具体的"办学模式"。因此，我国的民办教育（学校）与国外或一般所指的私立教育（学校）并不具有完全相同的含义。

根据我国《民办教育促进法》的界定，民办学校是指国家机构以外的社会组织或者个人，利用非国家财政性经费，面向社会举办的学校及其他教育机构（第2条）。这个概念强调两个重要的区别标准：第一个标准是设立者，由国家机构设立的学校属于公立学校，国家机构以外的社会组织或者个人设立的学校属于民办学校；第二个标准是经费来源，以国家财政性经费为来源的属于公立学校，而非以国家财政性经费为来源的属于民办学校。因此，一所学校只要是国家机构运用财政性教育经费举办的，无论其采用什么样的运行机制，都应是公办学校。同样，只要是非国家机构运用非财政性经费举办的，它就是民办学校。因此，一些所谓的"国（公）有民办"学校的概念实际上并不准确，因为这些学校是由国家举办的，只不过转换了运行机制，采用较为灵活的办学模式，具体办学模式的转变不能改变其为公办学校的本质，不能使其成为民办学校，而使用"国（公）办民营"的概念更符合我国的立法规定。②

比较来看，我国对民办学校的界定与前面的两种区分标准都不完全相同。联合国教科文组织的区分标准注重的是学校如何被经营、被谁实际经营及管理，而我国注重的是设立者的身份和经费来源。与英国法院的界定

① 关于这部法律的名称，曾有过"民办教育法""社会力量办学法""民办学校法""私立学校法"等几种建议，参见汪家镠. 民办教育立法中的争论以及我的一些看法［M］//胡卫，丁笑炯. 聚焦民办教育立法. 北京：教育科学出版社，2001：3.

② 虽然我国教育立法采用公办学校与民办学校的概念，但由于学术研究及其他国家的立法普遍采用公立学校与私立学校的概念，因此本书对这两对概念的使用并不做严格区分，仅在专门涉及我国民办学校立法及监督部分使用"民办学校"概念，但在普遍所指的时候，仍用私立学校（教育）的概念，请读者注意。

相比，二者的共同特征是都注重学校的经费来源，但差异也很明显。我国在考察学校经费来源的同时，还同时考察其设立者的身份，而英国并不细究谁是设立者。因此可以假设，如果有一所私人设立和管理的学校，但是经费由政府提供，那么它在联合国教科文组织的分类中会被归入私立学校，在英国则会被归入公立学校，而在我国，它在经费来源方面具有公办学校的特征，在设立者方面又具有民办学校的特征，地位会比较模糊。

2. 个人或团体设立及管理教育机构的自由

私立教育具有悠久的历史，而政府作为教育的资助者或提供者则是相当晚近的事情。18、19世纪以来，随着国家将教育事务逐步纳入其统辖与管理的范围，公立学校被普遍设立，政府财政逐渐成为公立学校系统的主要经费来源。尽管如此，个人或团体并未因此失去设立及管理教育机构的自由，相反，在公立学校不断发展的过程中，这种自由伴随着教育选择自由和教育的多样化而得到保留并受到社会的重视。如今，个人或团体设立及管理教育机构的自由是教育自由的重要方面，已经普遍被国际人权公约和国内立法所确认。

《经济社会文化权利国际公约》第13条第4款规定确认了个人及团体设立和管理教育机构的自由。设立和管理教育机构的自由包括设立和管理各种类型的私立学校及其他教育机构，如幼儿园、中小学校、高等学校或成人教育机构。在该项自由的行使方面，必须坚持非歧视、机会平等及所有人有效参与的原则，国家有义务确保该项自由不会导致社会中某些群体的教育机会遭受极端不利。

我国宪法第19条规定"国家鼓励集体经济组织、国家企业事业组织和其他社会力量依照法律规定举办各种教育事业"，承认包括私人在内的广泛的社会组织和个人的办学权利。《教育法》第26条规定"国家鼓励企业事业组织、社会团体、其他社会组织及公民个人依法举办学校及其他教育机构"，将集体经济组织从办学主体中删去，同时将其他社会力量中的个人明确为"公民"。其后的《民办教育促进法》提出了"国家对民办教育实行积极鼓励、大力支持、正确引导、依法管理的方针"，并进一步在第10条规定："举办民办学校的社会组织，应当具有法人资格。举办民办学校的个人，应当具有政治权利和完全民事行为能力。"因此，个人或团体有设立学校的自由，但该项自由在法律上有所限制，那些不具有公民身份，或者虽是公民但不具有政治权利能力和完全民事行为能力的个人，以及不具法人资格的社会组织，在我国没有设立学校的自由，除此之外的其他公民个人和社会组织均有设立学校的自由。

承认个人或团体有设立及管理教育机构的自由，但对设立者的资质或存在形式进行必要的限制不单是我国的做法。以日本为例，其《私立学校法》规定，设置私立学校，必先根据该法设立学校法人。学校法人必须拥有设置私立学校的必要设施及设备或购置这些设施及设备所需的资金以及经营设置私立学校的必要的财产并进行登记，经主管机关批准以其设立为目的的捐赠行为后才可设立私立学校。① 因此，即使是个人，也需先设立学校法人，才可由学校法人设立私立学校，设立者的存在形式受到严格的规范。

个人或团体有设立及管理教育机构的自由，但国家不一定要对私立教育进行经济上的补助。是否对私立教育提供补助，取决于各国或地区的政策需要。我国《民办教育促进法》专门设有"扶持与奖励"一章，规定对民办学校的扶持与奖励措施，但其规定大多使用"可以"，而非"必须"或"应当"，因此，是否给予扶持或奖励，仍要由各地方政府自定。我国台湾地区的"教育基本法"第7条对私人兴学也有奖励规定，确认"政府对于私人及民营团体兴办教育事业，应依法令提供必要之协助或经费补助，并依法进行财务监督。其著有贡献者，应予奖励"。国家不对私立教育提供补助并不侵犯私人的兴学自由，而一旦政府决定对某些私立学校提供补助，它就应当平等对待所有的私立学校。

个人或团体不仅有设立学校的自由，也有管理学校的自由。个人或团体管理学校的自由中，当然包括管理私立学校，但是否也包括对公立学校的管理，则属于政策选择范畴的事项。美国的特许学校是私人参与公立学

---

① 参见日本《私立学校法》第三章"学校法人"部分。

校管理的典型例子。我国台湾地区"教育基本法"第 7 条第 2 项也规定，"政府为鼓励私人兴学，得将公立学校委托私人办理，其办法由该主管教育行政机关定之"，为私人承办和管理公立学校提供了法律依据和空间。我国自 20 世纪 90 年代以来进行的学校办学体制改革中，也有将公立学校改制成为"国有民办"或"公办民营"学校的实践，但由于改革中一些优质学校被改制，且改制后收费普遍提高，因此被质疑侵犯公民的受教育权，特别是免费接受义务教育的权利，最终被法律否定。2006 年修订的《义务教育法》第 22 条第 2 款明确规定："县级以上人民政府及其教育行政部门不得以任何名义改变或者变相改变公办学校的性质。"

（二）私立教育与国家监督

1. 国家监督私立教育的必要性与限度

第一，个人或团体有设立及管理教育机构的自由，国家也有对私立教育进行监督的必要。许多学者从不同的角度对国家监督私立教育的必要性进行了阐述，其中最重要的，是认为国家有确保私立学校符合"最低教育标准"的责任，为了确保私立教育的品质有助于改善国家人力素质并提升整体国力，国家需要维持一个透明且有效率的监督制度以确保最低教育标准得到实现。

第二，国家基于对基本权利的保护义务，也必须立于保护者的角色来对侵害私人基本权利的情形加以适当的防范。为了保障公民的受教育权、父母的教育选择权或者是私立学校教师的基本权利不受私立学校举办者或其成员的侵害，国家必须通过立法制定适当的规范来保障与私立学校相关的各个基本权利主体的基本权利。

第三，如果政府对私立学校有所补助，则应确保公共经费在立法所规范的目的内得到适当的运用，并保障家长或学生不致受到教育上或商业上的欺骗，防止学校教授明显有害于公共福祉的事务（避免教育的负外部效果），因此，国家也应规范私人兴学。（Randall，1994）[85-86]（周志宏，

2001)[340-341] 这是从确保公费的合理使用和避免教育的负外部效果的角度提出的理由。

第四，为了避免公众因为信息不足而在私立教育事务中做出不理性的决定，国家需要通过适当的措施强制私立学校提供正确的资讯或是保持资讯公开，以实现国家向公众积极提供资讯的义务，维持教育市场的健全。

第五，对于那些将私立学校设置为非营利性公益团体的国家，"为了保障公众对其所具有之信赖，确保公众对公益团体的支持不致被误导成使特定私人获益，自应订定规范以确保私立学校作为公益团体之公益性，以使属于公益团体之私立学校的可信赖性得以维持，以获得更多公众的支持"（周志宏，2001)[350]。因此，国家为了维持公益团体的公益性，也需要对私立学校进行监督。

现代各国对私立教育的监督大体有四种方式：一是私人自行监督，系通过经营者或内部组织成员对组织的自我监督机制等来进行监督；二是由教育服务的消费者（家长或学生），通过对教育产品的要求、对于教育服务的选择以及有关消费者权益的保障等来监督；三是通过社会大众的舆论、社会评价等来监督；四是由各级政府通过法令规范来产生监督作用。其中，国家（或政府）的监督又可以分为三种情形：一是不对私人兴学做特别的监督，而仅依一般法律做监督；二是只监督市场的运作秩序，如制定游戏规则，确保教育市场的健全、资讯的公开与充分流通；三是监督教育活动的内容，确保某种教育品质或特别的教育要求。（周志宏，2001)[364-365]

国家对私立教育的监督必须有一定的限度，无论在监督范围、事项还是监督手段上都应秉持一定的原则，不能过度监督，造成对私立教育自主性或自由的干预。大体来讲，国家对私立教育的监督事项主要包括对私立学校设立、变更和终止的监督，对私立学校师资标准、课程设置及财务的监督等。

以私立学校的设立为例，各国普遍对私立学校的设立予以监督，但监督的严格程度有所不同，有的国家只要求学校履行注册或登记手续，有的国家则会对办学的资质和条件进行实质性的审查。《德国基本法》第7条第4款与第5款规定，私立学校作为公立学校的替代或补充，其设立需要经过国家的批准，并处于州法律的监督之下。首先，私立学校在教学目标、办学条件、教师学术水平等方面不能落后于同类公立学校。其次，学生父母的财产状况不能强化学生的特殊性，教师的经济和法律地位必须得到足够的保障。最后，私立学校的教学管理必须尊重并承认某种特殊的教育学利益，并在依据受教育权利主体的申请，且其相应社区没有此类公立国民学校存在的情况下，以非教会学校、教会学校或者世俗学校的形式出现，才能获得批准。

值得注意的是，教育的各个阶段所具有的公共性程度不同，因此，国家对于各阶段私立教育的监督密度也应随之有所差异。其中，中等以下教育的公共性最强，特别是义务教育涉及国家在宪法上所负有的教育义务，并且此阶段的学生心智能力尚不成熟，最易受到侵害，因此国家介入的必要性较高，其监督密度也较高；高等教育的公共性次之，国家介入的必要性较低，其监督密度也应该较低，以使高等教育具有较大的自主性；职业及专业教育的公共性最弱，国家介入的必要性最低，监督应仅限于必要之最小限度，以使其具有最高的自主性。（周志宏，2001）[359-374] 此外，根据学校类型的不同，国家对私立教育的监督密度也不一样。一般而言，正规学历教育应当受到更强、更密的监督，而非学历教育则受到相对较弱的监督；那些受到政府财政补助的私立学校应当受到更强、更密的监督，而未受到政府财政补助的学校则应受到较弱的监督。

在对私立教育的监督手段上，国家既可以采取刚性的行政手段，如命令、制裁等，也可以采取柔性的行政手段，如建议、劝告、指导、奖励、调解与约谈等。有学者提出，国家在选择对私立教育的监督手段时，应当考虑比例原则的适用，即哪些管制或监督手段能达成合理的管制目的，哪些又是其中侵害最小的手段，以及管制或监督手段所造成的侵害与所追求的公益之间是否达成平衡等。而若要达成理想的监督效果，还需要考虑监督者有没有监督的能力，监督制度的设计是否具有可行性和有效性，以及是否有第三方对监督者的表现进行评估与监督等问题。（周志宏，2001）[363-364]

2. 我国对民办学校①监督的内容

我国的《教育法》《民办教育促进法》《民办教育促进法实施条例》是国家对民办学校进行法律监督的重要依据，这些法律法规对设立、变更、终止民办学校的原则、条件、程序等做出了具体规定，还对民办学校的教学标准、师资要求、收费管理与财务制度进行了规范。

（1）对民办学校设立、变更和终止的监督

2016 年《民办教育促进法》修订后，我国对民办学校实行营利性与非营利性分类管理，民办学校的举办者可以自主选择设立非营利性或者营利性民办学校，但是，不得设立实施义务教育的营利性民办学校，不得利用财政性经费、捐赠资产举办或者参与举办营利性学校。

民办学校的设立条件，应符合《教育法》第 27 条的规定，具备组织机构和章程，有合格的教师，有符合规定标准的教学场所及设施、设备等，有必备的办学资金和稳定的经费来源。更为详细的设立条件则需要根据设立学校的类型，如职业学校或普通学校等，或者根据设立学校的层次，如幼儿园、小学、中学或高等学校等来确定。

设立民办学校必须有章程。章程应当规定的事项包括：学校的名称、办学地址、法人属性；举办者的权利义务，举办者变更、权益转让的办法；办学宗旨、发展定位、层次、类型、规模、形式等；学校开办资金、注册资本，资产的来源、性质等；理事会、董事会或者其他形式决策机构②和监督机构的产生方法、人员构成、任期、议事规则等；学校党组织负责人或者代表进入学校决策机构和监督机构的程序；学校的法定代表人；学校自行终

---

① 依据我国《民办教育促进法》的规定，民办学校的概念包括狭义层面举办学历教育的民办学校和其他民办教育机构，此小节主要以民办学校为对象来进行阐述。

② 对于在实践中争议颇多的营利性民办学校的最高决策机构是学校的股东（大）会还是董事会这一问题，全国人大法工委在《对营利性民办学校决策机构法律适用问题的答复意见》（法工委复〔2020〕5 号）中做出了答复，认为营利性民办学校的办学结余分配、剩余财产处理的决策适用《公司法》，需股东（大）会最终表决。而除此以外的学校重大事项都应由学校董事会决策，学校举办者代表应当进入董事会参与表决，但学校股东（大）会本身不具有相关事宜的决策权。

止的事由，剩余资产处置的办法与程序；章程修改程序。民办学校的章程应向社会公示，章程修订应当事先公告，征求利益相关方意见。完成修订后，报主管部门备案或者核准。

民办学校需经教育行政部门或人力资源和社会保障部门的许可及民政部门登记两个程序之后才具有合法地位。民办学校的举办者必须首先向许可机关申请筹设，再申请正式设立；或者在具备办学条件、达到设置标准的情况下，直接申请正式设立（见图3.1）。其中许可机关的确定，根据《民办教育促进法》第12条的规定：举办实施学历教育、学前教育、自学考试助学及其他文化教育的民办学校，由县级以上人民政府教育行政部门按照国家规定的权限审批；举办实施以职业技能为主的职业资格培训、职业技能培训的民办学校，由县级以上人民政府人力资源和社会保障部门按照国家规定的权限审批，并抄送同级教育行政部门备案。

《民办教育促进法》及其实施条例不仅对民办学校的设立进行了规定，还要求其某些变更和终止活动履行审批或备案手续。

第一，民办学校的分立、合并须履行审批手续。具体是在进行财务清算后，由学校理事会或者董事会报审批机关批准。审批机关应当自受理之日起三个月内以书面形式答复；其中，申请分立、合并民办高等学校的，审批机关也可以自受理之日起六个月内以书面形式答复。

第二，民办学校的某些变更需履行审批或备案手续。这主要包括两种情况，一种是举办者的变更，此时须由举办者提出，在进行财务清算后，经学校理事会或者董事会同意，报审批机关核准；另一种是民办学校名称、层次、类别的变更，此时由学校理事会或者董事会报审批机关批准。申请变更为其他民办学校的，审批机关应当自受理之日起三个月内以书面形式答复；其中申请变更为民办高等学校的，审批机关也可以自受理之日起六个月内以书面形式答复。

第三，民办学校终止需进行财务清算和债务清偿。这主要有三种情况：一是根据学校章程规定要求终止，并经审批机关批准的；二是被吊销办学许可证的；三是因资不抵债无法继续办学的。民办学校终止时，应当依法进行财务清算，具体则根据终止原因分别进行：民办学校自己要求终止的，

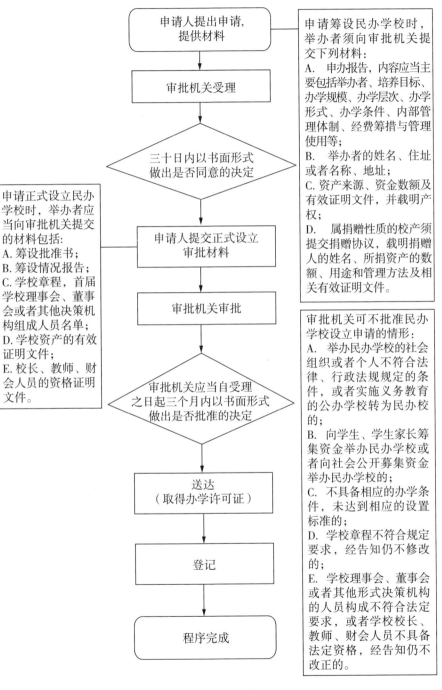

图 3.1　申请设立民办学校的程序

由民办学校组织清算；被审批机关依法撤销的，由审批机关组织清算；因资不抵债无法继续办学而被终止的，由人民法院组织清算。对于民办学校终止后的财产清偿顺序，法律规定首先应退还受教育者学费、杂费和其他费用；其次是应发教职工的工资及应缴纳的社会保险费用；最后则是偿还其他债务。关于民办学校清偿债务后剩余财产的归属，《民办教育促进法》第59条规定："非营利性民办学校清偿上述债务后的剩余财产继续用于其他非营利性学校办学；营利性民办学校清偿上述债务后的剩余财产，依照公司法的有关规定处理。"

（2）对民办学校办学的监督：教学、师资与财务

在教学方面，民办学校虽享有较大的办学自主权，但其教学必须达到国家规定的最低标准，因此，国家需要对民办学校的教学与师资进行必要的监督，这是保障儿童平等受教育权的重要手段。如果政府没有监督民办学校的权力，那不仅政府实现义务教育的目的无法达成，而且就读于民办学校的儿童也可能只受到某一种特定学科或技能的教育，甚至可能什么都学不到。但如果政府对民办学校教学与师资管制的权力过大或不受任何限制，那民办学校就会变得与公办学校没什么两样，使父母为子女选择与公办学校不同类型的学校的权利变得毫无意义。因此，政府对民办学校的教学与师资应有适度有限的监督权，使民办学校既能保证教学质量又具有自身的特色。

我国《民办教育促进法》第40条规定："教育行政部门及有关部门应当对民办学校的教育教学工作、教师培训工作进行指导。"第41条规定："教育行政部门及有关部门依法对民办学校实行督导，建立民办学校信息公示和信用档案制度，促进提高办学质量；组织或者委托社会中介组织评估办学水平和教育质量，并将评估结果向社会公布。"以上内容确立了教育行政部门及有关部门的教学监督权。

我国政府对民办学校的教学监督主要涉及课程设置、教材选用和教学制度方面。其中，法律规定实施高等教育和中等职业技术学历教育的民办学校，可以按照办学宗旨和培养目标，自行设置专业、开设课程，自主选用教材，但应当将其所设置的专业、开设的课程、选用的教材报审批机关备案。实施

高级中等教育、义务教育的民办学校，可以自主开展教育教学活动，但其教育教学活动应当符合国务院教育行政部门制定的课程标准，其所选用的教材应当依法审定。实施学前教育的民办学校可以自主开展教育教学活动，但不得违反有关法律、行政法规的规定。实施以职业技能为主的职业资格培训、职业技能培训的民办学校，可以按照国家职业标准的要求开展培训活动。

在师资方面，法律要求民办学校聘用的所有教师均应具有教师资格和相应的任职条件；又鉴于我国民办学校兼职教师过多的现状，法律规定民办学校应当有一定数量的专职教师，其中，实施学历教育的民办学校聘任的专职教师数量应当不少于其教师总数的三分之一。

(3) 对民办学校收费与财务的监督

在收费方面，我国民办学校可以自定收费标准，收取比公办学校更高的费用，但其收费仍然要经过物价部门的监督。《民办教育促进法》第 38 条规定："民办学校收取费用的项目和标准根据办学成本、市场需求等因素确定，向社会公示，并接受有关主管部门的监督。"

现有法律对民办学校的财务监督也进行了详细规定。《民办教育促进法》第 39 条规定："民办学校资产的使用和财务管理受审批机关和其他有关部门的监督。民办学校应当在每个会计年度结束时制作财务会计报告，委托会计师事务所依法进行审计，并公布审计结果。"

其中，《民办教育促进法》第 19 条对民办学校中的非营利性学校和营利性学校的财务进行了分类规定："非营利性民办学校的举办者不得取得办学收益，学校的办学结余全部用于办学。营利性民办学校的举办者可以取得办学收益，学校的办学结余依照公司法等有关法律、行政法规的规定处理……"

五、国家与家庭教育

(一) 家庭教育的意义与地位

家庭是社会的根基，家庭风清气正是和谐社会形成的基础，重视家庭教育是中华民族的优良传统。我国自古以来便有诸如"修身齐家治国平天下""积善之家，必有余庆；积不善之家，必有余殃"等关于"家庭"的众多论述。此外，家庭教育关乎未成年人的终身发展和家庭的幸福安宁。作为最基础、最本源的教育形式，家庭教育是一切教育功能得以充分实现的前提与基础，对个人全面发展与人格独立具有终身奠基的重要作用。心理学的观点认为，在儿童社会化的过程中，家庭为儿童建立与亲人、同伴和朋友之间的公共关系提供了训练基地。（王振宇 等，1992）[10-11]

家庭教育作为三大教育支柱之一，是教育体系的重要组成部分。在过去很长一段时间里，由于受到"法不入家门"观念的影响，国家不通过立法手段对家庭教育予以干预，"家事"通常以家庭自治为原则、以个人利益为本位。在我国古代社会，家庭教育这类私人领域是由家长、族长进行家庭式管理、家族式统治的。德国联邦宪法法院判例也曾指出，父母的家庭教育权属于"天然权利"，是先于国家存在的，不是国家赋予的，父母在家庭教育方面可以防御国家的干预，自行决定抚养和教育事项。（叶强，2018）

然而，随着社会的发展，个体成长的开放性和多元性决定了家庭教育不仅仅是家庭内部的私事，其带来的深刻影响已经扩展到家庭外部，一定意义上演变为整个社会的"公事"。从正面讲，这直接关系到学校和社会的教育成果，关乎国家和民族的前进方向，对全面建设社会主义现代化国家、实现中华民族伟大复兴中国梦具有十分重要的现实意义。从反面看，国家对家庭教育行为介入的不足，客观上也放任了由于家庭教育缺失导致的农村留守儿童教育起点显失公平等问题。对于某一领域是否需要通过立法进行干预，主要取决于该领域对公共性、社会性的影响程度，尤其取决于该领域所体现出的公共利益性。如果该领域对于国家与社会利益至关重要，即可视为获得了进行立法干预的必要性。（徐建 等，2004）正因为家庭教育承担着不可或缺的社会功能，家庭教育秩序需要受到公权力的保护与干预——国家适当介入家庭教育有了其理论与现实必要性。（蔡琳，2020）

为此，十三届全国人大常委会于2021年10月23日通过了《家庭教育促进法》，将家庭教育正式纳入法治化轨道，这是我国中央层面首部关于家庭教育的专门立法，对于理解国家与家庭教育的关系具有重要意义。

（二）我国家庭教育立法历程与主要争论

1. 立法历程

在《家庭教育促进法》颁布之前的很长一段时间内，国家层面调整家庭教育法律关系的规范多散见于其他法律、部门规章或者规范性文件之中，立法层级低、法律约束力小、系统化程度差。早在 1992 年，国务院下发、妇女儿童工作协调委员会编制的《九十年代中国儿童发展规划纲要》就提到要制定"家庭教育法"等有关保护儿童权益的专项法律、法规。2008 年，蒋厚琳等 31 名全国人大代表也曾提出制定"家庭教育法"的议案（第 389 号），但全国人大教科文卫委经审议认为当时立法条件尚未成熟，建议进一步加强对家庭教育立法的研究工作。直到 2010 年国家才在正式的规范性文件《国家中长期教育改革和发展规划纲要（2010—2020 年）》中明确指出要制定家庭教育法律。此后，中央及地方开展了一系列家庭教育立法实践。

2012 年，为深入贯彻和落实党中央文件中提出的关于家庭教育的精神与目标，全国妇联、教育部、中央文明办等印发《关于指导推进家庭教育的五年规划（2011—2015 年）》，指出要推进家庭教育法律政策完善，促进家庭教育立法取得实质性成果，有条件的地方先行尝试，制定出台家庭教育法规条例，为家庭教育事业发展提供制度保障。之后，全国妇联在 2018 年两会上表示，经过前期调研论证，全国妇联组织起草了法律建议稿，国家制定"家庭教育法"的时机和条件已基本成熟，建议全国人大将制定"家庭教育法"列入下一轮五年立法规划。此外，十三届全国人大二次、三次会议上，先后有 368 名全国人大代表提出相关议案 12 件，要求启动家庭教育立法、推进家庭教育工作。[①] 因此，十三届全国人大常委会将家庭教育立法列入常委会立法规划，并明确由全国人大社会建设委员会承担牵头起

---

① 参见《关于〈中华人民共和国家庭教育法（草案）〉的说明》。

草工作。2021 年 1 月 20 日，十三届全国人大常委会第二十五次会议首次审议《家庭教育法（草案）》，并公开向社会征求意见。同年 8 月，《家庭教育法（草案）》修改为《家庭教育促进法（草案）》，作为二次审议稿向全国人大常委会第三十次会议汇报并接受审议。之后，三审稿很快于 10 月份进行了审议并获得通过，《家庭教育促进法》正式出台。

值得一提的是，在家庭教育立法过程中，地方先行态势较为明显。重庆市人大常委会响应中央号召，率先试水地方家庭教育立法，在立法依据少、可借鉴经验不多、立法难度大的情况下开展立法工作，于 2016 年出台《重庆市家庭教育促进条例》，其作为我国大陆第一部关于家庭教育的地方立法，从家庭、社会、政府保障等多个方面对家庭教育予以规范和支持，不仅填补了我国家庭教育立法的空白，而且借鉴了行政程序领域"先地方，后中央"的立法路径，也对其他省份的家庭教育立法活动起到了重要推动作用和良好示范作用。（江材讯，2021）随后，各省市开始大规模先行立法，《贵州省未成年人家庭教育促进条例》（2017 年）、《山西省家庭教育促进条例》（2018 年）、《江西省家庭教育促进条例》（2018 年）等先后颁布。这些都为促进地方家庭教育发展提供了坚实保障，并为全国家庭教育立法提供了有力支持。

2. 主要争论

在家庭教育立法过程中出现了一些争议较大的问题，这些问题的提出、讨论、处理不仅反映了理论与实务界对家庭教育从"家事"到"国事"的认识转变，也显示了国家对家庭教育"私域性"的尊重。

第一个争议较大的问题是，应当出台家庭教育单行法还是在《教育法》中增添家庭教育一章？主张在《教育法》中单设家庭教育章节的学者认为此种方式的法律起草难度较低，且从程序上来说，更容易且能够更快在全国人大常委会通过。而且家庭教育在很大程度上是家庭内部事务，国家不宜过多干涉，其法律体量不足以支撑一部单行法律，在《预防未成年人犯罪法》和《未成年人保护法》中加入必要的家庭教育条款即可。各国少有出台家庭教育单行法的情况，也说明了制定家庭教育单行法没有形成世界共识（刘太刚 等，2017）。主张出台家庭教育单行法的学者认为，家庭教育涉及父母、政府、学校和社会多个责任主体，家庭教育立法涉及家庭教育指导服务体系的建立、法律责任等诸多复杂问题，并非《教育法》中一个章节就可以解决的问题，应当另立单行法（怀学兵，2021）。最后，由于家庭教育的重要地位以及新时代对家校社协同育人的要求，国家选择单行立法进行专门规范。

第二个争议较大的问题是，家庭教育的概念应采广义还是狭义？学理上，对家庭教育有广义和狭义两种不同理解。"广义论"主张家庭教育是全体家庭成员之间的相互教育活动。"家庭教育是以家庭为基本场所，以血缘关系为纽带，发生于家庭成员（以父母和子女为主）之间的相互教育和影响。""狭义论"认为家庭教育是针对未成年人的活动，主要指父母通过言传身教对未成年子女进行的教育和产生的潜移默化的影响。尽管学界存在广义、狭义之争，但对家庭教育主体的核心主张依然是以未成年子女为中心。（林建军，2021）《家庭教育促进法》最终采取了狭义的概念，将家庭教育界定为父母或者其他监护人对未成年人实施的道德品质、身体素质、生活技能、文化修养、行为习惯等方面的培育、引导和影响。这一做法的主要原因可能在于我国家庭教育工作一般倾向于围绕未成年人开展，而协调所有的家庭资源，扩大接受教育的家庭成员主体则会产生较大的成本。（罗爽，2018）

第三个也是最大的争议问题是，应当命名为"家庭教育法"还是"家庭教育促进法"？这个问题涉及法律性质的问题，也引起诸多学者的关注。学者们对于"家庭教育法"和"家庭教育促进法"的区分标准不一。有学者认为，促进法的核心要义是给付功能，而国家是家庭教育的保障者和促进者，立法的目的并非直接规范父母教育子女的具体方法，而是规定政府在促进家庭教育发展中的责任，法律条款的拟订宜采用倡导性而非强制性条款（叶强，2019）。因此，该法律应当命名为"家庭教育促进法"而非"家庭教育法"。也有学者认为，"促进"内含"倡导促进"之意，家庭教育立法应兼具保障救济功能和倡导促进功能，而非单纯的倡导促进的功能导向，因而宜采用"家庭教育法"这一名称（刘太刚 等，2017）。还有学者认为，这部法律所调整的法律关系不宜仅仅限于"家庭教育促进法律关系"，还应包括"家庭教育指导法律关系""家庭教育实施法律关系""家庭教育干预法律关系"（姚建龙，2018），因而不宜使用"家庭教育促进法"的提法。

从整体上看，一审稿的草案名称使用了"家庭教育法"，吸收了相当的规制规范，强制性条款不少；而地方家庭教育立法名称多为"家庭教育促进条例"，立法目的主要为引导、促进。二审稿草案修改为按照"家庭、国家（政府）、社会"等主体进行规范的立法体例，借鉴了地方普遍采用的划分形式，并将名称变更为"家庭教育促进法"，删除了一审稿中涉及公检法机关对家庭教育强制干预的部分条款。从家庭教育的立法脉络上来看，其经历了十分明显的从"规范法"到"促进法"的认识转变。二审稿草案的这一修改有效避免了国家立法出台后引发地方立法全面修改从而导致的极大立法资源浪费的情况出现，不得不说是一个央地立法互动过程中的有利产物，也显示了国家在介入家庭教育时的克制态度。

（三）国家促进家庭教育的义务

有学者指出，《家庭教育促进法》的价值基础在于保障宪法第 46 条和第 49 条所确立的未成年子女受教育权和父母的家庭教育权。（邓静秋，2021a）如前所述，受教育权作为一项基本权利已经取得普遍共识，国家在个体受教育权的实现上承担着首要的基本的义务。家庭是确保未成年人受教育权实现的重要场域，国家通过家庭教育立法，介入父母与未成年子女之间的教育活动，为家庭教育活动提供相应给付，保护未成年人免受父母或者其他家庭成员侵犯，确保未成年人受教育权在家庭场域的具体落实，这是家庭教育立法的重要目的之一。

但由于我国宪法的模糊规定，家庭教育权是否具有基本权利属性还有待理论确证。目前已有学者借助对宪法第 33 条第 3 款、第 49 条第 3 款的规范分析，论证了家庭教育权属于我国宪法中的基本权利（叶强，2018）。这对于理解国家与父母的关系、国家在家庭教育中的责任有一定帮助——相较于父母而言，国家在家庭教育场域处于辅助性和替代性的地位，只有在自然父亲缺位的时候顶替其角色（邓静秋，2021b）。换言之，对于家庭教育，家庭应当承担主体责任，政府承担补充责任，这一原则在国家和各地的立法中都有所体现。

相对于传统管理型立法，促进型立法在权利义务配置方面更多是对政府职责的规定，对社会成员主要是鼓励性、提倡性、选择性的规定，强调社会自治和公民主体性，社会成员在实施立法促进的行为之后，还可享受相应的优惠待遇或获得奖励（刘风景，2022）。可以说，在促进型立法中，公权机关比社会成员承担更多的义务（焦海涛，2009）。《家庭教育促进法》作为"促进法"，以国家履行保障家庭教育的义务为重心，具体到法律条文，国家的家庭教育保障和促进义务集中体现在该法的"国家支持"和"社会协同"章。

1. 国家支持

"国家支持"体现为国家积极履行实现义务，《家庭教育促进法》规定了不同政府主体的家庭教育工作职责。

纵向来看，各级人民政府均有指导家庭教育工作、建立健全家庭学校社会协同育人机制的职责。政府层级不同，其指导职责的侧重点也有所不同。承担家庭教育工作职责的主要是县级以上人民政府，根据法律规定，县级以上人民政府应当制定家庭教育工作专项规划，将家庭教育指导服务纳入城乡公共服务体系和政府购买服务目录，将相关经费列入财政预算。县级以上地方人民政府还负责确定家庭教育指导机构，组织建立家庭教育指导服务专业队伍，通过政府补贴、奖励激励、购买服务等扶持措施培育家庭教育服务机构，开展家庭教育服务工作。县以下的乡级人民政府在家庭教育方面的职责主要体现在对留守未成年人和困境未成年人家庭的帮扶上，如帮助其建档立卡，提供生活帮扶、创业就业支持等关爱服务，为留守未成年人和困境未成年人的父母或者其他监护人实施家庭教育创造条件等。此外，国务院在组织有关部门制定全国家庭教育指导大纲方面，省级政府在编写家庭教育指导读本、制定相应的家庭教育工作规范、建设家庭教育信息化共享服务平台方面负有特别职责。

横向上，法律明确了不同主体的部门职责。首先，确定政府的妇女儿童工作委员会作为议事协调机构，组织、协调、指导、督促政府各有关部门做好家庭教育工作。其次，赋予教育行政部门与妇联组织共同作为法律实施主要责任主体的地位。一方面，教育行政部门与妇联组织要承担统筹协调社会资源，协同推进覆盖城乡的家庭教育指导服务体系建设的责任；另一方面，二者要按照职责分工承担家庭教育工作的日常事务。这部分职责包括：一是《家庭教育促进法》专门确定由教育行政部门或妇联组织承担的职责任务，如第 6 条第 2 款、第 30 条第 2 款、第 35 条、第 36 条第 3 款、第 48 条第 1 款、第 51 条等；二是妇联作为群团组织，还需要根据《中华全国妇女联合会章程》和有关法律政策以及妇联组织与法院、检察院等组织建立的工作机制确定的职责分工开展工作；三是二者要建立分工协作机制，通过协商确定各自的职责任务。（李明舜，2021）再次，法律也明确规定了精神文明建设部门，政府的公安、民政、文化和旅游、卫生健康、市场监督管理等有关部门也应在各自职责范围内做好家庭教育工作。此外，《家庭教育促进法》不仅规定了负有家庭教育工作职责相应主体的具体职责，还规定了"负有家庭教育工作职责的政府部门、机构"不履行或不当履行工作职责时将科以相应的法律责任。

2. 社会协同

正如学者所言，公权力介入家庭教育事务是对家庭自治的强约束，应保持必要的谦抑性，原则上限于发生侵权行为后对行为人责任的追究。社会介入则是对家庭自治的弱约束（肖新喜，2019），更加灵活、柔和，有助于事前预防侵犯未成年人权益行为的发生，符合现代公共行政管理的发展方向。

为适应现代公共行政管理的发展趋势，国家将部分家庭教育职能授权给社会主体行使（林建军，2022），并将相关内容规定于第四章"社会协同"中。"社会协同"章的内容集中鲜明地体现了《家庭教育促进法》作为社会法的法律属性。如《家庭教育促进法》明确授权公共服务部门行使家庭教育指导服务的职能，规定学校作为公共教育服务部门、卫生保健机构作为公共卫生服务部门、图书馆和文化馆等作为公共文化服务部门、居（村）民委员会作为公共社区服务部门可行使社会权力，参与家庭家教家风建设事务，提供家庭教育的公共产品和服务。同时，《家庭教育促进法》第48条还授权相关主体采取批评教育、劝诫制止等方式介入家庭教育事务，未成年人住所地的居（村）民委员会、中小学校、幼儿园等密切接触未成年人的单位，发现未成年人的父母拒绝、怠于履行家庭教育责任，或者非法阻碍其他监护人实施家庭教育的，应当予以批评教育、劝诫制止，必要时督促其接受家庭教育指导。

总而言之，国家对家庭教育的促进，一方面意在助力父母提升其家庭教育能力；另一方面意在依法规范家庭教育行为。《家庭教育促进法》的颁布实施，为我国更好实现家校社协同育人奠定了重要的法律基础。

第四章　父母与教育

一、父母的教育权与教育义务

（一）父母教育权的确立

1. 父母与家长：概念界定

父母与家长是汉语中两个常用的概念。父母，英文为"parents"，根据《布莱克法律词典》的释义，意指法律上的父亲和母亲，不单纯指生育某个儿童的人，而普遍被理解为与儿童分享爱与感情，维持儿童生存，对其进行抚养、照顾、教育及管理的人；包括儿童自然的亲生父母（无论该儿童是合法的婚生子女还是非婚生子女）、继父母、养父母，以及其他被确认为儿童监护人的个人或机构。（Bryan，1999）[1137] 欧美国家较多使用父母的概念，如美国的《2000 年教育法》和《身心障碍者教育法》，分别使用父母参与或父母同意的概念。英国、加拿大则有父母宣言或父母咨询委员会的用法。

汉语中的父母，是父亲与母亲的总称，也可指起到父母作用的人。而家长，旧指一家之主，现也指父母或其他监护人。汉语表达中，父母或家长两个概念经常通用。宪法规定父母有抚养教育未成年子女的义务；《教育法》第 19 条规定："适龄儿童、少年的父母或者其他监护人以及有关社会组织和个人有义务使适龄儿童、少年接受并完成规定年限的义务教育。"《未成年人保护法》第 22 条规定："未成年人的父母或者其他监护人因外出务工等原因在一定期限内不能完全履行监护职责的，应当委托具有照护能力的完全民事行为能力人代为照护；无正当理由的，不得委托他人代为照护。"这些立法都采用了父母的概念，也有教育立法使用"家长"概念，如《中小学教育惩戒规则（试行）》《幼儿园工作规程》等。此外，我国立法中还有如"家长委员会""家长学校"这种专门的概念。

通常情况下，家长与父母的概念是可以互换使用的，学者也没有刻意对其加以区分。但事实上，二者的内涵仍然有所不同。"家长"的传统法律意涵是一家之主，指的是一个人，如我国台湾地区"民法"第1123条规定"家置家长"，第1124条规定"家长"是由亲属团中推定之，或是由家中最尊辈中的最年长者担任之。而父母，是父亲和母亲，指的是两个人。并且，父母与子女的关系以血缘为基础，进而包括不具血缘关系的继父母或养父母，乃至其他的监护人；而家长与家庭成员的关系则是主从关系，两者显然有所不同。但随着时代的发展，所谓家长与家庭成员的主从关系在很多地方已不复存在，其内涵也逐渐变得与父母趋同。

在我国立法中，父母通常指亲生父母、继父母和养父母。《民法典》第1072条第2款规定："继父或者继母和受其抚养教育的继子女间的权利义务关系，适用本法关于父母子女关系的规定。"该法第1111条规定："自收养关系成立之日起，养父母与养子女间的权利义务关系，适用本法关于父母子女关系的规定。"这实质上确认了继父母和养父母对未成年子女的抚养、教育和保护的义务。而指称父母以外的其他监护人时，一般将其与父母并列表达，也即使用"父母或者其他监护人"的概念，不以父母一词全部涵盖，这一点与英美国家存在差异。

本着遵从我国立法习惯的原则，本书主要采用"父母"及"父母教育权"的概念，不使用"家长"或"家长教育权"。同时，为了行文方便，所使用的"父母"概念不仅包括亲生父母、继父母及养父母，也包括其他监护人，相当于我国立法中常用的"父母或者其他监护人"。

2. 父母教育权的确立

在人类社会早期，父母对子女的教育拥有完全的支配性权力（例如罗马法上的家父权），可以在抚育及教育的概念范围内自由地依其意志教育子女，这一权力不仅包括家庭教育，也包含学校教育。但是自 16 世纪马丁·路德宗教改革以来，伴随着教育的国家化，国家教育权兴起，父母对儿童教育的权力范围大为缩减，双方的关系也逐渐从权力关系转为现代民法意义上的亲权关系，父母教育权成为一种民事权利。

父母教育权在宪法层面的确立可以追溯至德国 1919 年《魏玛宪法》与美国 20 世纪 20 年代的联邦最高法院判例。根据《魏玛宪法》第 120 条，教育子女是父母的最高义务及自然权利。这是父母教育权首次被写入成文宪法。在判例法方面，美国联邦最高法院通过 1923 年 "梅耶案" 与 1925 年 "皮尔斯案" 确立了父母的教育权，使之受美国联邦宪法第十四修正案正当程序原则的保护。在 "皮尔斯案" 中，联邦最高法院指出，教育是一项给予那些 "养育儿童并引导其命运的人" 的个人权利：

> 联邦政府赖以建立的基本自由理论否认各州有任何普遍性的权力，可对儿童进行标准化训练，强制他们只接受公立学校教师的教育。儿童不只是国家的创造物，养育儿童并引导其命运的人有权利，同时也有崇高的义务，了解儿童并教育他们准备负起其他一些责任。①

当代社会中，人们普遍承认，儿童的教育不仅是国家的职能，也是父母的权利和神圣的义务，国家和父母都必须为儿童的最大利益尽其职责。现代各国宪法均承认儿童是受教育权之重要主体，为使儿童，也就是未成年之子女能够充分享受此一接受教育的权利，负有协助其学习之责任者——家长，应拥有教育自由。（许育典，1994）[160]《欧洲人权公约》第一议定书提出："不能剥夺任何人的教育权利。国家在行使任何它认为与教学有关的职能时，应尊重家长确保此类教育和教学与他们自己的宗教与哲学信仰相符的权利。" 这一尊重父母教育权的原则成为西方国家通行的宪法原则。

《经济社会文化权利国际公约》第 13 条第 3 款亦明确规定："本盟约缔

---

① *Pierce v. Society of Sisters*, 268 U. S. 510（1925）.

约国承允尊重父母或法定监护人为子女选择符合国家所规定或认可最低教育标准之非公立学校及确保子女接受符合其本人信仰之宗教及道德教育之自由。"

我国宪法第 49 条第 3 款规定"父母有抚养教育未成年子女的义务",未明确将教育子女列举为父母的权利,但这不意味着父母教育权没有宪法的依据。研究指出,宪法上没有明文规定,并不代表宪法不保护。如现行宪法也没有列举生命权、身体健康权,但并不代表我国宪法就不保护公民的生命和身体健康。(王锴,2006)[61] 宪法之所以没有列举这些权利,可能是制宪者认为这些权利是理所当然、不证自明的,反之,如果认为宪法明确列举了才保护,毋宁是将宪法保护的基本权利转变为宪法赋予的基本权利,所以,对这些固有的自然权利,宪法不明确列举可能比明确列举更能体现对这些权利的尊崇性。(李震山,2005)[18-19] 因此,一般认为,父母教育权作为一种自然权利,是先于国家而当然享有的权利,即使宪法没有明确列举,国家也必须给予尊重和保护。

如果说父母教育权是否是一种基本权利在我国仍然有讨论余地,那么其作为一种民事权利则毫无争议。根据我国《民法典》第 26 条、第 1068 条、第 1084 条第 2 款,父母有教育、保护未成年子女的权利和义务。这是我国民法对父母教育权的郑重宣示。

3. 父母教育权与国家教育权的区分

父母与国家都对儿童的教育拥有权利或者权力。在家庭教育中,父母教育权占据绝对优势,国家则主要发挥指导、支持和服务作用。但在学校教育领域,父母与国家的关系为何,父母与国家在学校教育中的权限应如何划分,或者说,父母和国家对学校教育各有哪些权利(权力)并应通过何种机制和方式行使,是父母教育权研究的关键问题。

在这一问题上,大陆法系生出了十分复杂的学理体系,尤以德国为代表。

德国法学界有两种学说区分父母与国家的教育权(董保城,1997)[226]。一种为"区分理论",该理论认为学校教育和家庭教育可以明确地区分开来，各有其主管的权限。学校教育属于国家，家庭教育属于父母，国家和父母分别在各自领域内行使其教育权。另一种为"三领域理论"，该理论认为除了父母和国家各自行使教育权，尚有第三领域存在。在此第三领域内，父母和国家共同行使教育权，父母可以通过家长会共同参与学校教学和管理意见的形成。如果第三领域内发生利益冲突，则须判断该行为较接近哪一领域的核心，越接近父母的权利核心，国家作用的程度越轻；反之，越接近国家权力的核心，国家干预的可能性越大。（何希皓，1995）

德国联邦宪法法院通过"能力升级"判决否定了"区分理论"，承认父母在学校教育中也有一定的权利，但同时也对"三领域理论"进行了必要修正。其认为，父母和国家在学校教育的特定重合领域内，不必进行固定的位阶分配，而应具有同阶性。由于父母与国家在该领域内并不是在竞赛，而是以儿童的人格发展为其共同的教育任务，因此，必然要求两主体"理智地合作"。

对联邦宪法法院的这一判决，主要是其中关于国家与父母在第三领域具有同位阶的观点，学界有很多反对意见，认为这是一种一厢情愿、无视现实中两者冲突的想法，而且同位阶的标准非常模糊，基本上不具有可操作性。大多数学者还是较倾向于传统的"三领域理论"。但在父母和国家究竟谁应在第三领域处于优位的问题上，学界又有很大的争执，从而产生了两种不同的意见。一种意见认为，《德国基本法》既然将父母的亲权视为一种与生俱来的权利，而非国家所赋予者，则父母就子女之教育事项，相较于国家应具有决定的优先权，亦即对何为子女的利益，父母有解释的优位。虽然《德国基本法》第6条第2款规定国家的监督权，但是该规定并不意味着授予国家教养子女的权限，而是旨在防止亲权的滥用。换言之，原则上国家只能补强父母的教育义务，而不能取代父母的教育地位，只有当父母滥用其亲权，且显然不利于子女利益时，国家才能取而代之。（李明昌，2003）[24-25]

相反的意见则认为，"宪法授予国家教育高权的目的在于由国家整合规划教育的基本事项，以建立并维持教育的基本体制。在此意义下，父母亲权的行使应当受到学校教育的限制。尤其是关于学生基本知识的传授、基础能力的培养，以及与知识相关的价值判断及社会基本规范的介绍，特别是民主法治国家精神的传播等，均属国家的教育任务，从而构成父母行使亲权的界限。准此而言，国家基于国民义务教育制度，设立公立学校，并强制学生入学，虽然对父母教育权有所影响，但是符合宪法赋予国家教育高权的宗旨"（李明昌，2003）[24-25]。

因此，到目前为止，传统的"三领域理论"仍是德国学界较为认同的理论。也就是说，父母与国家各自拥有教育权，在这两个领域外，同时还存在着第三领域。在第三领域内，父母与国家共同决定儿童的教育，但当权利冲突发生时，仍需视其较为接近父母还是国家的教育权的核心加以具体判断。

"三领域理论"对于理解和分析父母教育权与国家教育权的区别有重要的指导意义，但也不难看出，其仍然存在很大的不确定性。首先是如何界定三个领域，包括父母与国家各自的教育权何在，第三领域的范围如何界定等，这些问题的解决并不是那么容易。其次，在第三领域内，父母与国家究竟哪一方处于优位，仍有不同的观点，而当两者产生权利冲突之时应如何解决，也有很大的模糊性且难以操作。因此，虽然现代社会各国都承认儿童的教育是父母与国家共同的责任，但对两者关系的区分和处理，还是因各国的政治、文化、教育传统和具体国情而存在差异的。

4. 国家监护制度

伴随着实践中存在的部分儿童无人照管或照管不善的现实境况，国家监护制度作为对父母监护的一种补充制度，逐步被纳入我国立法。未成年人国家监护的含义有狭义、中义与广义之分。狭义的国家监护是指国家机关或者其他公共组织直接担任未成年人监护人。中义的国家监护除了包含狭义国家监护的情形，还包括国家通过城市行政长官等具有官方代表性的官员对遗嘱监护人、法定监护人等的监护行为进行监督的形式（彭梵得，2005）[131-136]。而广义的国家监护还包括德国民法典中规定的"家事法院有权限制监护人部分代理权"及"家事法院承担对监护人和监护监督人的监督职责"等制度。2019 年，我国民政部设立儿童福利司。该机构负责拟订儿童福利、孤弃儿童保障、儿童收养、儿童救助保护政策、标准，健全农村留守儿童关爱服务体系和困境儿童保障制度，指导儿童福利、收养登记、救助保护机构管理工作。该机构的成立对于国家监护制度建立以及儿童权益保障，特别是流浪儿童、留守儿童的福利保障具有重要意义。

2020 年出台的《民法典》对国家监护制度有所涉及。《民法典》第 31条规定：依据本条第一款规定指定监护人前，被监护人的人身权利、财产权利以及其他合法权益处于无人保护状态的，由被监护人住所地的居民委员会、村民委员会、法律规定的有关组织或者民政部门担任临时监护人。第 32 条规定：没有依法具有监护资格的人的，监护人由民政部门担任，也可以由具备履行监护职责条件的被监护人住所地的居民委员会、村民委员会担任。

2020 年修订的《未成年人保护法》较为细致地规定了未成年人的国家监护制度。首先，政府具有提供家庭教育指导服务的职责，各级人民政府应当将家庭教育指导服务纳入城乡公共服务体系。其次，国家对未成年人的父母和其他监护人履行监护职责的情况具有监督的责任。当父母或其他监护人不履行监护职责时，相关国家机关可责令其承担一定法律责任。最后，在未成年人无法得到有效监护的情况下，国家还可直接担任未成年人的监护人。国家监护分为临时监护和长期监护两种情形，分别适用于未成年人暂时无法得到有效监护和未成年人长期无监护人或者监护人资格被撤销，法院指令由民政部门担任监护人的情况。监护职责主要由民政部门承担，财政、教育、卫生健康、公安等部门应当根据各自职责予以配合。

（二）父母的教育权利、义务与责任

1. 父母教育权的性质与内容

父母对未成年子女有保护及教养的权利和义务，这种权利和义务在大陆法系国家被称为亲权（elterliche Gewalt）或者父母照顾权（elterliche Sorge），在英美法系国家则被称为监护权。二者是一组相近又有所不同的概念。我国《民法典》虽然在形式上仅规定了监护权，但在实质上仍然包含了亲权的内容。一般认为，亲权是一种自然权利，是父母对其子女与生俱来的权利。所谓自然权利，是指可以从人类的生理、精神、道德、社会和宗教的特性引导出来的权利，为了人类获得自尊和个性的发展，它们必须得到确认。（Hodgson，1998）[20] 在亲权的内容中，对子女的教养除了指照顾其身体健康，尚包括其人格养成、知识和技能的教育。从这个角度讲，父母教育权属于亲权的重要内容。亲权不仅是权利，也是义务，故父母不得抛弃其教育权，也不得滥用其教育权。此外，亲权的行使需考虑子女利益，而不是亲权人自己的利益，故父母教育权还是一种利他的权利。

从法律性质来说，父母教育权既是一种宪法意义上的基本权利，也是一种民事权利。宪法意义上的父母教育权是父母对抗国家教育权干预的防御性权利，其义务主体是国家。民法意义上的父母教育权则是父母对抗其他私人干预的权利，其义务主体是其他私人个体。在具体内容上，一般认为，父母教育权包括两方面的内容，一方面是父母委托给学校及教师的教育权利，另一方面则是父母所享有的教育子女的权利，主要包括对学校教育享有一定的选择权、参与权以及拒绝权。其中，选择权是指父母为子女选择学校的权利，在某些国家还包括选择在家教育的权利；参与权是指父母有知晓子女的学校教育情况并对学校教育发表意见的权利；拒绝权是指父母可以基于自己的哲学和宗教信仰拒绝某种特定课程的权利，一般都与宗教或性教育课程相关。（阿部照哉 等，2006）[256]。

2. 父母的教育义务

父母不仅有教育子女的权利，也负有教育子女的义务。父母不得放弃其义务。我国宪法第 49 条第 3 款规定："父母有抚养教育未成年子女的义务。"《民法典》第 26 条、第 1068 条规定父母有教育、保护未成年子女的权利和义务。这些条款都确认了父母的教育义务。根据《民法典》第 1084 条第 2 款规定，父母即使在离婚后，也仍然有对子女进行抚养、教育、保护的权利和义务。

根据我国《民法典》的规定，父母作为未成年子女的监护人，须对之承担监护职责，具体包括：代理被监护人实施民事法律行为，保护被监护人的人身权利、财产权利以及其他合法权益等。父母的监护职责包括对子女进行管理和教育的义务，与父母的教育义务有所重合。

父母对未成年子女的教育义务既包括其在家庭教育中的义务，也包括其在学校教育方面的义务，具体内容集中规定在我国《家庭教育促进法》《未成年人保护法》《预防未成年人犯罪法》当中，其中有许多与父母的监护职责重合。综合相关立法内容，父母在家庭教育方面的义务包括：

- 树立主体责任意识，承担实施家庭教育的主体责任；
- 注重家庭家教家风建设，为未成年人健康成长营造良好的家庭环境；
- 针对不同年龄段未成年人的身心发展特点，以法律规定的内容为指引，运用合理方法方式，开展家庭教育；
- 关注未成年人的生理、心理、智力发展状况，尊重其参与相关家庭事务和发表意见的权利；
- 学习家庭教育知识，与中小学校、幼儿园、婴幼儿照护服务机构、社区密切配合，积极参加公益性家庭教育指导和实践活动，提高家庭教育能力；
- 如果分居或者离异，任何一方不得拒绝或者怠于履行家庭教育责任，不得阻碍另一方实施家庭教育；
- 依法委托他人代为照护未成年人的，应当与被委托人、未成年人保持联系，定期了解未成年人学习、生活情况和心理状况，与被委托人共同履行家庭教育责任；
- 合理安排未成年人学习、休息、娱乐和体育锻炼的时间，避免加重未成年人学习负担，预防未成年人沉迷网络；
- 不得因性别、身体状况、智力等歧视未成年人，不得实施家庭暴力，不得胁迫、引诱、教唆、纵容、利用未成年人从事违反法律法规和社会公德的活动；
- 配合学校对未成年学生进行有针对性的预防犯罪教育，发现未成年人有不良行为的，及时制止并加强管教，并协助司法机关以及有关部门对接受社区矫正、刑满释放的未成年人做好安置帮教工作。

在学校教育方面，父母应当尊重未成年人受教育的权利，必须使适龄未成年人依法入学接受并完成义务教育，不得使接受义务教育的未成年人辍学①。父母还负有配合学校教育的义务②，根据学者意见，具体包括以下几个方面（程介明 等，1997）[293-294]。

- 会见教师，参与学校活动。
- 为学生上课做各样合宜的预备与提供援助，包括供给良好的衣食，照顾学生的健康，关心子女的功课，并为其有效学习提供合适的学习环境。
- 努力促使学生有规律地返校上课，不无故告假、旷课。遇缺课时，须为子女到校领取家课，并尽力帮助学生明白及跟进缺席的课业。
- 花时间及心思去了解学校及学生的状况，适当地检查学生手册和进度表，督导功课，探访学校行政人员，阅读、答复并跟进学校的公告。
- 将学生的天分、资质、缺陷、病历、性格与习惯，知会学校，与学校合作，联手帮助学生成长。
- 积极、主动参与学校教师家长会，出席家长教师研究会及联谊活动，留心教育当局及学校的教育呼吁，并给予恰当的回应。
- 公平地对待学校行政人员，尊重他们；体谅他们的限制，顾念他们的需要；不轻易随便批评。除非获得正确和充分的资料，不做轻慢的论断和不负责任的攻击。
- 带着善意、同理心，采取文明的态度和方法与学校工作人员相处，解决问题，欣赏与肯定他们的工作，并愿意花些时间与他们沟通和建立关系。
- 建立学校与家庭的合作伙伴关系。

---

① 参见《未成年人保护法》第 17 条、《义务教育法》第 5 条。
② 参见《教育法》第 50 条。

3. 父母未尽教育义务的法律责任

父母对子女的教育拥有神圣的权利和义务，无论是滥用其权利，还是未履行相关法律规定的义务，都应承担相应的法律责任。我国《民法典》第 34 条规定："监护人不履行监护职责或者侵害被监护人合法权益的，应当承担法律责任。"《民法典》第 36 条规定了人民法院根据有关个人或者组织的申请，撤销监护人监护资格的三种情形：实施严重损害被监护人身心健康的行为；怠于履行监护职责，或者无法履行监护职责且拒绝将监护职责部分或者全部委托给他人，导致被监护人处于危困状态；实施严重侵害被监护人合法权益的其他行为。这也可看作对父母亲权的限制。

我国《家庭教育促进法》《未成年人保护法》《预防未成年人犯罪法》对父母或其他监护人未尽教育义务的责任做了详细的规定。具体内容包括：

- 拒绝、怠于履行家庭教育责任，或者非法阻碍其他监护人实施家庭教育的，由未成年人住所地的居民委员会、村民委员会、妇女联合会，未成年人的父母或者其他监护人所在单位，以及中小学校、幼儿园等有关密切接触未成年人的单位予以批评教育、劝诫制止，必要时督促其接受家庭教育指导。

- 不履行监护职责，放任未成年人有不良行为、违法犯罪行为的，公安机关、人民检察院、人民法院可以予以训诫，责令其缴纳保证金并接受家庭教育指导。

- 拒不接受家庭教育指导的，没收保证金，由公安机关予以治安处罚，并由有关部门依法纳入社会征信系统予以记录。

- 不依法履行监护职责或者严重侵犯被监护的未成年人合法权益的，人民法院可以根据有关人员或者单位的申请，依法作出人身安全保护令或者撤销监护人资格。

- 不依法履行监护职责，构成犯罪的，依法追究刑事责任。

二、父母的教育选择权

根据 1948 年《世界人权宣言》第 26 条第 3 项的规定，父母有优先选择子女所应受教育的权利。1966 年《经济社会文化权利国际公约》第 13 条第 3 款规定："本盟约缔约国承允尊重父母或法定监护人为子女选择符合国家所规定或认可最低教育标准之非公立学校及确保子女接受符合其本人信仰之宗教及道德教育之自由。"与之同年颁布的《公民及政治权利国际公约》也有同样的规定。

因此，在国际法上，父母享有教育选择权，其内容主要包括两个方面：一个是父母为其子女选择非公立学校的权利，但这些学校须符合国家制定或批准的最低教育标准，我们可称之为"教育方式选择权"；另一个则是国家应尊重父母确保其子女所受的宗教和道德教育与其自身信仰一致的权利，我们可以称之为"教育内容选择权"。联合国经济、社会和文化权利委员会认为，《经济社会文化权利国际公约》第 13 条第 3 款允许公立学校以没有偏见，客观，尊重言论自由、思想自由和表达自由的角度，讲授一些课程，例如宗教和伦理学的基本历史，但不能涉及某一特定宗教或信仰的教学，除非其已经规定了非歧视的例外条款，允许或提供了满足父母或监护人意愿的其他替代性选择。

（一）父母教育选择权的核心争议：以父母教育方式选择权为例

在父母教育选择权的学术争议中，关于父母教育方式选择的争议尤为关键。政府是否应当控制所有的学校，父母是否有选择学校的权利，这些问题一直以来都备受关注，理论界形成了支持选择与反对选择的不同观点（Willmore，2002）[5-12]。

公民教育说是支持国家控制教育的重要论据。这一论据的重要观点是，向儿童传递基本的、共同的公民价值，需要国家控制教育。亚里士多德的一段话被该理论的支持者普遍引用：

　　既然整个城邦有着唯一的目的，那么很明显对所有的公民应实施同一种教育。对教育的关心是全邦共同的责任，而不是私人的事情——今天的情况则是各人关心各自的子女，各人按自己认可的准则施教。然而对于共同的事情应该实施共同的教育。同时不能认为每一位公民属于他自己，而要认为所有公民属于城邦，每个公民都是城邦的一部分，因而每一部分的关心都应当同对整体的关心符合一致。（亚里士多德，2003）[267-268]

但反对的观点认为这一论据并不充分，因为在很多分权制国家，各州、省或地方的公立学校课程也不是统一的，而且最重要的是，政府并非一定要拥有学校才能控制课程，它完全可以通过私立学校执照管理等间接手段实现对课程的控制。而且该理论的支持者认为，这种对私立学校的间接控制要比政府直接控制成百上千的学校和教师要有效得多。也有一些反对者质疑"向儿童传递基本价值"这一目标，尤其是古典自由主义者认为，应当尽量避免思想、宗教、政治及研究领域的统一性。如约翰·密尔在其著作《论自由》中的一段著名的言论即传达了这一思想：

　　要由国家主持一种一般的教育，这无非是要用一个模子把人人都铸成一样；而这个模子又必定是政府中的有势者——无论是君主、是牧师、是贵族，或者是现代的多数人民——所乐取的一种，于是就不免随其有效和成功的程度而相应地形成对于人心并自然而然跟着也形成对于人身的某种专制。这种由国家设置和控制的教育，如果还有存在之余地，也只应作为多种竞赛型的实验之一而存在，也只应以示范和鼓舞其他教育机关达到某种优良标准为目的来进行。（密尔，1982）[115]

公共产品说是第二种支持国家控制教育的重要论据。它的基本观点是，学校教育是一种公共产品，个人的自由选择会导致市场失灵（Fischel，

2002）（Labaree，2000）[110-129]。但反对者则指出，首先，学校教育并非公共产品；其次，即使学校教育是公共产品，要纠正市场失灵的问题，也只需要政府的资助，而不是政府对学校的所有权。

保护儿童说是第三种反对学校选择的重要论据。其基本观点是，父母在总体上没有能力明智地为子女选择最适合的教育，因此应当由政府为他们做出选择。由于该理论中政府是以所有儿童的慈爱父母的身份出现的，因此也被称为家长式论据。它没有从社会整体的利益出发立论，而是站在个体利益的角度说理，因此与公民教育说是有区别的。这一论据的支持者众多，最早可追溯至 16 世纪的新教改革时期，当时的新教徒认为成年民众大多是文盲，无法承担起为其子女的基督教教育做选择的重任，因此应由政府为其做出选择。虽然几个世纪已经过去了，但不仅在发展中国家有该理论的支持者，就是在西方发达国家，持此观点的人也不在少数。①

反对该学说的人认为，虽然确实有一些父母不能或不愿为其子女的教育做最好的选择，但绝不能因此剥夺所有父母的选择权。他们以儿童的衣、住、食的权利为例，指出这些权利虽比教育更为基本，但国家并没有承担起为所有儿童提供的责任，而只是为那些父母未尽其责的儿童提供，那么教育为什么必须都由国家提供呢？此外，反对者认为，国家完全可以制定最低的教育标准，要求所有的学校必须达到这些标准，否则不予发放执照，还可以处罚那些对父母进行误导或虚假宣传的学校，公布各所学校的学生评价结果，禁止学校将公共经费用于与教育无关的事务，甚至可以走得更远一些，建立一套所有学校必须讲授的核心课程，这些都可以有效提高父母的选择能力或防止父母的不当选择给儿童带来伤害。

促进平等说是第四种反对学校选择的论据，也是一种最新的学说。它产生于 20 世纪，尤其是在第二次世界大战以来全球追求机会平等的背景下。其基本理论是，因为市场是以一种非常不平等的方式分配产品和服务的，所以其不可避免地具有不平等性，为了确保中等和高等教育机会的平等，

---

① 北密歇根大学的教育哲学教授约翰·F. 科瓦列斯基（John F. Covaleskie）对该观点所做的最新阐述也在专业教育者中广为流传。

所有的儿童都应当接受同样的初等教育，而这个目标只能通过公立学校实现。如果人们有自由选择学校的权利，他们就会被其社会阶层、民族或能力水平定位，进而损害那些出身低微或智力水平有限的社会群体的利益。一位反对学校选择的学者曾说："一旦我们将大多数低收入儿童隔离在'他们自己的学校'，那将很难去维持一个明显高于平均水平的经费支出以使这些儿童接受标准质量的教育。反过来，这意味着所有在服务于低收入学生的公立学校的儿童接受的教育将会比现在的更差。"（Hawley，1995）

但反对的意见指出，虽然促进平等理论提出了貌似很好的论据，但这些论据是不成立的，因为这些证据建立在一个错误的假设基础上，那就是，尽管政策制定者做了最大努力，但公立学校并"没有"保证所有儿童的机会平等。家庭在选择他们的居住场所时已根据他们的社会阶层和民族身份在地理空间上进行了自我区隔。父母优先会送其子女，特别是年龄小的子女到最近的学校就读，结果就是一些学校接收到不成比例的弱势学生，另一些学校则接收到不成比例的优势学生。政府可以通过校车将学生送往较远的学校来改变这种地理区隔的状况，使不同学校在学生的社会阶层和民族背景等方面获得更大的一致性。然而，政府采取这些校正措施是十分困难的，特别是在小学低年级阶段，因为校车制度耗费掉大量本可用于改善教学设施的资源，并且也不被那些每天被迫将他们很小的孩子送到很远的学校就读的父母所喜欢。而且，反对者进一步指出，即使是政府努力使所有学校的教学水准保持一致（尽管这同样是代价高昂的），但优势阶层的父母依然会通过补习、聘请私人家教等行动使政府力图保持平等的努力落空。因此，反对者认为，政府是不可能为所有儿童提供平等机会的。相反，由于市场仅在消费者的购买力不平等的前提下才会不平等，它对穷人反而是有利的。因此，只要政府运用合理的教育财政手段，就可以让教育市场做到想多平等就多平等。学券制度就是实现这种平等的一剂良方。（Willmore，2002）[10-12]

（二）父母教育选择权的确立

德国和美国最早在宪法层面确立了父母的教育选择权。《德国基本法》继承《魏玛宪法》的规定，在第 6 条第 2 款规定了父母在教育方面的基本权利，并在第 7 条规定了父母在宗教课程方面的选择权。美国联邦法院则通过一系列判例确立了父母教育方式、教育内容的选择权。

1925 年的"皮尔斯案"是美国确认父母教育方式选择权的重要判例，它确认教育是一项给予那些"养育儿童并引导其命运的人"的个人权利，父母有权为其子女选择私立学校。

1922 年，美国俄勒冈州议会通过《义务教育法》，规定所有 8—16 岁的儿童，除残疾、离校路途太远或已经读完 8 年级的儿童外，都必须在公立学校接受教育。该法通过后，由该州一个修女会运营的学校陆续遭遇儿童退学，导致学校收入持续下降。为此，该修女会起诉俄勒冈州州长皮尔斯，宣称俄勒冈州的立法与父母按其意愿为子女选择学校的自由冲突，也会使该公司的经营和财产遭受不可挽回的损失，请求法院予以禁止。案件上诉至美国联邦最高法院。

美国联邦最高法院法官首先指出，联邦宪法第十四修正案保障公民的自由和财产在未经正当法律程序之前不得被非法剥夺或干预。修女会运营学校的权利是一项财产，而父母通过选择声誉好的老师和学校来决定其子女的教育方向是一项自由，因此，他们的权利受到正当法律程序的保障。俄勒冈州实施《义务教育法》，不可避免地会对修女会开办的小学造成损害，还有可能会对俄勒冈州其他所有招收普通学生的私立小学造成损害，违反了宪法第十四修正案。最终，法院引用 1923 年"迈耶诉内布拉斯加案"[1] 的原则，宣布皮尔斯败诉。

在州享有的国家教育权与父母教育权的关系上，美国联邦最高法院一方面承认州享有一定的国家教育权。例如，管理所有的学校，指导、监督、

---

[1]　*Meyer v. Nebraska*，262 U. S. 390（1923）.

检查学校及师生；要求所有的适龄儿童入学；要求教师必须有良好的道德品性和爱国情操，以及必须教授那些明显有益于儿童成为良好公民的科目而不可教授对公共福利确定有害的科目。但另一方面，法院认为父母也有为其子女选择教育的自由。各州没有对儿童进行标准化训练，强制其仅接受公立学校教育的普遍性权力。儿童不只是国家的创造物，养育儿童并引导其命运的人有权利，同时也有崇高的义务，了解儿童并教育他们准备负起其他一些责任。

自此，"皮尔斯案"在司法上确立了美国父母享有选择私立学校的自由。但在实践中，在很长时间内，父母并不能选择私立学校，政府也不对选择私立学校的学生提供任何经济上的支持或赞助。然而，随着美国社会的发展，这一情况也在发生变化。现在，美国一些州允许父母在所居住的学区内或全州范围内为其子女选择学校，也有些地区实施教育券政策，使选择私立学校的父母也可得到政府的资助。（秦梦群，1997）[129] 并且，美国虽坚持政教分离的原则，但政府可以为就读于私立宗教学校的学生提供校车。美国联邦最高法院对此采取了支持的态度，其理论基础是"社区已经为所有入学接受教育的学生付了费"①，因此，提供校车的措施被视为对教育选择自由的一种保障。

美国在教育内容选择权方面的典型判例则是 1972 年的"约德案"②。本案的基本案情是：美国威斯康星州的《义务教育法》规定，父母应将自己16 岁以下的孩子送到学校上学。但该州居民约德（Yoder）出于自身阿米什人（Amish）的宗教信仰，拒绝送其上完 8 年级但仍未满 16 岁的孩子去公立学校继续上学，因而引发了法律争议。约德主张，阿米什人起源于 16 世纪的宗教信仰理念在于寻求回归到早期简单的基督徒生活中，寻求与现代社会绝缘，过一种与世隔绝的生活。8 年教育可使其子女掌握基本的阅读《圣经》的技能，有利于将来成为好的农民和居民以及进行日常的必要交流，因而与其宗教信仰并不冲突。但 8 年级以上的教育则既不必要，也与他

---

① *Everson v. Board of Educ.*, 330 U. S. 1（1947）.

② *Wisconsin v. Yoder*, 406 U. S. 205.

们的教育目标、生活方式和宗教理念不符。故此，约德认为威斯康星州《义务教育法》侵犯了自己及子女从祖先那里延续了近三个世纪的宗教信仰自由权。因此，自己不再将已完成 8 年教育的子女送往公立或私立学校，而是对其进行一种为未来农耕生活做准备的职业教育。威斯康星州政府则认为，其有权力制定《义务教育法》，理由在于：（1）正如托马斯·杰斐逊所指出的，如果想保持自由和独立，那么一定程度的教育是必需的，因为它能使公民有效和智慧地参与到开放的政治体制中，使个体成为独立自主的和自给自足的社会参与者；（2）儿童必须受州的保护，以免受那些愚昧无知父母的片面影响。州政府还以"皮尔斯案"为依据，声称如果免除州对阿米什儿童的义务教育要求，就是没有认识到阿米什儿童接受中等教育的真实权利，也没有对州扩大儿童接受中等教育的利益给出应有的尊重。

在该案的审理中，联邦最高法院认为，国家虽有权力制定义务教育规则，但当它侵犯公民的基本权利和利益时，也要有一个平衡的过程。为了使威斯康星州对 8 年级以上学生的强制入学要求和阿米什人由于宗教信仰而拒绝入学的主张相平衡，要么必须否认州的要求，要么就需强调州的利益能够压倒宗教自由条款所保护的个人利益。经过衡量后，法院最终否定了威斯康星州政府的主张。

联邦最高法院指出："阿米什人的传统生活方式不仅是个人爱好，也是被一个有组织的群落所分享和密切地关系到其日常生活的一种深厚的宗教信仰。《义务教育法》的强制性规定对阿米什人的习惯与基本宗教信仰造成了严重且不可避免的冲击与破坏，使其要么抛弃信仰普遍进入社会，要么被迫迁徙到其他有容忍力的地区。"

阿米什人在 8 年级之外没有为其子女提供任何教育并未使子女成为无知之徒，因为阿什米人虽然远离"主流"，但依然是现实社会中一个极其成功的社会群体。根据有关专家的证明，阿什米人为其子女提供的"做中学"的职业教育是一种理想化的教育体制。没有证据表明离开阿米什部落的儿童由于缺少额外的一年或两年正式学校教育将成为社会的负担或者在社会中找不到"市场"，也没有证据表明缺少额外一年或两年的义务教育，会削弱阿米什儿童的身心健康，或导致其不能自立，或不能履行公民的义务和职责，或以其他的方式减损社会的福利。

法院进一步指出，阿米什人没有以破坏宗教信仰自由为代价去接受8年级以外的义务教育，也能够承担社会的和政治的责任。对8年级以外的义务教育的要求是美国历史上近来才发展起来的。在不到60年以前，几乎所有的州的教育都要求在初等阶段完成，而阿米什人已延续了几乎三个世纪，并且在美国已存在200多年，这种独立的、成功的运作模式是其有效存在的强有力证据。

（三）父母的教育选择权与儿童的最大利益

父母教育权是亲权的重要内容，而亲权是一种利他的权利，其行使需考虑子女的利益。因此，在儿童受教育的过程中，父母教育权的行使必须是为了儿童的最大利益，而不是为了父母自己的利益。选择教育的自由原则上虽由儿童的父母或其他监护人行使，但在"儿童最大利益"与"参与"等儿童权利保障原则的支配下，也应当尊重儿童自身的选择。我国《未成年人保护法》第19条规定："未成年人的父母或者其他监护人应当根据未成年人的年龄和智力发展状况，在作出与未成年人权益有关的决定前，听取未成年人的意见，充分考虑其真实意愿。"在父母的选择自由与儿童的最大利益产生冲突的时候，应当以儿童利益为优先（Tomasevski，2004a）[9]。此外，父母的教育选择权既可由父亲行使，也可由母亲行使，当父母意见不一致时，应以儿童的最大利益为最高原则加以确定。

在父母滥用其教育选择权而危害儿童的健康、教育或其他福利时，根据儿童最大利益的原则，父母的权利应受到限制或干预，因而各国法律都有对父母亲权加以限制的条款。如我国《民法典》第34条规定："监护人不履行监护职责或者侵害被监护人合法权益的，应当承担法律责任。"第36条则规定，若监护人实施严重侵害被监护人合法权益的行为，人民法院根据有关个人或者组织的申请，可撤销监护人监护资格。这些也是对父母亲权的限制。

（四）我国父母教育选择权的现状与思考

我国承认父母在教育方式和教育内容上享有一定的合法权利，允许父母选择公办或民办学校，但在义务教育阶段，选择自由在法律上受到限制。我国《义务教育法》第12条第1款规定："适龄儿童、少年免试入学。地方各级人民政府应当保障适龄儿童、少年在户籍所在地学校就近入学。"因此，父母需依"就近入学"的原则送其子女接受义务教育，并不享有对公立学校的选择权。然而在现实的教育情境中，由于学校教育质量或声誉不同，父母还是希望通过各种途径选择优质公立学校。因而，推进义务教育的均衡化，包括地区间义务教育的均衡发展和公立学校间的均衡发展，是解决择校问题的重要前提。

除了事实上的择校，《义务教育法》第12条第2款规定："父母或者其他法定监护人在非户籍所在地工作或者居住的适龄儿童、少年，在其父母或者其他法定监护人工作或者居住地接受义务教育的，当地人民政府应当为其提供平等接受义务教育的条件。具体办法由省、自治区、直辖市规定。"这实际上为在非户籍所在地工作或者居住的父母提供了一种选择，即选择户籍所在地学校或非户籍所在地学校的权利。

残疾儿童的父母在教育上享有比一般父母更多的选择权。包括：

（1）在普通学校（班）与特殊学校（班）之间进行选择的权利。《义务教育法》第19条规定："县级以上地方人民政府根据需要设置相应的实施特殊教育的学校（班），对视力残疾、听力语言残疾和智力残疾的适龄儿童、少年实施义务教育。""普通学校应当接收具有接受普通教育能力的残疾适龄儿童、少年随班就读。"因此，残疾儿童父母可以为其具有接受普通教育能力的子女选择在特殊学校（班）就读，或者在普通学校（班）就读，当选择在普通学校（班）就读时，普通学校（班）应当予以接收。

（2）选择入学接受教育或在家教育的权利。该条权利虽然不是法律明文规定的，但可以从法律条文中推断出来。《义务教育法》第11条规定："适龄儿童、少年因身体状况需要延缓入学或者休学的，其父母或者其他法定监护人应当提出申请，由当地乡镇人民政府或者县级人民政府教育行政部门批准。"从中可以看出，对有特殊身体状况的子女，父母可以申请休学，也就是豁免强制入学的义务，选择在家自行教育。但这里的问题是，现有法律尚未对休学残疾儿童的在家教育进行明确的规范，残疾儿童的在家教育很多时候处于一种放任自流的状态，其受教育权并未受到保障。残疾儿童作为我国的公民，同样享有宪法上的受教育权，虽然根据法律规定可以不入学接受义务教育，但也有发展完善自己人格的权利，国家和父母不应忽视残疾儿童的受教育权。一方面，政府要根据需要设置特殊教育学校（班），使残疾儿童有学可入，因为有学可入而选择不入，与无学可入而被迫不入，完全是不同的情况。前者是选择权的体现，而后者根本无所谓选择，只是一种无奈的被动接受的结果。另一方面，政府要积极落实义务教育免费的原则，提升残疾儿童教育在经济上的可及性。只有在特殊教育免费乃至其他相关费用减免的前提下，残疾儿童父母的选择权才有意义。此外，即使是在家教育，也不能任其随意进行，政府和相关学校有必要为残疾儿童父母提供必要的信息资源和教学辅助，帮助其更好地进行在家教育，有效实现残疾儿童的受教育权。

三、在家教育：是否构成另一种教育选择？

（一）在家教育的产生与发展

在家教育，英文为"home schooling"、"home education"、"home instruction"或"homebound education"，是指处于学龄阶段的儿童不去公立或私立学校接受教育，而是在家接受其父母认为最适宜的教育。

在家教育最早起源于19世纪60年代的美国，原是一种旨在传播宗教信仰的行为，而作为一场社会运动，则起源于20世纪中后期，最初的倡导者是莫尔和约翰·霍尔特，其致力于推动在家教育作为公立教育之外的选择，主张由真实世界构成理想教室，依儿童的兴趣自主学习。20世纪80年代出版的《在家中长大的儿童和以家庭为中心的学校》一书认为，"真正的教育"在强迫的、高压下的、竞争的学校环境中并不存在，也不可能存在，而最文明的方式就是让儿童完全脱离学校，在家中接受教育（Lyman，1998）。

在家教育作为一种社会运动，在美国的发展经历了五个阶段（杨巧玲，2000）。

争论时期：从20世纪60年代末到70年代初，存在主义与人文主义盛行，在家教育与反战、学生运动及妇女解放并列成为当时的反主流文化运动。著名的在家教育倡导者约翰·霍尔特及伊万·伊利奇点燃了对当时公立教育体制不满的火种，导致了学术界、教育界及新闻界对公立教育的鞭挞。这一时期对公立教育的批评与争论，提供了私立学校与在家教育的成长空间。

对立时期：从20世纪70年代中期到80年代初，学校体制与在家教育处于对立期，大量在家教育的案例出现，教育权的争议成为当时重要的议题，法院对于父母的"子女教育权"与"义务教育法"的判决结果造成了父母权利、政府权限及教育选择权之间的重要变化。

合作时期：20世纪80年代中期后，许多父母自动寻求同学区委员会、校长及教师合作，也有一些学区提出明确的合作政策，更多的合作方案出台，奠定了在家教育的基础。

强化时期：自20世纪80年代末到90年代初，网络系统得到发展，在家教育相关研究、刊物及教材陆续出版，在家教育组织成立，在家教育盛行。

区分时期：20世纪90年代以后，在家教育的组织者区分为宗教派别、在家教育中心（NCHE）及坚持教育理念的全国在家教育协会（NHA）。

20世纪90年代以来，美国选择在家教育的父母数量快速增加。根据美国教育部的统计，1985年有5万名儿童接受在家教育；1999年为85万名，占学龄儿童人数的1.7%；2003年为111万名，占2.2%。据美国国家教育统计中心的统计，2019年，全美在家接受教育的适龄儿童（从幼儿园到12年级，5—17岁）达到145.7万名，占同类在校学生人数的2.8%。而美国在家教育法律保护协会认为，在家教育人数还会增长。欧洲一些国家，如英国、丹麦等的在家教育也经历了类似的发展过程，至今已经成为一种特定的与学校教育并行的教育形式，并形成了全国性的互助和资源利用网络系统。

人们之所以选择在家教育，根据美国在家教育法律保护协会的统计，原因主要有三点：一是对学校环境的担忧；二是父母的宗教、道德态度；三是不满学校的学术教育。而在人们对在家教育的态度方面，1985 年时，仅有 16% 的人认为"它是件好事情"，而有 73% 的人认为这不是件好的事情；但到了 2001 年，则有 41% 的人认为这是件好事情，认为不好的人下降到 54%（National Center for Education Statistics，2003）。由此可见，在家教育已得到越来越多人的认可。

（二）在家教育的法理基础与法律规制

父母是否有权选择在家教育以替代正规学校教育，国际人权文件没有明确提及。因此，这样一项权利是否存在主要由各国在国内法中决定。有学者指出，国家在决定是否允许在家教育的时候，必须在两项自由之间努力取得平衡。一方面是在思想自由、宗教自由及对家庭隐私权尊重的基础上，父母有在如何教育他们子女的问题上主张免受国家干预的自由。而另一方面，根据《儿童权利公约》第 29 条第 1 款第 4 项的规定，缔约国有义务确保所有儿童接受能够促进"谅解、和平、宽容、男女平等和友好的精神，在自由社会里过有责任感的生活"的教育。（Hodgson，1998）[181-182] 因此，如何在父母的自由与儿童能够探索多种观点、思想的自由之间取得平衡，不仅是国家决定是否允许在家教育时要考虑的问题，也是国家选择对在家教育进行何种程度的监督的重要衡量因素。

在欧美国家，在家教育大多经历了从不合法逐渐到合法的过程。在家教育主要涉及的是父母教育权与国家教育权的关系问题，或是说父母的教育选择权与义务教育的关系问题。在教育法的法理看来，由于教育乃是增进人民福祉的重要途径，因此必须立法授予州行政机构权力，以强调一定年龄之学童就学，如无特殊理由，父母不得有所异议。（秦梦群，2004）[2] 而在家教育的出现则对这一现象提出了挑战。1972 年，美国第一宗在家教育判例——"约德案"出现，联邦最高法院认为，州虽可强迫学生接受基本教育，但必须与父母的亲权取得平衡。阿们宗派教徒所提供的职业教育并非不适当，因而州政府宣称的利益受损并不明显，其无权起诉父母，从而为在家教育争取到合法地位。但法院也指出，此案的判决是基于对阿们宗派宗教自由的尊重，仅适用于传统孤立的社区，并非确认父母可依自我的信仰为子女安排教育而完全不顾州政府的规定。因此，直到 1980 年，美国仍有 30 个州不承认在家教育的合法性。但作为要求教育多元化、自由化、民主化，尊重家长教育选择权的一项教育改革运动，在家教育在此之后迅速发展，经过短短 13 年，到 1993 年，美国 50 个州均将在家教育合法化。

虽然至 1993 年美国所有州都已将在家教育合法化，但其受到的法律规制并不相同。截至 2022 年，美国有 11 个州对在家教育没有法律规制，也就是说，父母可以自行决定子女是否接受在家教育，且无须向教育主管当局报告；有 14 个州属于低规制标准，父母仅需要向教育主管当局报告对子女实施在家教育；有 20 个州属于中等规制标准，父母在报告之外，还需要向教育主管当局送交其子女的测验分数；有 5 个州属于高规制标准，除向教育主管当局报告并提交测验分数外，父母还必须使用经过审批的课本，且允许官员进行家访。①

（三）我国在家教育第一案

王某与侯某 2000 年 11 月因感情不和离婚，经协商，孩子明明（化名）的抚养权归侯某，但事实上明明一直由母亲王某抚养。2004 年 6 月，侯某从幼儿园将儿子带走，在家自行教育，没有让儿子入学。王某认为侯某的做法侵犯了孩子受教育的权利，对抚养孩子极为不利，遂上法院讨要孩子的抚养权。

---

① 相关数据主要来自美国教育部及各州政府网站，分类标准参考世界人口评论（World Population Review）网站及美国在家教育法律保护协会的统计情况。

2006年9月19日，这起受到社会各界广泛关注的8岁儿童抚养权案经法院审理，做出了驳回王某请求的判决。2006年12月16日上午，北京市第一中级人民法院做出终审判决，维持了父亲侯某的抚养权，同时也要求侯某尽快解决孩子的上学问题。法院认为，对于离婚后的子女抚养问题，应当从有利于子女身心健康，保障子女的合法权益，并结合父母双方的抚养能力及条件等方面予以综合考虑。孩子在侯某的自行教育下，英语、汉语的阅读能力确实超过同龄人，说明侯某对孩子的教育在某些方面取得了一些成果。现在孩子与侯某的关系融洽，身体健康，王某也不能证明孩子与侯某共同生活期间身心健康受到不良影响，故孩子随侯某生活比较适宜。但应注意的是，让自己适龄的子女按时入学接受义务教育，不仅是父母对子女应尽的责任，也是对国家和社会应尽的法律义务，是宪法中公民受教育权利和义务的具体体现。据此，侯某应当尽快解决明明的上学问题，使其接受全面的义务教育。

此案虽审理的是父母的抚养权问题，但实际上引发了社会各界对在家教育这一问题的关注。在家教育与义务教育的关系为何？在家教育是否是父母可以选择的一种教育形式？应当如何从法律的视角看待这一教育现象？

从法律的层面分析，此案由于发生在2006年《义务教育法》实施之前，因此应以1986年《义务教育法》作为考察依据。1986年《义务教育法》有两处规定与此案有关，其第5条规定："凡年满六周岁的儿童，不分性别、民族、种族，应当入学接受规定年限的义务教育。条件不具备的地区，可以推迟到七周岁入学。"其第11条规定："父母或者其他监护人必须使适龄的子女或者被监护人按时入学，接受规定年限的义务教育。适龄儿童、少年因疾病或者特殊情况，需要延缓入学或者免予入学的，由儿童、少年的父母或者其他监护人提出申请，经当地人民政府批准。"据此可以得出以下结论。首先，我国适龄公民接受义务教育的形式为"入学"，"学"可以是公立学校，也可以是民办学校，但不包括家庭。其次，适龄公民入学的唯一合法例外是"因疾病或者特殊情况"，由父母提出申请，经当地人民政府批准，可以免予入学或延缓入学。因此，明明如果属于法律规定的疾病或特殊情况，可以由其父亲申请免予入学或延缓入学，但其父亲并未提出类似申请。因此，其父亲的在家教育行为是违反《义务教育法》的。

若从宪法层面分析，我国宪法虽未明文规定父母的教育权，但如前所述，作为一种先于国家存在的自然权利，父母的教育权仍在我国宪法的保障范围内。而且宪法第 46 条规定："中华人民共和国公民有受教育的权利和义务。"作为协助儿童实现其基本权利的父母，理应具有教育自由。因此可以说，宪法本身并不排斥父母的教育权，而且也不必然排斥在家教育，关键的问题在于，在我国宪法权利需要部门法细化和实体化的状况下，父母教育权的具体范围须从《义务教育法》及其他的法律规定中加以确定。而我国《义务教育法》只是规定适龄儿童和少年必须入学接受教育，适龄儿童的父母必须使其子女按时入学，并未向父母提供选择在家教育的自由。对于这种状况，有研究者指出，有两种解决途径：一种是根据宪法来修改普通法律，使在家教育具有合法性；另一种则是努力在现行法律条文中寻找解释的空间，保持法的安定性。而解释的空间则在于，《义务教育法》虽未明确将在家教育列为例外，但也未明确排除。因此，如果在家教育达到了相当于学校义务教育的标准，就应具有合法性。（王锴，2006）[4-66]

本案中，父亲侯某主张其对明明实施的在家教育取得了很大的成效，而母亲王某主张不接受正常的学校教育对明明今后的成长不利。法院在进行了审慎的调查后，承认父亲侯某的教育取得了一定的成效，尤其是明明的英语、汉语的阅读能力超过同龄人，而在与外界的接触中，明明除表示不愿意与王某共同生活外，其他天真、快乐的行为表现也与同龄儿童无异。同时，法院认为，家庭教育虽然对学生个体更具有针对性，但毕竟不够系统和全面。文化课程只是义务教育内容的一部分，义务教育会对未成年学生进行德育、智育、体育、美育、劳动教育以及社会生活指导和青春期教育。家庭、学校应该互相配合、密切联系，关注学生的个体差异，因材施教，促进学生的充分发展。因此，父亲侯某虽可继续享有其抚养权，但必须尽快解决明明的上学问题。至此，可以说，除了"疾病或者特殊情况"，我国的立法和司法实践都未赋予父母选择在家教育的自由。但随着社会的发展和人们对教育选择多样化的需求日益增强，我们应当对这一特殊需求给予足够的重视并做出合理安排。

四、父母的教育参与权

（一）父母参与教育的意义与内容

1. 父母参与教育的意义

父母教育权是教育权的重要表现形式，在近代义务教育产生之前，它一直是儿童教育的主导权利形态。但随着义务教育的推行，父母对子女的教育逐渐被学校和教师对学生的教育所取代，影响力大大降低。20 世纪以来，各国普遍注意到学校教育的弊端，重新强调父母参与学校教育的重要性，提出"父母是学校的伙伴"概念，并且从立法、制度各方面明确并加强父母的教育参与权。

许多理论与实证研究也发现，父母参与无论对学生、父母还是教师而言，都具有正面的作用和意义。对学生而言，父母参与学校活动的好处在于：提升学生的学业成就，塑造正面而积极的学生态度与行为，提高学生的出勤率以及增强学生的学习动机与自尊心。有研究发现，父母参与学校活动可以帮助提高学生的学业成就，而且这种正面的效应是不分学生的年级，不管学生的社会经济地位高低，也不限实施地点的（无论在学校还是家中）（Swap，1990）。有研究者认为，学生的行为及其对学校的态度，会影响他们花在学习上的时间，并关系到他们在教室中的注意力；学生出勤率与其学业成就高度相关；而父母参与有助于增强学生的学习动机与自尊心。（Brittle，1994）还有研究者指出，父母参与子女的教学活动，有助于学生建立对学校的正面态度及良好行为（Bauch，1988）。由于父母参与学校教育会对儿童教育产生积极影响和促进作用，其被各国教育立法所承认，并在实践中发展出多种不同的模式。

2. 父母教育参与权的内容

父母对学校教育的参与是父母教育权中积极、能动的权利。学界认为，父母不仅基于亲权享有对子女的教育权，而且作为子女利益的法定代理人，也可以以个人名义在学校主张其参与权。父母除可依个人身份参与子女的学校教育外，根据民主原则，还可对政府或学校的总体的教育决策或政策发表意见或提出建议，为了达成这个目的，父母可以组织父母团体，由父母集体或选出代表行使参与权。因此，父母的教育参与权可以分为两类，一类为父母的个人参与权，另一类为父母的集体参与权。

在个人权利层面，父母的参与权包括对学校教育内容的影响权、异议权、资讯请求权（知情权）及隐私权等。在集体权利层面，父母通过家长会参与学校行政为主要内容。父母的个人参与权与集体参与权最大的不同在于前者为实体权，而后者为程序权；在法律效果上，前者约束国家或学校行为，使其权利发挥至极致，拥有主动权；但后者之建议或请求，仅作为国家高权或学校处理学校事务的另一种声音，是否被采纳无法预知，乃属被动之性质。(李晋梅，2002)[60]

日本学者认为，父母的教育参与权主要有以下三种。(结城忠，1994)[109-130] (劳凯声，2003)[202] 一是知情权，即父母有权了解学校有关信息，包括学校的教学计划、教学内容，教师的教学方法、成绩评价标准与方法，有权访问参观学校，进课堂听教师上课等。教育行政机关和学校有义务为父母提供其所需要的信息，包括学生个人档案的记录等。二是提案发言权，即父母有权利在学校采取某些决定、措施之前得到说明理由的机会，而且有权对该措施提出意见和建议。三是共同决定权，指父母有权处于与教育行政机关和学校同权的地位上，共同参与、决定某些教育上的措施。

(二) 父母的个体参与权

在国际立法例中，美国是非常重视父母教育参与权立法的国家，在1994 年通过的美国《2000 年教育目标法》所列出的八项全国教育目标中，第八项就是父母的教育参与权，提出"到2000 年，所有的学校都要形成家庭学校之间的伙伴关系，加强父母对学校事务的参与，促进学生的社会技能、情感发展以及学术能力的发展和提高"。该法得到民主和共和两党，以及全国性的父母组织、教育组织还有政府官员的有力支持，显示出美国社会对父母参与学校教育之必要性的广泛认同。

1. 美国《家庭教育权与隐私权法》

美国 1974 年制定的《家庭教育权与隐私权法》（the Family Educational Rights and Privacy Act，FERPA）[①] 是一项专门规定父母知情权以及学生隐私权的联邦法律，适用于所有接受联邦教育资助的学校，是其确认父母教育参与权的重要立法。

《家庭教育权与隐私权法》主要规定了父母对学校教育信息的知情权和对子女教育记录享有的相关权利。根据该法的规定，任何接受联邦资助的学校每年都应向学生父母发放手册或通知，告知父母其所享有的各项权利。父母有权检查子女在学校的教育记录，获取子女教育记录的副本或其他形式的记录（可能会有适当收费），学校则必须向父母开放其子女的教育记录。父母有权决定子女教育记录的公布情况，没有其书面许可，学校不可以向外界泄露或公布学生的教育记录。学校必须妥善保管学生的教育记录，使其不被不相干的人所获取或知晓，教师及其他相关职员要确保学生教育记录的私密性。学校虽然可以公布学生的地址姓名录，其内容通常包括学生的地址、电话、所获奖励、入学日期等相关信息，但必须事先告知父母，以给其一个合理的时间确定是否愿意学校公布该类信息并做出回应。

《家庭教育权与隐私权法》特别对父母参与讨论修改子女教育记录的权利做出了详细规定，在父母对有关其子女的教育记录持有异议的时候，他们有权向学校提出疑问，要求学校或教育当局进行修改，给予其子女公正准确的记录。具体内容如下。

- 如果父母认为教育记录中关于其子女的信息是错误的、有误解的，或者认为学校侵害了学生的隐私权，他们有权要求学校修改记录。
- 学校应当在一定的期限内对父母的请求做出决定并告知父母。

---

① 　20 U. S. C. § 1232g, 34 CFR Part 99.

● 如果学校拒绝修改教育记录，必须告知父母他们的决定，父母有权要求一个正式的听证会。听证会之后，如果学校仍然决定不修改相关记录，父母有权就此记录提交一份声明表明自己的观点。

2. 父母及学生权利通知书

美国对父母参与教育的权利非常关注，对残疾儿童父母参与子女的教育尤为重视。美国制定的一系列残疾人法律，如《康复法》第504条、《身心障碍者法》（ADA）和《身心障碍者教育法》（IDEA）等，都对残疾儿童父母参与学校教育的权利做出了详细的规定。根据这些法律，残疾儿童的父母有权获得子女在学校时的资料和信息；有权申请并参与学校对其子女的评估，以及针对其子女的个别化教育计划的制订和实施；学校在为学生制订个别化教育计划以及对学生采取任何举措之前，都必须预先向其父母发出书面通知并征询其意见。为了满足《康复法》第504条及《身心障碍者法》的规定，美国一些学区专门制定了父母及学生权利通知书，告知残疾儿童父母享有的参与学校教育的各项权利。以下即美国旧金山某学区的一份通知书样本。

父母及学生权利通知书

1. 根据《康复法》第504条及《身心障碍者法》的规定，你有权从学区获得有关自己权利的资料。

2. 你的子女有权接受满足及适合自己需要的教育，正如非残障学生获得满足及适合他们需要的教育一样。

3. 你的子女有权接受免费教育服务，但若希望接受那些为非残障学生或其家长所提供的付费服务，则需付费，费用由保险公司及类似的第三者支付，或服务由保险公司及类似的第三者提供。

4. 你的子女有权获得非残障学生所得的同等设施、服务和活动。

5. 你的子女有权先接受评估，然后才开始参加504/ADA计划及接受以后因重大改变而做出的编班。

6. 测验及其他评估程序，在评估的有效性、执行及范围等方面，都必须遵照 34CFR 104.35 的规定。学区需考虑多方面的资料，包括学能测验、成绩测验、教师推荐、身体状况、社会背景、文化背景，以及适性行为。

7. 编班决定必须由一组人士执行，包括认识你的子女、了解评估数据意义、了解编班选择、了解环境无障碍设施法例的人士。

8. 你的子女若符合 504/ADA 所定资格，则有权定期接受重新评估，通常为每 3 年一次。

9. 学区对你的子女进行鉴定、评估及编班前，你有权从学区那里获得通知。

10. 你有权查阅相关记录。

11. 你有权就学区对你子女进行的鉴定、评估及编班等事项，要求举行公平聆讯，让自己有机会出席或由律师代表出席。

12. 你若对学校 504/ADA 委员会对你子女进行的鉴定、评估及编班有异议，应在接到委员会的书面通知书后 30 日内，向学区 504/ADA 协调员提交书面申诉通知书，部门名称及地址如下：Pupil Services Department，555 Portola Drive，San Francisco，CA 94131。

13. 你也有权就 504/ADA 的其他事宜（即你的子女的鉴定、评估及编班以外的事宜）向学区的公平保证办事处（Office of Equity Assurance）提交申诉，地址为：555 Franklin Street，San Francisco，CA 94102。该处将按照申诉的性质进行调查，尽快找出公平的解决办法。

14. 你也有权向民权办事处提交申诉，该处的加州地区办事处资料如下：

U. S. Department of Education

Old Federal Building

50 United Nations Plaza，Room 239

San Francisco，CA 94102-4102

电话：415-556-4275

传真：415-437-7783

听障人士专线：415-437-7786

父母签名：_____ 日期：_____

学校代表：_____ 日期：_____

（三）父母的集体参与权

父母的集体参与权是指父母集体对学校事务的参与，一般是通过父母代表的参与来实现的。在很多国家和地区，法律规定学校的某些事务必须有父母代表的参与，因此父母可以通过选举代表参与这些学校事务。但学校的哪些事项必须有父母代表参加，各个国家或地区的规定或政策未必相同。我国台湾地区规定在众多学校组织中都应有家长代表的参与，包括教师评审委员会、校长遴选委员会、校务会议、课程发展委员会、教科书评选委员会、午餐供应委员会、特殊教育委员会、学生奖惩委员会、学生申诉委员会、体育委员会、编班委员会、校园事件处理小组以及教育审议委员会等，父母代表的参与范围非常广泛。

父母行使集体参与权的方式主要是组成家长会或家长委员会，进而通过该组织选举或推派出代表，接受父母的委托，代表父母集体参加学校的相关委员会或者会议，充分发表意见或者行使投票权。父母的集体参与权能保证父母代表对学校行政发表意见，但不能保证其意见一定被采纳，或最后的投票结果与其意见一致，因此在性质上为一种程序权。

家长会或家长委员会是在很多国家和地区普遍存在并运作的父母集体组织，是父母行使集体参与权的基本形式，在有些国家和地区，其对学校的管理和发展能够起到举足轻重的作用。美国的家长会组织被称为家长教师协会（Parent-Teacher Association，PTA），已有一百多年的历史。其手册规定，家长教师协会的目标是维护家庭、学校、社区和工作场所中儿童的受教育权益；提升家庭生活的标准；为照顾、保护儿童和青少年提供足够的法律保障；联合教育学者和社会大众共同促进儿童、青少年的身体、心理、社会和精神教育利益的最大化。

目前，美国的家长教师协会分为全国、州、地方三级，三级各有不同的结构。全国家长教师协会每年都要举行一次全国性会议，由各州代表出席讨论重要议题并选举家长教师协会重要负责人。州家长教师协会与全国家长教师协会一样，主要功能是听取简报、修订预算、决定重大事项以及规划未来发展，并架起全国家长教师协会和地方家长教师协会沟通的桥梁。地方家长教师协会是由学区内各级中小学家长代表所组成的，以协助学校办理各项活动为目的，每个月定期举行一次会议，除听取会务报告、讨论各项议题外，有时学区教育局局长也会出席会议，听取父母们的意见并予以答复。父母都有权利参加家长教师协会，行使选举或相关的决策权利，并通过家长教师协会参与学校的管理。

（四）我国父母教育参与权的立法与实践

我国近年来对父母教育参与权日渐重视，相关立法不断完善。现有教育立法对父母教育参与权的规定主要体现在《教育法》《家庭教育促进法》《中小学教育惩戒规则（试行）》《幼儿园工作规程》等法律法规中。

《教育法》第50条规定"未成年人的父母或者其他监护人应当配合学校及其他教育机构，对其未成年子女或者其他被监护人进行教育。学校、教师可以对学生家长提供家庭教育指导"，父母在学校教育中扮演的是"配合教育"的角色。同时，该法第30条规定学校有义务以适当方式为受教育者及其监护人了解受教育者的学业成绩及其他有关情况提供便利，间接承认父母对学校教育有一定的知情权。

《家庭教育促进法》进一步要求家长密切配合学校对未成年子女进行教育，规定"未成年人的父母或者其他监护人应当与中小学校、幼儿园、婴幼儿照护服务机构、社区密切配合，……共同促进未成年人健康成长"（第19条）；还规定"中小学校发现未成年学生严重违反校规校纪的，应当……告知其父母或者其他监护人，并为其父母或者其他监护人提供有针对性的家庭教育指导服务……"（第43条），通过使父母了解学生的在校行为表现，进一步落实父母的知情权。

《中小学教育惩戒规则（试行）》对父母参与教育惩戒方面的权利做了较为详细的规定。一方面，该规则保障父母的知情权，如要求教师、学校根据惩戒措施的严重程度，惩戒后及时告知或者事先告知学生家长（第8、9、10条）。另一方面，该规则还进一步保障父母对学校、班级事务的参与决策权，如要求学校制定校规校纪时吸纳学生家长的意见，有条件的学校可以组织家长等有关方面代表参加听证，校规校纪应当提交家长委员会讨论；教师可以组织学生、家长以民主讨论形式共同制定班规或者班级公约（第 5 条第 2、第 3 款），还规定家长可以被吸纳进学校校规校纪执行委员会等组织机构（第 6 条），为父母更好地行使教育参与权提供了制度保障。

我国幼儿教育阶段的父母教育参与权相关法律规定较为完整。《幼儿园工作规程》第 53 条规定了家长开放日制度和幼儿园与家长联系制度，"幼儿园应当建立幼儿园与家长联系的制度。幼儿园可采取多种形式，指导家长正确了解幼儿园保育和教育的内容、方法，定期召开家长会议，并接待家长的来访和咨询。幼儿园应当认真分析、吸收家长对幼儿园教育与管理工作的意见与建议。幼儿园应当建立家长开放日制度"。第 54 条规定了家长委员会制度："幼儿园应当成立家长委员会。家长委员会的主要任务是：对幼儿园重要决策和事关幼儿切身利益的事项提出意见和建议；发挥家长的专业和资源优势，支持幼儿园保育教育工作；帮助家长了解幼儿园工作计划和要求，协助幼儿园开展家庭教育指导和交流。家长委员会在幼儿园园长指导下工作。"在地方实践层面，《上海市学前教育与托育服务条例》第 35 条规定："幼儿园和托育机构应当经常与父母或者其他监护人交流儿童身心发展状况，指导家庭开展科学育儿。幼儿园和托育机构应当建立健全家长委员会，有条件的可以开办家长学校。父母或者其他监护人应当积极配合、支持幼儿园和托育机构开展保育教育。"《山东省学前教育条例》第 44 条规定："幼儿园应当与儿童家庭建立交流协作机制，通过家长开放日、家长会等形式开展科学保育教育宣传和指导，促进儿童身心健康成长。家长可以通过志愿服务等形式参与幼儿园保育教育活动。"这些规定都明确了父母对幼儿园教育的广泛参与权。

儿童的教育是国家与父母的共同责任，父母教育权应当在学校教育中得到尊重。总体来看，我国在部分法律法规及地方立法实践中，对于父母参与学校教育已有一些正式规定。但父母的教育参与权仍未被教育基本法明文确认，这与父母教育权的权利属性多少有些不符。由于欠缺法律及相关制度的支撑，父母仍然缺乏对学校教育的正式参与，无论在其参与机制、参与内容还是参与效果方面，大都停留在非正式的状态，或是根据个别学校或校长的风格特点而定，不能实现普遍的、制度化的、有效的对学校教育的参与权，父母教育权总体上仍未取得其应有的法律地位。因此，有必要通过更高层级的教育立法确认父母的教育权，根据我国的实际情况对其内容和实现机制做出基本规定，并通过学校教育制度的变革促成父母教育权的有效落实。

第五章 学校制度与事故处理

一、学校的法律地位

（一）学校法律地位概述

1. 学校的法律地位与法人地位

法律地位（legal status）的含义非常丰富，根据《布莱克法律辞典》的解释，共有四种含义：地位、状态或者条件，社会地位；个体与团体中其他成员的法律关系；决定个体属于某类的权利、责任、能力和无能力；本质上非临时性的也非当事方单纯意志所能终止的个体之间的法律关系，这种关系与第三方和国家有关。

学校的法律地位主要是指学校在法律上的归类与定位，以及相应的权利、责任、能力和无能力。学校广泛参与各种社会关系，在不同的关系中所处的地位是不同的。一般说来，可以基于以下三对关系对学校的法律地位进行讨论：从学校作为社会组织接受政府行政管理的角度出发，学校的法律地位是"行政相对人"；从学校作为市场经济主体参与民事活动的角度出发，学校的法律地位是法人或非法人；从学校作为教育机构对教师及学生进行管理和处分的角度出发，部分学校又可以具有"授权行政主体"的地位。这三种地位是研究学校法律地位的主要关注点，但并不是所有学校都同时具有这三种地位，有些学校可能不具有法人资格，有些学校可能不具有行政主体资格。

对学校法人地位问题，也就是学校是不是法人的问题的讨论，原本只是从学校参与民事活动时的主体地位展开的。学校参与民事活动，可以具有两种身份：法人或非法人。所谓法人，其本质特征有二：一是团体性，二是独立人格性。前者说明它首先是一个团体、一个组织，是人的集合体，而不是个人，这是它有别于自然人的特征；后者说明它具有独立的民事权利能力和行为能力，能够独立承担民事义务和责任，这是它有别于非法人团体的特征。这两个特征汇合在一起，则法人者，团体人格也。（江平，1994）[1]

团体与人格是分离的，团体可以有人格，也可以无人格。团体无人格或失去人格，并不意味着失去存在资格、失去活动资格、失去经营资格，它依然可以根据其营业执照从事经营活动。如现实生活中存在的各种合伙、分支机构虽不具有法人资格，但仍然可以从事各种民事活动。学校也是如此，即使不具有法人资格，也可以存在、可以办学、可以参与民事活动。但相比之下，不具有法人资格的学校会在民事权利上受到较多限制，如不能拥有独立的财产，不能以自己的名义起诉和应诉，不能以自己的名义接受捐赠，不能独立承担民事责任，等等。因此，随着学校与市场关系的愈益密切以及学校体制改革的深入进行，要求赋予学校法人资格的呼声越来越高，与此相应，通过立法赋予学校，特别是高等学校法人资格的国家也越来越多。

学校是否具有法人资格，自然会对其参与民事活动的独立性及相应权利产生影响，但确立学校法人资格的意义和作用并不只限于学校参与民事活动的领域，它也在相当程度上影响着学校与政府的关系以及与教师和学生的关系。学校具有法人资格之后，必然产生确定学校法人权利、重新划分学校与政府关系、厘清学校与教师学生关系的问题。"当前社会转型而导致的学校领域中学术力量、政府力量、市场力量的分离实质上是一个权力重构的过程，在这一过程中，传统的集三种职能于一身的高度集权体制必然难以为继。这就要求政府对学校的行政管理必须简政放权、转变职能，必须在政府与学校、市场之间进行合理的权利配置，建立完善的法律调控机制。"（劳凯声，2003）[41] 因此，关于学校是不是或要不要成为法人、学校是什么性质的法人等问题，不仅成为学校法人地位讨论中的关键问题，也产生了牵一发而动全身的效果，成为学校法律地位变迁中的基本问题。

2. 各国的学校法律地位

从各国教育法的规定或者教育判例的主旨来看，学校的法律地位既有共同的特征，也有各自不同的特点。以共同点来说，法国、德国、英国、美国、日本等主要国家的公立中小学校大多不具有法人资格，在法律上仅是地方政府的一部分。如德国勃兰登堡州《学校法》第 6 条规定："公立学校是无权利能力的公共机构，它可以根据学校举办者的授权并在其所支配资源的范围内施行对举办者产生影响的法律行为，履行相应义务，以及签订有关使用其房屋和场地的合同。"（胡劲松，2004）该规定并未赋予公立中小学法人地位。与此不同的是，这些国家的公立高等学校普遍具有法人资格，如法国、德国、美国、英国，或者新近完成法人化改革的国家，如日本自 2000 年以来对国立大学进行行政法人化改革，在坚持大学作为国家设立的公共机构的同时，确立了大学相对于国家的独立法人资格。

在公立高等学校的法人性质或类型方面，各国则存在一些小的差异，但趋向公法人的共同点仍然比较明显。法国《教育法典》第 L.711-1 条规定："具有科学、文化与职业性质的公务法人是具有法人人格和享有教学自治、科学自治、行政自治与财务自治的国家高等教育与研究机构。"将高等学校定位为科学文化和职业公务法人。德国 1998 年 8 月 20 日修订的《高等学校框架法》规定：高等学校的法律地位原则上为"公法社团"，同时为"国家机构"；但同时允许以"其他法律方式"设立高等学校。因此，理论上高等学校可以以公法社团、公法财团或公共营造物的地位存在，但从现状来看，其仍然兼具公法社团与国家机构双重身份。日本的国立大学法人化改革走的是行政法人的方向，确立的也是大学的公法人地位。英美法制虽然不区分公法私法，也不刻意划分公法人和私法人，但公立高等学校被视为政府之手臂（the arm of the state），受到专门规范政府公共机构的相关宪法和法律条款，特别是行政程序条款的规范和制约，体现出其不同于私立学校的公共机构的地位。

在私立学校的法人地位问题上，各国呈现出较多差异。法国、德国等欧洲大陆国家的私立学校在数量和地位上都处于弱势，有的具有法人资格，有的没有法人资格。德国勃兰登堡州《学校法》第117条规定："非公立学校的存在，旨在在公立学校之外提供多种课程，而且，只要法律没有其他特殊规定，学校的一切应该服从于办学者。"由此可见，私立学校主要处于一种补充地位，且并非一定是法人。但英美国家的私立学校，不仅数量较多，而且具有足够与公立学校竞争的强势地位，一般均具有法人资格。日本虽也存在较为成熟的私立学校体系，但其私立学校的法律地位较为独特。根据日本《私立学校法》第3条的规定，学校法人是指以设立私立学校为目的而根据该法设立的法人，但私立学校本身并不具有法人资格。也就是说，日本的法律将学校与学校设置者加以区别，规定设立私立学校必先成立学校法人，一个学校法人可以设置一所或多所私立学校；私立学校本身不是权利义务主体，学校设置者才是权利义务主体，可见，其《私立学校法》的多数条款都是针对学校法人设计的。

3. 我国学校法律地位的变迁

1986年，我国《民法通则》颁布，标志着法人制度的正式确立。根据《民法通则》的规定，事业单位只要具备依法成立，有必要的财产或者经费，有自己的名称、组织机构和场所，能够独立承担民事责任等条件，则自其成立之日起就成为事业单位法人，可以独立地进行民事活动并独立承担责任。它的颁布第一次使那些经费、预算独立的事业单位的法人资格在立法上得到确认，对学校的法律地位产生了重要的影响。

1992年，在《关于国家教委直属高等学校内部管理体制改革的若干意见》中，我国首次提出国家教委直属高校是由国家教委直接管理的教育实体，具有法人地位。同年的《关于国家教委直属高等学校深化改革、扩大办学自主权的若干意见》再次强调要逐步确立高等学校的法人地位。1993年《中国教育改革和发展纲要》正式提出要使高等学校真正成为面向社会自主办学的法人实体，高等学校的法人地位问题受到广泛关注。1995年，教育界期待已久的《教育法》颁布，该法第31条规定学校及其他教育机构具备法人条件的，自批准设立或者登记注册之日起取得法人资格，首次在法律上明确了学校的"法人"资格。此后，1998 年颁布的《高等教育法》第 30 条规定，"高等学校自批准设立之日起取得法人资格。高等学校的校长为高等学校的法定代表人。高等学校在民事活动中依法享有民事权利，承担民事责任"，再次确认了高等学校的法人资格。2002 年底颁布的《民办教育促进法》第 9 条规定，"民办学校应当具备法人条件"，第 35 条规定"民办学校对举办者投入民办学校的资产、国有资产、受赠的财产以及办学积累，享有法人财产权"，确立了各级各类民办学校的法人资格。至此，在官方的解释中，我国的各级各类学校，除村办简易小学之外，都具有了法人资格，学校的法人地位正式确立。

（二）学校的法人性质

1. 法人分类理论与学校的法人性质

（1）公法人与私法人

公法人与私法人是两个对应的概念，是大陆法系法学理论最重要的法人分类方式。其区分标准有许多，比较重要的有：设立法人的法律为公法还是私法；法人的设立者是国家、地方公共团体还是其他私主体；法人是否行使或分担国家权力；法人存在的目的是增进社会公共利益还是增进私益。上述分类标准往往会被综合使用以判断学校的法人类型。

在大陆法系国家和地区，由于公立高等学校系为公共利益的目的存在，其设立者是国家或地方政府；其设立、废除、变更和内部组织规则、权利、义务和责任等均由行政法规规定，不受公司法的拘束，同时还享有某些行政特权，如财产不能扣押和强制执行，可以签订行政合同，制定规章的行为是行政行为，工作人员可以属于公职人员等，因而大多被定位为公法人。英美国家虽然不着意区分公、私法人，但公立学校明显受到更多行政规则的约束，也具有较多公法人的特征。

私立学校具有与公立学校不同的设立主体和经费来源渠道，更多受到私法而非公法的规制，虽然在接受政府补助款项范围内从事相关事务可以构成政府行为（state action），但并不影响其自身的私法人地位，因而在大多数国家和地区都归属私法人的范畴。但不同的观点认为，私立学校虽然不是由国家或地方公共团体设立的，但其存在目的也是增加社会公益，其也会行使一些与公立学校类似的权力，因此不宜归为私法人。具代表性的观点可见我国台湾地区"司法院"释字第三八二号解释理由书："公立学校系各级政府依法令设置实施教育之机构，具有机关之地位，而私立学校系依私立学校法经主管教育行政机关许可设立并制发印信授权使用，在实施教育之范围内，有录取学生、确定学籍、奖惩学生、核发毕业或学位证书等权限，系属有法律在特定范围内授予行使公权力之教育机构，处理上述事项时亦具有与机关相当之地位。"

(2) 社团法人与财团法人

社团法人与财团法人是法学理论的另一种分类方式，对理解学校法人的构成基础十分重要。这一分类是依法人成立的基础划分的。社团法人是以人的集合为基础而成立的法人，有自己的组成成员或社员。财团法人是以财产的集合为基础而成立的法人，没有社员，代表财团法人进行活动的人不是它的社员，而是管理人员，管理人员的变更不影响财团法人的存在。社团法人可以分为营利性社团法人和公益性社团法人，而财团法人只能为后者。

一般来讲，社团法人与财团法人都是对私法人的分类，都以私人或私有财产为基础而成立。在西方国家，多数私立学校、医院、图书馆等机构都具有财团法人的特征，其成立的基础是捐助人所捐助的财产。捐助人，也就是财团法人的设立人，在财团法人成立后即与法人脱离关系，捐助财产成为独立的法律主体，捐助人不能从办学中获取利益，也不能在办学终止时取回捐助的财产。

德国公法学存在对"公法社团"和"公法财团"的区分，其公立大学因有成员要素，成员可以选举校长，行使社员权利，较接近社团的形态，这种以公务人员为基础组成的法人被称为公法社团（公法团体），与私法制度中的社团法人相区别。同样，以公共财产为基础成立的法人则被称为公法财团，也与私法制度中的财团法人相区别。因此，公法社团与公法财团只是公法人内部的分类，与社团法人与财团法人这种私法人内部的分类是不同的。

（3）公益法人与营利法人

公益法人与营利法人的分类在世界各国都有广泛的适用，它是依照法人成立或活动的目的所做的划分。公益法人是指以社会公共利益为目的而成立的法人；营利法人是以取得经济利益并分配给其成员为目的而成立的法人。从世界各国的法律规定来看，不仅公立学校，很多私立学校也明显具有公益法人的特征，因为其存在的主要目的是发展公共教育事业，营利并非其成立目的。但随着学校类型的多样化，作为营利法人的私立学校也已经出现。

（4）营利法人、非营利法人和特别法人

2020 年我国颁布的《民法典》根据法人是否从事营利性经济活动的标准，将法人分为营利法人、非营利法人两类。营利法人是指以取得利润并分配给股东等出资人为目的成立的法人。其从事经营活动时，应当遵守商业道德，维护交易安全，接受政府和社会的监督，承担社会责任。非营利法人是基于公益目的或者其他非营利目的成立，不向出资人、设立人或者会员分配所取得利润的法人，包括事业单位、社会团体、基金会、社会服务机构等。在这两类之外，还存在一些在设立依据、设立目的和职能行使等方面与前面两种分类中的法人有较大区别的法人，故将机关法人、农村集体经济组织法人、基层群众性自治组织、城镇农村的经济合作组织法人等四类法人设置为特别法人。有学者指出，特别法人制度是一项开创性规定，其入法弥补了营利法人与非营利法人二分体系在实践中的适用空白，同时又为当下我国市场经济体制改革、农村集体土地制度改革、基层治理改革、乡村振兴等提供了私法援助（陈小君，2020）。结合我国教育法的规定，大体上可以认为公立学校属于非营利法人中的事业单位法人。民办学

校则可根据其是否以营利为目的，分别属于营利法人和非营利法人中的社会服务机构。

2. 我国学校的法人性质

虽然可以根据立法内容将我国学校分为若干类别，但对于我国学校的法人性质问题，学界的意见并不一致。一种观点认为，法人是民法上的概念，学校法人也只是民法上的一般法人，仅具有民事主体的资格，提出学校法人地位的问题实质上意味着探讨如何尽快完善学校法人制度，落实学校法人的各项自主权。另一种观点认为，学校既是民事主体，又是教育主体，具有双重法律地位，需要通过民法和教育法律来共同加以界定和确认。

从以上法人分类的理论可见，学校的法人地位可以具有多种侧面，且彼此并非完全排斥的关系。同一类型的学校，在不同的分类模式下，可以归入不同的类别。不同法律制度下的学校法人，也可以进行类型的比较。这些都反映了学校法人所具有的多重特征和丰富含义。在理解我国学校法人性质的时候，也需要基于综合的视角加以分析。

(1) 关于学校公法人地位的讨论

公立高校的公法人地位伴随近年来日本及我国台湾地区进行的大学法人化改革以及我国教育诉讼案件的出现而备受学术界关注。虽然我国的法律体系不区分公法或私法、公法人或私法人，但这并不影响学校公法人问题在理论研究上的重要意义。

按照公、私法人的分类标准，公立高校是由政府举办和维持的、以提供公共教育服务为目的的公益组织，其享有的招生、教育教学、教师及学生管理等一系列权力来源于《教育法》等法律法规的授权，所实施的"行政"虽不是国家行政，但与国家行政机关所实施的"行政"同是"公行政"（姜明安，1999）[2]，是高等教育行政的重要组成部分。在这个意义上，公立高校行使的是一种公共权力，权力行使必须符合国家和社会的公共利益，不得滥用。故而公立高校作为以实现公共教育服务为目的，分担或享有高等教育权力、承担高等教育行政任务的重要主体，应当属于公法人。

确认公立高校的公法人地位，就是承认它不仅在民事活动中具有独立的主体资格，在非民事活动领域也具有独立主体资格。换句话说，公立高校作为国家或地方政府举办的事业单位，不仅可以面向社会自主从事民事活动，享有民事权利，履行民事义务，承担民事责任，而且能相对于国家或政府自主和独立地从事高等教育事业，经由法律授权享有一定的公权力，独立承担因此带来的行政义务和责任。这样理解公立高校的法人资格，不仅能满足公众对由公共财政支持的高等学校公益性的要求，也符合高等学校作为知识生产和传播组织的学术自治特性，与各国高校的公法人地位或公法人化改革趋势一致，具有重要的理论和现实意义。

同是公立学校，高等学校与中小学校的法人资格应当有所不同。因为公法人的概念虽系继受民法而来，但在发展过程中，却因公法的独特性而形成了不同的概念。民法上的法人只要具有权利能力，就是法人，很少有例外。但公法上存在着完全权利能力、部分权利能力及不具权利能力的区分，公法人只是其中具有完全权利能力的主体。（蔡震荣，1993）[254-255] 依此来看，公立高等学校更接近于具有完全权利能力的公法人，而公立中小学校是不是具有完全权利能力的公法人，却是值得讨论的问题。

我国《教育法》第32条规定："学校及其他教育机构具备法人条件的，自批准设立或者登记注册之日起取得法人资格。"该条通常被解释为除村办简易小学外，我国的公立中小学均具有法人资格。但有学者提出，不能仅依据《教育法》第32条的规定就将公立中小学解释为都拥有法人地位，因为成为法人的社会组织要满足民法所规定的法人成立条件，缺一不可，学校组织也必须满足相关条件才可成为法人。因此，学校可能取得法人资格，但并非所有的学校都必然是法人。从我国现行的教育法律规定中，我们不能完全认定学校必然就是"法人"。换言之，即在我国的教育法律关系中，学校可以但却不必然是法人。（胡劲松 等，2001）也有些学者认为中小学校的法人资格是不完全的，因为，"从公立中小学的产权关系来看，政府是公立中小学的举办者和所有者，公立中小学相对政府而言，根本就不能、也不应该享有完全独立的民事权利，自然也就不能独立承担全部民事法律责任。所以公立学校只能是一种其民事权利能力、行为能力和责任能力都受到限制的'准法人'"（余芳 等，2003）。

从对公法人内涵的观察来看，公立中小学在各方面都不具备完全的权利能力，只是具备部分公法上权利能力的主体，很难成为公法人，因此法国、德国、美国、日本等国立法都不承认公立中小学校具有法人资格。从我国公立中小学的现实来看，其享有的自主法人权利也是相当不充分的，大多数学校独立承担民事责任的经济能力较差，独立承担行政责任的能力基本没有，充其量只是具备了部分权利能力，不具备成为公法人的基本条件。因此，我国是否或应否赋予公立中小学校法人的资格，不宜只用一句简单的解释来确定，还必须对中小学校的地位、职能和任务、与政府的人事和财政关系，以及民事责任能力等问题进行深入研究后才能加以确定，不区分学校的类型和具体情况，就认为所有公立学校都是公法人的看法并不可取。

在我国，民办学校自成立之日起即取得法人地位，其法人性质在理论界也存在一些争议，有些学者认为，民办学校的存在目的是增进社会公共利益，并且根据教育法的规定分担一部分对学生的管理权和处分权等，因而也应归入公法人之列。但本书认为，民办学校非由国家机构设立，基本上不分担或行使国家教育权力，对学生或教师的管理权限并非来自教育法的授权，而是基于双方的入学或聘任合同，其虽然具有公益性，但仍应属于私法人。

(2) 关于学校财团法人地位的讨论

鉴于财团法人类型的私立学校制度较为彻底地体现了学校的公益性特征，并在西方各国成功实践，其长期以来为我国学界所认可。但事实上，在我国现行的《民办教育促进法》中，民办学校主要有两种类型，一类是不能取得办学收益、办学结余全部用于办学的非营利性学校，主要是指通过捐资举办的学校；另一类是举办者可以取得办学收益、办学结余依照公司法等有关规定进行办理的营利性学校。这两类民办学校的法律性质是有区别的。对于捐资办学的民办学校，学界认为可以借鉴国外财团法人制度来加以完善。（劳凯声，2003）[342-374] 因为这类民办学校法人以设立者投入的财产为基础而成立，没有成员要素；设立者在学校法人成立后即与其分离，不再享有投入财产的所有权，也不能将财产予以收回等，较符合财团法人的特征。而可以取得办学收益的营利性民办学校，由于举办者在举办学校之后仍然可以基于其投入财产获得收益，并且在学校解散后可以按照有关规定收回财产，并未完全与其投入财产分离，所以不符合财团法人的特征。

（3）关于学校公益法人地位的讨论

我国 2015 年修正的《教育法》第 26 条第 4 款明确规定："以财政性经费、捐赠资产举办或者参与举办的学校及其他教育机构不得设立为营利性组织。"这一规定调整了之前《教育法》第 25 条"任何组织和个人不得以营利为目的举办学校及其他教育机构"的规定，在学校是否可以营利方面依举办财产的来源进行了区分。其中，以财政性经费和捐助资产举办或参与举办的学校可以归类为公益法人。作为公益法人的学校虽应当以服务社会公共利益为目的，但并不禁止其在办学之余从事一些营利性活动，也不禁止学校通过良好的办学活动赢得家长和社会的欢迎，并从中获得办学结余。学校作为公益法人的特征主要在于，学校的办学及其他收益应主要用于学校的发展，而不能在办学者、投资者或经营者之间分配。不仅公立学校的举办者——政府不能这样做，非营利性民办学校的办学者也不能进行分配。

（4）关于学校事业单位法人地位的讨论

在《民法典》颁布之前，我国的法人采用企业法人和非企业法人二分说，其中非企业法人包括机关法人、事业单位法人和社会团体法人。在此分类下，公立学校作为事业单位法人的性质毋庸置疑，但民办学校法人当如何定位，学界有不同看法。特别是在 2016 年修订《民办教育促进法》之前，民办学校尚未在法律上进行营利与非营利的分类，各类民办学校只有是否取得合理回报及具体回报比例的差异。事实上，自 20 世纪 80 年代以来，国家不再完全包办社会事业，民办的事业单位出现并不断发展，它们承担了以往由国家负责的一些社会事业，如幼儿园和学校、医院、社会养老机构等，使得事业单位的概念不仅仅局限在公办的含义上。这些民办事业单位依照法律规定的标准并经行政机关审批成立，拥有独立的财产，从事特定的以社会利益为目的的事业，与追求营利的企业法人相比，显然更符合事业单位法人的特征。

但在 2020 年《民法典》颁布后，这一讨论已不具有现实意义。如前所述，根据《民法典》对于营利法人与非营利法人的分类，公立学校属于非营利法人中的事业单位法人，民办学校则根据是否营利而定位不同。2016年，教育部等五部门出台的《民办学校分类登记实施细则》规定，正式批准设立的非营利性民办学校应到民政部门登记为民办非企业单位。根据《民政部对"关于进一步明确'民办非企业'名称和性质的建议"的答复》，待《社会组织登记管理条例》正式颁布后，民办非企业单位将转变为社会服务机构。因此，非营利民办学校应定位于非营利法人中的"社会服务机构"，也就是举办者是为公益目的捐助财产而设立的学校。而营利性民办学校则属于营利法人，应当在工商管理行政部门登记，根据工商总局、教育部《关于营利性民办学校名称登记管理有关工作的通知》，营利性民办学校应当登记为有限责任公司或者股份有限公司。

（三） 学校①的行政主体地位

1. 学校行政主体地位的确立：田某诉北京科技大学案

在大陆法系国家，由于公立学校属于公法人，其当然具有行政主体的地位，有争议的只是学校法人与国家机关法人有何区别或特点何在，以及其作为行政主体的特殊性体现在哪里。但是在我国，学校是否为行政主体，是 20 世纪 90 年代后期才被关注且引起广泛争论的重要理论问题。传统上，学校与其师生之间发生管理纠纷时，往往都是通过主管行政机关调解、裁决或私了的方式解决，很少提起诉讼，而且法院也不受理，所以学校的法

---

① 本部分讨论的都是公立学校，为行文方便，均简称学校或高等学校。

律地位问题一直未受到关注。而随着我国的社会发展与教育法治的进步，师生的权利意识日渐增强，有关的教育纠纷逐渐走上诉讼之路，作为诉讼的首要问题，诉讼类型的选择以及学校的被告资格问题自然浮出水面，日益引起学界的关注。自 20 世纪 90 年代中期开始，一些学者的研究开始触及学校是否具有行政主体或相似地位的问题。

有学者提出，高等学校等事业单位是准公权力主体。所谓准公权力主体，意指那些虽不具有权力属性，但在实际事务中拥有某些权力、扮演着权力人角色的主体。高等学校作为一类准公权力主体，可以对公民合法的、宪法所授予的神圣的受教育权、劳动权等造成侵害，客观上充当着公权力的角色，因而也应当服从适用于公权力主体的法治原则。（刘作翔，1996）

也有学者提出，高等学校是根据法律、法规、规章授权或行政机关委托承担某类公务的组织。这类组织不是国家行政机关，不能对外管理，但为保障公务的顺利实施，法律、法规或规章常授权或行政机关委托其行使与其所承担的公务有关的对外管理权。这类管理行为是代表行政机关做出的，属于公共行政的范畴。（薛刚凌，1998）

还有学者建议借鉴大陆法系国家的公务法人制度，将包括高等学校在内的事业单位法人定位为公务法人，是公法人中的一类。其特别指出：将学校等事业单位定位为公务法人，并区分公务法人与其利用者之间的不同种类的法律关系，提供全面的司法救济，绝不只是称谓的改变，而是在我国现有行政体制及救济制度下，更新行政主体学说，改革现行管理和监督体制，提供全面司法保护的一次有益探索。特别在我国法院诉讼活动区分为民事诉讼和行政诉讼的前提条件下，重新研究事业单位的性质并准确定位具有更重要的意义。（马怀德，2000）

而在司法上，1998 年发生的"田某诉北京科技大学案"则是一个重要的里程碑。该案的受理和审理，特别是其作为典型案例被最高人民法院公报刊载之后，在司法界和理论界都产生了重要的影响。自此之后，公立学校的特殊行政主体地位得到了更多的共识。2014 年，其经最高人民法院审判委员会讨论通过后作为第 38 号指导案例公布。

田某诉北京科技大学案①

原告田某于 1994 年 9 月考取北京科技大学，取得本科生学籍。1996 年 2 月 29 日，田某在电磁学课程补考过程中，随身携带写有电磁学公式的纸条，考试中，去上厕所时纸条掉出，被监考教师发现。监考教师虽未发现其有偷看纸条的行为，但还是按照考场纪律，当即停止了田某的考试。被告北京科技大学根据原国家教委关于严肃考场纪律的指示精神，于 1994 年制定了校发（94）第 068 号《关于严格考试管理的紧急通知》（简称第 068 号通知）。该通知规定，凡考试作弊的学生一律按退学处理，取消学籍。被告据此于 1996 年 3 月 5 日认定田某的行为属考试作弊行为，并作出退学处理决定。同年 4 月 10 日，被告填发了学籍变动通知，但退学处理决定和变更学籍的通知未直接向田某宣布、送达，也未给田某办理退学手续，田某继续以该校在校大学生的身份参加正常学习及学校组织的活动。1996 年 9 月，被告为田某补办了学生证，之后每学年均收取田某交纳的教育费，并为田某进行注册、发放大学生补助津贴，安排田某参加了大学生毕业实习设计，并由论文指导教师领取了学校发放的毕业设计结业费。田某还以该校大学生的名义参加考试，先后取得了大学英语四级、计算机应用水平测试 BASIC 语言成绩合格证书。被告对原告在该校的四年学习中成绩全部合格，通过毕业实习、毕业设计及论文答辩，获得优秀毕业论文及毕业总成绩为全班第九名的事实无争议。

1998 年 6 月，田某所在院系向被告报送田某所在班级授予学士学位表时，被告有关部门以田某已按退学处理、不具备北京科技大学学籍为由，拒绝为其颁发毕业证书，进而未向教育行政部门呈报田某的毕业派遣资格表。田某所在院系认为原告符合大学毕业和授予学士学位的条件，但由于当时原告因毕业问题正与学校交涉，故暂时未在授予学位表中签字，待学籍问题解决后再签。被告因此未将原告列入授予学士学位资格的名单交该校学位评定委员会审核。

---

① 本案有关内容摘自最高人民法院指导案例库。

因被告的部分教师为田某一事向原国家教委申诉，国家教委高校学生司于 1998 年 5 月 18 日致函被告，认为被告对田某违反考场纪律一事处理过重，建议复查。同年 6 月 10 日，被告复查后，仍然坚持原结论。田某认为自己符合大学毕业生的法定条件，北京科技大学拒绝给其颁发毕业证、学位证是违法的，遂向北京市海淀区人民法院提起行政诉讼。

北京市海淀区人民法院于 1999 年 2 月 14 日作出（1998）海行初字第 00142 号行政判决：一、北京科技大学在本判决生效之日起 30 日内向田某颁发大学本科毕业证书；二、北京科技大学在本判决生效之日起 60 日内组织本校有关院、系及学位评定委员会对田某的学士学位资格进行审核；三、北京科技大学于本判决生效后 30 日内履行向当地教育行政部门上报有关田某毕业派遣的有关手续的职责；四、驳回田某的其他诉讼请求。北京科技大学提出上诉，北京市第一中级人民法院于 1999 年 4 月 26 日作出（1999）一中行终字第 73 号行政判决：驳回上诉，维持原判。

最高人民法院在公报中指出：根据我国法律、法规规定，高等学校有对受教育者进行学籍管理、奖励或处分的权力，有代表国家向受教育者颁发学历证书、学位证书的职责。高等学校与受教育者之间属于教育行政管理关系，受教育者对高等学校涉及受教育者基本权利的管理行为不服的，有权提起行政诉讼，高等学校是行政诉讼的适格被告。由此确立了学校作为行政主体的可能性和合法性。

2. 学校行政主体地位的内涵

学校在获得法律、法规授权而行使特定行政权力的时候，可以作为一类特殊的行政主体参与到与教师及学生的法律关系中。学校通过法律法规授权而具有的这一特殊行政主体的地位具有多层内涵。

首先，学校在行使法律法规所授的行政职权的时候，具有与行政机关相同的法律地位，受到行政法治原则的约束，并可作为行政诉讼的被告。

其次，学校是国家为了特定目的而设立的提供教育服务的机构，与作为机关法人的行政机关不同。学校只有在行使法律、法规所授行政职能时，才享有国家行政权力和承担行政法律责任，在非行使法律、法规授权的职能时，学校只是一般的民事主体，享有民事权利和承担民事义务。即使是在学校担负特定的行政职能、服务于特定的行政目的时，其也有别于"正式作出决策并发号施令之科层式行政机关"。也就是说，学校行使的是特定行政职能而非一般行政职能。所谓"特定职能"，即限于相应法律、法规明确规定的某项具体职能或某种具体事项，其范围通常是很窄的、有限的。（姜明安，1999）[110] 正式行政机关则行使国家的一般行政职能，不限于某个具体领域或某种具体事项。不仅如此，由于学校行使的行政职权为具体法律法规所授，而非行政组织法所授，故在权力来源上与行政机关也存在显著的差别。

再次，学校作为一类特殊的行政主体，与其主管行政机关具有复杂的关系。公立学校虽然是国家设立的，但学校一经设立，就负有提供教育服务的义务，享有自主管理学校事务的权力。其与母体之行政机关间存在着既独立又合作、分工、对抗之关系（翁岳生，2000）[273]。学校依法律授权享有一定的公共权力，具有独立的管理机构及法律人格，能够独立承担法律责任，因此不同于行政机关的内部单位和内设机构，也不同于行政机关委托的组织、个人，而是可以以自己名义独立行使某种权力、承担相应法律责任的组织体。（马怀德，2000）

最后，学校的这一特殊地位决定了其与其利用者之间存在丰富而特殊的法律关系，既包括私法关系即普通的民事法律关系，也包括公法关系即行政法律关系，而后者集中体现了学校法人与其他法人的区别。例如，公立学校与学生之间既有民事法律关系，也有行政法律关系，不同的法律关系决定不同的法律救济途径。如果所涉及的是学校依法律法规授权而做出的行政行为，则形成行政法律关系，以行政诉讼方式为主进行救济；如果不涉及学校的行政主体地位，学校行为与法律法规授权的事项无关，则形成的是民事法律关系，以民事诉讼途径来救济。

二、学校法治管理的基本原则

（一）合法性原则

1. 法律优先原则

所谓法律优先，字面意思是法律对行政权处于优先的地位，实质上是指行政应受既存法律的约束，行政机关不能违反既存法律，不能采取与法律相抵触的措施，与法律相抵触的行政行为原则上是可以撤销和宣布无效的。学校作为一个法律法规授权的公共组织，必须遵循法律优先原则，不得制定与法律相抵触的规章制度，也不得采取与法律相抵触的行为，否则这些规章制度将是无效或是可以被撤销的。

我国司法也对学校明确提出了法律优先原则的适用要求，在"田某诉北京科技大学案"中，法院指出：学校依照国家的授权，有权制定校规、校纪，并有权对在校学生进行教学管理和违纪处理，但是制定的校规、校纪和据此进行的教学管理和违纪处理，必须符合法律、法规和规章的规定，必须保护当事人的合法权益。在我国建设法治国家的背景下，学校作为一个基层组织，遵循法律优先原则是依法治校的最基本要求。

2. 法律保留原则

法律保留原则又称积极依法行政原则，主要涉及民主国家中的哪些事项应由哪一层级的规范规定的问题。法律保留有狭义、广义和最广义之分，狭义的法律保留是指某些事项只能由立法机关通过法律规定，不得委由行政机关代为规定。广义的法律保留是指某些事项虽应保留由法律加以规定，但法律也可授权行政机关以行政立法加以规定，但此时法律的授权在授权目的、范围、内容等方面必须明确具体。而最广义的法律保留是指只要有相当于广义"法律"位阶的规范作为依据，就符合法律保留原则。通常，在没有特别要求的情况下，法律保留一般指广义的法律保留。

公立学校制订校规校纪等行为是否要遵循法律保留原则，也就是说是否必须有法律的授权，是一个有争议的问题。大陆法系传统的理论认为，学校作为公务法人，享有在其公务领域内制订内部章程和规则的权力，这些内部规则一律被视为内规，对外不具有法的效力，因而学校可以在没有法律授权的情况下自行制定内部规则，并可依照内部规则做出处理决定，不必遵循法律保留原则。但自20世纪中叶以来，所谓的福利行政、给付行政的领域越来越大，法律保留原则逐渐扩大。对于公立学校制定校规的行为，学者们认为，如果完全将其排除在法律保留原则之外，就有可能成为"法治国下的一个隙裂"，故要求将公立学校这一传统上在法律保留原则之外的对象纳入法律监督范围，减少其利用特别权力关系规避法律的空间。

在现代法治国家，公立学校应当部分适用法律保留原则。尽管公立学校不应脱离法治的监督，但其也是不同于行政机关的特殊组织，应具有自身的独立性和自治特征，因此只应在特定领域适用法律保留原则。但是，究竟哪些领域必须保留给法律做出规定，哪些领域是学校可以自行规定的，学界还没有定论。德国的理论将学校管理关系分为基础关系与管理关系，或称基本关系与工作关系。涉及基础（基本）关系的领域包括学生身份的取得、丧失及降级等决定，必须适用法律保留原则，学校不得自行制定规章制度，只能在现有法律规定下进行细化。而其他领域，如对学生的服装、仪表、作息时间、宿舍等的规定等都属于管理（工作）关系，不必遵循法律保留原则，可以由学校规章制度自行决定。这一理论提供了判断学校行政领域如何适用法律保留原则的基础，值得研究和借鉴。

就我国的研究现状来看，一般认为学校的强制退学和开除学籍影响学生的受教育权和工作权，也会改变学生在校的身份，因此需有法律依据，应适用法律保留原则，即由立法者以法律形式确定退学、开除学籍等处分的条件，而不能由学校自行确定，以此来规范学校退学权的行使。但在其他不涉及学生基本权益的方面，如学校的作息时间、教学安排、评优奖励制度、住宿管理规定等问题上，即使没有法律依据，学校也可以自行制定本校规则。这里的法律采用广义的解释。

（二）合理性原则

学校作为一个以完成教育教学任务为主要目的的组织，如果要积极主动地达成教育目标，则需要法律赋予其相当多的自由裁量权。但自由裁量权是一把双刃剑，它既可以满足积极行政的要求，又极易被滥用，成为侵害学生基本权利的来源。因此，针对自由裁量权的制约，各国发展出了不同的法律原则，如合理性原则、平衡原则、比例原则等，名称虽然不同，基本内涵却很相似。值得指出的是，合理性原则对学校管理行为的制约不如合法性原则所要求的那样彻底和严格，否则学校的自由裁量权将变成羁束决定，这样一来，它就失去了存在的意义，破坏了学校的自主权。

1. 不当联结禁止原则

不当联结禁止原则是指行政主体在做出行政行为时，应只考虑到合乎事物本质的要素，不可将与法律目的不相干的法律上或事实上的要素纳入考虑。纵使这些要素本身具有独立的目的，且有一定的正当性，但只要它与法律目的或行政目的间没有正当的关联性，也不得将之联结在一起加以考虑。

适用到学校的环境，意味着学校在实施管理行为时，应当考虑与该行为相关的合理因素，不得将不相关的因素纳入考虑。究竟哪些是相关因素、哪些是不相关因素，应当根据每一项具体制度或事项决定，并没有绝对不变的说法。在一个著名的英国判例中，法官针对一个红头发教师被解雇的事件指出，"她仅因为发色是红的而被解雇了。从一个意义上讲，这是不合理的。从另一个意义上讲，它考虑了不重要的事情，它是如此不合理以致它几乎被视为恶意"。这一被行政法频繁引用的段落是对该原则的最佳解释。

2. 比例原则

比例原则的基本含义是指行政主体实施行政行为应兼顾行政目标的实

现和对相对人权益的保护，当做出行政处罚决定可能会对相对人的权益造成某种不利影响时，应将这种不利影响限制在尽可能小的范围内，使"目的"和"手段"的比例适当。比例原则甚至被称为行政法中的"帝王条款"，其在行政法中的地位可与民法中的"诚实信用原则"相类比。（陈新民，1997）[59-62] 比例原则又有三个子原则，分别是适当性原则、必要性原则及狭义比例原则。当然，也有学者主张将目的正当性原则引入比例原则，从而建立"四阶"式比例原则；还有学者指出，目的正当性审查本质上是一种合法性审查，与比例原则并不相容（梅扬，2020）。所谓目的正当性，就是指行为者的目的应当具有正当性，对于目的正当性的审查一般指向判断该目的是否同宪法、法律相违背（刘权，2022）[20]。

适当性原则，又称妥当性原则，是指手段应有助于正当目的的实现。适当性原则不要求手段与目的之间具有完全符合的对应性，只要能够起到有助于实现正当目的的作用即可。对学校来说，则意味着其所采取的管理措施或手段应当是适当的、确实有助于达成或实现这些目的或目标的，也就是说，手段与目的之间要具有实质上的关联性。很多时候，学校出台的措施在形式上似乎有良好的目的或意愿，但其实际效果却有可能损害到其应追求的目的，因此，学校管理者必须提出学理上或事实上的证据，说明其采取的手段或措施可以实现制度或行为本身要求的正当目的。

必要性原则，又称最少侵害原则，是指应选择对相对人造成的侵害与负担最少的干预措施。也就是说，在有多种同样能达成目的的方法或手段时，应选择对学生权益损害最少的措施。它要求学校管理做到合乎情理，应兼顾学校教育目标的实现和学生权益的保护。尤其在进行惩戒行为的时候，应将对学生的不利影响限制在尽可能小的范围内，使"目的"和"手段"之间保持适度的比例。既满足学校教育管理的需求，对学生来说也不是过分的限制。这就做到了合乎情理。

狭义比例原则，又称均衡性原则，是对学校措施合理与否的最后一道检验程序。它是指某种干预或管理措施所造成的损害，不得与欲达成目的的利益显失均衡，即在措施做成后，整个结果应是利大于弊的。也就是说，纵使某种干预措施是适当且必要的，但若采取该措施后的结果与学校要追求的目的相比是弊多于利的，也属违反比例原则。这一原则在学校措施会影响学生考试或升学等有关前途的情况下尤为重要。

（三）正当程序原则

正当程序原则最早来源于英国的自然正义原则，是行政法的一项重要原则。自然正义包括公正程序的两项根本原则。第一项原则是"一个人不能在自己的案件中做法官"，其主要目的是防止偏私，要求裁决者必须是独立的。关于"独立"的判断标准，一般有以下要求：不可与所裁决的案件有财务上的直接利益；不可对案件中的当事人有任何偏见；不可对案件中的当事人所主张的论点有成见。（叶俊荣，1995）[100-104] 第二项原则是"必须公正地听取人们的抗辩"，其主要目的是实现当事人受公正审讯的权利，这个原则指当个人或法人的权益受到行政决定的不利影响时，行政机关应举行类似于法庭调查的审讯活动，以便当事人申辩，便于行政当局弄清问题。行政当局不询问当事人意见，就对其做出不利决定，如同司法上的不审而判，是不公正的。而新近的发展则将"提供决定理由"以及"决定必须以有证明价值的证据为依据"两项新要求也纳入自然正义原则。在美国，宪法第十四修正案规定了正当法律程序原则，并在行政、刑事等各领域有广泛的适用。

正当法律程序对学校行为的适用性经历了一个发展过程，在 20 世纪 70 年代以前，由于教师任用及公民接受高等教育被视为一种特权而非可以主张的权利，学校的相关行为因此免于正当法律程序原则的约束。这种状况持续到 1970 年"戈德伯格诉凯利案"后开始变化，时至今日，公立学校必须遵循正当法律程序已成为英美国家的一般要求。在英国，法院认为机构的性质无关紧要，重要的是被行使的权力的性质，如果它对合法权益发生不利的影响，即须公正行使（韦德，1997）[138]。因此，公立学校虽不是政府机构，但自然正义原则同样适用于大学成员，包括学生在内（韦德，1997）[99]。在美国，受教育权虽然不是联邦宪法规定的基本权利，但被认为与财产和自由等基本权利密不可分，因而也受到正当法律程序原则的保护，公立学校对学生的惩戒必须符合正当法律程序的要求。

我国的法制传统往往会忽视程序（季卫东，1999）[9]，教育法对学校管理程序的规定很少。较早对学校管理提出正当程序要求的，是 1998 年的"田某诉北京科技大学案"。在该案中，法院指出，对学生按退学处理，涉及被处理者的受教育权利，从充分保障当事人权益的原则出发，作出处理决定的单位应当将该处理决定直接向被处理者本人宣布、送达，允许被处理者本人提出申辩意见。北京科技大学没有照此原则办理，忽视当事人的申辩权利，这样的行政管理不具有合法性。这一段文字也出现在 1999 年第 4 期《最高人民法院公报》中，因此，有学者认为这意味着正当程序原则获得最高法院的首肯（何海波，2000）[437-471]。无论这个结论能否成立，在司法和学术界的共同推动下，教育法在此之后在程序建设方面确实有了重要的进展。2005 年教育部修订《普通高等学校学生管理规定》，第 55 条专门规定"学校对学生的处分，应当做到程序正当……"，并增加了学生纪律处分及申诉的具体程序规定，对学校管理提出了明确的正当程序要求。2017 年，教育部再次修订《普通高等学校学生管理规定》，第 54 条规定，"学校对学生的处分，应当做到证据充分、依据明确、定性准确、程序正当、处分适当"，并且对纪律处分程序进行了细化，详细规定了学生陈述、申辩以及申诉的权利，丰富和强化了正当程序原则的内容。

学校管理中的程序是否正当，是关涉教师与学生权利保护以及学校法治管理的重要问题。程序不仅在达成结果的意义上具有价值，其自身也具有独立的价值。判断程序的好坏不仅要看其是否有利于达成结果，而且要看其本身的独立价值。很多学者都对行政程序的原则进行了研究，有学者提出合法、合理、公开、参与、顺序、效率的原则（章剑生，1997）[81-82]；有学者提出民主原则、法治原则、公平原则、效率原则、公开原则（吴德星，1997）；有学者提出公开原则、参与原则、做出决定原则、程序及时原则（王万华，2000）[171-186]；也有学者提出程序公正、相对方参与和效率原则（罗豪才，2001）[212-213]。

从学生受教育权保护的视角出发，学校的管理行为也须遵循正当程序。学校在学生受教育权的程序保护中必须坚持公开原则、参与原则和公正原则，要向学生公开与受教育权有关的管理、教育、教学信息，公开实行教育管理行为，保障学生就受教育权相关问题向教育管理部门、学校表达意见的权利，并且公正对待每一个学生。以这三项原则为依据，学校管理应当建立公布制度、说明理由制度、告知制度、案卷制度，质询制度、建议制度、听证制度、回避制度、合议制度、调查制度、责任制度，以及上述各项制度执行中的顺序制度和时效制度等一套完整的程序制度。（张瑞芳，2003）[181]

学校应遵循正当法律程序原则实属必要，但必须指出的是，学校毕竟是特殊的行政主体，对其行为的要求与国家机关应有不同。在学校的管理活动中，并非所有的行为都是对学生、教师权益产生影响的外部行政行为，都应严格遵照标准的行政程序。只有那些足以改变教师、学生身份，侵害其基本权利的行为才属于可诉的外部行政行为，学校的这些行为需要满足较高的正当程序标准，而那些学校为达成教育目的而实施的内部行为，则不需或只需遵循较低程度的正当程序标准。我国台湾地区"行政程序法"第3条第3项第6款就规定："学校或其他教育机构为达成教育目的之内部程序不适用行政程序法。"另外，即使都属于对相对人权益产生影响的可诉行为，由于其行为性质或产生影响的严重性不同，也会适用不同的正当程序标准。如英美等国家的判例法表明，在涉及学生退学的正当程序诉讼中，基于纪律原因的退学与基于学术原因的退学实行不同的程序标准，前者的正当程序标准要高于后者。

三、学校自主与政府管理

（一）学校与政府的关系

1. 内部行政关系与外部行政关系

学校与政府构成的是行政法律关系。以行政法律关系双方当事人联系的性质为标准，其可分为内部行政法律关系与外部行政法律关系。所谓内部行政法律关系，又被称为行政隶属关系，是指双方当事人都属于国家行政系统，被管理者是下级行政机关、由行政机关主管的法定授权组织、公务人员或由行政机关任命的其他行政人员。这种关系具有层级节制和命令与服从的性质，管理者与被管理者如果产生行政争议，只能在行政系统内部解决而不可诉诸司法机关。外部行政法律关系的被管理者，是指除行政主体外的国家机关、社会团体、企业和事业组织及公民。其体现的是国家对社会的管理。

在公立学校不具有独立主体资格的条件下，其与政府形成的是一种具有隶属性的内部行政关系。在此关系中，政府作为学校的上级主管机关，拥有普遍的对学校事务的决定权，可以根据行政管理的需要发布命令，管理学校的人事、财政甚至教学和研究事务，这种权力的行使因为处在内部程序中，基本上不受到法律的规范。而且，政府对学校所做出的命令或其他处分措施，属于行政机关内部的处分，学校只能服从，不能提出复议或诉讼。作为政府的隶属单位，学校所处理的事务本质上乃是政府的事务，需要接受政府的内部层级监督。

在我国政府与公立学校的行政关系中，长期处于主导地位的是行政隶属关系，政府对公立学校的招生、教师管理、经费管理、学生管理等事务都是以行政命令、行政处分等方式进行直接管理的。随着1995年《教育法》和1998年《高等教育法》的颁布，学校的法人地位得以确立。越来越多的学者认为，教育法所规定的法人地位不仅仅是一种民事主体地位，还包括它在行政法上的特殊主体地位。也就是说，公办学校不仅是一个具有独立民事主体资格的法人，享有独立的民事权利与义务，而且在民事活动之外的教学、科研、教师及学生管理等领域也具有独立的主体资格，是行政法（公法）上的特别法人。（申素平，2003a）[14-15] 在确立学校的法人地位之后，政府与公立学校在法理上构成外部行政法律关系，法治化和民主化成为构建政府与学校关系的基础。以行政指导、行政合同关系为主要内容的新型法律关系逐渐增强，传统的以计划和命令为特征的行政关系逐步减少并受到更多的法律调控。

政府与学校之间的行政指导关系，就是指在法律规定的政府对学校可以行使管理或监督权的领域，政府为了达成教育目标，在法律或法律原则范围内，运用非强制的指导、鼓励、建议、劝告、说服、教育及指引等方式进行管理，使学校同意或自愿接受政府的意图并付诸实践的关系，是行政民主在教育管理实践中的具体表现。作为一种新型的非强制的行政管理方式，行政指导关系与我们认识到传统计划经济体制的弊端，并向市场经济体制迈进的方向一致，也与行政民主化的方向一致。高等教育领域是国内行政实务界最早出现行政指导的领域之一。1986 年，国务院发布《高等教育管理职责暂行规定》，指出国家教委具有指导高等教育的职责，该文件在规定政府职责部分大量使用了"指导""鼓励""促进"等用语。1993年，国务院批转国家教委《关于加快改革和积极发展普通高等教育的意见》，其中规定，政府要转变职能，简政放权，由对学校的直接行政管理，转变为运用法律、经济、评估和信息服务以及必要的行政手段进行宏观管理。1998 年的《高等教育法》广泛规定了高等学校的自主权，进一步明确了政府对高等学校宏观指导者的身份，标志着教育行政部门作为高等学校"指导者"的地位已得到法律的确认，政府与高等学校之间的行政指导关系正在形成。

行政合同也是一种政府管理学校的新型行政手段，受到了很多国家的重视。行政合同是指国家行政机关为达成行政管理目标，在其职权范围内，与学校协商，意思表示一致而签订确立、变更或消灭双方权利义务关系的协议。行政合同的成立或变更需要政府与学校进行协商才能实现，属于非强制性的管理方式，也是行政民主化的产物。从理论上讲，行政合同一经签订，对合同双方当事人均具有约束力，任何一方违约，都要负违约责任。

在政府与学校的管理关系中，行政命令这种强制性的管理手段正在逐渐缩小适用的范围，但仍然在一些特定的领域继续发挥作用。所谓行政命令，是政府依职权进行的，以法律上的强制力为后盾对学校科以义务的行为。对于这种义务，学校必须履行，否则政府可以单方面对学校进行制裁。行政命令的强制性特点，要求其必须有明确的法律依据，受法律严格制约。

应当指出的是，在政府与公立学校的关系中，虽然有越来越多的部分已经或正在从内部行政法律关系转变为外部行政法律关系，但这并不意味着双方的关系已经全面转变为外部行政法律关系。实际上，政府与公立学校之间存在着所有者关系、内部行政隶属关系及外部管理关系等多种关系，性质和内容都较为复杂，需根据学校的层次与类型加以区分。而民办学校与政府之间的行政关系仅仅是一种外部行政法律关系，性质较为单纯。

2. 政府与学校的监督关系

学校教育行政属于国家事务，学校的教育活动需受到国家的监督。立法者对于学校教育的重要事务有决定权，学校中的校长、教师与其他行政人员，也可说是国家手臂的延伸，协助国家完成任务。无论在何种教育行政体制下，学校均需受到国家的监督，但不同国家或地区的监督体制、内容与形式又有所不同。

《德国基本法》第7条第1款规定，学校事务受到国家监督。此处的国家监督具有两方面的意义：就广义而言，指的是国家对学校的高权，即学校属于国家的行政体系，国家对学校事务拥有广泛的决定支配权；就狭义而言，指的是国家行政机关对学校教育活动的监督，即国家组织对学校事务的监督。德国联邦宪法法院的判决将其解释为国家对学校事务的组织、计划、管理与督导，其中也包括了教育课程内容的确定、教师的授课目的及授课教材。[1]

广义而言，《德国基本法》第28条第2款规定保障地方自治行政，而地方自治行政的核心内容包括学校事务，因此，学校事务在联邦与州之间有所区分。其区分原则大体以学校事务的内部与外部分类为准。所谓内部学校事务，是指学校的授课与教学事务，例如教育目的的具体确定、授课内容及授课科目的确定、教学大纲及标准的确定、教学材料及学习材料的选择等，此等学校事务应专属于国家（联邦）。所谓外部学校事务，是指完成学校教育任务所必需的外部客观条件的筹措，也就是学校校园的外部硬件设备，这些涉及外部学校事务的组织、管理及财务等事项，均归属于地

---

① BVerfGE 47，46，80. 转引自许育典. 在学关系下教育行政的法律监督：以中小学生为核心［J］. 教育研究集刊，2007（2）：73-101.

方自治团体的自治行政领域。但地方自治团体在外部学校事务的领域内应受联邦的法律监督。（许育典，2007）

狭义而言，国家对学校的监督主要包括国家对学校实施监督的事项、监督机构和监督的方式。其中，国家的学校监督具有如下任务。（胡劲松，2004）

- 确保学校遵守相关法律规定和行政规章，进而确保学校的教育和组织工作具有全州统一的法律和政策基础。
- 确保学校教育内容的相互渗透性、教育质量和毕业文凭的可比性。
- 在确保学校法律关系主体基本权利和教学自由的前提下，促进专业和教育科学知识的发现和传播。
- 促进地方政府对学校教育自我管理的责任意识和兴趣。
- 在学校自主管理的条件下，对学校完成教育教学任务，尤其在开发和实施学校计划方面提供支持和咨询。

国家对学校监督的方式主要有三种，即对公立学校的行政管理和秩序实施法律监督，对学校教育和教学实施专业监督，对学校教师和其他教育工作者实施工作（勤务）监督。

传统的法律监督，原指国家对其他机关的工作所为的形式合法性控制。在德国，学校外部事务属于地方自治团体的监督权限，因此联邦对这些事务只进行法律监督。

专业监督是指国家对学校事务进行实质的合目的性审查，主要涉及对学校的授课与教学工作进行的监督。在德国，学校的授课与教学工作属于内部事务，属于联邦的本来职权，联邦本可对其进行纲要式的立法监督，从而进行实质性的合目的性审查。但由于内部学校事务主要是为达成学校教育的目的，有赖于教师积极发挥专业自主能力，需要尽可能保持教学自由。因此，如果没有明显滥用权力的情形发生，国家并不以形式的法律加以限制，而只以专业的学校监督机关——县督学和市督学——进行合目的性审查。

勤务监督是针对学校中的有关教职人员（包括校长和教师）的人事事务和其他相关业务进行监督。在德国，学校的上级主管机关可以对经常上课迟到的教师做出警告的处分。而对私立学校的教职人员，国家则很少参与勤务监督，一般而言，只有在私立学校从事不适合教育的行为时，国家才可以介入私立学校教职人员的勤务监督。（许育典，2007）

我国政府与学校的监督关系也包括法律监督、专业监督和勤务监督三个部分。政府对学校的法律监督以形式的合法性监督为主，包含政府实施法律监督的范围和法律监督的方式。学校由于具有法人资格，可以在法律的框架下依照章程自主办学，政府不得对学校自主办学的内容进行干预。但在学校滥用权力或实施某些违法行为时，政府可对其进行必要的纠正，体现政府的法律监督作用。但目前教育立法对政府法律监督的范围和方式尚未有较明确的规定，随着学校自主权的不断落实以及政府与学校关系的逐渐明确，政府对学校的法律监督范围和方式也应在立法中更加明确地体现出来。

政府对学校的专业监督主要涉及学校的授课与教学，对学校自主权及教师专业自主权的影响较大，应谨慎进行。1990年，国家教委制定《普通高等学校教育评估暂行规定》，将对学校专业（学科）和课程的单项评估列为办学水平评估的重要内容。1991年，《教育督导暂行规定》发布，在县级以上各级政府成立教育督导机构，开展教育督导工作，其中即包括对学校教学工作的专业监督。这些规定在2012年国务院出台的《教育督导条例》中得以延续。这些都属于专业监督的范畴。

我国公立学校的教师虽然不是公务员，但仍是国家人事管理的重要组成部分，教育行政部门对学校，特别是中小学校教师的人事管理构成了国家勤务监督的主体内容。根据我国《教师法》的规定，教育行政部门对教师的考核工作进行指导、监督。《义务教育法》第32条规定："县级人民政府教育行政部门应当均衡配置本行政区域内学校师资力量，组织校长、教师的培训和流动……"这些都是对教师勤务监督的规定。

（二）学校的权利与义务

1. 学校的权利与学校自主权

不同学校具有不同的法律地位，也具有相应的不同权利，它们被统称为学校的权利。而教育法所指的学校自主权，特指学校作为独立的办学主体，依照教育法的规定自主进行教育教学活动的权利。学校自主权的内容集中于学校依照章程自主办学而享有的各项相关权利，如教学、招生、学生管理、学业证书发放、教师聘任与管理以及校产管理与使用等与学校核心任务相关的权利，它们是学校实现其组织目标不可或缺的权利。因此，学校自主权与学校的权利并不等同，学校自主权只是学校权利体系的一部分。学校的权利体系框架除了学校自主权，至少还包括学校作为行政相对人在行政法上享有的权利，以及学校作为民事主体所享有的民事权利。

学校作为普通的社会组织接受政府的行政管理，具有行政相对人的地位，享有行政相对人的各项权利：参加行政管理权；受益权；了解权；隐私保密权；得到合法、正当、平等保护的权利；协助行政权；建议、批评、控告、揭发权；复议、申请、诉讼和申诉权；获得补偿、赔偿权。（罗豪才，1999）[103-106]

就公立学校和非营利性民办学校而言，它们可以以自己的名义参与民事活动，享有财产权、人格权和知识产权（见图 5.1）。财产权是学校参与民事活动中最重要的权利内容，包括物权和债权。其中，物权在学校财产权中的地位非常重要，主要包括所有权、用益物权、担保物权等；债权是学校作为债权人请求债务人给付的权利，但应当注意的是，学校作为以公益性为主要底色的组织，其财产权特别是物权部分多受到法律及其他相关规定的限制，呈现出与普通民事主体不同的特点。如我国《民法典》第 399 条就规定学校、幼儿园等为公益目的成立的非营利法人的教育设施等不得抵押，《最高人民法院关于适用〈中华人民共和国民法典〉有关担保制度的解释》在个别特殊情形之外指出"以公益为目的的非营利性学校、幼儿园……提供担保的，人民法院应当认定担保合同无效"。以上规定都说明了立法者对建立在学校等设施上的物权施加了更为严格的限制，以维护公共设施的稳定性与公益性。

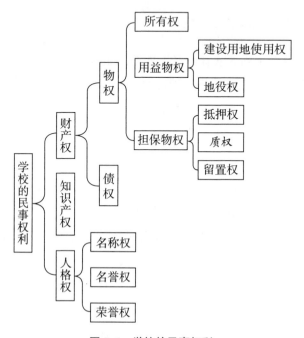

图5.1　学校的民事权利

注：楷体字表示该权利受到必要限制，是不充分的。

除财产权外，学校作为民事主体还享有一定的人格权。所谓人格权，是民事主体依法享有的生命权、身体权、健康权、姓名权、名称权、肖像权、名誉权、荣誉权、隐私权等权利，对学校来讲，包括名称权、名誉权和荣誉权，也就是学校作为民事主体固有的、由法律确认的、以人格利益为客体的、为维护民事主体法律上的独立人格所必备的基本权利。

名称权，即学校依法享有的决定、使用、变更、转让或许可他人使用自己名称，并排除他人非法干涉、盗用或假冒的权利。

名誉权，即学校就其声望、信用等社会评价所享有的不受他人侮辱、诽谤等方式侵害的权利。

荣誉权，即学校对其所获得的荣誉称号及其利益所享有的不被他人非法剥夺、诋毁和贬损的保持、支配的基本权利。

知识产权是指权利人对其智力劳动所创作的成果和经营活动中的标记、信誉依法享有的权利，主要包括著作权、专利权和商标权。在教育领域比较典型的知识产权规定为教育部在 1999 年颁行的《高等学校知识产权保护管理规定》，这一规定基本涵盖了高等学校知识产权的范围。此外，近年来出台的一些师德规范也规定教师不能擅自利用学校名义或校名、校徽、专利等资源谋取个人利益，其中的校名、专利、校徽实际上就是学校的商标权及专利权。

2. 学校自主权的性质与内容

学校作为特殊的行政主体，不仅享有民事权利，更重要的还在于其享有必要的办学自主权。学校的办学自主权在性质上不同于民事权利，其具体范围和内容应由具有行政法性质的教育法加以规定，属于一种特殊的行政权力或公权力。以往由于我国行政法对行政的理解仅限于国家行政，一定程度上忽视了国家以外的其他公权力主体的行政，因而对学校自主权的性质问题没有给予足够的重视。但随着我国现代行政法的发展，行政的内涵已经发生变化，学校等事业单位所实施的"行政"虽不是国家行政，但与国家行政机关所实施的"行政"同是"公行政"，都属于行政法学研究的"行政"范畴。（姜明安，1999）[2-3] 这一结论不仅为教育法学理论所支持，而且也有司法判决予以认可。如在"田某诉北京科技大学案"中，北京市海淀区人民法院认为：《教育法》第 28 条规定的学校及其他教育机构行使的权利中，第 4 项明文规定"对受教育者进行学籍管理，实施奖励或者处分"。由此可见，学籍管理也是学校依法对受教育者实施的一项特殊的行政管理。法院以此为依据确定学校与学生间存在的不是平等的民事关系，而是特殊的行政管理关系。

作为一种特殊的公权力，学校的自主权与政府的公权力既有区别又有联系。联系在于两者皆是站在优越于另一方的地位，运用强制力维护和分配公共利益的权力，不同于私权利或民事权利。区别在于一旦法律明确规定了学校的自主权，这些权力就与政府的公权力分离，只要学校合法正当地行使，便不再受政府公权力的干预，政府只能在法定的范围内通过合法的手段进行监督。

我国对学校自主权内容的规定集中体现在《教育法》中，根据该法第29条的规定，学校自主权包括以下九个方面：

- 按照章程自主管理；
- 组织实施教育教学活动；
- 招收学生或者其他受教育者；
- 对受教育者进行学籍管理，实施奖励或者处分；
- 对受教育者颁发相应的学业证书；
- 聘任教师及其他职工，实施奖励或者处分；
- 管理、使用本单位的设施和经费；
- 拒绝任何组织和个人对教育教学活动的非法干涉；
- 法律、法规规定的其他权利。

基于高等学校的性质和特点，其比中小学校享有更多的办学自主权，我国《高等教育法》在第32条到第38条对高等学校的自主权做出了系列规定，具体包括以下七个方面：

- 根据社会需求、办学条件和国家核定的办学规模，制定招生方案，自主调节系科招生比例；
- 依法自主设置和调整学科、专业；
- 根据教学需要，自主制定教学计划、选编教材、组织实施教学活动；
- 根据自身条件，自主开展科学研究、技术开发和社会服务；
- 按照国家有关规定，自主开展与境外高等学校之间的科学技术文化交流与合作；
- 根据实际需要和精简、效能的原则，自主确定教学、科学研究、行政职能部门等内部组织机构的设置和人员配备；
- 按照国家有关规定，评聘教师和其他专业技术人员的职务，调整津贴及工资分配；

- 对举办者提供的财产、国家财政性资助、受捐赠财产依法自主管理和使用。

虽然我国《民办教育促进法》规定民办学校与公办学校具有同等的法律地位，但这里的"同等"更应做"平等"理解，体现的是民办学校与公办学校在法律面前一律平等的地位，而不宜做量上的"同等"理解。因为学校的法律地位是从其权利、能力或无能力等方面来判断的，而根据一般的理解，公办学校作为公共组织，其权利应比民办学校受到更多限制，或者说民办学校应较公办学校在教育教学、教师聘任及收费等方面享有更多自主权，因此，公办学校与民办学校只是在法律地位上平等，而不是具有同样或同等数量的权利义务。事实上，从《民办教育促进法》及其实施条例的规定也不难看出，民办学校确实享有比公办学校更多的自主办学权利。如在教育教学方面，法律规定实施高等教育和中等职业技术学历教育的民办学校，可以根据国家有关规定，按照办学宗旨和培养目标，自主设置专业、开设课程、选用教材；实施普通高中教育、义务教育的民办学校应当按照国家规定实施教育教学活动、选用教材，可以基于国家课程标准自主开设特色课程，实施教育教学创新；实施学前教育的民办学校应当遵循儿童身心发展规律，设置、开发以游戏、活动为主要形式的课程，按照国家有关规定开展保育和教育活动。在教师聘任方面，法律规定民办学校有权自主聘任教师和其他工作人员。在收费方面，法律规定民办学校收取费用的项目和标准，根据办学成本、市场需求等因素确定，向社会公示，并接受有关主管部门的监督；营利性民办学校的收费标准，实行市场调节，由学校自主决定。

必须指出的是，虽然民办学校与公办学校都享有教育教学、招生、学生管理、教师聘任与管理等权利，但与公办学校体现的是国家教育权不同，民办学校体现的是私人兴学自由。公办学校通过法律授权可以作为特殊的行政主体分担或行使一部分行政管理职权，但民办学校既不具有行政主体的身份，其所行使的自主办学权利也不需法律授权，而是来自个人或团体设立及管理教育机构的自由，或者说来自社会教育权。因此，民办学校自主权与公办学校自主权在权利内容上虽有相似之处，但二者的权利来源不同，性质不同，不可混为一谈。

3. 对我国学校自主权赋权模式的思考

应当以何种原则区分政府与学校的教育权限，是教育法研究和教育立法的一个重要问题。

法国运用公务分权理论处理政府与学校的权力划分问题。所谓公务分权，是指以公务为基础的分权形式。当国家认为某种公务由它自己来直接进行管理并不适当，如效率较低下、管理起来力不从心，而由一种特殊的团体来进行管理较为妥帖的时候，国家就会将此团体设立为公务法人，使其具有独立的人格和公务，也享有相应的行政法上的自治权力，从而令其脱离国家行政组织，成为一个自治团体。公务法人自治的领域就是它的公务，在处理公务时，公务法人享有自治权力，不用像一般国家行政组织一样听从国家的命令，因此，公务的内容和范围成为公务法人与国家分权的基础。

德国行政法将行政划分为直接行政、间接行政与委托行政。其中，直接行政的权力来源于行政组织法；间接行政中有一些是自治行政，其权力来源于法律或章程；委托行政的权力可来源于法律或委托合同。国家对教育的权限属于直接行政，由行政组织法予以规定，学校行政被视为间接行政，具体事务范围由法律做出明确规定。

美国以学术自由理论作为政府与学校的分权基础，将学术自由的内容视为学校自主权的范围，也即政府权力不应涉足的领域，以此区分政府与学校的权力边界。关于学校自治的内容，学界将其分为实质自治与程序自治两个方面。实质自治即学校作为法人所具有的决定自身目标和计划，也即决定学术内容的权力。阿什比把学校自治的实质内容概括为三项：选择职员和学生并决定他们在学校中地位的自由；决定课程内容和学位水准的自由；在给定的数额内以不同消费渠道分配经费的自由。程序自治是学校以法人的形式所具有的决定达成其目的和计划的手段，即决定学术形式的权力。程序自治主要涉及诸如事前听证、程序、规则等方面。对学校而言，实质自治与程序自治都是非常重要的。但相较之下，学校的实质自治显得更为重要。

从各国的立法体例来看，对学校自主权与政府权力的规定方式大致有三种：第一种是分别规定二者的权力是什么；第二种是在法律中明确规定政府的权力，学校的权力就是除此之外的与办学相关的其他权力；第三种则是主要规定学校的自主权，对于政府这部分权力的规定并不明确。我国现在采取的基本上是第三种方式。

我国自 20 世纪 70 年代末以来的教育体制改革，始终是围绕政府与学校的分权而进行的。而分权一般都是通过确定学校自主权的方式实现的。也就是说，在改革或立法中首先确定学校自主权的内容，在此基础上区分政府与学校的关系。至于政府的权力有哪些，一般并没有明确规定。就高等教育的情况来看，20 世纪 70 年代末以来，我国在立法上对政府权力的规定共有三次大的调整，第一次是 1979 年中共中央批转教育部《关于建议重新颁发〈关于加强高等学校统一领导、分级管理的决定〉的报告》，该报告详细列举了国家教育部的权力。第二次是 1986 年国务院发布的《高等教育管理职责暂行规定》，规定了国家教育委员会的十二项权力，以及省、自治区、直辖市人民政府的七项权力。而第三次大的调整是在 90 年代末，随着1998 年《高等教育法》的颁布，高等学校自主权在立法上有了明确界定，但政府的权力依然没有在其中予以列举规定。由于立法不明确，实践中多有将学校自主权之外的剩余权力默认为政府权力的观点和做法。

我国目前的学校赋权方式存在一些值得探讨的问题。根据"法无授权不可为"的行政法治原则，政府权力应当有明确的法律依据及范围，任何不明确政府权力，而只列举学校自主权，并将剩余权力归属政府的做法都不利于规范行政权力的行使。在我国政府对教育事务具有较强行政干预惯性的背景下，特别是立法本身对学校自主权的规定尚不具有很强的可操作性的情形下，这种赋权立法方式更不利于厘清政府与学校的权力分配问题。可以借鉴第一种立法方式，也就是以德国为代表的分权立法模式，在教育立法中分别规定学校的自主权、政府的权力范围以及需政府与学校协作才

能实现的事务范围。（申素平，2003b）

4. 学校的义务

学校的义务是教育法规定的重要内容。我国《教育法》在第 29 条规定了学校的权利之后，紧接着在第 30 条规定了学校应当履行的六项法律义务，适用于我国的各级各类学校。此外，《未成年人保护法》及《预防未成年人犯罪法》也规定了学校对未成年学生保护的具体法律义务，其内容多涉及中小学校。民办学校不仅要履行上述法律规定的义务，而且要遵从《民办教育促进法》及其实施条例对民办学校的设立、变更、终止，组织活动，教学及财务制度等的相关规定，履行相应的义务。

综合来看，学校应当履行的法律义务主要包括四个方面，分别是：尊重并保护学生的各项权利；维护教师及其他职工的合法权益；遵照国家有关规定收取费用并公开收费项目；遵守法律并依法接受监督。

其中，现有教育立法对学校尊重并保护学生权利的规定最为广泛和具体，表明其对该项义务格外重视。下面将主要结合现有教育法和未成年人保护立法的规定对这方面的学校义务加以详细说明。

学生在学校内享有广泛的权利，学校必须全面尊重、保护这些权利，具体包括以下几个方面。

(1) 尊重和保护学生受教育的权利

学校应当尊重并保护学生受教育的权利，这是学校最基本、最核心的义务。我国《教育法》《未成年人保护法》对此均有详细规定，具体如下。

第一，学校要贯彻国家的教育方针，执行国家教育教学标准，保证教育教学质量，促进未成年学生全面发展。

第二，学校要平等对待学生，应当关心、爱护未成年学生，不得因家庭、身体、心理、学习能力等情况歧视学生；对家庭困难、身心有障碍的学生，应当提供关爱；对行为有异常、学习有困难的学生，应当耐心帮助。

第三，对于在学校接受教育的有严重不良行为的未成年学生，学校和父母或者其他监护人应当互相配合加以管教；无力管教或者管教无效的，可以按照有关规定将其送至专门学校继续接受教育。

第四，学校应当保障未成年学生受教育的权利，不得违反国家规定开除、变相开除未成年学生；学校应当对尚未完成义务教育的辍学未成年学生进行登记并劝返复学，劝返无效的，应当及时向教育行政部门提交书面报告。

第五，专门学校在课程设置上应当与普通学校相同，并根据未成年人身心发展特点开展教育矫治。

（2）尊重和保护学生的生命健康权

学生，特别是未成年学生的生命健康权应受到学校的充分重视和全面保障，这是学校，特别是中小学校重要的日常工作之一，其保护内容在2020年《未成年人保护法》的修订中得到了重点强化。

第一，学校、幼儿园应当建立安全管理制度，对未成年人进行安全教育，完善安保设施，配备安保人员，保障未成年人在校、在园期间的人身与和财产安全；不得在危及未成年人人身安全、身心健康的校舍和其他设施、场所中进行教育教学活动；安排未成年人参加文化娱乐、社会实践等集体活动，应当保护未成年人的身心健康，防止发生人身伤害事故。

第二，学校应当根据未成年学生身心发展的特点，进行社会生活指导、心理健康辅导、青春期教育和生命教育。

第三，学校应当根据需要，制定应对自然灾害、事故灾难、公共卫生事件等突发事件和意外伤害的预案，配备相应设施并定期进行必要的演练。未成年人在校内或者本校组织的校外活动中发生人身伤害事故的，学校应当立即救护，妥善处理，及时通知未成年人的父母或者其他监护人，并向有关部门报告。

第四，学校应当提供必要的卫生保健条件，协助卫生健康部门做好在校未成年人的卫生保健工作。

第五，学校应当建立学生欺凌防控工作制度，对教职员工、学生等开展防治学生欺凌的教育和培训；学校对学生欺凌行为应当立即制止，通知实施欺凌和被欺凌未成年学生的父母或者其他监护人参与欺凌行为的认定和处理；对相关未成年学生及时给予心理辅导、教育和引导；对相关未成年学生的父母或者其他监护人给予必要的家庭教育指导。对实施欺凌的未成年学生，学校应当根据欺凌行为的性质和程度，依法加强管教。对严重的欺凌行为，学校不得隐瞒，应当及时向公安机关、教育行政部门报告，并配合相关部门依法处理。

第六，使用校车的学校应当建立健全校车安全管理制度，配备安全管理人员，定期对校车进行安全检查，对校车驾驶人进行安全教育，并向未成年人讲解校车安全乘坐知识，培养未成年人校车安全事故应急处理技能。

第七，学校应当建立预防性侵害、性骚扰未成年人工作制度。对性侵害、性骚扰未成年人等违法犯罪行为，学校不得隐瞒，应当及时向公安机关、教育行政部门报告，并配合相关部门依法处理。学校应当对未成年人开展适合其年龄的性教育，提高未成年人防范性侵害、性骚扰的自我保护意识和能力。对遭受性侵害、性骚扰的未成年人，学校应当及时采取相关的保护措施。

(3) 尊重学生的人格尊严

学校、幼儿园的教职工应当尊重未成年人的人格尊严，不得对未成年人实施体罚、变相体罚或者其他侮辱人格尊严的行为。特别对在专门学校就读的未成年学生，应尊重其人格尊严，不得虐待和歧视。

(4) 尊重学生及其监护人的知情权

根据《教育法》第30条第4项的规定，学生及其监护人有权了解学生的学业成绩及在校的其他有关情况，学校应以适当方式为其提供便利。

(5) 尊重和保护学生的睡眠、娱乐和休息权

《儿童权利公约》第31条规定："缔约国确认儿童有权享有休息和闲暇，从事与儿童年龄相宜的游戏和娱乐活动，以及自由参加文化生活和艺术活动。缔约国应尊重并促进儿童充分参加文化和艺术生活的权利，并应

鼓励提供从事文化、艺术、娱乐和休闲活动的适当和均等的机会。"因此，儿童的睡眠、娱乐和休息权是重要的人权，政府、学校和教师都应当充分尊重、保障并加以促进。我国《未成年人保护法》第33条规定，"学校应当与未成年学生的父母或者其他监护人互相配合，合理安排未成年学生的学习时间，保障其休息、娱乐和体育锻炼的时间。学校不得占用国家法定节假日、休息日及寒暑假期，组织义务教育阶段的未成年学生集体补课，加重其学习负担。幼儿园、校外培训机构不得对学龄前未成年人进行小学课程教育"，从国内法的角度确认了学校的该项义务。

（6）营造安全的网络空间

2020年修订的《未成年人保护法》新增网络保护一章，保障未成年人在网络空间的合法权益，对学校如何合理开展网络活动做出了规定。其中包括：学校为未成年人提供的互联网上网服务设施，应当安装未成年人网络保护软件或者采取其他安全保护技术措施；学校应当合理使用网络开展教学活动，未经学校允许，未成年学生不得将手机等智能终端产品带入课堂，带入学校的应当统一管理，学校发现未成年学生沉迷网络的，应当及时告知其父母或者其他监护人，共同对未成年学生进行教育和引导，帮助其恢复正常的学习生活。这些规定既关注到了学生需要通过网络设施接受教育，也关注到了网络空间可能对未成年学生产生的不利影响，兼顾了学生的受教育权和健康成长权。

5. 学校的法律责任

与学校的法律义务相对应，学校的法律责任主要在《教育法》和《义务教育法》中做了规定，主要包括未能保护学生权利的法律责任、违法收取费用的法律责任、违法招生的法律责任、违法举办国家教育考试的法律责任，以及违法颁发学业学位证书的法律责任。除此之外，《民办教育促进法》还专门对民办学校违法宣传、办学等行为的法律责任做出了规定。

（1）学校未能保护学生权利的法律责任

对于学校未能保护学生受教育权的情形，《义务教育法》第 57 条规定，学校有下列情形之一的，由县级人民政府教育行政部门责令限期改正，情节严重的，对直接负责的主管人员和其他直接责任人员依法给予处分：拒绝接收具有接受普通教育能力的残疾适龄儿童、少年随班就读的；分设重点班和非重点班的；违反本法规定开除学生的；选用未经审定的教科书的。

对于学校未能保护学生生命健康权的情形，《教育法》第 73 条规定，明知校舍或者教育教学设施有危险，而不采取措施，造成人员伤亡或者重大财产损失的，对直接负责的主管人员和其他直接责任人员，依法追究刑事责任。2020 年《未成年人保护法》第 119 条也对相关内容做了规定，对于学校、幼儿园、婴幼儿照护服务等机构及其教职员工未尊重未成年人人格尊严，未保障未成年人受教育的权利，未建立学生欺凌防控制度的，规定由公安、教育、卫生健康、市场监督管理等部门按照职责分工责令改正；拒不改正或者情节严重的，对直接负责的主管人员和其他直接责任人员依法给予处分。

（2）学校违法向学生收费的法律责任

《教育法》第 78 条规定，学校及其他教育机构违反国家有关规定向受教育者收取费用的，由教育行政部门或其他有关行政部门责令退还所收费用；对直接负责的主管人员和其他直接责任人员，依法给予处分。《义务教育法》第 56 条规定，学校违反国家规定收取费用的，由县级人民政府教育行政部门责令退还所收费用；对直接负责的主管人员和其他直接责任人员依法给予处分。学校以向学生推销或者变相推销商品、服务等方式谋取利益的，由县级人民政府教育行政部门给予通报批评；有违法所得的，没收违法所得；对直接负责的主管人员和其他直接责任人员依法给予处分。

（3）学校违法招生的法律责任

《教育法》第 76 条规定，学校或者其他教育机构违反国家有关规定招收学生的，由教育行政部门或者其他有关行政部门责令退回招收的学生，退还所收费用；对学校、其他教育机构给予警告，可以处违法所得五倍以下罚款；情节严重的，责令停止相关招生资格一年以上三年以下，直至撤销招生资格、吊销办学许可证；对直接负责的主管人员和其他直接责任人员，依法给予处分；构成犯罪的，依法追究刑事责任。第77条规定，在招收学生工作中滥用职权、玩忽职守、徇私舞弊的，由教育行政部门或其他有关行政部门责令退回招收的不符合入学条件的人员；对直接负责的主管人员和其他直接责任人员，依法给予处分；构成犯罪的，依法追究刑事责任。

（4）违法举办国家教育考试的法律责任

《教育法》第81条规定，举办国家教育考试，教育行政部门、教育考试机构疏于管理，造成考场秩序混乱、作弊情况严重的，对直接负责的主管人员和其他直接责任人员，依法给予处分；构成犯罪的，依法追究刑事责任。

（5）学校违法颁发证书的法律责任

对于违法颁发学位证书、学历证书或者其他学业证书的，《教育法》第82条第1款规定，由教育行政部门或其他有关行政部门宣布证书无效，责令收回或者予以没收；有违法所得的，没收违法所得；情节严重的，责令停止相关招生资格一年以上三年以下，直至撤销招生资格、颁发证书资格；对直接负责的主管人员和其他直接责任人员，依法给予处分。

（6）特别适用于民办学校的法律责任

民办学校除适用上述《教育法》规定的一般法律责任外，同时还适用《民办教育促进法》及其实施条例对违法办学所特别规定的法律责任。根据《民办教育促进法》第62条的规定，民办学校有下列行为之一的，由县级以上人民政府教育行政部门、人力资源社会保障行政部门或者其他有关部门责令限期改正，并予以警告，有违法所得的，退还所收费用后没收违法所得，情节严重的，责令停止招生、吊销办学许可证，构成犯罪的，依法追究刑事责任：擅自分立、合并民办学校的；擅自改变民办学校名称、层次、类别和举办者的；发布虚假招生简章或者广告，骗取钱财的；非法颁发或者伪造学历证书、结业证书、培训证书、职业资格证书的；管理混乱严重影响教育教学，产生恶劣社会影响的；提交虚假证明文件或者采取其他欺诈手段隐瞒重要事实骗取办学许可证的；伪造、变造、买卖、出租、出借办学许可证的；恶意终止办学、抽逃资金或者挪用办学经费的。

2021 年，我国修订《民办教育促进法实施条例》，将应按《民办教育促进法》第 62 条处罚的情形增加为十二种，并且额外规定对出现上述违法情形的学校的决策机构负责人、校长及直接责任人的处罚，包括予以警告；情节严重的，一至五年内不得新成为民办学校决策机构负责人或者校长；情节特别严重、社会影响恶劣的，永久不得新成为民办学校决策机构负责人或者校长。应给予处罚的情形包括：违背国家教育方针，偏离社会主义办学方向，或者未保障学校党组织履行职责的；违反法律、行政法规和国家有关规定开展教育教学活动的；理事会、董事会或者其他形式决策机构未依法履行职责的；教学条件明显不能满足教学要求、教育教学质量低下，未及时采取措施的；校舍、其他教育教学设施设备存在重大安全隐患，未及时采取措施的；侵犯受教育者的合法权益，产生恶劣社会影响的；违反国家规定聘任、解聘教师，或者未依法保障教职工待遇的；违反规定招生，或者在招生过程中弄虚作假的；超出办学许可范围，擅自改变办学地址或者设立分校的；未依法履行公示办学条件和教育质量有关材料、财务状况等信息披露义务，或者公示的材料不真实的；未按照国家统一的会计制度进行会计核算、编制财务会计报告，财务、资产管理混乱，或者违反法律、法规增加收费项目、提高收费标准的；有其他管理混乱严重影响教育教学的行为的。

除了针对民办学校的法律责任，根据我国民办学校办学的实际情况，2021 年《民办教育促进法实施条例》的修订特别关注民办学校举办者及实际控制人、决策机构或者监督机构组成人员的违法责任，为此增加了第 62 条的专门规定。

四、学校事故

（一）学校事故的概念与特征

1. 学校事故的概念

学校事故，又称"学生伤害事故"，是指在学校实施的教育教学活动或者学校组织的校外活动中，以及在学校负有管理责任的校舍、场地、其他教育教学设施、生活设施内发生的造成在校学生人身损害后果的事故①。这个概念强调了以下三个要点。

在时间方面，学校事故是在学校负有管理职责期间发生的事故。对学生而言，学校负有管理职责的期间是有限的、明确的，一般都是从上学到放学这段时间，不包括节假日、上学以前以及放学以后。但对校舍及学校教育设施而言，学校的管理职责期限则是不确定的，原则上学校在任何时间均对其设施负有管理的职责，应使其保持安全的使用状态或及时做出安全警示。

在空间方面，学校事故是在学校内或在学校组织的活动中发生的事故，可以在校园内，也可以在校园外，但校园外的学校事故必须发生在学校组织的活动中。

在对象方面，学校事故指在校就读的学生发生的事故，不包括教师或其他人的事故，并且专指在校就读学生的人身伤害事故，其判断标准在于学生的生命权或健康权是否受到损害。

学校事故虽然以学生的人身伤害作为判断标准，但发生事故之后，学生一般都需要停课治疗，有的伤害还可能危及学生的心理健康和进一步的学习生活，因而很可能会损害学生的受教育权，这也要求学校管理者应当预防或减少学校事故的发生，并在事故处理过程中注意弥补对学生受教育

---

① 参见 2010 年教育部颁布的《学生伤害事故处理办法》第 2 条。

权造成的不利影响。

2. 学校事故的特征

学校事故作为一种特定类型的伤害事故，具有鲜明的特征，表现在以下方面。

第一，学校事故的发生环境多样化，课上、课下、校内、校外均有可能发生事故。但相比之下，课外活动比课堂教学的风险大，体育课、实验课比文化课的风险大，不同环境中事故发生的频率有所区别。

第二，学校事故的发生大多是学校和教师的过失行为以及学生之间的意外伤害造成的，故意伤害的情况较少。

第三，学校事故中的受害者多是未成年人，其身心发育不成熟，自我约束能力差，自身往往也是造成事故发生的原因。

第四，学校事故的责任不好确定，很多为双方甚至多方责任，各种因素交织在一起，责任认定有一定难度。

第五，学校事故的影响较大，处理比较复杂，涉及学校、教师、学生、家长、教育行政部门等多方利益，如果处理不当，容易产生不利社会影响。

（二）学校事故的责任与赔偿

1. 学校事故的归责原则

归责原则贯穿于整个民事责任制度，是司法机关和仲裁机构确定当事人民事责任所应遵循的基本准则，也是指导损害赔偿原则的准则。我国民法学界对归责原则有一元说、二元说、三元说、四元说等不同观点[①]，涉及过错责任原则、过错推定原则、无过错责任原则和公平责任原则。

过错责任原则，是指以行为人的过错作为归责的根据和最终要件，行

---

① 本书不对这些观点进行评述，下文列出的四种原则并不代表对某种观点的认同，只是为区分其内涵而加以罗列。

为人主观上具有故意或过失才能承担侵权责任。它将行为人的过错作为最后的或最基本的因素加以考虑，体现了"无过错即无责任"的精神。它贯彻"谁主张谁举证"的原则，受害人在主张加害人承担民事责任时，要举证证明加害人对损害的发生具有主观过错，如不能举证证明，则其主张不成立。

过错推定原则，也称过失推定原则，是指行为人因过错侵害他人民事权益，根据法律的规定，推定行为人具有过错，如行为人不能证明自己没有过错的，应当承担侵权责任。

无过错责任原则，是指不问行为人主观是否有过错，只要其行为与损害后果间存在因果关系，就应承担民事责任的原则。无过错责任原则的适用范围由法律做出特别规定。

公平责任原则，又称衡平责任原则，指在当事人双方对损害的发生均无过错，法律又无特别规定适用无过错责任原则时，由法院根据公平观念，责令行为人对受害人的财产损害给予适当的补偿，由当事人合理地分担损失的一种归责原则。

我国立法对学生伤害事故的归责原则经历了多次调整。1988年最高人民法院《关于贯彻执行〈中华人民共和国民法通则〉若干问题的意见（试行）》第160条规定："在幼儿园、学校生活、学习的无民事行为能力人或者在精神病院治疗的精神病人，受到伤害或者给他人造成损害，单位有过错的，可以责令这些单位适当给予赔偿。"据此规定，学校应主要根据过错责任原则承担责任。2002年颁布的《学生伤害事故处理办法》再次确认了过错责任原则在学校事故中的运用，规定无论学校、学生本人，还是第三方，承担责任与否、承担多大责任，都要根据其行为是否有过错、过错的大小以及其行为与伤害之间是否有因果关系决定。

2009年，我国通过了侵权法领域的基本法律——《侵权责任法》，学生伤害事故处理被明确规定在第38条至第40条中，改变了《学生伤害事故处理办法》对学生伤害事故归责原则的部分规定，是学生伤害事故处理立法演进史上的重要转折点。学生伤害事故到底应采取何种归责原则，在《侵权责任法》制定过程中再次引发争议。最终，立法者参考域外立法例

（以过错责任与过错推定责任为主），以民事行为能力作为区分标准，规定无民事行为能力人受害的，适用过错推定原则（《侵权责任法》第 38 条）；限制民事行为能力人受害的，则适用过错责任原则（《侵权责任法》第 39 条）。（申素平 等，2018a）

2010 年，教育部对《学生伤害事故处理办法》进行修订，改变了原来的直接规定归责原则的方式，采取衔接《侵权责任法》的方式，规定学校应当按照《侵权责任法》及相关法律、法规的规定，承担相应的事故责任。这一立法方式也为各地方的校园安全立法所吸收。

2020 年《民法典》颁布后，原《侵权责任法》第 38 条至第 40 条被规定在《民法典》第 1199 条至第 1201 条，内容并未有大的修改，仅在第 1201 条即原《侵权责任法》第 40 条增加了"幼儿园、学校或者其他教育机构承担补充责任后，可以向第三人追偿"，解决了学校在承担补充责任后的追偿问题。

以学校为例，根据过错责任原则，其承担民事责任需具备以下要件。

第一，损害事实。损害事实是指因一定的行为或事件使某人受到法律保护的权利和权益遭受某种不利影响。在学校事故中，损害事实是指学生的人身伤害事实，还包括因人身伤害引起的财产损害事实。

第二，损害必须发生在学校或学校组织的活动中，此时学生处于学校实施教育管理的范围，这是构成学校民事责任的重要条件。

第三，学校主观上有过错。所谓过错，是指行为人的一种心理状态，其形式主要表现为故意和过失。故意就是行为人明知自己的行为可能导致不良后果，但希望或放任这种结果的发生。如教师体罚学生造成损害后果的发生就是这种情况。但大多数情况下过失的情况更为普遍，它是指行为人应该预见到自己的行为可能导致危害社会的结果，但因疏忽大意而未预见到，或者已经预见到却存有侥幸心理而轻信能够避免的心理状态。

第四，学校行为与损害结果之间有因果关系。这是指学校的某一行为是学生损害结果发生的原因或条件，两者具有因果关系。学校行为与学生损害结果之间的因果关系必须是客观存在的，但不一定是直接因果关系，间接因果关系的存在也符合承担责任的要件。而学校的行为是通过学校管理人员及其教师的行为表现出来的，主要是指他们的职务行为。

英美国家主要从注意义务（duty of care）的角度判断学校或教师的过失侵权行为，有四个标准：第一，学生要有实质的损失及伤害结果；第二，学校或教师对学生负有不伤害或不损害的注意义务，也就是有对其进行保护的法定责任，这在普通法或相关的成文法中都有规定；第三，学校或教师没有按合理的标准给予注意；第四，在学校行为与学生伤害结果之间有通常被认为是"最近原因"的因果关系。

英美法中的注意义务是指一个人不伤害、不损害或采取措施保护他人安全的义务。注意义务的标准有高有低，一般而言，学校对学生需要承担比普通人更高标准的注意义务。学校注意义务的标准不是绝对不变的，需要具体情况具体判断，而判断时须考虑很多因素，如学生的年龄、智力水平以及伤害发生时的环境及情形。一般来说，学生的年龄越小、成熟度越低，教育活动场所的潜在危险性越高，学校的注意义务标准越高。但即便如此，法律也不要求学校对学生的全部安全问题负责。正如1992年"布劳内尔诉洛斯·安杰利斯联合学区案"① 中法院的解释："我们要求学校尽到一般的谨慎的职责，但这并不是要求学校成为学生的保护神；我们要求学校对学生提供合理的管理，但这并不是要求学校成为滴水不漏的防护墙。""无论如何，学校都不能也不该成为学生安全的绝对保证人。"因此，英美国家在处理学校事故中，判断学校是否履行了合理的注意义务，是否合理地预见到伤害并采取了防范措施，是判断赔偿责任存在与否的重要依据。

为了避免为过失责任负责，学校可通过证明上述要件不足而豁免责任。通常情况下，如果可以证明受害人没有施以必要的注意来保证自己的安全，则教师可以基于此进行辩护。但法院一般认为儿童不能如成人那般安全行事，因为他们年龄小，经常不小心且以不负责任的态度行事，因此，让法院支持这种抗辩理由是比较困难的。当受害人知道可能存在的危险且自愿参加活动时，如运动竞赛的参与者及观众，他们能预见这些活动存在危险，但自愿将自己置于这种潜在的危险环境之中，也可以成为学校的辩护理由。

① *Brownell* v. *Los Angeles Unified School Dist*. 4 Cal. App. 4th 787, 797-798（1992）.

此外，当学生参加课外活动、运动竞赛或学校组织的旅行时，如果学校已经征得父母的同意，那么也会在一定程度上减轻学校对伤害事故的赔偿责任。但对于父母同意子女参加活动的签名是否能使学校免于诉讼，仍存有疑问。

2. 学校的侵权责任认定

根据《民法典》的规定，学校在学生伤害事故的侵权责任认定方面，主要有以下情况。

第1199条：无民事行为能力人在幼儿园、学校或者其他教育机构学习、生活期间受到人身损害的，幼儿园、学校或者其他教育机构应当承担侵权责任，但能够证明尽到教育、管理职责的，不承担侵权责任。

第1200条：限制民事行为能力人在学校或者其他教育机构学习、生活期间受到人身损害，学校或者其他教育机构未尽到教育、管理职责的，应当承担侵权责任。

第1201条：无民事行为能力人或者限制民事行为能力人在幼儿园、学校或者其他教育机构学习、生活期间，受到幼儿园、学校或者其他教育机构以外的第三人人身损害的，由第三人承担侵权责任；幼儿园、学校或者其他教育机构未尽到管理职责的，承担相应的补充责任。

《学生伤害事故处理办法》根据过错责任的归责原则，在第九条列举了属于学校过错且学校应承担责任的十二种具体情形：校舍、场地、其他公共设施，以及提供给学生使用的学具、教育教学和生活设施、设备不符合国家规定的标准，或者有明显不安全因素的；学校的安全保卫、消防、设施设备管理等安全管理制度有明显疏漏，或者管理混乱，存在重大安全隐患，而未及时采取措施的；向学生提供的药品、食品、饮用水等不符合国家或者行业的有关标准、要求的；组织学生参加教育教学活动或者校外活动，未对学生进行相应的安全教育，并未在可预见的范围内采取必要的安全措施的；知道教师或者其他工作人员患有不适宜担任教育教学工作的疾病，但未采取必要措施的；违反有关规定组织或者安排未成年学生从事不宜未成年人参加的劳动、体育运动或者其他活动的；学生有特异体质或者特定疾病，不宜参加某种教育教学活动，学校知道或者应当知道，但未予以必要注意的；学生在校期间突发疾病或者受到伤害，学校发现，但未根据实际情况及时采取相应措施，导致不良后果加重的；教职工体罚或变相体罚学生，或者在履行职责过程中违反工作要求、操作规程、职业道德或者其他有关规定的；教职工在负有组织、管理未成年学生的职责期间，发现学生行为具有危险性，但未进行必要的管理、告诫或者制止的；对未成年学生擅自离校等与人身安全直接相关的信息，学校发现或者知道，但未及时告知其监护人，导致其脱离监护人的保护而发生伤害的；其他未依法履行职责的情形。

在非学校场合，如学生自行上学、放学、返校、离校途中发生的交通事故和意外伤害事故是否属于学校事故的范畴，以及其他不在学校管理或控制范围内的事故，学校是否应当负赔偿责任，一直是很有争议的问题。从学校的性质和履行的义务来看，学校以教育教学为核心任务并在此过程中负有保护学生的义务，对学校不能或难于掌控的环境和外部因素，学校没有必要也没有实力去进行控制和管理，即使进行了管理，效率也不会高，并且还会因为占用了教育教学的公共资源，对学校的本职工作造成不良影响。因此，对于学校不能或难于控制的因素造成的学生伤害事故，一般不宜纳入学校赔偿的范围，这样规定也能体现过错责任原则的精神。因此，《学生伤害事故处理办法》于第13条规定，在下列情况下发生的造成学生人身损害后果的事故，学校行为并无不当的，不承担事故责任；事故责任应当按有关法律法规或者其他有关规定认定：在学生自行上学、放学、返校、离校途中发生的；在学生自行外出或者擅自离校期间发生的；在放学后、节假日或者假期等学校工作时间以外，学生自行滞留学校或者自行到校发生的；其他在学校管理职责范围外发生的。

对于在学校内发生，但属于来自学校外的不可抗力或突发性事件造成的伤害事故及学生自杀、自伤等意外因素造成的事故，《学生伤害事故处理办法》吸收了侵权责任法中的免责事由的思想，做出了相关的免责事由规定。对于下列情况下发生的学校事故，如果学校已经履行相应职责，行为并无不当，则不承担责任：地震、雷击、台风、洪水等不可抗的自然因素造成的；来自学校外部的突发性、偶发性侵害造成的；学生有特异体质、特定疾病或者异常心理状态，学校不知道或者难于知道的；学生自杀、自伤的；在对抗性或者具有风险性的体育竞赛活动中发生意外伤害的；其他意外因素造成的。

（三）学校事故的处理

1. 学校事故的处理程序

学校事故的发生大多具有突发性或不可预见性，学校一方面要及时救护受伤害学生，另一方面还要进行现场记录并保存相关证据，因此，建立一套规范的事故处理程序是相当重要的工作。根据《学生伤害事故处理办法》的规定，发生事故后，学校首先应当及时救助受伤害学生，并及时告知其监护人。有条件的，应当采取紧急救援等方式救助。情形严重的，学校应当及时向主管教育行政部门及有关部门报告；属于重大伤亡事故的，教育行政部门应当及时向同级人民政府和上一级教育行政部门报告。

学校的主管教育行政部门应学校要求或者认为必要，可以指导、协助学校进行事故的处理工作，尽快恢复学校正常的教育教学秩序。

事故处理结束后，学校应当将事故处理结果书面报告主管教育行政部门；重大伤亡事故的处理结果，学校的主管教育行政部门应当向同级人民政府和上一级教育行政部门报告。

学校事故处理程序中，比较关键的是第一个环节，即学校如何准确记录及报告（告知）学校事故的相关信息，这对于此后确定事故责任及赔偿问题有重要的作用。在这方面，澳大利亚教育与培训部及儿童、青年与家庭服务局共同制定的供各学校发生伤害事故时使用的学生伤害事故报告书，非常值得参考和借鉴。

学生伤害事故报告书

1. 受伤害者

1.1 姓名：＿＿＿＿＿＿

1.2 年龄：_____

1.3 性别：_____

1.4 家庭地址：_____

1.5 所在学校：_____

2. 父母或监护人

2.1 姓名：_____

2.2 与学生的关系：_____

2.3 家庭地址：_____

2.4 电话号码：家庭_____单位_____

2.5 父母或监护人是如何被联系上的？

见面（　　）电话（　　）书信（　　）

3. 伤害细节

3.1 伤害发生的日期和时间

日期：_____年_____月_____日

时间：上午/下午_____点_____分

3.2 伤害部位

（　）头　　　　　　　　　左　右　　　　　　左　右

（　）颈　　　（　）背　　　（　）（　）眼　　　（　）（　）手

（　）鼻子　（　）胸　　　（　）（　）肩　　　（　）（　）腿

（　）嘴　　　（　）肚子　（　）（　）胳膊　（　）（　）脚

（　）牙　　　（　）屁股

3.3 伤害地点

（　）操场　　　　（　）体育馆　　（　）实验室　（　）门

（　）操场设施　（　）外出旅行　（　）教室　　（　）窗

（　）跑道　　　　（　）工作间　　（　）楼梯　　（　）其他_____

4. 处理

4.1 请描述第一时间采取的救护措施（空间不够可另附纸）

_____

_____

采取措施的人

（　　　）医院随机　　　（　　　）校医　　　（　　　）无人

4.2 如果采取了医疗措施，是在谁的授权下？

（　　　）父母　　　　（　　　）教师　　　（　　　）其他人

组织第一救护措施的管理人员姓名：_____

5. 证人

5.1 姓名：_____

5.2 证人证词（可另附页）：_____

_____

_____

监管教师签名_____　　　　　　　　　　　日期：_____

6. 采取或建议的矫正措施：由负责人或校长填写。

_____

_____

_____

校长签名_____　　　　　　　　　　　　　日期：_____

注：一式两份，一份提交给教育与培训部，另一份由学校留存。

2. 学校事故的处理方式

学校事故有三种不同的处理方式，分别是协商、调解和诉讼，学校与受伤害学生或其家长可以自愿选择其中的一种方式。

协商体现的是当事人意思自治的原则，具体由学校与受伤害学生或者学生家长在平等自愿的基础上协商解决学校事故的赔偿与处理问题，是学校事故较常见的处理方式。

调解是指在学校与受伤害学生双方自愿的情况下，书面请求主管教育行政部门进行调解，由主管教育行政部门在规定期限内调解处理的机制。调解虽然有主管教育行政部门的介入，但仍然要尊重当事人的意思自治。一方面，行政部门必须依双方书面申请才能介入调解，而不可主动介入调解。另一方面，调解不是教育行政部门行使行政权力的体现，其结果不具有强制性和法定约束力，当事人反悔的，可以再通过其他途径解决。

调解的具体程序为：主管教育行政部门收到调解申请，认为必要的，可以指定专门人员进行调解，并应当在受理申请之日起 60 日内完成调解。经主管教育行政部门调解，双方就事故处理达成一致意见的，应当在调解人员的见证下签订调解协议，结束调解；主管教育行政部门进行调解时，认为学校有责任的，可以依照有关法律法规及国家有关规定，提出相应的调解方案。在调解期限内，双方不能达成一致意见，或者调解过程中一方提起诉讼，人民法院已经受理的，应当终止调解。若调解结束或者终止，主管教育行政部门应当书面通知当事人。对经调解达成的协议，一方当事人不履行或者反悔的，双方可以依法提起诉讼。

诉讼是学校事故处理的最终方式，成年学生或者未成年学生的监护人均可依法直接提起诉讼处理学校事故争议。在我国，学校事故诉讼处理的是学校与学生间关于人身权的纠纷，属于民事争议，纳入民事诉讼的受理范围。

学校作为法人，理论上必须独立承担学校事故的民事责任，但事实上，由于中小学校的财产有限，很多学校独立承担民事责任的能力不足，故《学生伤害事故处理办法》第 29 条规定，根据双方达成的协议、经调解形成的协议或者人民法院的生效判决，应当由学校负担的赔偿金，学校应当负责筹措；学校无力完全筹措的，由学校的主管部门或者举办者协助筹措。公立学校的举办者为政府，因此，在公立学校无力完全筹措赔偿金的情况下，应由学校的举办者，即地方各级人民政府协助筹措；而民办学校的举办者据此规定也需承担协助筹措的责任。

第六章　教师制度与职业保障

一、教师的地位

教师地位一词，意指教师的身份或受尊重程度，系经由与其他专业团体的比较，对教师所发挥功能的重要性，所表现的能力，以及工作条件、报酬及其他物质利益予以评估后所引证的结果。①

在判断和确定教师地位的时候，联合国教科文组织认为："教师地位应平行于教育的需要。其判定之标准，应本于教育之目的与目标。我们亦须承认，正确的教师地位以及适度的尊师，对于全面实现教育之目的与目标，是极有助益的。"②

（一）教师的专业人员地位

1. 专业

专业的起源有很多说法，有人认为最早可追溯至柏拉图和亚里士多德讲学活动所聚集的学院（Academies），或是古代亚历山大城图书馆所从事的许多研究活动。但比较公认的说法是，专业起源于中世纪的行会组织，到19世纪初，神学、法学以及医学成为最负盛名的专业。后来，由于科学及学术不断发展，专业的覆盖范围也逐渐扩大到其他领域。

---

① "Recommendation concerning the status of teachers" [《关于教师地位的建议》，一、§1（b）]
② "Recommendation concerning the status of teachers"（《关于教师地位的建议》，三、§5）

关于专业的概念，并没有完全一致的说法。通常，专业是专门职业的意思，"是以对某专门科学知识领域的理论结构的深刻了解为基础而施行的职业"（Cogan，1953）。后期的学者将重点转向描述专业的内涵或特征方面，认为专业具有三个层面的内涵：在认识层面，指专业人员的知识体系与专门技术，以及精通此类知识技术所必须接受的教育训练；在规范层面，指专业人员的服务取向及其服务的伦理道德，以期确定社会赋予他们的自律权；在评价层面，指本身的专业与其他职业的差异的比较，以强调专业在自主和声望两方面所具有的特征。（刘兴汉，1992）[76]

2. 教师专业地位的确立

教师一职是否为"专业"或"专门职业"，长久以来一直是学界讨论的重点。20世纪五六十年代之后，有逐渐将教学视为专业的趋势，各国通过延长教师培育时间、准予教师成立专业团体、建立资格制度等措施提高教师的专业形象。1966年，联合国教科文组织发布《关于教师地位的建议》，提出"教学应被看作是一专业；它是一种公共服务，要求教师经由严格且持续的学习获得并保持专业知识与特别技能；它还要求教师对所教导学生的教育与福祉具有个人和团体的责任感"①，强调教学是一种专门的职业，也唯有专业的教学人员才可以促进教育的进步。

在此之后，教师的专业人员地位逐渐深入人心，并在很多国家和地区的立法中得到确认。我国于1993年颁布的《教师法》第3条规定"教师是履行教育教学职责的专业人员"，承认了教师的专业地位。但仍有很多人认为教师职业尚不足以成为专业，而只能是"准专业"或"半专业"（semiprofession），认为教学工作无法与典型专业（如医生、律师、会计师或工程师）相比。（周志宏，2003）[163]（沈姗姗，1997）此外，由于教师或者作为国家的公务员，或者以受雇身份成为学校科层组织的一员，其欲建立专业所应有的自主权就更加困难。

---

① "Recommendation concerning the status of teachers"（《关于教师地位的建议》，三、§6）

（二）我国教师的法律地位

在现代社会分工日益精细的状况下，我国《教师法》对教师作为专业人员的确认，仍然不足以解决教师的法律定位问题（我国学界多称之为"法律身份"）。其中，学界对于民办学校教师是劳动法上的劳动者或者雇员并无争议，但对于公立学校教师的法律地位则是长期争论不休。下文的讨论也将围绕公立学校教师展开。

1. 教师法律地位的类型

关于教师的法律地位，世界范围内大体可以分为公务员（包括公务员、教育公务员）、雇员（包括公务雇员、教育雇员、特别劳动者等）与事业单位工作人员三大类型。从调整教师法律关系的法律领域来说，作为公务员的教师主要受公法（特别是公务员法）调整，作为雇员的教师主要受劳动法调整，而作为事业单位工作人员的教师虽然主要受公法调整，却是其中较为特殊的事业单位法。一般来说，大陆法系国家的公立学校教师主要是公务员，英美法系的公立学校教师主要是雇员，而事业单位工作人员地位则是我国的特色。

雇员制教师的典型国家是美国。美国教师在法律上具有政府受雇人的身份。例如，加利福尼亚州教育法典将公立中小学教师称为"有证书的政府受雇人"（certificated employee），普通州政府人员则属于"分级的政府受雇人"（classified employee）。公立学校教师与普通州政府工作人员虽都属于政府受雇人，但又有所区分。前者必须通过一定的测验取得教师资格之后才能被聘为教师，是专门从事教学职业的专业人员，而后者属于行政人员或职员。教师根据其是否获得长聘资格（或称终身教职），又分别归属于试用期受雇人（probationary employee）或者终身（永久）受雇人（permanent employee）。

公务员制教师的典型国家是德国、法国等。德国学界的通说认为，教育具有给付行政及侵害行政的双重特性，难以想象执行给付行政与侵害行政的人员不是国家公务员。义务教育原则上由政府举办，兼具给付行政与侵害行政的性质。其他的教育，依其各自法律，大部分具有非义务性，但由公立学校举办者，性质上为给付行政，因此公立学校教师均具有公务员的地位，适用公务员法中的权利义务、福利待遇及奖惩等规定，只在由于教师身份特殊，而不适合适用公务员法规定的地方，再在教育法律法规中予以特别排除。例如，因高校教师无须如普通公务员般按日坐班，也没有固定上下班时间的要求，德国各州就在州高等教育法中排除了适用公务员法的工作时间规定。在与国家（学校）的法律关系上，德国的公务员制教师也经历了从特别权力关系到行政法律关系的转变。传统上，德国教师与国家（学校）的关系是特别权力关系中的特别勤务关系。在此关系中，教师并不具有一般公民的地位而受到学校的概括管理和多方限制，不能主张基本权利，在权利受损时也不得提起诉讼。但20世纪70年代后，特别权力关系理论被大幅修改，教师与学校的关系已逐渐受到法律的规范，成为法律规范下的行政法律关系。

我国现行的教师法律地位不同于上述雇员或者公务员，而是事业单位工作人员。我国公立学校在法律性质上属于事业单位法人。根据《事业单位登记管理暂行条例》第2条的规定，事业单位是指国家为了社会公益目的，由国家机关举办或者其他组织利用国有资产举办的，从事教育、科技、文化、卫生等活动的社会服务组织。其中，公立中小学校属于公益一类事业单位；高校则属于公益二类事业单位。在事业单位工作的人员一般分为与事业单位签订聘用合同、纳入事业编制管理的工作人员和与事业单位签订劳动合同、不纳入事业编制管理的工作人员。据此，教师一般也分为事业编制教师与非事业编制教师两种。后者类似于英美法系的雇员，前者则是具有我国特色的教师地位类型。前者受《事业单位人事管理条例》《事业单位工作人员考核规定》等事业单位法规规章的保护与规范，而后者则主要受我国劳动法的保护与规范。

2. 关于教师公务员身份的变革与争议

公务员制的教师职位保障程度较高，除非有触犯法律的情节和行为，一般不会失去教职，这对于保障教师队伍稳定、增强教师职业吸引力，"提高教师地位，使教师真正成为令人羡慕的职业"有着重要的推动作用。故此，虽然我国立法与制度实践中已经明确将教师归为事业单位工作人员，但学界对教师是否或应否具有公务员身份的关注和讨论从未或缺，关于赋予教师公务员身份的呼声也从未停歇。其中，大陆法系国家或地区的教师一般是公务员成为论证我国也应当赋予教师公务员身份的理由之一。事实上，不仅我国的教师法律地位从 1993 年来经历了重大变革，大陆法系的许多国家和地区对于教师是否应为公务员也曾经有相关争论或者经历了制度变迁。制度变迁与域外比较的研究视角有利于克服侧重规范性分析、缺乏经验性分析的研究不足，将宏观理论与我国制度实践结合起来，对教师公务员制形成更全面、动态的认知。

在大陆法系的立法例中，我国台湾地区与日本关于教师公务员身份的制度变迁颇具代表性。我国台湾地区早在 20 世纪 50 年代就对教师是否具有公务员的地位展开了争论，其司法界包括"大法官会议"和"行政法院"也曾发布多号解释或判决对此予以说明。1951 年，"行政法院"判字第十九号判例指出："依法令委任之中小学校教职员，受有俸给者，为公务员服务法上之公务员，聘任之教职员则否。""司法院"院解字第二九八六号也称："委任之公立中小学教职员及县立图书馆馆长受有俸给，均为公务员服务法上之公务员，其聘任之教职员则否。"两号解释均是依照任用方式对教师身份做出区分，将派任或委任的公立中小学教师视为"公务员服务法"上的公务员，而聘任的教师不被视为公务员。

这一观点在 1992 年"司法院大法官会议"第三〇八号解释书中做了补充和小幅修正。其在总体上认为公立学校聘任的教师不属于"公务员服务法"所规定的公务员，不适用"公务员服务法"，理由是"公立学校聘任之教师系基于聘约关系，担任教学研究工作"，但对兼任学校行政职务的教师，则指出可以就其兼任的行政职务，适用"公务员服务法"，据此，"司法院"将公立学校聘任教师中兼任学校行政职务的教师作为例外，纳入"公务员服务法"的调整范围。不过在总体上仍要求专任教师依"教育人员任用条例"第 34 条的规定，除法令另有规定外，不得在外兼职。

对此，有法官发表不同意见，认为公立学校教师虽与普通公务员依规定或命令执行职务有别，但也有俸给，应为特别职之公务员，在不与教师职务性质相抵触的情况下，仍应适用"公务员服务法"。有学者在此基础上进一步指出，教师虽不属"公务员服务法"上的公务员，但仍属于"刑法"上的公务员，因而不宜将公立学校与教师的关系解释为私法契约关系，而倾向于认为公立学校与教师的关系属公法契约关系或行政契约关系。（董保城，1992）不过由于其时公法契约理论尚不成熟，这一观点并不为司法所采纳。因此，基于第三〇八号解释书，无论是普通的聘任制中小学教师，还是高等学校教师，均不属"公务员服务法"上之公务员，其与学校签订的聘约被法院实务定为私法契约，纳入民事诉讼的受理范围。

但在数年之后，我国台湾地区的教师法律制度发生了一系列重要变化，使得教师与公立学校的关系发生了剧烈变化。1995 年其颁布"教师法"[1]，规定无论是中小学校还是大学，除依师资培育有关规定获得公费或助学金的学生须按合同接受分发到偏远或特殊地区任教，以及在该规定生效前依"师范教育法"考入师范院校的学生仍适用修正生效前的规定外，所有教师均实行聘任制，使得前述按照派任或聘任对教师身份进行区分的理论失去了分类基础。2000 年，其"行政诉讼法"增加给付诉讼与确认诉讼等类型，为将公立学校与教师的聘约关系界定为公法契约关系并依行政诉讼途径解决双方争议奠定了基础。

在上述背景下，1998 年，"司法院大法官会议"在释字第四六二号解释中，认定高等学校对教师做出的升等决定为公权力的行使，属于可以提起诉愿及行政诉讼的行政处分[2]，从而将高校教师与学校的关系确定为行政法律关系 。该解释指出，高校教师评审委员会的决定权是在特定范围内行使的公权力，高校教师评审委员会所做出的决定与教育行政部门学术审议委员会做出的最后审定，都对教师的资格等身份权益有重大影响，故而都

---

① 2019 年修订后，所有学校均实行聘任制，不再有例外的情况。

② 我国台湾地区法学中的行政处分，是指行政机关就公法上具体时间所为之决定或其他公权力措施而对外直接发生法律效果之单方行政行为，相当于"可诉行政行为"（参见我国台湾"诉愿法"第 3 条）。

应属于"诉愿法"及"行政诉讼法"上的行政处分。教师在根据"教师法"或"诉愿法"用尽行政救济途径仍不服的，可以依法提起行政诉讼。

2002 年，"最高行政法院"判字第二二八二号正式确认教师具有特别职公务员的地位；教师与学校虽签有聘约，但仍构成公法关系。其认为公立学校聘任教师虽然与普通公务员依规定或命令执行职务不同，但也是接受俸给的人员，应属特别职之公务员，适用"公务员服务法"的部分规定。"公务人员任用法"之所以在第 33 条明文规定"教育人员之任用，另以法律定之"，原因就在于教师是特别职公务员。判决进一步指出"教师法""教育人员任用条例"以及其他有关规定对于拟聘教师资格条件聘（任）用程序及其他有关权利义务的重要事项，大多设有强制规定，用以确保教育品质并实现教育的公法目的。因此，公立学校聘用教师虽然在形式上签订书面契约（聘约），但这种聘任法律关系并非完全无公法性质，因此，不能一律将其视为私法契约，排除在行政争讼制度之外。

自此，我国台湾地区公立学校教师的法律地位，经历了从根据任用方式区别对待（派任制为公务员，聘任制非为公务员），发展到任何任用方式、任何学校层次的教师都为特别职公务员的变革。对于教师与公立学校之间的关系，也从先前的将任用制教师与公立学校的关系界定为公法关系、聘任制教师与公立学校的关系为私法关系，发展为认定二者均属于公法关系。而所谓特别职公务员，依学者的看法，就是教师既不能完全适用"公务员服务法"，也不能完全不适用。因为教育的本质要求不同于其他行政，而教师的行为规范也不宜强同于一般公务员。（蔡志方，1993）

我国台湾学界对教师公务员地位的讨论一般都集中于公立学校教师，而对私立学校教师，无论是学界还是司法实务界，主流观点均否认其为公务员，将其与私立学校的关系界定为私法契约关系。但也有少数学者认为，"教育作为给付行政，其由公家实施者，非不可归类为非以强制手段执行的公行政；其由私人提供者，亦非不得以授权的给付行政称之"（蔡志方，1993）。因此，不应区分学校公私立的属性，凡是教师，均应有公务员之地位。但此观点并未取得学界的共识，也未得到司法的认可。

与此形成对比的是，日本在国立大学法人化改革中逐渐取消该类大学教师的公务员地位，转而实行公务雇员制。传统上，日本的国立和公立学校教师都是公务员，适用1949年日本在《国家公务员法》《地方公务员法》之外另行颁布的《教育公务员特例法》。但在高等教育领域，自2003年日本《国立大学法人法》实施以来，日本国立大学具有了独立的法人资格，其教师的法律地位及大学与教师间的法律关系也随之改变。国立大学成为行政法人之后，不再是国家的隶属性机构，而成为国家设立、以从事教育服务、实现社会公益为目的的行政法人，具有公法人的地位；国立大学教师不再是国家的公务员，而是为达成大学行政法人设立目的的公务雇员，与所在大学形成公法契约关系。

我国教师的法律地位随着1993年《国家公务员暂行条例》和《教师法》的颁布发生了重要变化，引发了学界的广泛讨论。在计划经济时代，教师被纳入统一的干部管理体制，与其他事业单位工作人员及政府公务人员一样，都属于国家干部。但由于《国家公务员暂行条例》所指公务员仅包括各级国家行政机关中除工勤人员以外的工作人员，而不包括教师，自此教师与公务员正式在法律上分途。与此同时，《教师法》规定教师是"履行教育教学职责的专业人员"，并提出要逐步建立和推行教师资格、职务与聘任制度，由学校与教师在平等自愿的基础上签订聘任合同，建立双方的法律关系。对于上述变动，学界做出了不同解释。

有学者认为，随着我国逐步推行教师聘任制，教师应具有雇员的地位，他们与学校之间应是一种雇佣关系（劳凯声 等，1997）[256-257]。然而，这一意见并未得到学界的广泛认同。反对者认为，教师职业具有公务员性质，因为教师与行政人员一样，其工资由国税开支，属第二次分配。而国有企业职工的工资来自企业的生产和经营，要被打入成本，属于第一次分配，两者具有本质的区别，因此，应在《教师法》等法律中明确教师的公务员身份，并使其享有与公务员类似的权利，承担与公务员类似的义务。（成有信，1997）

公立学校教师作为履行教职、实现教育目标且薪资来源于国家财政拨款的专业人员，必然与自由职业者不同。世界各国及地区都有立法对公立学校教师履行职务提出要求或对其职业自由做出限制，如有些国家要求教师不得参加党派，保持政治的中立性，有些国家要求教师不得兼职，有些国家要求教师必须签署忠诚宣誓书，表示忠诚于宪法及教师职务等。公立学校教师都具有特别公职人员的地位，在履行教职方面受到国家法律的规范和限制，不能自由行事，这是绝大多数国家和地区的共同做法。尤其是我国的教师，不仅同样具有上述特征，如在公共机构从事教职且受领国家工资，而且依据《教师法》承担着培养"社会主义建设者和接班人"的历史使命，更不适宜归入自由职业者之列。

也有人提出，教师是劳动者，应纳入劳动法的调整范围，与学校形成劳动合同关系，而不是行政法律关系，这种说法其实混淆了劳动者概念的两种用法。一种是一般意义上的劳动者，也即广义的劳动者。在我国，宪法规定每一个人都有劳动的权利和义务，因此，每一个具有劳动能力的人都是劳动者。在这个意义上，不仅教师是劳动者，公务员也是劳动者。另一种用法是劳动法意义上的劳动者，特指适用《劳动法》和《劳动合同法》的劳动者，是狭义的劳动者。

根据《劳动法》第2条的规定，"在中华人民共和国境内的企业、个体经济组织（以下统称用人单位）和与之形成劳动关系的劳动者，适用本法。国家机关、事业组织、社会团体和与之建立劳动合同关系的劳动者，依照本法执行。"《劳动合同法》对此范围稍加修正，增加了民办非企业单位的劳动者，其第2条规定："中华人民共和国境内的企业、个体经济组织、民办非企业单位等组织（以下称用人单位）与劳动者建立劳动关系，订立、履行、变更、解除或者终止劳动合同，适用本法。国家机关、事业单位、社会团体和与其建立劳动关系的劳动者，订立、履行、变更、解除或者终止劳动合同，依照本法执行。"因此，只有与企业、个体经济组织和民办非企业单位形成劳动关系的人才是这个意义上的劳动者，如与民办学校建立劳动关系的教师。另外，该法所指的与国家机关、事业单位、社会团体建立劳动关系的劳动者，一般是指在这些单位中不从事公务或专业技术职务的工勤人员，不包括公立学校教师这类以达成学校教育教学目的为主要任务的专业技术人员。因此，所谓教师的劳动者身份，只是广义上的劳动者，也即一般意义上具有劳动能力并从事劳动的人，而不一定是劳动法意义上的劳动者。

我国教师实行聘任（用）制，但聘任制本身不能说明教师的法律地位归属。我国公务员也可以实行聘任制，根据2018年修订的《公务员法》第100条的规定："机关根据工作需要，经省级以上公务员主管部门批准，可以对专业性较强的职位和辅助性职位实行聘任制。"很多国家和地区也通过聘任的方式任用公立学校教师，而其教师仍具有公务员或特别职公务员的法律地位。由此可见，实行聘任制只是根据教师职业特点所采取的一种任用方式，本身不能说明聘任人员的法律地位，也不能说明教师就应归入狭义的劳动者。

从我国现有教育法的规定来看，教师虽不是公务员，但现有的教师制度基本是比照公务员制度而定，或者是由《教师法》授权国务院或教育行政部门加以强制规定，并非由学校自行决定。如"教师的平均工资水平应当不低于或者高于国家公务员的平均工资水平，并逐步提高。建立正常晋级增薪制度，具体办法由国务院规定""中小学教师和职业学校教师享受教龄津贴和其他津贴，具体办法由国务院教育行政部门会同有关部门制定""教师的医疗同当地国家公务员享受同等的待遇""教师退休或者退职后，享受国家规定的退休或者退职待遇"等。相比之下，对民办学校教师的相关待遇，法律则不做强行规定，只规定其由民办学校及其举办者依据有关法律规定予以保障。两者的区分十分明显。此外，我国相关立法对学校及教师的违法行为大量规定了"处分"的责任，如《教师法》规定："教师有下列情形之一的，由所在学校、其他教育机构或者教育行政部门给予行政处分或者解聘……"又如《事业单位人事管理条例》规定："事业单位工作人员有下列行为之一的，给予处分……"由此可见，就公立学校教师而言，其绝非《劳动法》意义上的劳动者，而是一种具有明显公法意义的身份。因此，2018年中共中央、国务院发布的《关于全面深化新时代教师队伍建设改革的意见》指出，"突显教师职业的公共属性，强化教师承担的国家使命和公共教育服务的职责，确立公办中小学教师作为国家公职人员特殊的法律地位，明确中小学教师的权利和义务，强化保障和管理。……公办中小学教师要切实履行作为国家公职人员的义务，强化国家责任、政治责任、社会责任和教育责任"。

然而，由于我国《公务员法》所称公务员，是指"依法履行公职、纳入国家行政编制、由国家财政负担工资福利的工作人员"，而教师不具有行政编制，是纳入事业编制的专业技术人员，特别是高等学校教师的工资福利部分是由学校自筹而来，不完全来自国家财政，因此不符合现有公务员的定义。与此同时，自 2014 年《事业单位人事管理条例》颁行以来，以其为代表并包括随后颁布的《事业单位工作人员申诉规定》《事业单位工作人员处分规定》在内的事业单位工作人员法规规章制度体系已基本形成，事业单位工作人员管理体制逐步确立并日趋完善。在此背景下，公立学校教师的管理体制、处分制度、救济制度等均已被整合进事业单位工作人员管理体制及其规章制度之中，公立学校教师的事业单位工作人员身份逐渐成为其法律身份中核心且具有实质意义的要素。

二、教师的权利与义务

教师的权利与义务与其地位有不可分离的关系，在不同的国家，不同类型学校的教师可能具有专业人员、公务员或劳动者的身份，而教师的权利或义务也相应可分为"专业人员的权利义务"、"公务员的权利义务"与"劳动者的权利义务"。教育法所关注的，主要是教师的专业权利和义务。

（一）教师的专业权利

联合国教科文组织在 1966 年颁布的《关于教师地位的建议》中指出，教师作为专业人员应有如下职业上的权利或自由。

- 在执行其专业任务时，教师应享有学术自由。由于教师特别有资格去评估最适合学生的教学辅助方法，他们应当在如教学辅助材料的选择及修正、教科书的选用，以及教学方法的应用等方面，担负决定性的角色。当然，这些都得在被认可计划的架构中，以及教育当局的协助下，方可运作。

- 教师本身以及教师组织，应参与新课程、教科书及教学方法的制定过程。

- 任何形式的检查或监管体制，都应以激励及协助教师执行其职权为目标，而且不可妨碍教师教学的自由、自主权与职责。

- 当必须对教师的教学成果进行评价时，评价工作必须有其客观性，而且应事先知会教师。教师有权对他们认为是不公平的评价结果提出申诉。

- 当教师认为如此将有助于评估学生进步之结果时，他们可自由运用这类评价方法，不过同时也应保证不会对个别学生造成不公。

- 教育当局在审酌个别学生对课程的适应性，以及各种类型的继续教育时，应适当地尊重教师们的意见。

- 在促进学生利益的前提下，应尽可能地加强教师及学生家长间的紧密合作关系，但是当事涉教师的专业权责范围时，教师应受免于来自家长之偏颇、无由干涉的保护。

- 当受到学生父母投诉时，教师有权在第一时间与其人及校长一起对事件进行讨论，并在父母向更高部门投诉时，得到其书面投诉的副本；在投诉事件调查的过程中，教师应有自我辩护的公平机会，并且上述投诉进度不得公开。

- 尽管教师应当尽力防止学生意外事件的发生，但当学生在校内或校外活动中受伤时，学校当局也应当保护教师免于遭受可能不利于自身的损害。

值得指出的是，联合国教科文组织在《关于教师地位的建议》开篇即提到："虽然各国情况不同，然而，关于教师地位的问题却大同小异，这些问题需要一定的标准、尺度的衡量。此乃制定本建议的目的。"因此，任何国家、任何管理体制中的教师，无论其为中小学教师还是高校教师，公立学校教师还是私立学校教师，都应享有上述权利。公立学校教师虽在很多时候被视为受托行使国家教育权的执行者，但国家仍应基于尊重其专业地位与保障学生受教育权的理论而赋予教师专业自由。私立学校教师不只是学校的雇员，同时也是专业人员，其专业权利也应得到尊重和保护。

1. 学术自由

一般认为，学术自由是教师最重要的权利之一，其思想渊源来自德国。威廉·冯·洪堡在创立柏林大学时提出，与世隔绝和自由应是这种新型大学的原则，致力于研究真理的机构必须免受一切外来干预。这一理念虽然当时并未在德国得以真正落实，却传遍了世界其他地区，被国际社会和各国法律所确认和保护。英国《简明不列颠百科全书》将学术自由定义为："教师和学生不受法律、学校各种规定的限制或公众压力的不合理干扰而进行讲课、学习，探求知识及研究的自由。"联合国《经济社会文化权利公约》第 15 条第 3 款规定，本盟约缔约国承允尊重科学研究及创作活动所不可缺少之自由。联合国教科文组织《关于教师地位的建议》和《关于高等教育教学人员地位的建议》都确认教师应享有学术自由并对其实现方式进行了具体的规定。

在美国，联邦宪法中的言论自由条款被认为是学术自由的渊源。1952年，最高法院表示支持纽约范伯格法及其他为教师制定的忠诚法规，道格拉斯法官投了反对票，其在反对意见中的一段论述成为学术自由的经典性理论："在这项法律下发生的情况便是警察国家中的典型情况。教师时时刻刻处于监督之下，对他们的过去梳来篦去以寻找不忠诚的蛛丝马迹；对他们的言论密切监视以寻找危险思想的线索。教室被罩上了一层阴云。在充满怀疑气氛、学者出于职业之忧而循规蹈矩的环境中，不可能有真正的学术自由，不可能有智能的自由发挥。"（中央教育科学研究所比较教育研究室，1992）[169]

联合国经济、社会和文化权利委员会认为，学术组织的成员，无论个体还是集体，都有通过研究、教学、学习、讨论、记录、生产、创造或协作等方式探求、发展和传递知识及思想的自由。学术自由包括个体对其工作的机构或体制自由表达意见的权利，在不受歧视或不惧怕政府或任何其他人压制的状况下实现他们的功能，参加专业的或代表性的学术团体，并与其他个体在同样的司法原则下享有一切国际社会认可的人权。因此，学术自由的主体既包括教师，也包括学生；既包括个体，也包括集体。学术自由的实质是权利主体在不惧怕政府或其他人压制的情形下自由从事其研究、学习及教学活动，进而实现他们的功能。学术自由的内容包含研究自由、教学自由（讲学自由）和学习自由。

根据德国《高等学校框架法》第 3 条的规定，研究自由包括研究问题的提出、研究内容及方法的选择以及研究结果的发表的自由；教学自由，或称讲学自由，是指将研究所得的知识予以传授的自由，其方式包括演讲、上课、实习、讨论，并包括考试中担任评审；学习自由包括入学自由、选课自由、上课自由及积极参与讨论并发表意见的自由。（董保城，1997）[109-117]

集体的学术自由要求高等学校实行某种程度的自治。自治是高等学校为有效地对其学术工作、标准、管理和相关活动进行决策所需的某种程度的自我管理。联合国经济、社会和文化权利委员会曾指出，虽然高等学校的自我管理没有一个单一的模式，但其体制安排应当是公平、正义和均衡的，并且要尽可能透明和可参与（Economic and Social Council，1999）[para40]。具体来说，集体的学术自由主要包括高等学校的四个基本自由，即高等学校自己决定谁来教、教什么、如何教和谁来学的自由。

高校教师享有学术自由是不争的事实，但对于中小学教师是否享有学术自由，却存在不同的见解。美国学者及判例认为，所有教师，无论是高校教师还是中小学教师，均享有学术自由，只是其受保障的程度有所不同而已。而德国的理论通说则认为，《德国基本法》第 5 条第 3 款关于学术自由的规定仅以高校教师为适用对象，不包含中小学教师。其理由是：（1）中小学校不以学术研究活动为主要目的，仅负单纯传递知识之责；（2）中小学为国家之营造物机关，故应服从教育主管机关指令，以免抵触国家监督权，并降低全国教育水准。（吕来添，1997）但近年来也有学者质疑，认为在中学课程逐渐学术化的取向下，研究和教学自由不限于高校活动，或仅为高校教师所独有，中小学教师亦应有学术自由。

如果以是否从事学术研究活动作为判断基础，那么中小学教师的授课并非全无学术性可言，高校教师的授课也并非全是学术性的。在提倡教师效能及校本研究的背景下，中小学教师也参与研究活动，也可将研究所得在授课中加以体现。而高校教师，且不说学术性较弱的专科学校，即使是大学，也存在研究型大学和教学型大学的分类，并非所有的高校教师都从事学术研究并能在学术研究的基础上展开授课，很难称其教学都是学术性的。因此，"教授之讲学可能属于教育性质的，至于中小学教师之讲学也可能是学术性的"（周志宏，1989）[273]。而且，学术自由不仅包括教学自由，还包括研究自由，中小学教师可以自由开展学术活动、参加专业学术团体并发表学术意见，因此自然享有学术自由。正如我国著名教育家蔡元培所讲，"中小学教师也需要享有适当的学术自由，否则就很难完全发挥"（秦梦群，2004）[139]。

正是基于这样的理念，联合国经济、社会和文化权利委员会在评论学术自由时指出："下列一些观点尤其对高等教育机构适用，这是因为，依委员会的经验，高等教育机构中的教师和学生在政治及其他妨碍学术自由的压力中是尤为脆弱的。然而，委员会希望强调的是，所有教育阶段和领域的教师和学生，都应被赋予学术自由，因此下文很多评论都具有普遍的适用性。"（Committee on Economic, Social and Cultural Rights, 1999b）[para38]

学术自由在我国宪法上没有专门而明确的依据。我国宪法第47条规定："中华人民共和国公民有进行科学研究、文学艺术创作和其他文化活动的自由。国家对于从事教育、科学、技术、文学、艺术和其他文化事业的公民的有益于人民的创造性工作，给以鼓励和帮助。"该条所规定的从事科学研究的自由、文艺创作的自由、其他文化活动的自由以及从事教育的权利，构成了文化活动的自由。我国宪法学界认为，此条中从事科学研究的自由以及从事教育事业的权利，实际上相当于其他国家宪法中的学术自由（许崇德，1999）[168-169]。

宪法第47条虽不是专门针对教师的条款，但构成了教师权利的重要宪法渊源。我国1993年颁布的《教师法》第7条将教师权利确定为六项：

- 进行教育教学活动，开展教育教学改革和实验；
- 从事科学研究、学术交流、参加专业的学术团体、在学术活动中充分发表意见；

- 指导学生的学习和发展，评定学生的品行和学业成绩；
- 按时获取工资报酬，享受国家规定的福利待遇以及寒暑假期的带薪休假；
- 对学校教育教学、管理工作和教育行政部门的工作提出意见和建议，通过教职工代表大会或者其他形式，参与学校的民主管理；
- 参加进修或者其他方式的培训。

上述教师权利中，第 2 项涉及教师从事科学研究、参加专业学术团体并发表学术意见的权利，第 5 项则与教师集体的学术权利有一定关系。可见，《教师法》虽未使用学术自由的概念，但实际上规范了属于学术自由的重要内容。不过应指出的是，教师的上述权利虽然为我国立法所保护，但其行使和实现仍存在很多问题。未来还要进一步改善学术权利的实现环境，提高其法律保护力度。与此同时，也要纠正对学术权利的片面理解，强调教师学术权利与学术责任的平衡。

2. 教育自由

在论述教师权利的时候，教育法学界还经常使用教育自由、教学自由或讲学自由的概念，其用法和含义不尽相同，经常造成混淆。教育自由、教学自由和讲学自由的概念均从德文翻译而来，是德国教育法理论的重要范畴。其中，讲学自由/教学自由（Lehrfreiheit）是指对研究结果的讲授自由，属于学术自由的一环，权利主体主要限于高校教师。教育自由（Unterrichtsfreiheit）是指对教育内容、方法的选择权及对学生的指导权，对应学生的受教育权，是各个教育层次的教师所普遍具有的。①

教育自由与学术自由的关系比较复杂，各国教育法的理论认识不同。美国不对两者进行严格区分，认为教师对教学内容、方法的选择和评价权

---

① 也有少数学者采用不同的译法，认为大学教师享有讲学自由，中小学教师享有教学自由。但其使用的教学自由概念的意思相当于教育自由，极易产生混淆。

属于教育自由，与教学自由并无实质的不同，都是学术自由的一部分。德国的主导理论对教育自由与教学自由（讲学自由）进行了严格区分，认为只有后者属于学术自由，并只能由高校教师享有。而中小学教师作为学生学习的协助者，为使被协助学习者的学习有利于人格的健康发展，应当享有学习内容决定权（胡锦光 等，2002a）[48]，即享有"决定或实施具体教育内容的权能"，也就是教育自由，但不享有学术自由。理由是中小学教育，特别是义务教育系以国家行政权力行使为出发点，并辅以法律明文揭示其义务性，其关于教育的内容与方式等皆由国家一手决定，不同于大学教育为完成知识创新与学术卓越任务而享有高度学术自主权。

日本早前的学说与德国较为相近，但近来已有学说主张教师应享有教育自由，且该权利受日本宪法保障。只是日本最高法院对于教育内容决定权的看法是国家于"必要且相当"的范围内有决定权，故教师不具有课程教材编辑权，仅能依据国家所制定的标准在教育内容范畴内享有教学方法自主权、教科书使用裁量权、补助教材选择权、生活指导权和惩戒权。（薛化元，1997）[215]

关于教育自由的性质，依德国学术界的通说，中小学教师的教育自由不是基本权利，不属于基本法的保障范围，只是依据各州学校法规定，属于"教师之行为裁量"或"反射利益"，而非教师的主观基本权利。因此，中小学教师的教育自由仅可依据各州学校法成为法定权利，在受到侵害时，教师享有诉讼权。（董保城，1997）[255] 但也有学者认为，在公立学校中，教师虽由国家聘雇，但其只是国家与学生之间的一座桥梁，经由此桥梁，在宪法上建构教师的教学自由①，而使其成为以学生自我实现为核心的教育基本权保护法益。就此而言，教师并非国家的执行机关，毋宁是具创造力、自由且独立的教育者人格地位，而由此地位的宪法保障，去协助并促进学生的人格自由开展的人。（许育典，2005）[23] 该观点肯定了教育自由具有基本权利的性质。

---

① 此处该学者使用的教学自由概念，德文为"pädagogische Freiheit"，不同于一般学者所称的教学自由（akademische Lehrfreiheit），实际上更接近教育自由的含义。参见许育典. 法治国与教育行政：以人的自我实现为核心的教育法［M］. 台北：高等教育文化事业有限公司，2002：281.

3. 专业自主权

专业自主权是教育学界经常使用的概念，与教育自由及学术自由具有密切又复杂的联系。专业自主权与教育自由的含义比较接近，在德国可被视为同义词。除了专业自主权或教育自由，德国各州学校法还有"教学自主""教学自由""教师自我责任""自我的教师责任""教学自我责任"等不同的用语。我国学者基于习惯、译法或者研究领域的不同而使用专业自主、专业自由、教学自主、教学自由、学术自主、学术自由等各种概念，来表达和指称教师以其专业为基础而具有的在学校教育上的自主权力（利）。但教育自由、学术自由、专业自主权这三个概念还是有一些区别，如教育自由和学术自由主要强调的是权利，而专业自主权既可从权利的角度解读，也可从权力的角度解读。

我国《教师法》第7条第1项、第3项及第6项就是对教师专业自主权的承认和保护。就专业自主权的内容而言，学界一般认为，专业自主包含专业与自主两方面。任何一种专业，其必备的条件即是享有充分的自主性，至于教师的自主性，主要包括个人与团体（组织）两个面向、三个层级。在个人面向，指教师依其专业知能从事教学活动时，能自由做决定，不受他人干扰或控制；在团体（指正式的组织）面向，指由教师所组成的专业团体，应该有权力规范会员的资格与职业的标准。而专业自主权的三个层级，一为"教室层级"，二为"学校层级"，三为"教师团体层级"。在教室层级，其内容包括订立教学目标、编选教材与教学方法、辅导或管教学生、进行学习评量；在学校层级，其内容包括参加教师进修、参与学校决策、发展学校课程特色、参加学校教师组织；在教师团体层级，其内容包括参与建立教师聘任资格与聘约、订立教师伦理规范、改善教师工作条件与待遇、维护教师尊严、形成压力团体。（刘春荣，1996；刘春荣，1998）

教师的专业自主权还可以从权力和权利两个角度进行分析，两者在内容上虽有重合交叉之处，但着重点并不相同。前者强调教师对课堂、教学等专业事务的影响力和控制力，后者指的是教师的个体自由，强调的是教师免受政府或学校干预的一面。

有学者从权力的角度看待教师专业自主权，认为教师专业自主权是在其专业范围内能够发挥造成结果的影响力，而此权力包括个别自主与集体自主权。前者是指教师于教室内拥有充分的控制权力，包括教学方法、教学进度、学习成果评量、作业指定、班级经营、学生管理与辅导等方面；后者包括参与校务、参与学校重大决策的权力。（沈姗姗，1997）

法学界较多学者从权利的角度分析教师的专业自主权，此时，教师的专业自主更多表现为一种专业自由。董保城认为，教师的专业自由权应表现在"课程内容"与"教育行为"上：在课程内容层面，教师以因材施教为原则，享有教学方法与技巧的自由，课程内容与教材选择自由，以及选择参考性课外读物等自主权。在教育行为层面，教师为培养学生人格而享有辅导学生之行为、认知、情意、人格与情感之专业权，以及依教育目的与比例原则管教学生之措施选择权。（董保城，1996）另外，德国著名教育法学者赫克在探讨法律保留原则于学校行政领域的适用问题时，把教师的教学自由分为"教学方式自由"、"教材使用自由"和"专业评分自由"三个层面。赫克认为授课与教育之成功有赖于教师感情之投入、师生互动与教师专业以建立师生感情，故教师应享有前述三个层面的自主权，从而完全负起教学责任；唯有关教学或特殊科目的目标、计划等仍基于教育行政机关对此事务之熟稔，未属教师自主权之范畴。（董保城，1997）[237]

教师专业自主权的内涵非常丰富，既涵盖个人和团体的面向，又涉及对权利与权力的解读，且包含教师、学校和教师组织三个层次的内容，因此并不容易确定其权利属性。从权利的角度而言，德国各州之学校法对教师的专业自主权进行保护，使其具有法律层级的保障，但不享有《德国基本法》第 5 条对于教师学术自由的保障。德国教育法的通说认为只有大学教师享有学术自由的权利，而中小学教师的专业自主权系教师职务的"反射利益"或"行为裁量"，非属基本权利，仅属法律权利。我国台湾学者也认为，教师的专业自主权只是为了达成学生的自我实现而被授予的权利，具有从属性质，是一种"制度性的基本权利"，而非"个人的基本权利"（林子仪，1996）。因此，教师的专业自主权并非宪法上的基本权，而仅是教育法为保障教师的专业地位、实现学生的受教育权而设定的法律权利，在这一点上，其与学术自由的地位是不同的。

4. 教师专业权利的行使与限制

教师的专业权利行使既应强调自主，也应受到必要限制。教师在享有学术自由的同时必须承担相应的学术责任，尊重包括学生在内的他人的学术自由，尊重异己的意见并在平等的基础上进行辩论，并且不能对任何人有歧视行为。学术自由不意味着任意所为的自由，也不意味着否认异己观点的自由。特别是学术自由与受教育权之间还存在相互依存的复杂关系，联合国经济、社会和文化权利委员会在其第 13 号一般性意见中明确指出："受教育权只有在教师和学生的学术自由相伴随的情况下才可被享有。"因此，受教育权也构成对学术自由行使的必要界限，教师不得滥用学术自由。

联合国教科文组织《关于教师地位的建议》在确认教师职业自由的同时，也提出了其界限的问题。建议指出，教师虽对课程内容、教学方法有选择的自由，但仍需在被认可计划的架构中，以及教育当局的协助下，方可运作，而教师在选择对学生的评价方法时，也应保证不会对个别学生造成不公。

从教师的专业自主权来看，其限制更为明显。作为专业自主权，专业与自主是相互依存的，专业是自主的前提，自主以专业为基础。专业自主权的行使必须以专业为前提，如果教师未能具备或表现出专业的标准，自然无自主权可言。关于教师专业标准的内涵，学界研究很多。美国国家教学专业标准委员会研发的教师专业认证系统确定了五项教师专业指标的核心原则，分别是对教学的与学生学习的承诺，对任教科目与教学法的熟稔，对学生学习负起管理与监控的责任，对实务教学能做系统性思考，以及要成为学习社群的一员，对分析教师专业标准具有一定的参考价值。

从法律地位来看，由于教师的专业自主权不具有宪法的依据，不属于基本权利，只是法律权利，而学生的受教育权则是宪法保障的基本权利，两者所处的法律位阶不同，保障程度自然也有不同，在发生权利冲突时需以宪法权利为优先。因此，教师的专业自主权必须服从于学生受教育权的目的，"要受到受教育权目的性的限制"。（董保城，1996）（许育典，2002）[202-203] 教师专业自主权的内容，需以保障学生享有真正充实的教育为前提，这是法律赋予教师专业自主权的真实目的。因此，教师在行使专业自主权时，应当坚持以下基本原则（刘春荣，1996）。

- 教师专业自主权的运作应具有利他性。
- 教师专业自主权宜从教室层级落实。
- 教师专业自主应提供学生受教育权的最大可能。
- 教师主张专业自主权不应伤害学生的受教育权。
- 由学生受教育权所衍生的家长参与校务的权利应予正视及落实。
- 宜视教师专业自主权与学生受教育权为教育权的一体两面。

（二）教师的法律义务与教师道德

教师作为专业人员，既需要履行法律规定的义务，也需要遵循相应的职业伦理和道德。教师的法律义务与道德之间具有密切的联系，也存在基本的区别。法律义务作为国家制定或认可的对教师的最低限度要求，由国家强制力保证实施，是教师必须尽到的责任。而教师伦理或道德属于道德层次，相对来说要求更高一些，但不由国家制定或认可，也不以国家强制力为后盾强制实施。尽管法律与道德之间有基本的界限，但由于教师特别是中小学教师的言行举止对学生的影响巨大，教师不仅教书，而且育人，不仅言传，而且身教，学生不仅要通过学校教育达到学习知识的目的，还要在中小学阶段养成个性、完善人格，因此，道德义务与法律义务对教师而言都具有重要的意义。

1. 教师的法律义务

义务是指人在社会中应尽的责任。关于义务的观念，有不同的说法：意思说认为，义务是对于意思的限制；利益说认为，义务是对于义务人的不利益；法律说认为，义务是法律对于人民可以作为或不作为的拘束。（林纪东，1989）[128] 因此，教师的法律义务是指教师根据法律规定必须作为或不作为的职责，其中作为的义务又称积极的义务，不作为的义务又称消极的义务。

根据我国《教师法》第 8 条规定，教师的法律义务有如下六项：

- 遵守宪法、法律和职业道德，为人师表；
- 贯彻国家的教育方针，遵守规章制度，执行学校的教学计划，履行教师聘约，完成教育教学工作任务；
- 对学生进行宪法所确定的基本原则的教育和爱国主义、民族团结的教育，法制教育以及思想品德、文化、科学技术教育，组织、带领学生开展有益的社会活动；
- 关心、爱护全体学生，尊重学生人格，促进学生在品德、智力、体质等方面全面发展；
- 制止有害于学生的行为或者其他侵犯学生合法权益的行为，批评和抵制有害于学生健康成长的现象；
- 不断提高思想政治觉悟和教育教学业务水平。

我国教师的法律义务具有两个特点。第一个特点是教师义务与权利的复合性。教师义务中的很多内容，从一个角度看属于义务，如教师有义务对学生进行指导、教育和管理，必须不断提高自己的教育教学水平；但从另一个角度看又属于教师的权利，因为教师有权自主对学生进行指导、教育和管理，也应有进修和培训的权利。教师义务与权利的复合性在很多时候使教师权利具有了一种不可放弃的职权特征。第二个特点是其内容的多元性。《教师法》虽然只规定了六项教师义务，但其内容具有多重性质和指向。从性质上看，其既有教师作为专业人员的义务，如遵守职业道德，不断提高业务水平等；又有教师作为普通公民的义务，如遵守宪法与法律；还有教师作为国家公权力执行者的义务，如贯彻国家的教育方针，对学生进行宪法所确定的基本原则的教育等。从对象来看，既有教师针对国家的义务，如遵守宪法、法律，贯彻国家的教育方针，对学生进行宪法所确定的基本原则的教育等；也有教师针对学生的义务，如组织、带领学生开展有益的社会活动，关心、爱护全体学生，尊重学生人格，促进学生在品德、智力、体质等方面全面发展，制止有害于学生的行为或者其他侵犯学生合法权益的行为，批评和抵制有害于学生健康成长的现象等；还有些可视为教师对学校或雇主的义务，如遵守规章制度，执行学校的教学计划，履行岗位职责，完成教育教学工作任务等，呈现出多元性。

2. 教师道德

教师道德对教师职业的重要性不言而喻。我国《教师法》规定的教师法律义务中，第一项即遵守宪法、法律和职业道德，将职业道德与宪法和法律并列提出。我国台湾地区也将"发扬师道与专业精神"作为教师的义务。在美国的教师解聘事由中，不道德（immorality）是最常被使用的条款之一。虽然对"不道德"的内涵有很多争议，但美国法院基本采取广义的解释，坚持教师应具有社会所认可的道德标准，不能对学生造成不良的影响。

教师道德尽管对规范教师行为具有重要的作用，但毕竟不同于法律义务。法律义务是由国家通过立法确定的教师的基本行为准则，而教师伦理或道德标准一般不由国家制定，而是由教师专业组织或教师集体确定，反映出教师专业人员的基本特征。联合国教科文组织在《关于教师地位的建议》中特别提到："由于伦理或行为准则对教师合法之权益与其职业权责之行使，有极大的影响，这类准则应由教师组织加以制定。"在西方社会，专业人士多建立自己的工会，制定专业道德守则，作为自律的规范。这些专业道德守则虽然不是正式的法律条文，却深具法律意义，多被法庭引用作为判案的指引与参考。

我国颁布了《中小学教师职业道德规范》与《高等学校教师职业道德规范》。两部规范细化了《教师法》中对教师道德的规定，体现了中小学教师和高校教师不同的职业特点，分别对中小学教师与高校教师的职业道德建设起指导作用，是教师行为的基本准则。《中小学教师职业道德规范》的基本内容继承了我国的优秀师德传统，并充分反映了新形势下经济、社会和教育发展对中小学教师应有的道德品质和职业行为的基本要求。该规范从六个方面对中小学教师职业道德提出了要求。

- 爱国守法。热爱祖国，热爱人民，拥护中国共产党领导，拥护社会主义。全面贯彻国家教育方针，自觉遵守教育法律法规，依法履行教师职责权利。不得有违背党和国家方针政策的言行。

- 爱岗敬业。忠诚于人民教育事业，志存高远，勤恳敬业，甘为人梯，乐于奉献。对工作高度负责，认真备课上课，认真批改作业，认真辅导学生。不得敷衍塞责。

- 关爱学生。关心爱护全体学生，尊重学生人格，平等公正对待学生。对学生严慈相济，做学生良师益友。保护学生安全，关心学生健康，维护学生权益。不讽刺、挖苦、歧视学生，不体罚或变相体罚学生。

- 教书育人。遵循教育规律，实施素质教育。循循善诱，诲人不倦，因材施教。培养学生良好品行，激发学生创新精神，促进学生全面发展。不以分数作为评价学生的唯一标准。

- 为人师表。坚守高尚情操，知荣明耻，严于律己，以身作则。衣着得体，语言规范，举止文明。关心集体，团结协作，尊重同事，尊重家长。作风正派，廉洁奉公。自觉抵制有偿家教，不利用职务之便谋取私利。

- 终身学习。崇尚科学精神，树立终身学习理念，拓宽知识视野，更新知识结构。潜心钻研业务，勇于探索创新，不断提高专业素养和教育教学水平。

而《高等学校教师职业道德规范》则从教师与国家的关系、教师与学生的关系、教育教学行为、学术研究行为、教师与社会的关系和教师的社会道德责任等方面提出了六点要求：爱国守法、敬业爱生、教书育人、严谨治学、服务社会和为人师表。相比于《中小学教师职业道德规范》的要求，《高等学校教师职业道德规范》考虑到高校教师的社会影响力，加重了高校教师在爱国守法方面的义务，规定高校教师要"维护社会稳定和校园和谐。不得有损害国家利益和不利于学生健康成长的言行"；将大学的职能融入高校教师的职业道德中，高校教师应"以人才培养、科学研究、社会服务和文化传承创新为己任"；增加了教师在科学研究方面的责任，即"弘扬科学精神，勇于探索，追求真理，修正错误，精益求精。实事求是，发扬民主，团结合作，协同创新。秉持学术良知，恪守学术规范。尊重他人劳动和学术成果，维护学术自由和学术尊严。诚实守信，力戒浮躁。坚决抵制学术失范和学术不端行为"；着重强调了教师在社会服务中的责任，即"勇担社会责任，为国家富强、民族振兴和人类进步服务。传播优秀文化，普及科学知识。热心公益，服务大众。主动参与社会实践，自觉承担社会义务，积极提供专业服务。坚决反对滥用学术资源和学术影响"。

三、教师职业制度

教师职业制度主要包括教师的储备、任用与职业保障等方面的内容。教师职业制度应确保教师免于任何形式的歧视，包括种族、肤色、性别、宗教及经济状况等方面的歧视。

（一）师资培养与培训制度

1. 师资培养

师资培养，也称师资培育或教师储备，其质量与效果如何，与学生实质的受教育权能否实现密切相关。因此，如何根据社会需求，提供足够的具备道德、智慧、强健体魄与专业知识技能的教师，是师资培养的总体政策目标。为达成上述目标，国家应建立相应的师资培养制度，提供适当的奖励或补助措施，吸引优秀的学生，使其在良好的师资培养机构中得到专业的教育。

我国目前没有专门的师资培养方面的法律，仅《教师法》中有两条原则性规定。师资培养的法律制度主要涉及三方面的内容，即师资培养机构、师资培养课程与形式、师资培养费用。

关于师资培养的机构，《教师法》第18条规定："各级人民政府和有关部门应当办好师范教育，并采取措施，鼓励优秀青年进入各级师范学校学习。"师资培育机构包括师范学校与非师范学校。师范学校作为传统上承担师资培养任务的机构，包括幼儿师范学校、中等师范学校、专科师范学校以及高等师范院校，但在师资培养多元化与开放性的要求下，很多国家也逐渐在师范学校的体制基础上，开放综合性大学参与师资培养的工作。同时，为保证师资培养的专业性，会制定相应的标准和条件，要求综合性大学经过核准才可从事师资培养工作。因此，我国如果要开放综合性大学参与师资培养工作，则有必要制定专门的师资培养法规，对其师资、设施、招生、课程等事项进行规定。

关于师资培养的课程与形式，联合国教科文组织《关于教师地位的建议》指出："师资培养课程的目的，在于发展每位师资培养机构学生的一般教育及个人文化、教学以及教育他人的能力，察知举世皆然的、建立良好人际关系的教谕原理，培养通过教学和自身示范为社会、文化及经济进步作出贡献的责任感。"在此目标指引下，应设置如下师资培养课程。

- 普通学科。
- 哲学、心理学、社会学中适用于教育方面的知识，教育原理与教育史，比较教育、实验教育学、学校管理及不同科目的教学法。
- 与学生选定的教学领域相关的研究。
- 实习教学，及经由全职合格教师指导进行的课外活动。

师资培养课程的内容，应按照不同类型学校对教师职业要求的不同做合理的调整，如特殊学校与职业学校的教师的培养课程就应有所不同。尤其是职业学校，其师资培养课程中应包括工业、商业或农业领域的实际经验。《关于教师地位的建议》还指出，师资培养的教学正常情况下应是全日制，但对于较年长而欲从事教学工作，以及以兼职方式修习部分或全部课程者，可予以特殊安排，只要这些课程与全日制课程的内容、标准等级相同即可。

由于教师职业对国家未来的人才培养具有重要的作用，师资水平的高低在很大程度上决定了教育的质量和各种教育改革的顺利实施，因而特别需要一些优秀的学生进入教职。《关于教师地位的建议》指出："师资培养机构的学生应获得足够的奖学金或财政上的资助，以使其能专心求学，生活不虞匮乏。可能的话，教育当局应设置完全免费的师资培养机构。"从公费或提供专业奖学金的角度确定师资培养的费用负担原则。我国《教师法》规定"各级师范学校学生享受专业奖学金"，采取的也是类似的原则。但不同的做法也存在，如我国台湾地区对普通学生与到偏远及特殊地区服务的学生做了明确区分，前者需要自费，只有后者，也就是到偏远及特殊地区服务的学生才可享受公费或助学金。

随着社会的发展和教师培养机构的多元化，师资培养机构的学生是否需要继续得到财政上的援助，是一个需要根据对教师职业重要性、教师的社会和经济地位以及教职对优秀学生的吸引力等多方面因素加以综合分析才能确定的事情。不过可以肯定的是，政策与法律要保持公平性，如果实行专业奖学金制度，就不应只面向师范院校学生，而应使所有师资培养机构的学生都能享受奖学金。另外，国家必须对革命老区、民族地区、边远地区和乡村地区的师资培养实行特别优待，到这些地区学校服务的学生应得到特别的鼓励和支持。在具体措施上，我国《义务教育法》第33条规定："国务院和地方各级人民政府鼓励和支持城市学校教师和高等学校毕业生到农村地区、民族地区从事义务教育工作。国家鼓励高等学校毕业生以志愿者的方式到农村地区、民族地区缺乏教师的学校任教。县级人民政府教育行政部门依法认定其教师资格，其任教时间计入工龄。"

自2006年开始，教育部等四部门开始组织实施"农村义务教育阶段学校教师特设岗位计划"，公开招募高校毕业生到西部"两基"攻坚县县以下农村义务教育阶段学校任教，引导和鼓励高校毕业生从事农村教育工作。2018年，教育部等四部门发布了《教育部直属师范大学师范生公费教育实施办法》，将"师范生免费教育"改称为"师范生公费教育"，进一步完善师范生公费政策，优先选拔乐教、适教的优秀高中毕业生进入教师队伍。

2. 教师培训

教师培训针对的对象是在职教师，目标是改善教师的教育质量、教学内容与教学技术。由于现代社会知识瞬息万变，教师必须不断学习才能更新知识结构并掌握最新的课程信息与现代教学技术，更好地履行教职，实现学生的受教育权，因此，关于教师进修和培训的内容在很多国家都是教师法律制度中的重要内容。我国《教师法》中教师的权利与义务部分均涉及教师的培训问题，既肯认进修和培训是教师可以主张的权利，也将其作为教师必须履行的义务加以要求。

教师培训的法律制度主要涉及三方面内容，包括培训机构、培训课程与形式、培训条件的保障。教师的培养和培训密切相关，两者在很多内容上有相似之处。如在培训机构方面，能够参与教师培养的机构，无论其是师范学校还是其他高等学校，一般也能够参与教师培训。但进行教师培训的机构比师资培养的机构类型更多，除了师范学校和一些综合性高等学校，在我国还包括各级教师进修学校和教育学院。

在培训课程与形式方面，教师培训的目的在于改善教师素质与资格，变更或扩展其原有的工作范围，以及使其教学内容和方法跟得上时代，因此与教师培养的课程有重合的地方。但相较于教师培养课程而言，教师培训课程更侧重实际的教育过程、经验、技巧与细节的把握。在培训形式上，为了满足教师在职培训的特点，特别需要保持培训时间和形式的灵活性。此外，联合国教科文组织《关于教师地位的建议》还特别提到应为完成在职进修的教师提供复习课程，以利衔接因进修而中断的教学。

在教师培训的条件保障方面，首先是经费的保障，教师培训应采免费的原则，各级政府的教育财政预算中应有专门经费用于教师培训。其次则是时间的保障，教师培训的形式虽以在职进修为主，但也包括短期的脱产培训，如何能保证教师的进修培训时间，是一个重要的问题。

（二） 教师资格制度

专业的基本特征就是要有一定的准入制度，教师职业也不例外。国家对教师职业实行的入门许可制度就是教师资格制度。现代社会中，各个国家普遍实行教师资格制度，通过立法或其他手段对教师资格的条件及认定做出明确的规定，要求进入教师职业的人必须先取得教师资格证书或执照。

我国《教师法》规定国家实行教师资格制度，并对该制度的内容进行了原则性规定。其后国务院制定《教师资格条例》，对教师资格制度的内容进行了详细规范。根据以上两部法律文件的规定，我国的教师资格制度主要包括教师资格的分类、条件和认定三方面内容。

1. 教师资格的分类

我国的教师资格共分为八类：幼儿园教师资格；小学教师资格；初级中学教师资格，初级职业学校文化课、专业课教师资格；高级中学教师资格；中等专业学校、技工学校、职业高级中学文化课、专业课教师资格；中等专业学校、技工学校和职业高级中学实习指导教师资格；高等学校教师资格；成人教育教师资格。

我国的教师资格原则上采取高级包含低级的原则，取得某类教师资格的公民，既可以在本级学校担任教师，也可在本级以下等级的各类学校和其他教育机构担任教师。但是，取得中等职业学校实习指导教师资格的公民只能在中等专业学校或者初级职业学校担任实习指导教师。另外，高级中学教师资格与中等职业学校教师资格可以通用。

2. 教师资格的条件

我国《教师法》规定，中国公民凡遵守宪法和法律，热爱教育事业，具有良好的思想品德，具备从事教育教学工作的身体、心理条件，具备规定的学历、经国家教师资格考试合格，有教育教学能力①，经认定合格的，可以取得教师资格。该法对于学历条件的规定如下：

（一）取得幼儿园教师资格，应当具备幼儿师范学校毕业及其以上学历；

（二）取得小学教师资格，应当具备中等师范学校毕业及其以上学历；

（三）取得初级中学教师、初级职业学校文化、专业课教师资格，应当具备高等师范专科学校或者其他大学专科毕业及其以上学历；

（四）取得高级中学教师资格和中等专业学校、技工学校、职业高中文化课、专业课教师资格，应当具备高等师范院校本科或者其他大学本科毕业及其以上学历；取得中等专业学校、技工学校和职业高中学生实习指导教师资格应当具备的学历，由国务院教育行政部门规定；

（五）取得高等学校教师资格，应当具备研究生或者大学本科毕业学历；

（六）取得成人教育教师资格，应当按照成人教育的层次、类别，分别具备高等、中等学校毕业及其以上学历。

我国立法也规定了禁止取得教师资格的情形，也就是教师消极资格的规定，受到剥夺政治权利或者故意犯罪受到有期徒刑以上刑事处罚的，不能取得教师资格；已经取得教师资格的，丧失教师资格。

不具备《教师法》规定的教师资格学历的公民，可以通过国家举办的或者认可的教师资格考试，申请获得教师资格。

3. 教师资格的认定

我国的教师资格主要由各级政府教育行政部门认定，其中，高等学校

---

①　"有教育教学能力"不仅包括一般意义上的教材理解能力、语言表达能力、课堂组织能力等，还包括符合国家规定的从事教育教学工作的身体条件。

教师资格可以由获得授权的高等学校认定。具体来看，中小学教师资格由县级以上地方人民政府教育行政部门认定。中等专业学校、技工学校的教师资格由县级以上地方人民政府教育行政部门组织有关主管部门认定。普通高等学校的教师资格由国务院或者省、自治区、直辖市教育行政部门或者由其委托的学校认定。

认定教师资格，应当由本人提出申请。教育行政部门和受委托的高等学校每年春季、秋季各受理一次教师资格认定申请。申请人应当在规定的受理期限内提出申请。申请认定教师资格，应当提交教师资格认定申请表和下列证明或者材料：

- 身份证明；
- 学历证书或者教师资格考试合格证明；
- 教育行政部门或者受委托的高等学校指定的医院出具的体格检查证明；
- 户籍所在地的街道办事处、乡人民政府或者工作单位、所毕业的学校对其思想品德、有无犯罪记录等方面情况的鉴定及证明材料。

教育行政部门或者受委托的高等学校在接到公民的教师资格认定申请后，应当对申请人的条件进行审查；对符合认定条件的，应当在受理期限终止之日起 30 日内颁发相应的教师资格证书；对不符合认定条件的，应当在受理期限终止之日起 30 日内将认定结论通知本人。

非师范院校毕业或者教师资格考试合格的公民申请认定幼儿园、小学或者其他教师资格的，应当进行面试和试讲，考察其教育教学能力；根据实际情况和需要，教育行政部门或者受委托的高等学校可以要求申请人补修教育学、心理学等课程。

2020 年 8 月 17 日，国务院常务会议提出了教师职业资格改革的新举措。为促进更多师范毕业生从事教育、增加就业，会议决定，在已对教师职业资格实行"先上岗、再考证"阶段性措施的基础上，推进师范毕业生免试认定教师资格改革，并建立教师教育院校对师范生教学能力进行考核的制度。加快推进允许教育类硕士及以上学历毕业生、公费师范生免试认定教师资格。开展教师教育院校办学质量审核，审核通过院校的师范毕业生可免试认定教师资格，便利师范毕业生就业，提升教师队伍素质。2022年1月，教育部发布了《关于推进师范生免试认定中小学教师资格改革的通知》，就扩大免试认定改革范围和建立健全师范生教育教学能力考核制度等事项做出具体规定。

（三）教师的任用制度

1. 教师任用制度的类型

各国的教师任用制度不尽相同，有的实行派任制，有的实行聘任制。英国和美国采用教师聘任制，中小学教师由地方学区或教育当局聘任，高等学校教师由学校聘任；法国、德国、日本主要由国家或地方政府任用教师，既有派任制，也有聘任制。我国采用聘任制，《教师法》规定："学校和其他教育机构应当逐步实行教师聘任制。教师的聘任应当遵循双方地位平等的原则，由学校和教师签订聘任合同，明确规定双方的权利、义务和责任。"实务上，我国的教师聘任存在不同的方式，包括学校与教师签订聘任合同、教育行政机关与教师签订聘任合同、教育行政机关和学校分别与教师签订聘任合同等多种类型。

美国大多数学区都会与教师签订书面合同，载明教师与学校各自的权利，以及合同期限、工作条件及申诉制度等内容。工作条件则具体包括工资、班级人数上限、在校工作时间及学生管教等内容。根据合同期限的长短及对教师工作权保障程度的高低，教师聘任合同大体分为试用合同（probationary contract）和长聘合同（tenure contract）两种。试用合同有一定的期限，各州长短不一，通常是三年。在试用合同期间内，如果试用教师的工作表现令人满意，则可以取得长聘资格。长聘合同无固定期限，其目的是保障教师免受学校官员恣意行为的影响。正如宾夕法尼亚州最高法院指出的那样："学校法中关于长聘规定的目的，是要维护一群表现良好，足以胜任教职的人员，免于政治或恣意的干预，通过这种规定，能力够且胜任的教师可以感到工作有保障，而更有效率地执行教学任务。"[1] 各州都在州法律中对取得长聘教师的资格做出了明确规定，但要求不尽相同，弗吉尼亚州规定在取得长聘资格前，教师需在同一城镇试用三年，试用期间聘约是一年一聘。加利福尼亚州教育法典则规定，在 1983—1984 财政年度以后聘用的教师，在连续聘用两年后，第三年若仍获续聘，则从第三年起获得长聘资格，成为该学区的终身（永久）受雇人。[2]

美国在长期的教育行政分权体制下，逐渐在教师聘任中形成了一种独特的集体协商制度。集体协商制度是由雇主与受雇者的代表，即学区教育董事会与教师工会，在互信的气氛下协商工作条件与双方的权利义务，并据此产生协议，成为日后签订聘任合同的依据。这种集体协商制度在一定程度上弥补了个别教师谈判能力不足的问题，有助于教师与雇主在真正平等的基础上协商工作条件及权利问题。由于美国联邦宪法没有规定协商问题，因此集体协商的性质与内容都由各州的立法机关决定。有些州要求必须协商，有些州禁止协商或者禁止协商某些议题，有些州规定自由协商，由学区教育董事会自行决定是否进行集体协商。集体协商的内容由于受制于各州的立法机关，不尽一致，但一般而言，薪资、工作时间与工作条件是最主要的协商议题。

我国虽在 1993 年《教师法》中规定实行教师聘任制度，但由于其时对教师法律地位特别是公立学校教师法律地位定位不明确，其相应的管理制度，包括聘任制度缺乏法理基础，教师聘任的类型、期限、条件及下文所述的解聘事由与程序等阙如，处于不健全的状态。在此背景下，学校虽然与教师签订聘任合同，但做法上各行其是，大多流于形式，有些情况下学校无法解聘不胜任的教师，有些情况下学校又可以任意解除与教师的合同，造成现实中的诸多纷扰。近年来，随着事业单位人事管理法规规章体系日趋完善，公立学校教师的事业单位工作人员法律地位愈发凸显，公立学校

---

① *Smith v. Sch. Dist. of Town of Darby*（1957）.

② CAL. EDUC. CODE § 44929（b）.

教师的聘任合同和管理体制均已被整合进事业单位工作人员管理体制及其规章制度之中。《事业单位人事管理条例》第四章"聘用合同"和第八章"人事争议处理"等为公立学校教师（纳入事业单位编制管理者）聘任制度提供了规范依据和制度导引。此外，《劳动合同法》第 96 条规定："事业单位与实行聘用制的工作人员订立、履行、变更、解除或者终止劳动合同，法律、行政法规或者国务院另有规定的，依照其规定；未作规定的，依照本法有关规定执行。"由此可见，《劳动合同法》的相关规定也适用于教师聘任制度，并构成了对《事业单位人事管理条例》的补充。公立学校教师与学校间的聘任合同纠纷被确认为事业单位与工作人员之间因解除人事关系、履行聘用合同发生的争议，即人事争议，继而进入人事争议纠纷解决渠道。然而，也有学者指出，事业单位人事管理制度并未考虑公立中小学教师人事管理的实际，存在聘用合同签订方与实际管理方错位以致诉讼无门、聘用合同解除/终止法定条件存在设计缺陷等一系列问题（叶阳永，2021）。

2. 教师聘约解除的类型与事由

（1）教师聘约解除的类型与事由概述

教师与学校签订聘任合同后，双方即建立起受法律保护的任用关系。但当一定情形发生时，这种聘任关系也会暂时停止或永久终止。其中，教师作为主动解除聘任关系的一方的情形可被称为辞聘。学校作为主动一方解除聘任关系的情形，通常包括解聘与不续聘两种类型。除此之外，我国台湾地区教师相关规定还规定有停聘的类型。所谓解聘，是指在聘约存续期间，出现法定或特定事由，由学校解除与教师之间尚未到期的聘任合同。所谓不续聘，是指聘约期限届满时，学校不再与教师继续签订聘任合同。所谓停聘，是指在出现法定或特定事由时，学校暂时停止与教师的聘约关系，但当停聘原因消灭并经学校审查通过后，还可回复聘任关系。其中，解聘与不续聘均会产生终止聘任关系的效果，而停聘只是暂时性的，其聘任关系仍可回复。

由于教师聘约的性质不同，解除聘约的条件也不相同。在英美国家，学校一般情况下无须对试用教师或非长聘教师的不续聘决定提供理由。但解聘与停聘因为是对有效的聘任合同的永久或暂时的解除，对合同另一方的教师权益影响十分明显，必须有较为明确的事由。在教师属于公务员的国家中，其职位保障会更加充分，即使没有取得长聘资格，对教师的不续聘、解聘或停聘决定也都需要学校提供明确理由。在有些国家和地区，特别是在将教师定位于公务员的地区，教师的解聘事由通常会在法律中明定，即法定解聘事由。有些国家虽未在法律中明定教师的解聘事由，但经过长期的判例和实践积累，教师的解聘事由也逐渐清晰。对私立学校而言，在不违反法律的情况下，学校也可在合同中约定某些事项，如对违反学校规章制度的教师予以解聘，这些事由只要不违反法律，也会得到法院的认可。总之，如果没有法定或约定的特定事由出现，学校不能单方面解除与教师的聘任关系，否则要承担违约的法律后果。而对教师的辞聘，一般而言，如果教师拟于聘约期满后不再应聘，属其自由意思表示，不受限制，只需按照规定提前通知校方即可；但若在聘约存续期间辞职，则一般须有正当理由，并经学校同意后才可离职。

(2) 我国的教师解聘事由

我国对于教师解聘的法定事由，主要在《教师法》中进行了规定，包括三种情形：故意不完成教育教学任务给教育教学工作造成损失；体罚学生，经教育不改；品行不良、侮辱学生，影响恶劣。除此之外，还包括解除聘用合同的一般情形。

至于教师解聘的具体事由，应当根据教师法律身份的不同分别适用。公立学校教师（纳入事业单位编制管理者）属于事业单位工作人员，适用《事业单位人事管理条例》相关规定，民办学校教师以及未纳入事业单位编制管理的公立学校教师适用《劳动合同法》相关规定。就公立学校教师（纳入事业单位编制管理者）而言，《事业单位人事管理条例》第17条规定："事业单位工作人员提前30日书面通知事业单位，可以解除聘用合同。但是，双方对解除聘用合同另有约定的除外。"此外，《事业单位人事管理条例》第 15 条、第 16 条及第 18 条分别明确规定了事业单位（即学校）可以解除聘用合同的情形：

- 事业单位工作人员连续旷工超过 15 个工作日，或者 1 年内累计旷工超过 30 个工作日的，事业单位可以解除聘用合同。
- 事业单位工作人员年度考核不合格且不同意调整工作岗位，或者连续两年年度考核不合格的，事业单位提前 30 日书面通知，可以解除聘用合同。
- 事业单位工作人员受到开除处分的，解除聘用合同。

就民办学校教师及未纳入事业单位编制管理的公立学校教师而言，《劳动合同法》第 39 条明确规定了用人单位（即学校）可以单方解除聘用合同的情形：

- 在试用期间被证明不符合录用条件的；
- 严重违反用人单位的规章制度的；
- 严重失职，营私舞弊，给用人单位造成重大损害的；
- 同时与其他用人单位建立劳动关系，对完成本单位的工作任务造成严重影响，或者经用人单位提出，拒不改正的；
- 因本法第二十六条第一款第一项规定的情形致使劳动合同无效的；
- 被依法追究刑事责任的。

此外，根据《劳动合同法》第 40 条的规定，对于有下列情形之一的，用人单位可以在提前三十日以书面形式通知教师本人或者额外支付教师一个月工资后，解除聘用合同：

- 患病或者非因工负伤，在规定的医疗期满后不能从事原工作，也不能从事由用人单位另行安排的工作的；

- 不能胜任工作，经过培训或者调整工作岗位，仍不能胜任工作的；
- 劳动合同订立时所依据的客观情况发生重大变化，致使劳动合同无法履行，经用人单位与教师协商，未能就变更劳动合同内容达成协议的。

《劳动合同法》也规定了强制裁员的问题。该法第 41 条规定，有下列情形之一，需要裁减人员二十人以上或者裁减不足二十人但占企业职工总数百分之十以上的，学校提前三十日向工会或者全体职工说明情况，听取工会或者职工的意见后，裁减人员方案经向劳动行政部门报告，可以裁减人员：

- 依照企业破产法规定进行重整的；
- 生产经营发生严重困难的；
- 企业转产、重大技术革新或者经营方式调整，经变更劳动合同后，仍需裁减人员的；
- 其他因劳动合同订立时所依据的客观经济情况发生重大变化，致使劳动合同无法履行的。

该条同时规定，单位裁减人员时，应当优先留用与其订立较长期限的固定期限劳动合同的，或者是与其订立无固定期限劳动合同的，以及家庭无其他就业人员，有需要扶养的老人或者未成年人的。如果用人单位进行强制裁员后的六个月内重新招用人员的，应当通知被裁减的人员，并在同等条件下优先招用被裁减的人员。

《劳动合同法》第 42 条对用人单位的解聘做了限制性规定，指出劳动者有下列情形之一的，用人单位不得解除劳动合同，这些内容在国家进行专门教师聘任立法之前也适用于对解除教师聘约的限制。

- 从事接触职业病危害作业的劳动者未进行离岗前职业健康检查，或者疑似职业病病人在诊断或者医学观察期间的；

- 在本单位患职业病或者因工负伤并被确认丧失或者部分丧失劳动能力的；
- 患病或者非因工负伤，在规定的医疗期内的；
- 女职工在孕期、产期、哺乳期的；
- 在本单位连续工作满十五年，且距法定退休年龄不足五年的；
- 法律、行政法规规定的其他情形。

对于教师主动辞聘的情形，《劳动合同法》第37条、第38条明确规定，劳动者提前三十日以书面形式通知用人单位，可以解除劳动合同；劳动者在试用期内提前三日通知用人单位，可以解除劳动合同；用人单位有下列情形之一的，劳动者可以解除劳动合同。

- 未按照劳动合同约定提供劳动保护或者劳动条件的；
- 未及时足额支付劳动报酬的；
- 未依法为劳动者缴纳社会保险费的；
- 用人单位的规章制度违反法律、法规的规定，损害劳动者权益的；
- 因本法第二十六条第一款规定的情形致使劳动合同无效的；
- 法律、行政法规规定劳动者可以解除劳动合同的其他情形。

该条同时明确，用人单位以暴力、威胁或者非法限制人身自由的手段强迫劳动者劳动的，或者用人单位违章指挥、强令冒险作业危及劳动者人身安全的，劳动者可以立即解除劳动合同，不需事先告知用人单位。

(3) 英美国家的教师解聘事由

在英美国家，解聘教师大多需要基于不胜任、不服管理、不道德、刑事判罪或者强制裁员等理由。

第一种解聘事由为不胜任（无能），是指欠缺能力、知识、法定资格或不能适当履行应尽的义务。教师如果在体能、智能和道德方面能力不足或不当，不够资格或资格不适合教学，即属不胜任的表现。所谓不适合教学，是指缺乏学科教学的专业知识，或者欠缺维持学生纪律的能力，导致学生成绩太差或课堂秩序混乱。教师如果对学生提出过分的纪律要求，如体罚学生，也可被视为不胜任而遭解聘。

不服管理是第二种常见的解聘事由。教师蓄意忽视或拒绝学校或学区的规定，不服从学校的管理，违抗合理的指示和决定，将导致教师的解聘。但教师某一次的单一违抗行为是否足以导致解聘，还要看行为或事件的严重程度。如果事件非常重大，负面影响显著，即使是一次违抗行为也会导致解聘，如教师拒不教授指定的课程。但其他非具有严重性质的单一事件则不足以构成解聘的充分理由，例如美国明尼苏达州法院就将不服管理界定为经常故意不遵守由上级所确定的合理命令（秦梦群，2006）[189]。对于教师违抗命令不服管理的指控，需要满足下列要求，否则不获法庭的支持（程介明 等，1997）[298]：

- 清楚证明教师犯了所指控的错失；
- 所指控的错失为清楚公布的规章，且曾经明确地提示；
- 明显违反了公布的规章；
- 教师并无尝试遵从此等规章；
- 教师违反此等规章，造成了学校，包括同事、学生及学校声誉和物质上的损害；
- 此等公布的规章并非是无理的；
- 此等公布的规章是有效的，公布者亦拥有制定此等规章的权力；
- 执行此等规章时，并无牵涉歧视、偏见或恶意的成分。

第三种解聘事由是不道德。美国法院将"不道德"行为定义为不能接受且影响教师教学质量，或是违反州法规定且牵涉可耻道德行为的犯罪（秦梦群，2006）[184-185]。因此，教师的行为如果损害了其所处的社会的道德标准，并且给学生造成了不良影响，或者影响到教师的教学，即构成可遭解聘的"不道德"行为。一般来说，不论教师的性别如何，与未成年学生发生性行为，包括对学生进行性骚扰，均构成不道德行为。即使学生声称愿意与教师发生性行为，校方也可做出解聘教师的决定，因为其行为的发生已"对地方学区的教育产生损害"。此外，教师个人的一些行为，如校外的不当生活、未婚怀孕、同性恋、不合法的重婚、服用禁药与酗酒，也都可能被学校以不道德作为解聘的依据，但这些理由不一定会得到法院的认可。相对来说，美国法院对教师在校外发生的私人生活领域的有争议的行为一般会采取较为保守的态度，除非校方能够举证教师的校外生活导致其不胜任教学工作，或者对学生产生了不良影响，否则教师的隐私权一般会受到保护。（秦梦群，2006）[183-189]

刑事判罪及其他原因是导致教师解聘的第四种事由。教师无论是参与了严重的刑事犯罪，受到长期徒刑或者死刑的刑罚，还是有盗窃、漏税、藏有软性毒品等依法律构成较轻犯罪的行为，都构成解聘事由。除此之外，教师如玩忽职守、有重大的教学或管理上的过失，也可能遭到学校的解聘。

强制裁员则是第五种解聘事由。当学生人数减少、经费短缺的时候，学区或者学校有可能进行裁员以减少支出平衡预算，这种情况即构成强制裁员。美国大多数州的法律都有强制裁员的规定，有些州的法律还进一步规定如何选择裁员对象，应履行哪些程序及如何复职等。整体来说，学区可以因财政危机、学区调整或学生注册人数减少而解聘教师，但法院会审查强制解聘是否必要、应裁撤哪些职位、裁员是否出于善意等进而判断其合法性。一般来讲，裁员须依据年资进行，在都具备担任某一职务的资格时，长聘教师通常会优先留任，资深的教师会较资历浅的教师优先留任。也有些州以教师的考绩作为决定因素，若考绩相同，再以年资判断。（秦梦群，2006）[194-195]

3. 教师聘约解除的程序

我国《教师法》并未规定教师聘约解除的具体程序。《事业单位人事管理条例》仅规定了两种情形下的通知期限程序，即"事业单位工作人员年度考核不合格且不同意调整工作岗位，或者连续两年年度考核不合格的，事业单位提前30日书面通知，可以解除聘用合同"以及"事业单位工作人员提前30日书面通知事业单位，可以解除聘用合同。但是，双方对解除聘用合同另有约定的除外"。《劳动合同法》也对解聘的通知期限提出了具体要求。据此，不同法律地位的教师应分别适用上述规定。总体而言，对于教师解聘制度的程序规定，我国仍存在较大改善空间。

在英美国家，试用教师的职位保障程度较低，对试用教师不续聘的决定通常不须附理由，但地方学区或学校必须在聘约期满前的特定时间通知试用教师不予续聘的决定。如果未能遵守通知的最后期限，则会导致不续聘决定无效或者试用教师继续原职一年，有时甚至可能导致教师取得长聘资格。通知的形式则须视各州立法而定，如果州对不续聘决定要求有书面通知及理由，则必须满足这些形式要求，否则也可能导致决定无效。此外，如果试用教师认为其不续聘的事由有违宪法规定，则可向法院提起诉讼，一旦被确认，其续聘也可得到保障。

在解聘长聘教师时，学校必须履行更多的正式程序。美国联邦法院认为长聘教师对其教职享有财产或自由的利益，受到宪法第十四修正案正当法律程序的保护，因此，学校的解聘决定必须满足正当法律程序的要求。但学校在解聘程序上应当履行的正当程序包括哪些内容，往往因案例不同而不同。一般来说，给予教师一份附解聘事由的书面通知，并给予一个公平的听证程序和驳斥证据的机会可以说是最基本的解聘程序。（Matheson，1975）此外，美国联邦第五巡回上诉法院曾经在"弗格森诉托马斯案"①中列举了应给予教师的最起码的程序保障，可作为参考：

- 他应该被通知有关中止聘任之详细原因，以便他能公平地指出其中可能存在的错误；
- 他应该被告知不利于他的证人姓名以及证词之内容；
- 在通知他上述事项后的合理时间内，他应被给予一个有意义的机会去接受听证并为自己辩护；
- 听证会应在具有某种学术上的专业能力并且对于此一控诉明显公正的听证团前进行。

---

① *Ferguson v. Thomas*，430 F. 2d 852（5th cir 1970）.

基本上，经过多年的判例积累，美国法院已经确立了解聘长聘教师的一些基本原则，包括事前通知与听证两大部分。事前通知的主要目的是事先使教师了解其被解聘的事由、原因与事实。至于其方式，则须视州立法而定，如果州立法规定采用书面通知，则口头通知即不合法。另外，必须保证通知在合理的期限内送达教师，以使教师有适当的时间准备反驳。但如果法律没有明确规定提前送达的准确日期，而教师又没有主动提出异议，那么就不能事后再以缺乏准备时间为由进行反驳。

听证主要分为两个阶段：一为解聘决定做出前的听证；二为决定做出后教师不服而向学区教育董事会提出的听证。前者的听证程序相对简单，为教师提供提出异议并为自己答辩的机会即可，并不一定要举行正式的听证会。而后者，也就是学区教育董事会的听证程序非常严格，较为接近法院判案的听证程序，实际上已经属于教师权利救济程序的一部分。听证是教师解聘中正当法律程序的一部分，但作为教师，可以主张也可以放弃。法院关心的是校方在解聘前有无提供听证机会，而非一定举行听证，如果教师放弃听证，如拒绝参加听证会或中途离席，均系其个人行为，法院并不禁止。

我国台湾地区对教师停聘、解聘及不续聘的程序也有相应的规定。总的特点是对教师行为判断的主观成分越大，教师行为恶性程度越低，则其程序要求越严格。以教师解聘程序为例，犯有特定罪行且经有罪判决确认的教师，免经教师评审委员会审议，并免报主管机关核准，予以解聘。由于此类教师行为已经过司法机关的判定，因而解聘程序较为简单。而对于出现性侵害、性骚扰或性霸凌等行为的，经学校性别平等教育委员会或依法组成之相关委员会调查确认属实者，免经教师评审委员会审议，由学校报主管机关核准后，予以解聘。体罚或霸凌学生，造成其身心严重损害，应经教师评审委员会委员三分之二以上出席、二分之一以上审议通过，并报主管机关核准后，予以解聘。而对教师行为违反相关规定、经学校或有关机关查证属实、有解聘及终身不得聘任为教师之必要的事由，或违反聘约情节重大者，因对行为的主观判断成分较大，所以程序要求最为严格，应经教师评审委员会委员三分之二以上出席、三分之二以上审议通过，并报主管机关核准后，才能予以解聘。而在所有教师评审委员会做出停聘、解聘或不续聘的决议后，学校均应在 10 日内报请主管教育行政机关核准，并同时书面附理由通知当事人。因此，向教师发出附理由的书面通知，并经主管教育行政机关核准，构成其停聘、解聘及不续聘决定有效的两个必经程序。

（四）教师的职业保障

教师应拥有职业保障的权利，其工作环境应是最能促进有效学习之处，如此才能使教师专心致力于其专业职责。我国《教师法》第 9 条规定，为保障教师完成教育教学任务，各级人民政府、教育行政部门、有关部门、学校和其他教育机构应当履行下列职责：

- 提供符合国家安全标准的教育教学设施和设备；
- 提供必需的图书、资料及其他教育教学用品；
- 对教师在教育教学、科学研究中的创造性工作给以鼓励和帮助；
- 支持教师制止有害于学生的行为或者其他侵犯学生合法权益的行为。

联合国教科文组织在《关于教师地位的建议》中，也详细地从教师的工作量、假期、薪水、特别补助及其他社会保障方面对各国完善教师职业保障制度提供了很好的建议，值得关注和重视。

1. 教师工作量

（1）班级大小

学校的班级大小应当合宜，以方便教师注意到个别学生的状况，对学生进行个别辅导，中小学阶段尤其提倡小班教学。至于大班教学，则可利用视听辅助教材作为一项补救性的措施。为使教师专心致力于其教学的本职工作，学校应当安排助教替教师分担非教学性的工作。

（2）工作时数

工作时数是教师工作量的重要组成部分。联合国教科文组织建议，教师每周每日的工作时数应由教育行政当局或学校与教师组织先行磋商后确定。而在设定教师工作时数时，下列有关因素均应考虑在内。

- 教师每周、每日教授的学生总人数。
- 为充分备课及教学评估预留的时间。
- 每日预定的教学科目分量。
- 参与研究，或课程、课外活动及在教学督导、辅导学生等方面花费时间的需求。
- 意欲向教师提供的与家长沟通所需的时间。

除了课堂教学，当要求教师参与课外活动时，课外活动不应构成教师的额外负担，也不得妨碍教师主要职责的履行。尤其当教师于课堂教学之外被额外赋予特别职责时，应依比例折抵其原先正常的工作时数，而且应为教师提供参加在职进修的时间。

2. 假期

联合国教科文组织《关于教师地位的建议》提到，所有教师均有权得到足够的全薪年假，定期享有支领全薪或分薪的教学假、病假，以及在双边或多边文化学术交流理由下核准的特假。对在远离人口密集区执教的教师，应给予较频繁的教学假。对于女性教师的生育，应遵循国际劳工组织所制定的标准，特别是1919年的《妇女生育前后工作公约》（第3号公约）以及1952年的《生育保护公约》（第103号公约）所给予的待遇，对于已有子女的女性教员，应借由譬如应其要求，使其在产后留职停薪一年，并保障其原聘任关系中所有权利等方法，鼓励其继续从事教学工作。

3. 薪资

在影响教师地位的众多因素中，薪资是非常重要的一项。因为在当前世界局势中，其他因素，譬如教师的地位和所受的尊重，以及对教师本身功能之重要性的评价，在很大程度上都是由其经济状况决定的。

联合国教科文组织在《关于教师地位的建议》中指出，教师薪资应当：

- 反映教学功能对社会的重要性，更进一步反映教师本身的重要性及他们自担任教职以来所担负的种种责任；
- 与其他有类似要求或相当资格的职业的薪资，做客观的比较；
- 使教师有能力维持自己与家人合理的生活水平，并拥有足够的钱可供接受深造或参观文化性活动等以增强教学专业资质；
- 应考虑到某些职位要求较高的学历、经历背景，也因此必须担负更重的责任这个事实。

《关于教师地位的建议》还指出，教师薪资的发放应以与教师组织协商后所制定的薪资表为准，不可因教师尚在试用期间或只是暂时代课，便以低于常任教师薪资表的给付标准计算其薪资。而一旦最高排课时数确定，若教师的正常课表时数超过此最高标准，则应发放依制定薪资表所核发的额外酬金。对教师薪资的调整，应当随教师等级的晋升而逐年规则性地调高，并有适当间隔期，但基本薪资给付标准由最小值至最大值间的进程期限，以不超过十至十五年为限。即使处于试用期或代课期，教师薪资仍应依其工作表现而有所调整。

4. 乡村或偏远地区教师的特别补助

在乡村或偏远地区工作的教师应当得到特别补助，这是世界各国的通用准则。我国《教师法》和《义务教育法》均规定为在民族地区和边远贫困地区工作的教师提供专门的补助和津贴。联合国教科文组织《关于教师地位的建议》认为应主要从住房、搬迁费、交通费、特殊教学津贴及教学假五个方面为上述地区的教师提供特别补助。首先，最好为在乡村或偏远地区任教的教师免费提供或至少为其提供补助租金的较为体面的公宅。当教师转校到偏远乡村地区学校任教时，应为教师及其家眷提供搬迁费及交通费。必要时，应为偏远地区之教师提供特殊的交通工具，以便使其维持教学水平。政府应给予在乡村或偏远地区任教的教师较频繁的教学假，当教师每年一次休假时，学校应替他们负担回乡所需的交通费，将此作为一种激励措施。当教师遭遇特殊教学难题时，应给予其特殊教学津贴，且应计入薪资所得以便列入退休金的计算。

5. 其他社会保障措施

所有教师，无论服务于何种学校，都应当享受一定的社会安全保障。联合国教科文组织在《关于教师地位的建议》中指出，教师所受的社会安全制度保障，应包含如 1952 年国际劳工组织《社会保障最低标准公约》所列的相关条目，即医疗保健、急病福利、失业救济、老年救济、工作伤害赔偿、家眷福利、生育补助、残障补助与灾难生还者救助等项目。其中，关于老年退休金，《关于教师地位的建议》指出，在同一国家中，若教师转调至其他教育机构服务，则在其原服务机构中应享有的退休金额应随之转移。在取得退休金后，由于教师短缺严重，而在符合国家规定的情况下继续服务的教师，应追加额外服务时间的退休金额或经由适当途径，获得增补的退休金。老年退休金与教师离职前的最后支薪不应相距太远，以便教师继续维持适当的生活水平。

那些因生理或心理上残障而被迫停止教学工作的教师，应当获得残障补助金，当状况危急无法以急病救助金或其他方式来补助时，应修订其退休金认可条款。若只是部分残障，教师仍可上部分课程，则应给付教师部分残障补助金。残障补助金与离职前的最后支薪不应相距太远，以便教师继续维持适当的生活水平。政府还应当详细规定使教师恢复健康或改善伤残教师的健康状况的医疗服务与相关的福利措施。

四、教师惩戒与权利救济

（一）教师惩戒

1. 教师惩戒的概念与目的

所谓教师惩戒，就是当教师出现违反法律或学校纪律的情形时，由教育行政部门或学校对教师给予不利处分或处理的措施。教师惩戒的类型很多，可以是处分，也可以是在薪资或职称提升上予以限制，广义上还包括对教师聘约的暂时或正式解除，如低聘、停聘、解聘、不续聘等。教师惩戒具有消极和积极两方面的目的，消极目的主要在于矫正教师的不当行为并以资警惕，积极目的则在于维持教育团体纪律和促进教育活动的进行，以达成教育目标。（吴清山，2003）[68]

2. 教师惩戒的事由

根据我国《教师法》第 37 条的规定，教师的法定惩戒事由包括以下三项：

- 故意不完成教育教学任务给教育教学工作造成损失的；
- 体罚学生，经教育不改的；
- 品行不良、侮辱学生，影响恶劣的。

当教师出现以上情形时，可由所在学校、其他教育机构或者教育行政部门给予处分或者解聘。此外，公立学校教师（纳入事业单位编制管理者）属于事业单位工作人员，对其之惩戒也可适用《事业单位人事管理条例》和《事业单位工作人员处分规定》的相关规定。《事业单位人事管理条例》第 28 条明确规定了事业单位工作人员受到处分的事由：

- 损害国家声誉和利益的；

- 失职渎职的；

- 利用工作之便谋取不正当利益的；

- 挥霍、浪费国家资财的；

- 严重违反职业道德、社会公德的；

- 其他严重违反纪律的。

而《事业单位工作人员处分规定》则专辟一章，详细规定了事业单位工作人员的违法违纪行为及其适用之处分。应当给予处分的事业单位人员的违法违纪行为主要包括以下几类：违反政治纪律的行为；违反组织人事纪律的行为；违反工作纪律失职渎职的行为；违反廉洁从业纪律的行为；违反财经纪律的行为；严重违反职业道德的行为；严重违反公共秩序、社会公德的行为；被依法判处刑罚的行为。对应的处分包括：警告、记过、降低岗位等级、开除。

除《教师法》《事业单位人事管理规定》《事业单位工作人员处分规定》外，教师所在的学校一般也会自行制定教师纪律和工作规范，对教师的教学、科研、请假、出席学校必要活动，如会议、考试、阅卷等事项提出要求。教师如果未能按照相关规定行事，不论是上课迟到、未在规定期限完成评分及成绩登载，还是未经请假缺席会议等，都会构成教学事故或违反纪律，受到学校的惩戒。

3. 教师惩戒的程序

惩戒会对教师的权益产生不利影响，其执行须遵循必要的合理程序。前文对有关停聘、解聘、不续聘的程序，原则上也适用于其他对教师的惩戒行为。

首先，对于教师的惩戒手段及惩戒的事由，也即哪些情况会导致对教师的何种惩戒，教育行政机关、教师专业团体或者学校必须清楚且明文加以规定，使教师了解其要求和基本内容。

而在确认教师的应受惩戒行为时，最好有受惩戒教师的同事参与评议受惩戒者的行为，这样有助于对受惩戒者的保护与惩戒的裁定。如果有教师专业团体或其他教师组织，在执行惩戒事件之时，应咨询其意见。

教师在惩戒程序的每个阶段都应受到平等的保护，特别是：有权被书面告知其违反职业要求的行为及根据；有权完全知道惩戒所基于的证据；有权为自己的行为辩护，以及为自己寻求代表辩护，并应有充分的时间准备辩护；有权得到关于惩戒结果及理由的书面通知；有权向明确设置的权力机关或组织提出申诉。

此外，非常重要的一点是，如联合国教科文组织在《关于教师地位的建议》中所指出的，教师惩戒的程序与结果必须在受惩戒人的请求之下才能公开，除非是禁止其从事教学活动，或是为了保障学生权益或基于对学生福祉的考量。也就是说，对个别教师的惩戒程序与结果一般不宜公开，除非出现这三种情况，一是在禁止教师从事教学活动的时候，二是为了保障学生权益或基于对学生福祉的考量，三是应受惩戒人的请求，否则均应私下进行。这一规定主要考虑到教师的尊严与教学的内在特点及要求，具有人性化的特点，对教师的保护之意非常明显。

（二）教师的权利救济

教师在受到不利处分或认为自己的合法权益受到学校或政府有关部门侵害时，应当有适当的途径寻求法律救济。没有救济就没有权利，教师的法律救济制度是否完善，是衡量教师权利保护程度的重要指标。

在各国及地区的教师权利救济制度中，申诉、仲裁及诉讼是最常见的形式，它们各自有不同的适用条件。

1. 申诉制度

申诉制度是很多国家和地区教师权利救济的重要制度，也是我国《教师法》确立的教师法定救济制度。

（1）教师申诉制度

《教师法》第 39 条规定："教师对学校或者其他教育机构侵犯其合法权益的，或者对学校或者其他教育机构作出的处理不服的，可以向教育行政部门提出申诉，教育行政部门应当在接到申诉的三十日内，作出处理。教师认为当地人民政府有关行政部门侵犯其根据本法规定享有的权利的，可以向同级人民政府或者上一级人民政府有关部门提出申诉，同级人民政府或者上一级人民政府有关部门应当作出处理。"上述规定构成了教师申诉制度的核心规范根据，确立了教师申诉制度作为专门性教师权益救济途径的地位。

a. 教师申诉的程序

我国的教师申诉在程序上分为两个阶段。第一阶段，就对学校或者其他教育机构提出的申诉而言，教师首先向所在区域的主管教育行政部门提出。主管教育行政部门应当在收到申诉书的次日起三十天内进行处理，并作出申诉处理决定。教师若对该申诉处理决定不服，则进入第二阶段，向原处理机关隶属的人民政府申请复核。此外，该申诉内容若直接涉及其人身权、财产权及其他属于行政复议、行政诉讼受案范围的事项，则可以依法提起行政复议或者行政诉讼。

b. 教师申诉制度的内容

教师申诉制度的主要内容涉及申诉人、申诉受理范围、申诉形式、申诉处理机构和申诉处理决定五个方面。

申诉人是指具有申诉资格的教师本人。申诉受理范围包括以下三种：学校或其他教育机构侵犯教师合法权益；教师对学校或其他教育机构做出的处理不服的；当地人民政府有关部门侵犯教师由《教师法》所规定的相关权利。在申诉形式上，教师应递交书面形式的申诉书。申诉书的内容应当包括以下事项。

● 申诉人的姓名、性别、年龄、民族、籍贯、职业、住址等。委托代理的，写明代理人的有关情况。

● 被申诉人的名称、地址，其法定代表人的姓名、性别、职务、住址等。

- 申诉要求。申诉人认为被申诉人侵犯了其合法权益或不服被申诉人的处理决定，而要求受理机关进行处理的具体要求。

- 申诉理由。写明被申诉人侵害其合法权益或不服被申诉人处理决定的事实依据、法律依据并陈述理由。

- 附项，写明并附交有关的物证、书证或复印件等。

教师申诉的受理机构包括：对学校或其他教育机构提出的申诉，受理机构为其所在区域的主管教育行政部门；对当地人民政府有关行政部门提出的申诉，受理机构为同级人民政府或上一级人民政府有关部门。

行政机关对属于其管辖的教师申诉案件，应当及时进行审查，对符合申诉条件的，应予受理；对不符合申诉条件的，应以书面形式决定不予受理，并通知申诉人。行政机关对受理的申诉案件，应当进行全面调查核实，根据不同情况，依法做出维持或者变更原处理决定、撤销原处理决定或者责令被申诉人重新做出处理决定。行政机关逾期未做处理的，或者久拖不决，其申诉内容涉及人身权、财产权以及其他属于行政复议、行政诉讼受案范围的，申诉人可以依法提起行政复议或者行政诉讼。

(2) 事业单位工作人员申诉制度

《事业单位人事管理条例》第 38 条规定："事业单位工作人员对涉及本人的考核结果、处分决定等不服的，可以按照国家有关规定申请复核、提出申诉。"该条构成了事业单位工作人员申诉制度的核心规范依据。公立学校教师（纳入事业单位编制管理者）属于事业单位工作人员，因此也可通过事业单位工作人员申诉制度寻求救济。

《事业单位工作人员处分规定》第五章"复核和申诉"以及《事业单位工作人员申诉规定》对事业单位工作人员申诉的受案范围、受理机关、处理程序、处理决定等事项做出了全面规定。具体而言，事业单位工作人员若对下列涉及自身的考核结果、处分决定等不服，可依照相关规定提出申诉：

- 处分；

- 清退违规进人；

- 撤销奖励；

- 考核定为基本合格或者不合格；

- 未按国家规定确定或者扣减工资福利待遇；

- 法律、法规、规章规定可以提出申诉的其他人事处理。

事业单位工作人员申诉在程序架构上共分为三个阶段：第一阶段，事业单位工作人员可提出复核；第二阶段，若对复核处理决定不服，则可提出申诉；第三阶段，若对申诉处理决定不服，则可提出再申诉。在复核阶段，受理机关为人事处理决定做出单位。在申诉阶段，若原处理决定由公立学校做出，则受理机关为学校主管部门，若原处理决定由学校主管部门或其他部门做出，则受理机关为同级事业单位人事综合管理部门。在再申诉阶段，若申诉处理决定由学校主管部门做出，则受理机关为同级事业单位人事综合管理部门，若申诉处理决定由市级、县级事业单位人事综合管理部门做出，则受理机关为上一级事业单位人事综合管理部门。

事业单位工作人员应当自知道或应当知道人事处理决定，收到复核决定、申诉处理决定之日起三十日内申请复核或者提出申诉、再申诉。事业单位工作人员申请复核或提出申诉、再申诉应当提交申请书，并且同时提交原人事处理决定、复核决定或者申诉处理决定等材料的复印件。申请书应当载明如下内容：

- 申请人的姓名、出生年月、单位、岗位、政治面貌、联系方式、住址及其他基本情况；

- 原处理单位的名称、地址、联系方式；

- 复核、申诉、再申诉的事项、理由和要求；

- 申请日期。

受理复核申请的单位应当在接到申请书之日起三十日内做出复核决定，并以书面形式通知申请人。受理申诉、再申诉申请的单位应当组成申诉公正委员会审理案件，并在接到申请书之日起六十日内做出处理决定。

2. 仲裁制度

我国现有的人事仲裁和劳动仲裁制度都是教师权利救济制度的组成部分。其中，纳入事业单位编制管理的公立学校教师适用人事仲裁制度，民办学校教师及未纳入事业单位编制管理的公立学校教师适用劳动仲裁制度。

（1）人事仲裁制度

人事仲裁制度是由 1997 年人事部颁发的《人事争议处理暂行规定》所确定的一种救济制度，主要用于解决我国在人才使用、流动过程中发生的人事争议。2007 年，中组部、人事部及总政治部发布了《人事争议处理规定》（2011 年修正），代替原《人事争议处理暂行规定》发挥作用。

根据 2011 年修订的《人事争议处理规定》第 2 条，该规定适用于下列人事争议。

- 实施公务员法的机关与聘任制公务员之间、参照《中华人民共和国公务员法》管理的机关（单位）与聘任工作人员之间因履行聘任合同发生的争议。
- 事业单位与工作人员之间因解除人事关系、履行聘用合同发生的争议。
- 社团组织与工作人员之间因解除人事关系、履行聘用合同发生的争议。
- 军队聘用单位与文职人员之间因履行聘用合同发生的争议。
- 依照法律、法规规定可以仲裁的其他人事争议。

公立学校作为事业单位，其与教师之间因辞职、辞退以及履行聘用合同而产生的纠纷属于人事争议，可纳入人事仲裁的范围。根据《人事争议处理规定》第 13 条，教育部及其他部委直属的在京高等学校，与教师之间因辞职、辞退以及履行聘任合同或聘用合同而发生的争议应由北京市负责处理人事争议的仲裁机构处理，也可由北京市根据情况授权所在地的区

（县）负责处理人事争议的仲裁机构处理；各省（自治区、直辖市）直属或各部委直属的在各省的高等学校，与教师之间的上述纠纷由各省（自治区、直辖市）人事争议仲裁委员会处理，也可由省（自治区、直辖市）根据情况授权所在地的人事争议仲裁委员会处理。根据《人事争议处理规定》第14条，地方各级人事争议仲裁委员会的管辖范围，由省（自治区、直辖市）确定。因此，各地方公立中小学与其教师间发生的人事争议，由各省（自治区、直辖市）确定其仲裁机关。

根据规定，教师从知道或应当知道其权利受到侵害之日起60日内，以书面形式向有管辖权的人事争议仲裁委员会申请仲裁，人事争议仲裁委员会在收到仲裁申请书之日起10个工作日内做出受理决定。仲裁庭处理人事争议应注重调解，当事人经调解自愿达成书面协议的，仲裁庭应当根据调解协议的内容制作仲裁调解书。调解书送达后，即发生法律效力。当庭调解未达成协议或者仲裁调解书送达前当事人反悔的，仲裁庭应当及时进行仲裁裁决。[①] 仲裁庭处理人事争议案件，一般应当在受理案件之日起90日内结案，并在裁决做出后5个工作日内制作裁决书。

当事人对仲裁裁决不服的，自收到裁决书之日起15日内向人民法院提起诉讼；逾期不起诉的，裁决书即发生法律效力。[②]

（2）劳动仲裁制度

劳动仲裁是根据《劳动法》及《劳动争议调解仲裁法》确立的一种制度，有人认为它是一种独立的行政司法制度，也有人认为它是行政机关裁决民事纠纷的一种特殊形式。但无论哪种定位，一般都承认劳动仲裁处理的是特定的民事纠纷，即劳动争议。根据《劳动争议调解仲裁法》第2条，该法适用于以下劳动争议：

● 因确认劳动关系发生的争议；

---

① 根据《人事争议处理规定》第16条、第17条、第18条、第22条。
② 根据《人事争议处理决定》第32条。

- 因订立、履行、变更、解除和终止劳动合同发生的争议；

- 因除名、辞退和辞职、离职发生的争议；

- 因工作时间、休息休假、社会保险、福利、培训以及劳动保护发生的争议；

- 因劳动报酬、工伤医疗费、经济补偿或者赔偿金等发生的争议；

- 法律、法规规定的其他劳动争议。

根据《劳动法》的相关规定，用人单位与劳动者发生劳动争议，当事人可以依法申请调解、仲裁、提起诉讼，也可以协商解决。提出仲裁要求的一方应当自劳动争议发生之日起 60 日内向劳动争议仲裁委员会提出书面申请。仲裁裁决一般应在收到仲裁申请的 60 日内做出。对仲裁裁决无异议的，当事人必须履行。对仲裁裁决不服的，可以自收到仲裁裁决书之日起 15 日内向人民法院提起诉讼。

随着劳动合同和聘用合同制度在国家机关、事业单位、社会团体中适用范围的扩大，已有更多的人员适用劳动法或通过劳动仲裁解决其劳动合同或聘用合同争议，这其中就包括了教师。《劳动合同法》第 2 条明确将企业、民办非企业单位与其工作人员的聘用关系界定为劳动合同关系，同时规定事业单位和与其建立劳动关系的劳动者，订立、履行、变更、解除或者终止劳动合同也依照该法执行。因此，民办学校与其教师的聘用纠纷自然应纳入劳动仲裁受理范围，而公立学校和与其建立劳动关系的教师因劳动合同订立、履行、变更、解除或者终止而产生的纠纷也可以通过劳动仲裁解决。

3. 诉讼制度

作为教师可以寻求的法律救济途径，诉讼制度主要包括行政诉讼和民事诉讼。前者主要处理教师与学校或行政机关之间的行政纠纷，后者主要处理教师与其他平等民事主体产生的民事纠纷。但由于教师与学校的法律关系，特别是与公立学校的法律关系性质尚未有明确的定性，因此双方之间的纠纷性质也不易确定。21 世纪初期，教师运用诉讼手段救济自身权利的案例基本还处于空白状态。一方面，在社会转型的背景下，教师与学校的纠纷日益增多，有关教师聘任、工作条件、工资报酬、休假培训、辞退调离、住房福利等各方面的纠纷层出不穷；另一方面，据广州市法院的统计，从 2003 年 10 月受理第一起学生起诉高校的行政案件到 2005 年 6 月，广州市两级法院已处理了 18 件该类案件，但尚未受理一宗教师起诉学校的案件，原因并不是没有教师提起诉讼，而是此类纠纷在行政诉讼法上的可诉性争议太大，司法权的能动性有限而且解决此类纠纷的技术不成熟。（刘跃南 等，2006）[248-250] 但近年来，诉讼作为教师权利救济渠道的情况有很大改善。有学者对 2009—2011 年河南法院网上的裁判文书进行统计，以教师为原告的劳动人事争议诉讼在 2009 年、2010 年、2011 年分别有 16 件、12件、21 件（王工厂，2012）。也有学者对中国裁判文书网中的二审裁判文书进行统计，2009—2016 年，以公立高校教师为原告且进入二审程序的劳动争议诉讼案件共 121 件，基本呈逐年递增的趋势（徐雷 等，2017）。

　　教师能否提起以及提起何种类型的诉讼是一个重要的法律问题，与教师的法律地位密切相关。早期我国台湾地区的公立学校教师分为派任制和聘任制两种类型，派任制教师与学校的关系受到特别权力关系理论的影响，权利救济受到很大限制，大多无法提起诉愿①或者诉讼。但聘任制教师则不受此限制。其"司法院"院解字第三二四六号指出："公立或私立小学所聘教员，对于县政府基于监督权将其撤职永不录用之处分，非不得提起诉愿。"由此，聘任制教师对于撤职永不录用处分可以提起诉愿。而至于诉讼权，"行政法院"1971 年判字第二九〇号判例称："聘约属于私法上契约关系，解聘并非行政处分，如有不服，应依民事诉讼程序向普通司法机关诉请审理，不得以诉愿及行政诉讼程序，请求救济。"1973 年裁字第二三三号判例进一步解释说："聘用人员，系私法上契约关系，解聘并非行政处分，而为终止契约之性质，学校教员之解聘，是否正当，系属私权争执，应诉由普通法院裁判，不涉行政争讼之范围，原告对学校之解聘有所争执，纯

---

　　① 我国台湾地区的诉愿制度是指人们对于行政机关之行政处分，认为违法或不当，致损害其权利或利益的，向管辖机关（包括做出行政处分的机关及其上级机关）提出申请要求重新审查并做出裁决的制度。参见翁岳生. 行政法 [M]. 北京：中国法制出版社，2000：1234-1305.

属私法上契约当事人间就聘用关系之终止问题，只能循民事诉讼程序谋求解决，不得依行政争讼请求救济。"据此，聘任制教师可以对学校的解聘行为提起诉讼，但此种争议为私法争议，应纳入民事诉讼的范围，不得提起行政诉讼。①

其后，随着对特别权力关系理论受到批判以及聘任制成为基本的教师任用方式，派任制和聘任制教师的区分已经没有意义，教师的权利救济开始走向新的阶段。1998年，我国台湾地区"司法院大法官会议"在释字第四六二号解释中确立公私立高等学校教师可对升等决定提起诉愿及行政诉讼。2000年，"行政诉讼法"增加了给付诉讼与确认诉讼等类型，为将公立学校与教师的聘约关系界定为公法契约并依行政诉讼途径解决双方争议提供了依据。此后，2002年"最高行政法院"判字第二二八二号判例首次确认公立学校教师的聘任关系为公法关系，其纠纷可经由行政诉讼加以解决。

不难看出，诉讼制度在教师权利救济中的适用主要有两个问题需要解决，一个是教师有无诉权，另一个则是诉讼类型的选择，也就是适用行政诉讼还是民事诉讼。我国在法律制度上受大陆法系的影响较大，尤其是特别权力关系理论对我国的立法产生了持久的影响。在较早的《行政复议条例》② 中，禁止对行政机关工作人员的奖惩、任免等决定提起行政复议。1989年制定的《行政诉讼法》第12条也规定："人民法院不受理公民、法人或者其他组织对下列事项提起的诉讼：……（三）行政机关对行政机关工作人员的奖惩、任免等决定；……"将公务员与国家的关系视为特别权力关系，有关纠纷不循普通法律救济途径解决，而由特定的人事、监察部门管理。在教师身份属于国家干部的年代，教师的权利救济与行政人员相同，由政府人事部门负责，教师不可就有关其任用、奖惩等决定向人民法

---

① 其他类似判例，如"行政法院"1968年判字第一二七号判例称："教员之成绩考核，依修正台湾省县市立各级学校教职员成绩考核办法规定，仅作为教员之续聘或解聘之依据，聘任系属私法上契约，则此种考核，显非官署对于人民之行政处分可比，自无提起行政争讼之余地。""司法院"解字第二九二八号也说："公立学校聘请教职员系属私法上之契约关系，学校当局之解聘，并非行政处分，如在约定期限届满前，无正当理由而解聘者，该教职员自得提起民事诉讼以资救济，不得提起诉愿。"

② 1999年已修订为《行政复议法》。

院提起诉讼。但经过公务员制度的建立以及教师人事制度的改革，教师身份和管理体制已经发生了变化，教师已与公务员身份分离，其诉权应当得到确认。2003年颁布的《最高人民法院关于人民法院审理事业单位人事争议案件若干问题的规定》指出："当事人对依照国家有关规定设立的人事争议仲裁机构所作的人事争议仲裁裁决不服，自收到仲裁裁决之日起十五日内向人民法院提起诉讼的，人民法院应当依法受理。"建立起人事仲裁与诉讼制度间的衔接桥梁，对确认教师的诉权有重要意义。

相对来说，目前影响我国教师权利救济的主要问题是诉讼类型的适用，也就是教师与学校的聘任和管理纠纷应通过行政诉讼还是民事诉讼解决。解决这个问题需要首先清楚界定教师的法律地位，在此基础上确定双方纠纷或争议的法律性质，进而准确适用相应的诉讼类型，这些还有待进一步讨论和研究。

目前，我国教师法律身份已相对明确。就学校与教师间的聘用合同纠纷而言，纳入事业单位编制管理的公立学校教师属于事业单位工作人员，其与学校间因解除人事关系、履行聘用合同产生的争议属于人事争议。根据《人事争议处理规定》第3条，人事争议发生后，教师可以选择协商或调解，不愿协商调解或协商调解不成的，可申请人事争议仲裁。教师若对人事争议仲裁结果不服，则可提起人事争议诉讼。民办学校教师及未纳入事业单位编制管理的公立学校教师属于劳动法意义上的劳动者，其与学校间围绕聘用合同产生的争议属于劳动争议。根据《劳动争议调解仲裁法》第5条，劳动争议发生后，教师不愿协商、协商不成或者达成和解协议后不履行的，可以向调解组织申请调解。教师不愿调解、调解不成或者达成调解协议后不履行的，可以申请劳动争议仲裁。教师若对劳动争议仲裁结果不服，则可提起劳动争议诉讼。就行政机关与教师间的行政纠纷而言，若教师与该行政部门间形成的关系属于行政机关履行内部管理职责形成的法律关系，则无法提起行政诉讼。若教师与该行政部门间形成的关系属于外部行政法律关系，则可以依据《行政诉讼法》提起行政诉讼。

第七章 学生制度与权利保障

一、学生的法律地位与权利

在世界范围内，学生权利在教育行政的早期阶段并不受重视。但随着第二次世界大战后世界各国对人权的日益重视，尤其是 20 世纪五六十年代以来蓬勃兴起的学生权利运动，挑战了学校作为公共利益代表绝对在上的优越地位，最终导致美国联邦最高法院在"廷克案"① 中宣布，学生并没有"在学校的大门口失去其宪法规定的言论或表达自由的权利"，学生完整的权利主体地位被正式确认。

我国传统上也是将学生视为被训练和管教的对象，而不是拥有权利的个体。自 20 世纪 80 年代以来，随着社会发展和教育法治建设的进步，学生权利意识不断萌生并高涨。时至今日，虽然学校管理实践中仍有忽视学生权利的传统惯性存在，但在理论和社会观念层面，人们已不再将学生视为消极、被动的受教育者和被管理者，而承认他们在进入学校之后仍然享有各项公民权利。学生在校园内和校园外虽然受到纪律约束的程度不同，但基本地位是不变的。学生的受教育权应当在学校受到良好的保护，学生的其他基本权利也不因进入校园而自行终止。学校作为实施教育教学的机构，不能只关注自身的管理需要，也应当充分尊重学生的权利与自由，并在两者之间取得适度的平衡，这些都成为教育法治发展的必然要求。

---

① *Tinker v. Des Moines Independent Community School District*，393 U. S. 503 （1969）.

（一）学生的法律地位

学生作为多重法律关系的主体，具有多种法律地位。学校教育中经常会涉及的学生法律地位，主要包括公民、民事权利主体、未成年人及受教育者四种。

1. 公民

公民是指取得一国国籍并根据该国宪法和法律规定享有权利和承担义务的人。学生取得一国国籍，即具有该国公民的身份或资格。国籍是取得或丧失公民资格的决定因素。取得一国国籍就成为该国公民，丧失某国国籍就丧失了相应的公民资格。如果具有两国以上的国籍，就成为两个以上国家的公民，如果没有国籍，就不是任何国家的公民。公民反映的是个人与国家之间的关系，属于某一国的公民，就意味着享有该国法律所赋予的权利，包括请求国家保护的权利；同时也意味着他负有该国法律所规定的义务，包括接受国家管理的义务。公民概念蕴涵着"主权在民"的思想，意味着国家及其一切权力属于具有公民资格的所有人，而不是某一个人或某一些人（谢鹏程，1999）[2]，因而也反映了公民之间平等的关系，表明所有公民在法律面前都是完全平等的，没有人享有特权。学生的公民身份主要体现的是学生与国家的关系，学生的公民权利也主要表现为一种针对国家的权利。

2. 自然人

学生作为民法上的自然人，也就是自然出生、具有五官容貌和血肉之躯的人，是重要的民事权利主体，具有民事权利能力和某种民事行为能力。所谓民事权利能力，是指民事主体依法享有民事权利和承担民事义务的资格。学生的民事权利能力具有三方面的特征。首先是统一性，是指学生享有民事权利的资格和承担民事义务的资格的统一。也就是说，学生享有某种民事权利，也就意味着他同时负有不得侵犯他人该项权利的义务。其次是平等性，是指所有学生，无论其性别、民族、地域及家庭状况如何，均有平等的民事权利能力。再次是广泛性，是指学生享有的民事权利内容非常广泛，涉及其生存和发展的一切方面。自然人的民事权利始于出生，终于死亡，因而学生无论年龄大小，都享有统一、平等、广泛的民事权利。

民事行为能力是指自然人能以自己的行为取得民事权利、承担民事义务的资格。根据不同的年龄阶段和理智是否正常，学生的民事行为能力可分为三类：完全民事行为能力、限制民事行为能力和无民事行为能力。完全民事行为能力是指自然人通过自己独立的行为行使民事权利、履行民事义务的能力。在我国，年满18周岁的学生为完全民事行为能力人，可以独立进行民事活动。年满16周岁不满18周岁的人，以自己的劳动收入为主要生活来源的，视为完全民事行为能力人。限制民事行为能力又称不完全民事行为能力，是指自然人在一定范围内具有民事行为能力，超出一定范围便不具有相应的民事行为能力。根据《民法典》的规定，8周岁以上的未成年人是限制民事行为能力人，实施民事法律行为由其法定代理人代理或者经其法定代理人同意、追认，但是，可以独立实施纯获利益的民事法律行为或者与其年龄、智力相适应的民事法律行为。无民事行为能力是指自然人不具有以自己的行为取得民事权利和承担民事义务的能力。不满8周岁的未成年人属于此类，应由其法定代理人实施民事法律行为。

学生作为自然人与公民的地位既有联系又有区别。公民是指取得一国国籍的人，但自然人是相对于法人而言的，既包括本国自然人，也包括外国人和无国籍人。因此，从最基本的含义讲，凡公民均为自然人，但自然人不一定是公民。此外，基于公民身份所享有的公民权主要是针对国家而言的，在性质上属于公权利，但自然人作为民事主体而享有的权利主要是针对其他平等民事主体的，属于私权利的范畴，两者的权利指向也是不同的。

3. 未成年人

中小学阶段的学生，大多是未满18周岁的人，因此具有未成年人的地位。由于18周岁以前正是一个人身体、心理和智力全面发育的阶段，个体不能独立地正确处理自己的事务，所以在法律上的地位不同于已满 18 周岁的成年人。未成年人法律地位的特殊性首先表现在权利的特殊性，有一些权利只能由成年人享有，而未成年人不能享有，如选举权与被选举权只有年满 18 周岁的公民才能享有。也有一些权利是未成年人特有的，成年人则没有，如《未成年人保护法》所规定的受特殊保护的权利，就只能由未成年人享有。还有一些权利虽然成年人与未成年人都同样享有，但未成年人会受到特殊和优先的保护，如《未成年人保护法》第 3 条规定："国家保障未成年人的生存权、发展权、受保护权、参与权等权利。未成年人依法平等地享有各项权利，不因本人及其父母或者其他监护人的民族、种族、性别、户籍、职业、宗教信仰、教育程度、家庭状况、身心健康状况等受到歧视。"未成年人特殊的法律地位还表现在行为能力的缺失或限制。由于未成年人年龄较小，智力和体力均有所欠缺，因此在进行民事活动时，他们虽然享有各种民事权利，却没有或不完全具有民事行为能力，这与 18 岁以上的成年学生既有充分的民事权利，又有完全的民事行为能力是不同的。

4. 受教育者

当学生在一所学校注册并具有学校学籍的时候，就具有了教育法所规定的受教育者的地位。受教育者可以享有教育法规定的各种权利，如参加教育教学计划安排的各种活动，使用教育教学设施、设备、图书资料；按照国家有关规定获得奖学金、贷学金、助学金；在学业成绩和品行上获得公正评价，完成规定的学业后获得相应的学业证书、学位证书；对学校给予的处分不服时向有关部门提出申诉，对学校、教师侵犯其人身权、财产权等合法权益，提出申诉或者依法提起诉讼，以及法律、法规规定的其他权利。受教育者也需要履行教育法规定的义务，遵守法律、法规；遵守学生行为规范，尊敬师长，养成良好的思想品德和行为习惯；努力学习，完成规定的学习任务；遵守所在学校或者其他教育机构的管理制度。

（二）学生权利的框架与内容

学生的法律地位不同，相应的权利义务也不同。学生权利是一个复数的概念，意味着一组权利而不是一项权利。

1. 学生权利的框架

从学生的法律地位来看，学生权利至少可分为四个部分。第一部分是公民基本权利，是指学生作为公民依据宪法享有的基本权利，在我国包括平等权、政治权利、精神文化活动的自由、人身自由与人格尊严、社会经济权利以及获得救济的权利。① 由于宪法所保障的基本权利主要反映了个人与国家之间的关系，因而这部分权利大多表现为学生相对于国家的权利。第二部分是学生作为自然人享有的民事权利，主要包括人身权（如生命、身体健康、姓名、肖像、名誉、荣誉、隐私、婚育等权利）、财产权和其他权利。第三部分是学生作为未成年人的特殊权利，主要是受到家庭、学校、社会和司法特殊保护的权利。第四部分则是学生作为受教育者享有的权利，主要指学生在学校期间享有的与受教育有关的权利，如学生的身份权（学籍权）、参与教育教学活动权、教学设施设备使用权、学习自由、公正评价权、学业学位证书获得权、申诉与诉讼权等等。

从学生权利的性质来看，学生有自由、受益、平等三种权利。自由权是指学生有身体、表达、通信、隐私及自治等权利。受益权是指学生有生存、获得教育机会、利用教育条件及获得法律救济等权利。平等权则是指学生应受到平等对待，无论是自由权，还是受益权，都应受到平等的对待和保护。

学生权利还可以分为个体权利与集体权利。个体权利是指学生以个人的名义主张和行使的权利，如学生的人身权、财产权、受教育权等。学生

---

① 除以上基本权利分类（参见许崇德. 宪法 ［M］. 北京：中国人民大学出版社，1999：146-147.）外，宪法学界还有其他的分类方法。

的集体权利是指学生自治权，仅存在于高等教育阶段，包括学生自治规章的制定权与执行权，以及征收会费的权利。学生享有自治权的法源何在，有两种不同的学说。"学习权说"认为，学生自治权源于学生的学习权，正如教师集体的学术自由即为大学自治一样，学生集体的学习权即为学生的自治权，这种观点将学生自治权与大学自治并列，将二者都视为制度性保障的基本权。"授权说"认为学生自治系教育行政权的一种形态，因此学生自治乃受教育行政权的部分委托而形成。上述两种学说中，学习权说受到的关注更多一些。学生自治权虽然受到承认，但其仍要受到学校的监督，如学生会会费的收取与使用、学生会的决定等，都需受到学校的合法性与适当性双重监督。（李惠宗，2004）[116-117]

学生权利的内容很多，它们都应当被学校、教师、学生以及社会各界所知晓、了解及尊重，进而得到更好的保护。下文选择了学生权利中较有代表性的几种，包括学生身份权、学习自由、校务参与权、表达自由和隐私权，分别做重点阐释。

2. 学生身份权

学生身份权，又称学籍权，是指学生合法拥有一所学校的学籍之后，对该学籍，也即学生身份产生的保有和维持的权利。未经合法的理由和程序，学生身份不得被剥夺或取消。学生身份权是学生的受教育权在某一教育阶段的具体表现，是学生在取得受教育机会之后实质性地实现其受教育权的基本条件。具有学生身份，才可以因此享有使用教育教学设施，依照规定获得奖、贷、助学金，获得公正评价，完成学业后获得相应的学业或学位证书等权利，因此，学生身份是一种资格，学生身份的取得是一种公共行政确认，并且此种身份与宪法和法律所保护的权利与利益紧密相连。学生身份被限制或者剥夺之后，相应的学生权利和利益也会丧失。因此，学生身份权是学生受教育过程中最重要的权利之一。

能够改变或影响学生身份权的主要是学校，学校对学生的身份处分行为通常有退学（不含自愿退学）和开除学籍等。为了保障学生在校园中的受教育权，对学生的身份处分必须受到严格的法律规范。在德国教育法中，开除被视为教育中的基本决定，只能由立法机关做出，也就是通过正式法律的方式做出（沃尔夫 等，2007）[326-327]。我国学界也主张在学生身份处分环节引入法律保留原则，由法律对学生的身份处分做出规定，而不能由学校自行决定。《普通高等学校学生管理规定》专门对退学和开除学籍的法定条件做出了规范，学校必须在其约束下做出相应的行为。不过仍然有学者提出，对学生的身份处分行为类似行政处罚中的资格罚，因此只能由法律和行政法规进行设定，现有的以教育部规章《普通高等学校学生管理规定》及各学校内部规定形式设定身份事由的做法，不利于学生受教育权的保护（刘育喆，2003）[74-75]。

3. 学习自由

学习自由的概念界定很多。德国学者认为，学习自由是学生依据自己的意思，选择课程和教师的自由，学生得经由学习而自由地参与学术，并且有选择或变更自己从事学术研修之大学的转学自由（周志宏，1989）[67]。我国学者认为，学习自由包括学生的消极自由和积极自由两个方面：学生的消极自由是指学生的行为不受干涉或强制，在现实教育活动中表现为一种基本权利，即学生对学习内容、学习方式、学习时间的选择权，其中对课程的选择权居于核心地位；而学生的积极自由则是指学生是自己意志和行动的源泉，作为自己的主人所具有的自我引导、自主选择、自我主宰的要求和能力；学习自由的核心是学生的选择权（荆磊 等，2006）。日本学者认为，学习自由包括学生个体的自由和集体的自由，学生个体的学习自由是指使学生免于学校的干涉而自由地自己学习，学生集体的学习自由就是学生对外的大学自治参加权。（高田敏，1970）（小笠原正，1980）[57]（周志宏，1989）[236]

各国的教育立法一般都承认并保障学生个体的学习自由，认为学生的学习自由对应于教师的研究自由与教学自由，是教育与学术研究过程中重要的内容。教师将自己研究的东西教授给学生，依据学生的批判与反应，一方面确定自己新的思考方法是否可通用；一方面探求哪里有必要更深入地论证和发掘，进而使自己的思考方法和研究得以进步。教师与学生之间无形的精神交流，乃成为大学经营的重要内容。此一过程乃是一体的。教师方面之知识探究的部分必须自由，同时，学生方面的学习部分也必须自由，两部分不可分割。没有说只有一部分是自由，而他方却是不自由。两部分紧密相合，所以必须整个过程全体都是自由的。（高柳信一，1969）[12]（周志宏，1989）[237]

我国宪法和《教育法》都未明确规定学习自由。学生作为公民，虽然依据宪法第47条的规定享有进行科学研究、文学艺术创作和其他文化活动的自由，但这并不等同于学习自由。然而，随着学生权利越来越受到尊重及教育消费者观念的兴起，学生的学习自由越来越受到重视，并开始得到教育立法的承认。2005年和2017年修订的《普通高等学校学生管理规定》均对学生选课、转学、转专业、休学等事项做出了调整，这些内容虽是从管理的角度切入，但也在一定程度上保护了学生的学习自由。学校应当尊重学生的学习自由，在管理中有所为有所不为，既不得过度干预学生的自由选择权，也要积极建立和完善相应制度，提供条件，如建立弹性的学习制度和自由的选课制度，保证学生学习自由的实现。

尽管各国都承认学生享有学习的自由，但对学习自由的性质及其与学术自由的关系，理论界的争议却很多。有观点认为，学习自由是学术自由的重要组成部分，应具有基本权利的地位。也有观点认为，学习自由仅为教学自由的反射物，非学术自由的独立下位概念，不承认学习自由为基本权利。1960年代以后，主张学术自由中应包括学习自由的学者大为增加，尤其是德国《高等学校框架法》第4条第4款①对研习自由的规定，德国学者认为研习自由与学习自由具有相近的内涵，将其认定为实定法上所承认的大学生的学习自由。日本传统上秉行与德国类似的理论，通说不承认学习自由为宪法上学问自由的一部分，但也始终存在反对的意见。尤其在判例上，"东京大学泡泡乐事件"中四位法官发表补充意见，认为《日本国宪法》第23条所规定的学问自由，除包括教授及其他研究人员之学问研究及

---

① 德国《高等学校框架法》2019年最新修订，见 https://www.gesetze-im-internet.de/Teilliste_H.html.

其发表、教学之自由外，还包含学生学习自由。（周志宏，1989）[196-197]

中小学生不被承认具有基本权意义上的学习自由，但其在学习过程中也享有选择的权利，这是现代教学理论极力推崇的主张。托德认为，如果教师希望学生能够参与学习过程，那么令其对学习有一些控制就是十分关键的事情（Todd，1995），而实现控制的手段就是选择。有学者肯定地认为，选择是学生参与、兴趣和创造的根源，没有什么比选择更重要。还有学者使用"所有权"这个概念，认为学生对其学习享有所有权，给学生控制其学习的机会就是赋予学生所有权，通过邀请学生制定教室规则或在建立友善空间时请学生参与，使学生拥有对教室的所有权，对学生学习的效果大有好处。（Bigelow et al.，2005）

4. 校务参与权

《儿童权利公约》第12条规定"缔约国应确保有主见能力的儿童有权对影响到其本人的一切事项自由发表自己的意见，对儿童的意见应按照其年龄和成熟程度给以适当的看待"，确立了儿童权利保护中的"参与原则"。儿童在学校背景下的参与即体现为对校务的参与，特别是对与其权益相关的事项的参与。此外，从校园民主的角度看，学生也可依民主原则享有对校务的参与权，这体现了学生作为校园平等权利主体的地位。

很多国家的教育立法都保障学生的参与权，规定了学生参与学校事务的范围和方式。德国勃兰登堡州《学校法》专门有一章规定"学校中的参与权"，对父母、学生、教师等法律关系主体发挥哪些作用以及如何发挥作用做出了规定。黑森州《学校法》更为详细地对教师、学生、父母以及学生的参与形式和组织进行了规定。此外，德国各州《学校法》都特别关注县和州层面学生和家长委员会的建立及其作用。（胡劲松，2004）美国加利福尼亚州宪法第9章第9条规定学生代表可以成为加州大学董事会及顾问委员会成员（黄宾松，1986）。路易斯安那州宪法第8章第8条也规定州立大专院校信托委员会及路易斯安那州立大学与农机学院监督委员会应有一名学生委员（黄宾松，1985）。即使在未有宪法或法律规定的州，自20世纪60年代学生权利运动以后，多数高校也都通过校规承认学生参与校务的权利。我国《普通高等学校学生管理规定》在 2017 年修订时，增加了关于学生"在校内组织、参加学生团体，以适当方式参与学校管理，对学校与学生权益相关事务享有知情权、参与权、表达权和监督权"的权利规定，并在第 40 条指出，"学校应当建立和完善学生参与管理的组织形式，支持和保障学生依法、依章程参与学校管理"，明确承认学生对校务的参与权。

学生享有校务参与权，但一般不能享有与教师同样的决定权。德国理论界曾基于民主原则与学习自由理论提出过"三者同权论"，意思是学生自己形成一个集团而与正教授为主体所形成的集团，以及其助手与其他人员所形成的集团，具有同等的权利参与大学的管理与运作，也即享有三分之一的共同决定权。该理论一经提出，既有支持者，也有反对者。在 1973 年 5 月 29 日涉及下萨克森州临时大学法的判决中，德国宪法法院承认，学生参与学术行政并不会产生宪法问题，因为"大学生与高中以下学生不同，并非只是受教育的客体，而是站在独立的立场参与学术讨论的大学成员"，但在研究、教学与教师人事事项上，教授应被确保享有决定性的影响力。① 由此肯定了学生的参与权，但未认可其三分之一的共同决定权。美国学者也认为，学生参与大学事务的权利是有限的，应在不妨碍大学教师学术自由的范围内行使。（Smith，1980）

5. 表达自由

学生的表达自由主要包括言论自由、出版自由和外表表达自由，其形式不仅包括口头或书面的表达，也包括发型、衣着、配饰及特定动作或行为等的表达。《儿童权利公约》第 13 条规定："儿童应有自由发表言论的权利；此项权利应包括通过口头、书面或印刷、艺术形式或儿童所选择的任何其他媒介寻求、接受和传递各种信息和思想的自由，而不论国界。此项权利的行使可受某些限制约束，但这些限制仅限于法律所规定并为以下目的所必需：（a）尊重他人的权利和名誉；或（b）保护国家安全或公共秩序

---

① BVerf GE 35, S. 79ff. 转引自周志宏. 学术自由与大学法 [R]. 台北：蔚理法律事务所，1989：70-71.

或公共卫生或道德。"

传统上，学生的表达自由在学校内多不被承认，学校通常会基于教育的需要对学生的表达自由做出各种限制，如对学生发型与着装提出统一要求，对学生表达的时间与地点进行限定等。但在1969年划时代的"廷克案"中，美国联邦最高法院判决学生佩戴臂章反对越战是宪法保障的表达自由，学生的表达自由不因进入学校而自行中止，学校当局不能因不悦其行为而加以禁止，除非证明学生已经实质性地干扰了学校的运作，从此确认了学生在学校中的表达自由。

学生虽有表达自由，但由于中小学生身份特殊，大多属于未成年人，因而适用于成年人的表达自由尺度并不完全适用于未成年学生。此外，学校是进行教育教学活动的场所，毕竟与公共街道或公园等传统的公共空间不同，如果学校不对学生表达的内容、时间和地点进行必要的规范，就有可能使其他学生的权利受到侵害，或者对未成年学生的价值观造成不良影响，因此，学校仍然需要对学生的表达自由进行必要的限制。但是，学校的限制标准与尺度何在，却不易得到一致的结论，其不仅根据各国的社会传统不同而不同，而且随着时代的变迁也在不断发生变化，因此一直是争议的焦点，相关的纠纷或案例层出不穷。

学生的言论自由既包括以口头方式表达意见的自由，也包括以象征性言论表达意见，如佩戴臂章等的自由，还包括保持沉默的权利。美国联邦最高法院在"廷克案"中认为，让学生畅所欲言是教育过程的重要组成部分，只是该行为不得具体且实质性地干扰学校运作或侵害其他学生的权利。因此，学校若要限制学生的言论自由，必须基于事实证明学生的行为将对学校产生具体且实质性的影响，或者侵害到其他学生的权利。另外，学生的言论自由虽然受到保障，但必须在时间、地点及内容等方面服从学校合理的规定，如上课或自习期间学生不可喧哗，学生在教室内应当遵守教室规则，不得随意干扰其他学生的合法权利，也不能表达淫秽或对其他同学产生困扰的言论。

学生在校的出版自由包括在学校创办刊物或在学校发表文章的自由，但为避免学校的未成年学生接触不适合其年龄和成熟度的文章，校方一般有权以合理的方式约束学生刊物的内容。在美国，校方对于不合文法、内容淫秽或者不适合学生年龄的过于敏感的文章，可以拒绝发表，而对学校提供经费资助的出版物，校方可以制定更高的文章审查标准。美国还对学生出版物的性质进行区分，对其适用不同级别的限制标准：如果学生出版物是学校正式课程的一部分，则学校具有较大的限制权；如果学生出版物是学校的开放公共论坛，则学校的限制权较小。

与言论和出版自由相比，学生的外表表达自由（主要是发型与衣着）显得更为复杂，争议也更多。以美国为例，支持学生的法院认为，学生的外表是个人的表现自由，受到宪法保障，除非学校能够证明学生的行为已经实质干涉到学校的运作，否则不应加以限制。一个联邦地区法院曾指出："教育和惩戒，是防止学生反社会行为的方法。如果学生的行为违反校规的标准，应该加以教育或惩戒，而不是侵害学生企图表达的个人特性。假使一名留长发的男学生，在上课时间梳理他的头发，当然可以加以事前禁止或事后惩戒，但是不需要因此阻止他留长发。"[1] 支持学校的法院则主张，学生的外表虽是一种表现方式，但并非绝对，学生的外表如果已经造成其他同学分心，并影响到教育活动，校方仍可加以限制。（秦梦群，2006）[236-237] 总体来说，学校可以基于维护学生健康、安全与教育的理由制定外表、仪容与服装规定，禁止学生穿着容易引起他人分心的服装，如超短裙、露背装等，但这些规定最好与学生、学生父母及教职工共同制定，并定期检视调整。

6. 隐私权

隐私是私人生活的秘密，大致包括三方面的内容：一是与公共利益无关的私人活动，如日常生活、社会交往等；二是个人信息，如个人健康状况、家庭住址、电话、财产状况、生活经历等；三是个人领域，如身体的隐秘范围、私人日记本、卧室等。学生的隐私权就是学生对其私人活动、个人信息及个人领域中的秘密的自由决定权。《公民及政治权利国际公约》

---

[1]　*Watson v. Thompson*，321 F. Supp. 394（E. D. Tex. 1971）.

第 17 条规定："一、任何人之私生活、家庭、住宅或通信，不得无理或非法侵扰，其名誉及信用，亦不得非法破坏。二、对于此种侵扰或破坏，人人有受法律保护之权利。"具体来说，学生的隐私权包括以下方面。

● 个人生活安宁权。指学生有权按照自己的意愿从事或不从事某种与社会公共利益无关或无害的活动，不受他人干涉。

● 个人生活情报控制、保密权。指学生对其个人信息和生活情报的收集、储存和传播享有排他的控制权并有权加以保密，禁止他人知道、传播或利用。

● 个人通信秘密权。指学生有权对个人信件、电子邮件、电报、电话、传真的内容加以保密，禁止他人擅自查看、刺探和非法公开。

● 个人隐私利用权。指学生有权依法按照自己的意志利用隐私从事某些活动，如撰写自传等。

学校基于教育与管理的需要，一般会掌握学生的健康状况、家庭住址、电话、生活及个人经历等信息，也会接触到学生的信件、邮件、电话、传真及日记等物品，学校和教师必须具有尊重学生隐私权的观念和意识，不得擅自翻阅、查看、传播、宣扬或利用上述信息或物品。学校日常管理中如有涉及学生隐私的内容，如处理摄像头拍到的学生拥抱、接吻的图像，或处理有关学生性行为的事件等，学校必须注意不得公开或者出现涉及隐私的相关图像或学生姓名等个人信息。

在学生隐私权的保障方面，一个重要问题是对学生隐私范围的认定，如学生的考试分数是否属于隐私，学生宿舍、储物柜和书包是否属于隐私等，这些会影响到学校能否公开学生成绩、搜查学生或其相关物品的问题。由于上述内容很长一段时间缺乏法律明文规定，因此引起的争议和疑问较多。

就考试分数来看，由于考试是学校教育教学的重要工作内容之一，考试分数是学校评价学生学习和教师教学的重要依据，因此学校有权了解学生的分数并对学生成绩进行排名。但是，只要学生的考试分数与公共利益无关，不涉及学生之间基于考试分数的竞争，如评选奖学金或优秀学生等，考试分数及其排名可以被视为学生的隐私，未经本人同意，学校和教师不得随意公开。这一观点虽未得到我国立法或司法的正式承认，但已得到研究者的认可以及越来越多学校的自觉实践。（张静，2004）[113] 2021 年 6 月 1 日，教育部出台《未成年人学校保护规定》，规定学生的考试成绩、名次等学业信息不得公开，限定在学生本人和家长知晓的范围之内，对这一问题做出了立法回应。

学生宿舍、储物柜和书包是否属于学生隐私，也需要具体分析。书包是学生的私人物品，属于隐私的范围；书桌或宿舍里的储物柜是学校提供给学生使用的物品，属于学校财产而非学生私人物品；学生宿舍通常有多个学生居住，非学生的私人住宅或卧室，因此，书包作为私人物品所具有的隐私价值要高于书桌、储物柜及学生宿舍等非私人物品。不过，书桌、储物柜及学生宿舍虽不属于私人物品，但也不是典型的公共空间，学生仍可对其持有适度的隐私期待，不可任由学校实施监控（如在宿舍内安装摄像头）或搜查。学校基于安全理由实施搜查时，必须尊重学生的隐私权，在维持校园秩序与尊重学生隐私之间保持适当的平衡，不可单凭校方的需要而任意实施搜查。如在美国，学校在有"合理理由"或"个别怀疑"的时候，可以对特定学生进行搜查，并不需要专门的搜查令。但基于搜查对象的性质不同，学校所能采取的行动并不一样。一般来说，学生对其身体具有最高的隐私期待，学校应尽量避免对学生进行搜身，而学生对书包等私人物品、对储物柜等学校财产及学生宿舍的隐私期待则依次降低，因此对学校实施搜查的限制也依次降低。

学生隐私权的保障还经常涉及学生档案记录的问题。学生档案是学生个人主要经历的官方记录方式，包括个人的受教育程度、主要的学习机构、学习及行为表现记录、受奖励和处罚的情况等。学生档案对学生升学、就业及未来晋升等都有一定程度的影响，因此其记录内容、使用和保管方式必须受到严格的管理。美国专门制定有《家庭教育权及隐私权法》，规定学校要给父母提供其子女的档案记录副本或其他形式的记录，以使父母了解其子女在学校的各种信息；学校必须妥善保管学生档案并确保其私密性，不能被其他不相干的人所获取或知晓，到达一定年龄的学生或学生父母有权查看学生的档案，在对档案记录持有异议的时候有权向学校提出疑问，要求学校或教育当局进行修改并公正准确地记录。我国目前尚缺乏对此问题的足够关注，有必要在相关立法中规范学生档案管理，明确档案记录人和记录方式，确保档案内容准确，同时应允许父母或适当年龄的学生了解其档案内容并对不实内容提出异议，特别应当加强档案的保密管理，防止档案丢失或内容外泄。

此外，数字时代的来临使学生在网络中的个人隐私泄露问题层出不穷。学校出于教育或管理原因需要对学生个人信息诸如姓名、联系方式、家庭住址等统一留存，但由于其收集、储存或使用不当等行为而导致学生隐私有时被侵犯，因此有必要对此进行规范管理。我国 2019 年通过的《儿童个人信息网络保护规定》第 4 条规定："任何组织和个人不得制作、发布、传播侵害儿童个人信息安全的信息。"因此，学校在收集学生个人信息的过程中，应遵循正当必要、知情同意、目的明确、安全保障、依法利用等原则①，不得以无关目的使用和散布学生个人信息，侵害学生的合法权益，且应以恰当的方式予以保存。而在学生或其监护人发现学校在收集、存储、使用或披露信息过程中有错误的，有权要求学校更正或删除。② 学校发现学生个人信息发生或可能发生泄露、损毁、丢失的，应当立即启动应急预案，采取补救措施；造成或可能造成严重后果的，应当立即向主管部门报告，并将事件相关情况以邮件、信函、电话、推送通知等方式告知受影响的学生及其监护人，难以逐一告知的，应当采取合理、有效的方式发布相关警示信息。③ 在国内对于公民网络安全信息管理趋于严格的背景下，随着《个人信息保护法》和《数据安全法》的出台，学生的网络个人信息将得到更进一步的保护。

（三）学生权利的发展与现状

1. 学生权利的提出与发展

在世界范围内，学生权利经历了一个逐渐被承认和扩展的过程。半个

---

① 参见《儿童个人信息网络保护规定》第 7 条。
② 参见《儿童个人信息网络保护规定》第 19 条、第 20 条。
③ 参见《儿童个人信息网络保护规定》第 21 条。

世纪之前，学生权利尚未得到法律的重视和保护。学生虽在法律上具有公民身份，但只限于在校外从事活动，一旦进入学校管理领域，学生不再被视为普通"公民"，而成为一个特殊的、有待学校和教师塑造与管理的人，不可主张和行使公民权。大陆法系国家当时普遍采用特别权力关系理论来解释学生与学校的关系，学生被认为与囚犯、公务员、军人一样，与学校形成一种特别权力关系，学生因此不能主张基本权利，学校可以根据管理的需要任意剥夺或限制学生的权利而无须法律的授权，在学生不满学校的管理措施或处分时，也无权向法院提起诉讼。（马怀德，2000）（于安，1999）[32-36]（陈新民，1997）[95]（翁岳生，1990）[131-158] 在受教育方面，高等教育直到 20 世纪 60 年代之前，还被美国判例认为是政府所创造的一项特权[①]，不构成个人既得权利，不能获得宪法上的正当程序保护，学生如果被退学，也无权进行救济。

　　学生无权的这种状况在 20 世纪六七十年代发生了根本性的变化，最主要的标志有两个，一个是美国的"廷克案"，另一个则是德国在囚犯案件[②]中对特别权力关系的批判和修正。在具有划时代意义的"廷克案"中，法院明确提出，校方对于学生没有绝对的权力，学生在校内和校外都是宪法保障的个体，州应该尊重其享有的基本权利，就像要求学生遵守州的规定那样。德国在 1972 年的囚犯案件中，推翻了特别权力关系理论的一些内容并对其进行修正，这种变化随后即扩展到学生管理领域，学生的基本权利逐渐被认可，对学生基本权利的限制和剥夺开始需要法律授权，对影响学生基本权利或身份的惩戒，学生可以向法院提起诉讼。而受教育也在近两个世纪中从法律规定的义务，发展到法律规定的权利，进而到 20 世纪 50 年代后成为各国宪法普遍规定的基本权利以及国际法确认的人权。特别是在最近 20 多年中，学生的法律地位发生了深刻的变化，学生逐渐从服从者的

---

　　① 所谓特权（privilege），是指个人没有事先存在的权利而从政府方面所取得的利益。这种利益出于政府的馈赠，不构成个人既得权利（right）。政府馈赠的特权可以随时取消，不受宪法上正当法律程序的限制。当事人对于特权利益所享有的保护，只以创设特权的法律中的规定为限。如果法律中没有规定，或者没有足够的规定时，当事人不能要求享受宪法上正当程序的保护。参见王名扬. 美国行政法 [M]. 北京：中国法制出版社，1995：392.

　　② 对此案件的中文介绍可参见于安. 德国行政法 [M]. 北京：清华大学出版社，1999：34-36.

角色向教育消费者的角色转变（Farrington et al.，2021）[438]，学生权利正在进入一个崭新的时代。

2. 我国学生权利的现状与问题

我国的学生权利与西方国家有大致相同的发展脉络，经历了一个逐步得到认可的变化过程。中国的传统观念中，"天地君亲师"和"师徒如父子"等理念对教育的影响很大，学校和教师是权威的化身和代表，学生必须服从权威，所谓的权利难有存身之地。1949 年后，我国的教育制度发生了巨大变化，新型、平等的师生关系建立起来，但这种师生平等更多是在政治平等和身份平等方面，从管理的层面看，学生权利仍是微不足道的，出于管理的需要，学校可以制定规则限制学生的言论、行动、发型、服装、通信、财产乃至婚育①等各个方面，可以对学生实施体罚和变相体罚，禁止学生听课，给予各种纪律处分等惩戒措施，这些管理行为既不需要法律授权，也不受到法律规范，而且通常还能被学生、父母及社会舆论所理解。②

学生权利的真正变化是伴随 1980 年来我国教育法治建设的发展而出现的，这一过程可以从立法和司法两个方面来说明。在立法上，我国宪法第 46 条规定"中华人民共和国公民有受教育的权利和义务"，将受教育的基本权赋予每一位公民。《义务教育法》不仅将接受义务教育规定为公民的义务，也规定为公民享有的权利，还禁止了对学生的体罚。《教育法》不仅详细列举了学生与受教育相关的各项权利，而且赋予了学生不服学校管理和处分时提起申诉或诉讼的权利，并且规定侵害学生权益者须依法承担民事责任。2005 年修订的《普通高等学校学生管理规定》删除了"在校期间擅自结婚而未办理退学手续的学生，作退学处理"的规定，恢复了学生依据

---

① 虽然我国的《婚姻法》规定法定结婚年龄是男性 22 岁、女性 20 岁，但长期以来，本科生结婚被视为自动退学，研究生则由各校自行规定结婚年龄。直到 2005 年《普通高等学校学生管理规定》删除了对本科生结婚的不利规定，同时各校也自然解除了对研究生结婚年龄的特别限制，学生应有的结婚权利才得以恢复。而与结婚相伴而来的生育权利，也在两年后得到了认可。

② 其时教师会经常听到父母说："我把孩子交给你了，要打要骂都随你。"这种现象现今依然存在。

法律享有的结婚权利；要求高校在学生处分环节须引入说明理由、提供证据、听取申辩等程序，且细化了学生申诉的机构、时效等相关规定。2017年《普通高等学校学生管理规定》再次修订时，新增"学生申诉"一章，完善了学生申诉制度。这些立法确认或恢复了学生多方面的具体权利，初步建立起学生权利的法律框架，为学生主张权利提供了重要的法律基础。

在司法上，自20世纪80年代以来，伴随教育立法的发展和行政复议制度、行政诉讼制度及民事诉讼制度的建立，学生在传统的内部协商之外，开始寻求教育系统外部的法律途径来进行权利保护，这中间又以教育诉讼最为引人注目。教育诉讼从无到有，从最初的学生伤害事故诉讼，逐步扩展到公正评价权、获得学业学位证书权及其他受教育权纠纷，以及姓名权、名誉权、隐私权、婚育权等诉讼。特别是1998年北京市海淀区人民法院以行政诉讼方式受理的"田某诉北京科技大学案"，正式开启了学生通过行政诉讼途径解决与学校的管理纠纷之先河，是学生权利保护及教育法治历史上的重要里程碑。教育诉讼不仅使纸上的"教育法"走入现实生活，而且又因法院的判决进一步发展了"教育法"。教育诉讼引起了社会各界对学生权利的热切关注，对学生权利的启蒙起到了重要的推动作用，并使学生权利的发展进入一个"天时、地利、人和"的张扬阶段。①

虽然学生权利在我国已有较大的发展，但仍存在一些问题有待改进。首先，在观念上，部分学校管理者和教师仍有"口头上承认学生权利，内心并不完全认同，甚至认为学生权利是有害的"想法，学生是权利主体的观念还有待真正确立②。其次，在传统观念的影响下，学生在校内应有的权利尚未完全得到学校管理者和教师的认同，学校规章制度仍以管理本位居多，管理的便利性和效率被重点强调，学生的一些实体权利仍然受到限制或侵害，其中以表达自由和隐私权最为典型。（许巍，2007）

---

①　几个著名的教育诉讼案件为学生权利的启蒙起到了重要作用，如第一起通过行政诉讼方式起诉学校的田某诉北京科技大学拒发毕业证书、学位证书案；引起对学位制度及学术权力与司法权力关系讨论的刘某诉北京大学、北京大学学位评定委员会拒发博士毕业证书、学位证书案；促成2005年《普通高等学校学生管理规定》修订的重庆邮电学院女大学生怀孕被勒令退学案。

②　一位中学校长对笔者转述道：当一个学生对他说"这是我的权利"时，他回答"你才多大，就跟我谈权利"。这反映了一些学校管理者根深蒂固的观念。

在受教育方面，学生的自主学习、创造性学习，对学习内容、学习形式应有的自主选择权，以及对校务的参与等权利尚没有得到很好的实现。同时，由于长期存在"重实体、轻程序"的法律思维和传统，学生的程序权利相对而言处于更为不利的境况。学校管理忽视学生对相关决策和事务的参与，缺乏稳定和规范的参与程序。在申诉权利方面，仍欠缺必要的组织和制度保障，一些学校虽然自发地引入了听证制度，但由于缺乏对学生对等参与的真正认可，很多听证会是形式大于内容。

此外，由于我国存在教育发展及社会发展不平衡的情况，学生权利发展不平衡的情况也比较突出。在东部沿海及城市地区，学生能够利用的教育条件和参与的学校活动、学校的师资水平等，都多于或优于贫困、偏远及农村地区，受教育权发展的不平衡性较为明显。而且，由于大城市教育诉讼案件频繁发生，学生权利意识有很大增强，教育管理者的观念也相应有了较大程度的转变，而在一些农村和偏远地区，忽视学生权利的传统观念还比较强盛，不尊重或侵害学生权利的现象时有发生。因此，如何促进学生权利的均衡发展，让所有学生的权利都得到法律上和事实上的平等保护，是教育法治亟须完善的方向。

二、学生权利与学校权力

学生权利最易受到学校权力的侵犯，两者在教育管理实践中时常发生摩擦和冲突。如果未能理清二者的关系，或者会损害学生的权利，或者会影响学校的教育教学秩序，进而损害其他学生的权利。学生在学校可以主张其合法权利，学校也具有正当管理权限，如何维持两者的平衡，是教育法关注的重要问题。

（一）学生与学校的法律关系

学生与学校具有什么样的法律关系？其性质为何？这些研究问题不仅具有重要的理论价值，对规范学校权力及保护学生权利也有实际的指导意义。尤其是近些年来，我国发生了多起学生与学校的法律纠纷，法院在受理以及审理方面面临诸多新挑战，进一步使该问题受到关注。

1. 学生与学校关系的基本理论

（1）特别权力关系理论

特别权力关系理论曾经是德国以及受大陆法系影响较深的日本和我国台湾地区解释学校与学生关系的主导理论，对我国学术界的影响颇深。大陆法系的行政法理论根据行政主体与利用者之间关系的内容，将公法上的权力关系分为一般权力关系与特别权力关系。一般权力关系是指由公法直接规定公法上的一般义务，公民在履行这些义务时与行政主体之间形成的关系。如公民服从法律的义务、服兵役的义务、金钱给付的义务等。特别权力关系则是公民与行政主体之间因特别的义务而形成的权力服从关系。包括学校管理关系、监狱管理关系、特别设施关系、公务管理关系和军队服役关系。特别权力关系排除法治行政的原理，特别是排除法律保留原理的适用。作为特别权力关系主体的管理机关，在实现其行政目的所必要的范围内，即使没有法律根据，也可以行使总括性的支配权，对处在特别权力关系中的相对人发布命令，采取强制措施。

在特别权力关系中，学校对学生有总括性的命令支配权，只要是出于实现教育目的的需要，不需要特别的法律依据，就可以自由地发布命令规则。当处于特别权力关系中的学生不服从上述命令时，学校有权行使公权力，对学生做出惩戒，直至开除学籍，这些措施也不需要特别的法律根据。如果学生对处分不服，除非其涉及学生作为公民的地位，否则不能向法院请求救济。

特别权力关系过于偏重管理者的权力而忽视被管理者的权利，实质上是法治国家的一个裂隙，随着时代的发展逐渐受到质疑。1972 年，德国联邦宪法法院首先在监狱管理关系中废除了特别权力关系，之后逐渐扩展到学校管理关系及其他关系当中。但是是将特别权力关系全面废除，还是对其加以修正，仍是一个值得讨论的问题。因为在行政机关与公务员的关系、学校与学生的关系中，为了满足公务员职务的中立性、公正性、效率性和稳定性等特别权力关系存续的目的，或为了维持学校教育活动的目的，确实需要行政机关或学校享有超出一般权力的限制手段，如在公务员勤务关系中对政治活动的限制和对居住地的限制等，在学校管理关系中对学生的人身自由、表达自由等权利的限制，而这些限制在一定程度上也被社会所认可和理解。

正是出于以上原因，德国有些学者仍然支持特别权力关系理论，只是主张对其加以修正，并将其称为行政法上的特别关系，以与传统的特别权力关系相区别。学术界也相应发展出了一些理论来对特别权力关系加以修正。一种是重要性理论。该理论认为特别权力关系包含着重要性关系与非重要性关系。其中涉及人民基本权利的属于重要性关系，不论是干涉行政还是服务行政，都必须遵循法律保留原则，由立法者以立法的方式决定而不能让行政权自行决定；而基本权利之外的则属非重要性事项，不必遵循法律保留原则，可由行政权自行决定。另一种理论将特别权力关系区分为基础关系与管理关系，或称基本关系与工作关系。涉及基础（基本）关系的包括公务员、军人、学生身份的取得、丧失及降级等决定，这些都属于可诉行政行为。其他的如对学生的服装和仪表规定、作息时间规定、宿舍管理规定等都属于管理（工作）关系，不必遵循法律保留原则，也不属于可诉行政行为。

（2）公法契约理论

公法契约理论主要在日本盛行，用于解释公立学校与学生的关系。这一理论认为学校与学生之间存在一种公法契约关系。但对于这种契约关系的具体构成，又有不同的观点。一种观点认为学校与学生之间的契约是一种以实施教育和接受教育为目的的行政契约，将这一契约关系认定为公法上的契约关系。这种观点的理论基础是将教育法视为行政法的一部分，将教育法产生的契约关系定性为行政法上的契约关系，属于公法契约关系。在此关系中，学校与学生具有相对平等的地位，但产生的纠纷仍由行政法院管辖，通过行政不服审查以及行政诉讼等途径解决。

　　另一种观点虽也认为学校与学生的契约关系建立在教育法规定的基础上，属于公法契约，但对教育法的性质持有不同看法，认为教育法上的契约关系不同于行政法上的契约关系，而是一种独立的公法契约关系。这一理论强调教育法具有独立的法理和独立的地位，所有受教育法调整的学校，无论是公立学校还是私立学校，与学生的关系并无不同，皆属教育法上的契约关系。在他们看来，第一，规范学校与学生关系的教育法，原则上适用于所有国立、公立和私立学校。第二，现行的学校与学生关系，实际上是基于宪法原理保障学生作为"人"的学习权的法律关系。它强化了学生及其父母的权利，并对学校设置者实施公共教育课有很强的义务性要求，在二者间建立起了对等的权利义务关系。第三，学校教育的主要目的是保障儿童的学习权利，而不是行使学校的权力，学校的教育是非权力性的。第四，学校在一定范围内所具有的教育上的总括性决定权，也和私立学校的契约关系一样，是基于学生与保护者的基本合意的各学校的教育自治关系。这种关系既非一般行政法上的公法契约关系，也非单纯一般私法（民法）上的契约关系，而是主要契约内容采用作为特殊法的现代公教育法的结构，属于特殊契约关系的，教育法独特的契约关系。（周志宏，1989）[239] 总体来讲，这一观点将教育法的契约关系与行政契约关系相区别，但仍将教育法的契约关系定位为公法契约。因此，在纠纷的处理上也采用行政诉讼的渠道。

（3）私法契约理论

　　私法契约理论在日本和英国、美国等国都有相当的市场，尤其在学生消费者观念更普遍的背景下更受关注。日本的一些教育法学理论认为，教育本质上并非公权力的作用，而在于为学生提供教育服务，因而学校利用关系，不分公立还是私立，都是基于教育目的的契约关系，是不含公权力作用的在学契约关系，因而是私法契约关系。

　　在英美的契约理论中，学校与学生都被视为契约当事人，二者的关系是基于双方合意而订立的契约关系。在该契约关系中，学生同意支付学费，学校同意如果学生保持良好的学术表现并且遵守学校的命令和规则，则将提供教学并授予其学位。如美国联邦法院1961年在裁决"狄克逊案"时认为：学校行政当局与学生的关系犹如商业上的契约关系，也是一种所谓的消费者至上主义。学校行政当局与学生之间的关系被视为彼此负有救济交换的义务。[1] 这实质上意味着，教育被视为一种商品，学生购买高品质的教育，而学校行政当局有义务和责任在收取学费以后，作为一个教育企业的经理，向学生提供有效率的高品质的教育。

私法契约理论能否用于解释公立学校与学生的关系则备受质疑。美国一些法院认为公立学校与私立学校不同，契约理论只能适用于私立学校，而不能运用于公立学校。因为学生进入公立学校是一种权利，公立学校不能像私立学校那样恣意否定或拒绝某一学生的入学申请，公立学校既然不能自由选择契约的相对人，就不符合契约关系的基本原则，因此不能用契约理论来解释其与学生的关系。也有学者认为，契约理论对于校方较为有利，因为它可以制定许多有利于自己的条款或保留变更契约内容的权利，所以学生在与其产生纠纷时往往处于劣势，因此转而尝试从消费者保护的观点来解释学生与学校的关系。

(4) 代替父母理论

代替父母理论曾是英美国家早期用于解释学校与学生关系的主导理论。早在1765年，美国法律学者布莱克斯通就指出：当父亲将儿童送到学校，他可以将部分的父母权委托给学校或教师，学校或教师因此就居于代替父母的地位，可以在父母行使权力的范围内管理学生的行为。虽然这一理论源自中小学，但很快也被运用于高等学校。1866年，当威藤学院（Wheaton College）因拒绝学生组成秘密社团而被起诉时，伊利诺伊州法院指出：法官并没有比一个父亲在控制其家庭内部纪律时所拥有的权力更多，以此为由拒绝支持学生[2]。此后将近一个世纪的时间里，代替父母理论一直成为主导学校与学生关系的理论，政府将学校视为私属领地，学生只能享有学校管理者认为适当的权利。但随着时间的推移，该理论在20世纪60年代以后逐渐没落，1961年美国联邦第五上诉法院在"狄克逊案"中指出："高等学

---

[1] *Dixon v. Alabama State Board of Education*, 294 F. 2d 150（5thCir.），cert. denied, 368 U. S. 930（1961）.

[2] *People ex rel. Pratt v. Wheaton College*, 40 Ill. 186（1866）.

校与学生的关系严格地说不是家长对学生的模式。"① 加之 1971 年美国宪法第二十六修正案将公民拥有选举权的年龄降至 18 岁，这一理论在高等学校逐渐失去影响力，最终，在 1974 年的"朔伊尔诉罗兹案"② 中，美国联邦最高法院以 8：0 的投票数否决了该理论在高等学校的适用。而在中小学领域，随着宪法理论的提出及被广泛承认，代替父母理论也逐渐失去其往日的影响力。

(5) 宪法理论

宪法理论是美国当今用于解释公立学校与学生关系的一种重要理论。美国在第二次世界大战后，尤其是经历了 20 世纪 60 年代的学生权利运动后，学生权利意识空前高涨，学生权利受到广泛的重视。在此背景下，美国联邦法院在"狄克逊案"中推翻了传统的代替父母理论，认为凡政府财政支持的学校的学生，只要表现良好，都有权利留在学校，如因惩戒被学校开除时，可以享有宪法上正当程序的保护。此后该理论即成为公立学校与学生关系的主导理论。其主要内容是，学校与学生之间的关系应受宪法的规制，学校并非具有不受限制的权力来管理或教导学生，学生在学校仍有一定的人权或公民权，这些权利并未在进入学校时即被放弃。公立学校作为公共利益的代表，必须尊重学生的宪法权利，在行使权力时必须与学生个人的自由与权利相平衡，因而学生在宪法上的权利受到法院的切实保护。

(6) 信托理论

信托理论将学校与学生之间的关系视为一种信托。所谓信托，是委托人将财产权转移给受托人，受托人依信托文件所定，为受益人或特定目的而管理或处分信托财产的法律关系（周小明，1996）³。传统的信托理论将政府或其他公共基金作为委托人，学校作为受托人，学生作为受益人，三者构成信托关系。但由于学校可以将学生开除，改变受益人的地位，而在

---

① *Dixon v. Alabama State Board of Education*, 294 F. 2d 150（5ᵗʰ Cir.），cert. denied, 368 U. S. 930（1961）.

② *Scheuer v. Rhodes*, 416 U. S. 232（1974）.

信托理论中，受托人是没有权力改变受益人法律地位的，因此这一理论构造存在重大的缺陷。不过从 1957 年开始，沃伦·西维（Warren Seavey）教授提出了一种新的信托构造，将学生视为信托人，而学校为受托管理人，两者因此构成一种信托关系。他在文章中指出："受托人（学校）的功能是在关联到他们之间（学校与学生之间）关系的事务上，为相对人（学生）之利益而行动。既然学校的存在基本上是为了教育他们的学生，那么明显地，教授和行政主管是以学生们之受托人的资格而行动。"（Seavey，1957）这一理论提出后备受学界重视，但并未被法院采纳。

2. 分析与比较

上述几种理论从不同的视角解释了学校与学生的法律关系，有共同点也有区别。从这些理论产生和应用的范围看，特别权力关系理论与公法契约理论是典型的大陆法系国家的理论；代替父母理论、宪法理论和信托理论是典型的英美法系国家的理论；而私法契约理论则在两个法系的国家都有存在和发展的空间。

从这些理论实际的地位和影响力来看，特别权力关系理论虽在德国、日本等国遭到批判并成为过去，但至今仍然具有一定的影响。在改为全面适用一般行政关系的法治国家原则下，学界依然承认学校与学生的这种关系客观上具有其内在的特殊性，需要符合其特性的法律规则（毛雷尔，2000）[170]。代替父母理论是英美等国早期解释学校与学生关系的传统理论，已相继于 20 世纪六七十年代为法院所推翻，至今不为司法所认可。信托理论虽在学界受到重视，但尚未得到法院判例的支持。目前，宪法理论在美国是解释公立学校与学生关系的主导理论渊源。私法契约理论不仅在两个法系的国家中都是解释私立学校与学生关系的重要理论，而且在高等教育收费的大背景下，在解释公立学校与学生的某些关系时也开始发挥作用。

从这些理论适用的对象看，一些理论主张将公立学校与私立学校的在学关系加以区分，认为它们具有不同的性质。如特别权力关系理论和宪法理论都主要用来解释公立学校与学生的关系，私法契约理论主要用来解释私立学校与学生的关系。另一些理论，如代替父母理论和信托理论则不对公立学校与私立学校做明显的区分。而日本理论界对公法契约理论和私法契约理论的看法很不统一，有些学者认为应当将公立学校或私立学校加以区分，前者适用公法契约理论，后者适用私法契约理论；也有些学者认为不应区分公立学校和私立学校，二者都须适用同一种理论，但在具体适用公法契约理论还是私法契约理论的问题上则又存在分歧。

最后，从这些理论提供的救济渠道来看，有些理论如特别权力关系理论和代替父母理论较为强调学校的主导地位，未对学生的权利提供全面的司法保障，学校与学生间的部分纠纷被排除在司法审查之外。而有些理论，如契约理论由于将学校与学生视为地位相对平等的主体，因此对学生权利的救济较为全面。宪法理论从宪法规定的角度看待学校与学生的关系，也为学生宪法权利的保障提供了充分的救济渠道。

综合来看，上述学生与学校的关系理论中，以特别权力关系理论对我国的影响最大，是我国学术界解释公立学校与学生关系的主导理论渊源，也已经影响到一些教育案件的受理和审判。而随着民办学校的兴起和发展，私法契约理论在解释民办学校与学生的关系方面得到了普遍的认可，甚至还被一些学者引入对公立学校与学生之关系的解释，受到的关注日益增多。相对来讲，信托理论对我国属于相当陌生的理论，缺乏相应的社会与法律制度环境，可参考的价值相当有限。代替父母理论虽然已经在其发源地失去主导理论的影响力，但在我国有相似的法律文化支持，理解起来并不困难，不过随着我国教育法治的快速发展，学校与学生的关系已经受到法律的规制，因此该理论很难被现有立法认可。公法契约理论和宪法理论分别在日本和美国成为有影响力的理论，其对学生权利的充分关注和保障值得我们借鉴，需要学术界持续、深入地加以关注。

（二）我国学生与学校的法律关系

按照学生是否已经具备某一特定学校的学籍，可以将学生与学校的关系分为入学关系与在学关系。入学关系是指学生申请某一特定学校从而与该学校及相关部门之间建立的招生录取过程中的关系，而在学关系是指学生被某一特定学校录取并取得学籍后在校接受教育期间与该学校发生的关系。

1. 入学关系

对于学生与学校入学关系的法律性质，理论界有不同的看法，民法学界多以合同理论来解释，而行政法学界偏向于行政法律关系的定位。

从合同理论来看入学关系者，认为无论是私立学校还是公立学校，其入学关系均是一种学校与学生订立的以教育和教学为内容的合同，必然体现为要约和承诺两个步骤，形成的是民法上的合同关系，也就是私法契约关系。由于入学关系中包括了学校发布招生信息、学生报考、学生参加考试、学校发出录取通知书、学生持录取通知书报到等一系列行为，究竟哪些行为属于要约，哪些行为属于承诺，学术界的看法不完全一样。一些学者认为，应将招生录取过程拆分为两个独立的合同，学校发布招生广告和学生报考的行为构成教育合同的预约合同，学校发出录取通知书和学生入学报到的行为构成教育合同的本合同。其中，预约合同是双方当事人约定在将来签订本合同的合同，本合同则是预约合同当事人约定要签订的合同。在预约合同中，学校发布招生广告的行为属于要约，而学生的报考行为就是承诺。但为不加重处于弱势地位的学生的义务，其将预约合同定位于一种实践性合同，因此预约合同的成立不仅取决于双方意思表示一致，还应包括学生实际参加考试的行为。也就是说，学生不仅要报考，而且应实际参加入学的相关考试，此时预约合同才成立。预约合同成立，即对学校产生两方面的约束，一是学校必须对报考学生进行公平的考核，二是在公平考核之后，学校和条件合格的学生应由预约关系进入为缔结本约而磋商的关系，否则将构成违约。在本合同中，学校发放录取通知书的行为性质应是要约，学生同意学校在录取通知书中提出的入学条件并实际入学报到的，即是对要约的承诺。（张弛 等，2005）[67-73]

而从行政法的视角来看，上述合同理论仅限于解释私立学校的入学关系，而不宜用于解释公立学校的入学关系。借鉴德国、日本等大陆法系国家的行政法理论，公立学校与学生的关系属于行政法上的学校利用（使用）关系。根据学校层次与类型的不同，其入学关系分别属于任意利用关系或强制利用关系。所谓任意利用，是指利用学校与否也就是入学与否，在于利用人的自由意思。高等学校与学生的入学关系符合任意利用关系的特征，其入学关系的建立与否，在于利用者（学生）是否报考该学校，利用者有选择自由。强制利用是指学生依法律有必须利用的义务，也就是强制入学的义务，否则行政主体可以采用处罚或其他行政上的强制方法加以强制。在义务教育中，法律强制父母依据就近入学原则将子女送至特定学校，即属于强制利用的情形。

对于高等学校的招生录取行为，有学者认为其本质是行政许可权的运用。学校依照公民的申请（表现就是报考行为）做出是否许可的决定，其发给学生的录取通知书就是法律上许可行为的文本载体。高等学校的招生录取行为具有一般行政许可行为的基本特点。首先，许可是依据当事人申请做出的。是否接受高等教育是公民的自由选择，进入高等学校的前提是公民报考，没有公民的报考，学校不会主动做出录取行为。其次，录取是赋权性行为。公民被高等学校录取之后，即可享有和使用国家提供的教育资源，并具备了学习期满获得学业证书的初步资格。再次，录取是竞争性许可行为。高等学校根据公平的原则对报考学生行使选择权，只有那些满足了高等学校入学条件的学生才能被录取。最后，录取是附义务性许可。也就是说，申请人获得许可后，亦须在一定期限内履行从事该活动的义务，否则许可人有权取消许可。高等学校的学生所负的义务包括两方面：一方面是程序性义务，学生获得学校的录取通知后应当履行按时报到和进行学期注册的义务，否则学校可以取消其入学资格和学籍；另一方面是实质性义务，学生应按照法律和学校规定完成学习任务，否则学校可以予以退学处理。（王敬波，2007）[138-140]

2. 在学关系

我国学校与学生的在学关系实际上存在着两类性质不同的内容。一类属于平等主体之间的民事关系，主要是学生与学校之间有关其人身权和财产权的关系，如知识产权的关系，人身伤害事故关系，学生、学校与就业单位之间所产生的就业协议关系等。在这类关系中，学生与学校地位平等，权利义务也对等，既各自享有相应的民事权利，也互相负有不得侵犯对方合法权益的义务。

另一类则属于地位不对等主体之间的行政关系，最典型的就是公立学校对学生单方面实施的教育管理及奖惩关系。这类关系是一种特殊的行政关系，在"田某诉北京科技大学案"中，法院指出：在我国目前条件下，某些事业单位、社会团体，虽然不具有行政机关的资格，但是法律赋予它行使一定的行政管理职权。这些单位、团体与管理相对人之间不存在平等的民事关系，而是特殊的行政管理关系。上述判决理由确认了公立学校与学生在管理方面构成行政法律关系。传统上，我国公立学校对学生享有概括性的支配权，学生需要服从学校的管理，并且不能充分享有诉权，因而有学者认为，从一定程度上说，我国未有"特别权力关系"之名，却有"特别权力关系"之实（马怀德，2000）。在学关系在理论观念和制度设计上都深受特别权力关系理论的影响。但随着特别权力关系理论的衰落和我国教育法治的进步，学生与学校的在学关系已经突破了特别权力关系的束缚，学校权力开始受到越来越多的法律规范。

公立学校与学生的管理关系涉及学校行使行政权力，不属于民事关系，但也不同于普通的行政法律关系。普通的行政法律关系必须遵循法律保留原则，而学校作为事业单位法人，"有权在法律授权之外规定内部规则并依据此类规则剥夺限制其成员或利用者的权利。而成员或利用者在认可或服从这种权力的前提下，一般不能对所有权力行为提出异议，否则，就难以保障此类事业法人的正常运转"（马怀德，2000）。也就是说，公立学校在不违背法律法规强行性规定的前提下，即使没有法律授权，也可以自主地制定学校规章制度，对学生的权利做出一定的限制，学生对此必须服从。但要强调的是，我国公立学校与学生的在学关系已经不同于传统的特别权力关系，在有关学生基本权利以及关涉学生身份的重要事项中，公立学校必须有法律依据或授权，方可制定相应规则并行使有关权力，而不得自行决定。学生的诉权也已经得到司法的认可，学生对公立学校的处分不服或认为学校侵害其人身权、财产权的，都可以在法院提起诉讼，这表明司法已将在学管理关系纳入受理范围。

（三）校规的法律地位及其对学生权利的影响

校规是学校在法治原则下行使办学自主权、进行学生管理的重要依据，在学生权利保护中具有非常重要的意义。从法律地位来讲，规章制度只是学校制定的内部规则，并不属于"法"的范畴，因而不具有法的普遍的和必须执行的约束力，也不是人民法院审理案件的依据。但根据最高人民法院审理"甘某诉暨南大学开除学籍一案"判决书中的意见，法院在审理违纪学生针对高等学校做出的开除学籍等严重影响其受教育权利的处分决定案件时，"应依据法律法规、参照规章，并可参考高等学校不违反上位法且已经正式公布的校纪校规"，因而具有参考价值。校规虽然没有法的普遍约束力，但是作为内部规则，它对学生仍有约束力。这种约束力的法律根据何在，主要取决于不同类型学校的法律地位及其与学生的法律关系。

公立学校不只是普通的社会组织，而且是根据教育法的授权或行政机关的委托而行使国家公权力的授权行政主体。也就是说，公立学校虽然不是国家行政机关，不能对外实施行政管理，但为保障教育公务的顺利实施，法律授予它一定的行政管理权，其中即包括对学生的招生录取、学籍管理、奖励处分以及学业学位证书的发放。公立学校在行使这些权力的时候，与学生不是平等主体之间的民事关系，而是一种特殊的行政管理关系。这一点不仅已经得到学界的支持，而且在司法上得到了认可。因此可以判断，在公立学校的管理中，学校制定有关学生的学籍管理与纪律处分等校规的行为，实质上是为行使法律授权而实施的一种单方行政行为，并不需要相对方学生的同意，只要学校履行了规范的制定和公布程序，那么校规即对学生产生了约束力。然而，校规毕竟不是法律，当学校依据校规对学生做出处分的时候，学生如果不服可以起诉至法院，而法院需要首先对校规做合法性审查，也就是判断校规是否符合教育法或其他法律，如果不符合则会宣布校规违法无效，进而撤销依据该校规做出的相应处理或处分。

民办学校不具有授权行政主体的地位，与学生的法律地位是平等的，二者的关系是基于入学契约而建立的合同关系。校规本身构成学校的入学条件，是双方合同的重要内容。在校规透明公开的前提下，学生同意入学并报到注册，可视为学生已经接受学校的入学条件，自愿接受并服从校规的管理，因而校规就对作为合同当事人的学生产生了约束力。学生入学后如果有违反校规的行为，即可构成违约，学校可以解除合同关系。在这一关系中，学生与学校构成的是平等主体间的合同关系，校规是在学生入学之前就由学校根据法律及本校的情况单方面制定的，学生没有必然的权利参与制定校规，也不能因自己未参与制定校规而主张其对自己不适用。

值得指出的是，虽然从法理上讲，校规并不因是否有学生的参与制定而影响其有效性，但从学生权利的角度来看，参与是学生的一项重要权利，而参与与学生利益有关的校规的制定是学生参与权的重要内容。因此，从尊重学生权利，实现校园民主的角度来讲，无论是公立学校还是私立学校，校规的制定都应当围绕教育和培养人的根本目的，充分尊重学生的权利，在制定过程中充分吸收学生的意见，尤其是那些关系到学生切身利益的校规，应允许学生作为利益相关者参与意见表达。学校为此有必要建立规范和有效的校规参与机制，例如在校规订立过程中将校规草案公布在学校网站或校务公开栏，留出一个合理的时间征求学生（父母）的意见，允许他们将意见以书面的形式或通过电子邮件递交特定部门，特定部门收集这些反馈意见后将其送交校规订立小组，由其对草案做出适当修改。这样一些理论主张已为我国有关立法所吸收，如《未成年人学校保护规定》第16条就规定"学校应当尊重学生的参与权和表达权，指导、支持学生参与学校章程、校规校纪、班级公约的制定"。校规制定中的学生参与程序不仅使得校规订立过程符合民主的原则，实现了学生的参与权，而且使校规内容更为符合学校管理实际，更易得到学生的尊重、理解、自觉遵守和执行。

（四）学生权利与学校权力的平衡：以"廷克案"为例

在学校中，学生的权利主张经常与学校的管理权力发生冲突。一方面，学生主张其享有各种权利或自由，另一方面，学校必须维持正常的教育教学秩序，需要对学生行为有一定的控制权力。传统上，学校的管理权常被强调，而学生的权利易被忽视，但在现今权利本位思想越来越深入人心的背景下，学生权利得到了承认和不断张扬。因此，人们逐渐接受了这样的观点，即学生权利和学校的管理权力都有其法律依据，不存在其中一个必然高出另外一个的优势地位，二者之间始终存在一个平衡的问题，需要根据个案判断。在此方面，美国联邦最高法院1969年审理的"廷克案"为如何平衡学生权利与学校权力提供了原则性的思路，以下将予详述。

廷克等诉得梅因学区案

1965年12月，美国艾奥瓦州得梅因学区的一些学生决定在12月16日至元旦的假日期间以戴黑色臂章的方式表达他们对停止越战的支持。得梅因学区的学校知道了这一戴臂章的计划，于是在1965年12月14日决定采取一项政策，即所有戴臂章到学校的学生将会被要求摘去臂章；如果学生拒绝摘去，将被停学，直到其摘去臂章为止。所有学生都知道学校即将采取的这些措施，但在12月16日，原告等几名学生依然戴着黑色臂章来到学校并因此被停学。于是学生依据美国法典第42章第1930条提起诉讼，要求法院颁发禁止令，禁止被告学区处罚学生，同时要求赔偿象征性损失。

美国联邦最高法院在此案中具有历史意义地宣布，宪法第一修正案的权利不仅适用于其他公民，也适用于学校中的教师与学生，学生权利并不因进入学校而自行中止。但同时强调，州也有相当的权力来控制学校中发生的行为，因此焦点在于学生行使第一修正案的权利与学校当局进行管理的冲突问题，也就是学生权利与学校权力之间的冲突。

最高法院指出，学校所致力者，乃在于允许学生在特定的时间内从事特定活动。这些活动是学生之间的交流，不仅是学生学习过程中不可分离的部分，也是教育过程的重要组成部分。因此，学生的权利，并不只存在于他们在教室的时间，在餐厅、在运动场，或正常时间内在校园的时候，他们同样可以表达自己的意见。即使是针对越战这样的话题，只要他们没有"具体且实质性地干扰学校运作所必需的纪律，或是侵害到其他人的权利"，他们也有权利表达自己的意见，学校出于对混乱的害怕并不足以战胜学生的表达自由权。公立学校不应该成为独裁主义的牢笼，学校官员并不拥有针对学生的绝对权力。无论是校内还是校外的学生，皆为宪法上的"人"，拥有州必须尊重的宪法基本权利。

最高法院引用麦克雷诺兹法官在"迈耶诉内布拉斯加案"中的主张，认为州没有权力将学校办成"按照一个模子培养学生"的机构。最高法院还引用了布伦南法官的一段话，即"对宪法自由的谨慎保护，在其他任何地方也没有比在美国学校中的保护重要。尤其是教室乃'思想之发源地'，国家的未来依赖于这种通过广泛接触充满活力的思想交流所培养出来的领导者"①，特别强调了表达自由在学校中的重要性。

最高法院指出，如果要使禁止学生特定意见表达的行为合法化，州就应该证明其行为并非只是对学生的意见表达感到不舒适或不快，而必须发现或有证据表明被禁止的学生意见表达将"具体且实质性地干扰学校运作所必需的纪律，或是侵害到其他人的权利"。学生的行为如果实质性地干扰了学校秩序或是侵害到其他人的权利，那么无论这种行为发生在课堂内还是在课堂外，无论这种行为是基于什么理由，也无论行为发生的时间、地点和方式，都不在宪法言论自由的保护范围内，都可被学校禁止或限制。但如果没有证据表明这一点，就不能禁止学生的表达。

根据上述原则，最高法院对本案进行了具体分析。法院指出，本案中并没有发现学校秩序被破坏的事实，对听证记录的独立检查也未说明学校当局有理由预见到戴臂章行为将实质性地干扰学校的工作并损害其他学生

---

① *Keyishian v. Board of Regents*, 385 U. S. 589, （1967）.

的权利。原告的表达行为并未破坏秩序，也未制造混乱。在学校全部的18000 名学生中，只有部分戴了黑色臂章，其中又只有 5 名学生因为戴臂章而被中止上学，并无任何证据表明学校的任何工作或任何课堂教学因此被中断。在教室外面虽有一些学生对戴臂章的学生有一些敌视的言论，但是在整个学校所在地并没有威胁或暴力行动发生。因此，本案情形中的戴臂章行为和那些实际已发生或可能发生的破坏性行动完全不同。原告仅仅在袖子上戴了一个两英寸宽的黑布条，希望表明他们对越战的反对以及对停战的支持，并希望他们的观点被广泛知晓，同时通过他们自己的例子影响其他人并使其他人采纳他们的意见。这一行为并不是要中断学校的活动，也并非试图干涉学校的事务或者其他人的生活。他们虽然导致了其他同学的讨论，却没有干涉学校的工作或制造混乱。

最终，法院认定本案中学校并没有提出学生"具体且实质性地干扰学校运作所必需的纪律，或是侵害到其他人的权利"的证据，因此，学生的表达自由应当被尊重，学校不能禁止学生戴臂章的表达方式，法院做出了撤销原判发回重审的判决。

三、学生惩戒

学校需要尊重学生权利，应以平等、尊重的姿态给学生创设一种宽松和自由的学习成长氛围，然而由于学生特别是中小学生处于身心发展的特殊阶段，判断能力尚差，对很多事情没有明确的是非观念，容易出现某些行为上的偏差或者失范，适当的惩戒可使学生知错改错，提高是非辨别能力和改进行为习惯①，因此，"考虑到今日学校的规模和世界范围内的学生向权威挑战的这种似乎是日益增长的趋势，一概废除惩罚也是不现实的"（中央教育科学研究所比较教育研究室，1989）[430]。惩戒作为学校必然存在的现象，对学生的权利影响重大，如何对学生惩戒加以必要的法律规范，

---

① 关于惩戒的教育意义，另见檀传宝. 论惩罚的教育意义及其实现［J］. 中国教育学刊，2004（2）：20-23.

使其在发挥教育功能及维护学校秩序的同时，不会对学生权利造成不必要的侵害，是教育法关注的重要问题。

（一）惩戒的概念与类型

1. 惩戒、管教与体罚

惩戒是通过对不合范行为施以否定性的制裁，从而避免其再次发生，以促进合范行为的产生和巩固。惩戒中的"惩"即惩处、惩罚，是其手段；"戒"即指戒除、防止，是其目的。（劳凯声，2003）[375-376] 所谓惩戒，是学校为矫正学生的偏差行为，排除学生干扰或妨碍教学活动的各种不当行为，以建立起符合社会规范的行为而采取的强制性措施。（秦梦群，2004）[349] 在这一定义中，惩戒不仅包含各种做成记录的纪律处分，也包括罚抄作业、罚站等事实惩罚措施，因此与管教并无严格的区别。

也有学者持不同看法，认为管教与惩戒具有不同的含义。一种区分认为，管教本质上属教育措施，由教师施行，以教育为目的，是对学生错误行为事先的预防。管教也是一种事实行为，不做成记录，手段没有一定标准，包括口头责备、罚站、罚写作业、暂时性疼痛措施（打手心、打屁股）或罚做特别动作（例如青蛙跳）等。体罚属于管教措施的一种，只是要不要禁止的问题。而惩戒是在管教无效后所不得不采取的手段，本质上为教育行政措施，属行政处分，应保留记录，故由学校行政单位为之，具有令学生负责之意旨，包括学业性惩戒及纪律性惩戒。（李惠宗，2004）[122-125] 这种区分与我国台湾地区"教师法"第32条提到的"辅导或管教学生，导引其适性发展，并培养其健全人格"之义务有一定的关系。

另一种对惩戒和管教的概念区分是从日常语境的角度出发的。有学者指出，通常意义上的"管教"是中性词，多指教师运用某些方法、手段（并非总是强制性的）对学生言行予以管束，其内涵着眼于管理和规范。这和多采取强制性手段、强调否定性制裁的惩戒显然并不等同。而在特殊情境下，"管教"被用作"打骂""惩罚""收拾"等的同义语，往往指向对学生肉体的伤害，与强调从否定性制裁导出良好教育效果的"惩戒"也不是一个意思。（劳凯声，2003）[376] 总体来说，在教育法学的研究中，我国学者更多使用惩戒的概念，并且不与管教做详细区分。惩戒包括各种对学生不合范行为做出的否定性或强制性的惩罚措施，既包括由学校做出的书面的纪律处分，如警告、记过等，也包括由教师做出的不需做成记录的事实惩罚措施，如罚站、罚抄作业等。2020 年，教育部颁布《中小学教育惩戒规则（试行）》，指出"本规则所称教育惩戒，是指学校、教师基于教育目的，对违规违纪学生进行管理、训导或者以规定方式予以矫治，促使学生引以为戒、认识和改正错误的教育行为"，使得"教育惩戒"正式成为我国的一个专门法律概念。本书将其与教育法中原有的纪律处分概念一并作为学生惩戒的具体内容。

2. 学生惩戒的类型

（1）国外学生惩戒的常见类型

各国教育法都对学生惩戒的类型有具体规定，由于教育传统及观念的不同，呈现出不同的特点，常见的惩戒形式包括言语责备、隔离措施、剥夺某种特权、没收、留校、惩戒性转学、警告、停学、开除和体罚等。

"言语责备"是指教师对违纪学生进行的口头批评，是常用的非正式惩戒类型。

"隔离措施"是指暂时将违纪学生与其他同学隔离，如安置在教室某个角落或某个单独区域。

"剥夺某种特权"是指不准违纪学生参加一些课外活动或项目，但前提是这些活动或项目不是课程计划的必修内容，如春游、校外旅行等。

"没收"是指暂时收去并保管学生携带的危险物品及其他学校禁止携带的物品，但会在适当时间将这些物品返还学生或其监护人。

"留校"是指放学后让违纪学生滞留学校一段时间。

"惩戒性转学"是指将违纪学生强制从本学校转至学区内其他学校。

"警告"是指对违纪学生实施的正式书面警示，是一种纪律处分的类型。

"停学"是指对违纪学生实施的有一定期限的不准到校参加教育活动的纪律处分。在英国，停学的期限为一个学期内不得超过 45 天。在美国，停学包括 10 天以内的短期停学和整学期的长期停学。

"开除"是指将学生学籍予以取消，将学生正式且永久排除于学校之外的一种纪律处分措施，程度最为严厉。

"体罚"是最古老且争议最多的一种惩戒措施。体罚的英文为"corporal punishment"，根据《布莱克法律词典》的定义，其是一种区别于金钱或财产惩罚的形式，意指任何对身体实施的惩罚或击打。在美国，体罚在某些时候可能包括关禁闭。在日本，也可根据具体情形将端坐、立正等长时间保持特定姿势，或是超过吃饭时间仍留在教室的惩罚归入其中。体罚曾经在各国被普遍使用，但随着人权观念的普及而逐渐被废弃。1971 年，美国只有 1 个州明文禁止体罚，到 1994 年则升至 27 个州（秦梦群，2004）[368]，但直至 2016 年，美国仍有 19 个（Gershoff et al.，2016）州允许体罚，但州法对体罚的方式和程度都做出了详细的规范（秦梦群，2004）[368]。

法治发达国家虽对学生权利较为尊重，但也非常强调学校维持纪律的需要，因此教育法在赋予学校和教师较多类型的惩戒措施的同时，也对其实施进行了严格的规范，要求有的惩戒措施必须由学校做出，也有些可以由教师自行决定。英国 1996 年《教育法》第 550A 条规定，对学校的任何学生，为了制止其实施或者继续实施以下任何行为，学校的教职员可以采取合理的强制措施：

- 实施任何犯罪行为；
- 引起对任何人（包括相关学生本人）的人身伤害或者财产损失；
- 参与破坏学校的或同学之间的良好秩序及纪律的行为，而无论该行为发生在课堂上还是课堂外。

教师既可在学校场所内采取上述措施，也可在其他地方当以教职员的身份有权控制和管理相关学生的时候采取措施。

（2）我国学生惩戒的立法及其类型

在 2020 年教育惩戒立法以前，我国教育法中涉及学生惩戒的规定有三处：第一处是《教育法》第 29 条第 4 项的规定，即学校有权对学生进行学籍管理，实施奖励或者处分；第二处是《教师法》第 7 条的规定，即教师享有教育教学权和对学生的指导权；第三处则是《义务教育法》《未成年人保护法》《教师法》对体罚和变相体罚的禁止。第一处是对学校纪律处分权的确认，第二处确认了教师的教育教学权和指导权，第三处明确禁止体罚和变相体罚。对于纪律处分、体罚和变相体罚之外的其他惩戒形式没有明文涉及，是否能被包含在教师的教育教学权和指导权中，也没有相关学说和解释，尤其是对一些有争议的教育惩戒形式，如罚站、离开教室、罚抄作业或跑步、不准参加课外活动等是允许还是禁止并不明确。与此同时，现有条文只对体罚及变相体罚做出了简单的禁止规定，但对其性质、内容及表现形式缺乏详细的界定，实践中也缺乏相关的案例指导，中小学校实施起来缺乏明确的指引，尤其在变相体罚和合法的教育惩戒之间容易产生混淆。这造成了教师不敢管或管出格的双重困境，围绕教育惩戒产生的家校纠纷不断增多。

在此背景下，2019 年中共中央、国务院印发的《关于深化教育教学改革全面提高义务教育质量的意见》提出"制定实施细则，明确教师教育惩戒权"；2020 年，教育部按照意见要求制定了《中小学教育惩戒规则（试行）》，明确学校和教师可以实施教育惩戒，并具体列举了惩戒的类型及程序要求。

从现有教育法的规定来看，我国的学生惩戒类型分为纪律处分与教育惩戒两大类。前者是指以学校名义对违纪学生做出的有书面记录的惩戒措施，其类型须严格依法确定。后者既包括教师在教育教学过程中当场实施的教育惩戒，也包括由学校做出的教育惩戒。具体分为三个层次：一是一般教育惩戒，适用于违规违纪情节轻微的学生，由教师当场实施，包括点名批评、做口头或者书面检讨、增加额外教学或者班级公益服务任务、一节课堂教学时间内的教室内站立、课后教导等；二是较重教育惩戒，适用于违规违纪情节较严重或者经当场教育惩戒拒不改正的学生，由学校实施，包括德育工作负责人训导、承担校内公益服务任务、接受专门的校规校纪和行为规则教育、暂停或者限制参加游览以及其他集体活动等；三是严重教育惩戒，适用于违规违纪情节严重或者影响恶劣，且必须是小学高年级、初中和高中阶段的学生，由学校实施，包括停课停学、法治副校长或法治辅导员训诫、专门人员辅导矫治等。

纪律处分的具体种类在不同教育阶段有所不同。根据《普通高等学校学生管理规定》，高等学校的纪律处分分为警告、严重警告、记过、留校察看、开除学籍五种类型。义务教育阶段的纪律处分不包括开除学籍，具体类型由地方立法予以规定，通常包括警告、严重警告、记过等。且一些地方，如北京规定纪律处分对8周岁以下即无民事行为能力的学生不适用。高中教育阶段的学生如果违规违纪情节严重且屡教不改，则可以给予包括开除学籍在内的全部处分。此外，《义务教育法》第20条规定，县级以上地方人民政府根据需要，为具有《预防未成年人犯罪法》规定的严重不良行为的适龄少年设置专门的学校实施义务教育。因此，将在普通义务教育学校就读的学生强制转往专门学校，也属于对有严重不良行为的学生实施的处分，与西方国家的强制转学处分相似。但由于强制送往专门学校的决定一般是经专门教育指导委员会评估同意后，由地方教育行政部门单独做出或与公安部门会同做出，并非以学校的名义做出，因此不属于学校纪律处分的类型。

退学是我国高等学校学籍管理中的一种常见管理措施，常被误认为是一种纪律处分。而实际上，退学虽与纪律处分中的开除学籍有相似之处，如结果都是学生丧失学籍并离开学校，但并不是一种纪律处分。纪律处分是对学生违纪行为做出的负面评价，起因是学生的违纪行为；而退学相对来讲只是一种中性的管理措施，原因也较为复杂，包括学生的智力原因、出勤原因、身体原因，或者是自愿申请，但不包括学生的违纪行为。从《普通高等学校学生管理规定》第30条列出的七种学生应予退学的情形中即可看出这一特征：

- 学业成绩未达到学校要求或者在学校规定的学习年限内未完成学业的；

- 休学、保留学籍期满，在学校规定期限内未提出复学申请或者申请复学经复查不合格的；

- 根据学校指定医院诊断，患有疾病或者意外伤残不能继续在校学习的；

- 未经批准连续两周未参加学校规定的教学活动的；

- 超过学校规定期限未注册而又未履行暂缓注册手续的；

- 学校规定的不能完成学业、应予退学的其他情形；

- 学生本人申请退学的。

纪律处分是学生违反法律规定或校规校纪而必须承担的一种具有强制性的法律后果，是学生应承担的一种法律责任。学生如果没有违法或违纪行为，不能给予纪律处分；同样，学生一旦实施了违法或违纪行为，也不能逃避其法律责任，必须受到纪律处分。退学有强制退学和自愿退学，除了学生自愿申请退学，强制退学必须符合上述退学条件。[①] 学校需要分清纪律处分与退学的关系，既不能以退学代替对学生的纪律处分，也不能以纪律处分代替退学。特别是强制退学并非学生自愿提出，具有与纪律处分相似的效果，因此，教育法不仅对纪律处分的程序进行了规定，也对退学处理规定了相应的程序，以保护学生的合法权益。

在事实惩戒措施中，我国教育法明确禁止体罚和各种形式的变相体罚。但关于什么是体罚以及变相体罚，目前没有官方的权威解释，因此，现实中普遍存在对体罚和变相体罚的扩大和任意解释，对教师正当的管理造成困扰和不利影响。《辞海》对体罚的解释是："成年人（如父母或教师）对小孩身体使用的惩罚，其严厉性从打手心到打屁股不等。" 从教育法的视角出发，体罚可以被界定为 "为惩罚某人亲自或指使他人以暴力方式接触被罚人身体的一种惩罚"。因此，无论是教师亲自接触学生身体还是指使他人

---

① 虽然也有学校将其称为 "视为自动退学"，但实际上是非自愿的强制退学。

接触学生身体，其行为均可构成体罚，但前提是其接触方式必须属于暴力方式。至于是否属于暴力方式，既可依其行为的后果判断，如是否对身体产生了伤害，还可以从一般的社会认知和接受程度判断。如果教师用脚踢学生，那么这个行为属于体罚，但如果在学生演讲比赛前夕，教师指导完学生之后重重地拍了一下他的肩膀说"加油!"，那么，拍的力度虽然较大，却是人们日常可以接受的限度，也不宜与体罚挂起钩来。

变相体罚是个极具中国特色的概念，在英文中找不到一个专门的词汇对应，在中文的各类词典中也找不到其准确的定义。但既然我国《义务教育法》将"变相体罚"这个概念提了出来，就有必要准确界定其内涵。从教育法的立法原意来看，其是为了全面禁止教师使用各种有违学生人格尊严或侵害学生身体健康的手段作为纪律管理的方式，这些手段既包括暴力接触学生身体的体罚，也包括采用其他方式但最终也达到了体罚效果的手段，因此才一并规定了"不得对学生实施体罚、变相体罚或者其他侮辱人格尊严的行为"。据此，"变相体罚"应是一种变相的体罚，所谓"变相"，就是其手段不是以暴力接触身体这种体罚的形式，而"体罚"表明其最终的内容和效果是与体罚相同的。如果给一个定义，"变相体罚"就是"没有接触被罚人身体，但以非人道方式迫使被罚人做出某些行为，使其身体或精神上感到痛苦的惩罚形式"。这个概念强调三点：一是不接触学生身体；二是采用非人道方式；三是使学生在身体或精神上感到痛苦，产生与体罚相同的危害学生身体健康或侮辱人格尊严的后果。根据这个定义，如果教师责令学生当众脱裤子，即属非人道地对待学生、侮辱学生人格尊严的变相体罚，而不准学生吃饭，强迫学生在烈日下长时间站立、跑步，或过多遍抄写作业等也属于非人道的处置方式，且会产生危害学生身体健康的后果，应归入变相体罚。与此形成对比的是，如果教师未使用非人道的管理方式，对学生的处置也未超出其年龄及健康状况能够承受的水平，那么他的行为就属于合法和正当的管理手段，不在法律禁止之列。如教师责令打瞌睡的学生在教室站立 5 分钟就属于这种情况。

与之相应，《中小学教育惩戒规则（试行）》第 12 条列举了教师在教育教学管理、实施教育惩戒过程中的若干禁止行为，包括：以击打、刺扎等方式直接造成身体痛苦的体罚；超过正常限度的罚站、反复抄写，强制做不适的动作或者姿势，以及刻意孤立等间接伤害身体、心理的变相体罚；辱骂或者以歧视性、侮辱性的言行侵犯学生人格尊严；等等。这些规定确定了教师实施教育惩戒的合法边界，也可被视为立法对体罚和变相体罚的外延做出的部分列举规定。总之，学生惩戒是学校教育和管理不可缺少的一个部分，必须有"名正言顺"的地位。我国教育立法正在逐步完善对学生惩戒的规定，以确保其得以规范行使，在给予学校和教师必要保障的同时，为学校和学生父母做出自主的决定留下空间。

（二）学生惩戒的原则与程序

1989 年的《儿童权利公约》明确指出关于儿童的一切行动应以儿童的最大利益为首要考虑，学校执行纪律的方式应符合儿童的尊严，确保儿童不受任何酷刑或其他形式的残忍、不人道或有辱人格的待遇或处罚，这些观念和思想应当在所有学校和所有教师中得到普及和认同。

1. 学生惩戒的原则

联合国教科文组织鼓励学校引入"正面"的、非暴力的纪律执行措施。学者也提出应当从传统（且无效）的"责备/处罚"原则，即找出麻烦制造者并加以处罚，转变为"不处罚原则"。他们认为，在缺乏心理复健的情况下，处罚犯错的人并不能降低负面行为的发生率，也不能降低他们再犯的可能性。"同样地，真诚相信因霸凌[①]他人而被迫休学在家的学生会把自己被排除在学校之外的时间花在自我反省、后悔并最后做出补偿的校长，我们也只能说他太过乐观了。"（O'Moore et al. , 2004）[8] 不处罚并不意味没有责任，只是说要在处罚的同时，寻求一种具有建设性的、有复健效果的解决办法，如学校可以提供一个学习的机会，鼓励欺负他人的学生去看看其行为如何影响了别人，让他有机会想想自己做了什么，看看可能的结

---

① 英文为"bullying"，也可译为欺侮。

果，这结果是否为自己和他人带来了好处，会不会在伤害别人之后最终也会伤害到自己，如果相同的情况再次发生，是否可以有不同的选择。这需要学校、家庭和社区的支援和介入，让学生透过对不当行为的质疑、新技巧的学习、理解与洞察力的提升，以及冲突的解决，学会为自己的行为负责。

学生惩戒通常会对学生造成一定的负面影响，应当谨慎为之。《普通高等学校学生管理规定》第 54 条指出，"学校给予学生处分，应当坚持教育与惩戒相结合，与学生违法、违纪行为的性质和过错的严重程度相适应。学校对学生的处分，应当做到证据充分、依据明确、定性准确、程序正当、处分适当"，对高等学校实施纪律处分提出了原则要求。《中小学教育惩戒规则（试行）》第 4 条规定了实施教育惩戒应当遵循的三条基本原则：应当符合教育规律，注重育人效果；遵循法治原则，做到客观公正；选择适当措施，与学生过错程度相适应。综合来看，学校和教师在对学生实施包括纪律处分在内的惩戒时，应当坚持以下原则。

（1）有错斯有罚。其含义是只有当学生实施了违规行为，才应受到惩戒，否则不能被惩戒，更不能因为他人的行为而被无辜惩戒。这意味着学校和教师不能单纯因学生成绩不好而惩戒学生，也不能因个人或者少数人的违规违纪行为而惩罚全体学生①，学生的哪些行为会导致惩戒，学校和教师应当尽可能事先明确规定，使学生有所了解和依循，才能起到惩戒应有的教育效果。英国 1996 年《教育法》第 154 条第 4 款及第 7 款规定，学校校长为了促进学生的自律及其对校方的适当尊重，鼓励学生发展良好的品行和对他人的尊重，确保学生行为准则是可接受的，以及为管理学生行为的其他方面，可以制定纪律规则及其实施细则，但校长应当将这些规则以书面文件形式公布，使在学校内以及在该校已注册学生的父母对此有普遍的了解；并且校长应当至少每学年采取一次行动以使所有这些学生及其父母以及所有学校教职工注意到该规则。

---

① 《中小学教育惩戒规则（试行）》第 12 条第 4 项规定，教师在教育教学管理、实施教育惩戒过程中，不得因个人或者少数人违规违纪行为而惩罚全体学生。

对学生惩戒事由的规定应当尽可能明确，不要使用过于模糊的字眼。在 1969 年美国的一个案例①中，学校惩戒规则中有对"不当行为"和"有损学校最佳利益之行为"进行惩戒的规定，法院认为这些字眼过于模糊，不能让学生清楚了解哪些行为会被惩戒，因而应加以撤销。（秦梦群，2004）350

一篇题为"美国杜克大学公正性遭质疑"的报道称：杜克大学富卡商学院的 34 名研究生，由于在考试与其他作业中作弊，被裁定违反校规，其中 9 名学生被强令退学（均为亚裔学生，来自中国大陆、中国台湾和韩国），15 名学生被停学一年，其余学生受到较轻的处分。起因为杜克大学一名教授发现这群学生带回家做的答卷中，许多答案一致，因此展开调查。学生的律师认为"校方调查人员向亚裔学生施压，要求他们承认自己的错误，学生因此写下认错书，有时候他们并不了解具体的指控。许多涉及此事件的学生到美国不足一年，对美国的有关规定了解得不够"。

（2）合乎比例。其含义是惩戒与学生所犯的错误应当成比例，学生的错误程度低或情节轻，则惩戒轻，学生的错误程度高或情节重，则惩戒也重。学校基于教育目的，不得已惩戒学生时，其程度从言语责备直至开除学籍（义务教育阶段除外），应根据学生所犯错误严重程度而有差异，同时还要考虑学生的年龄、性别、心理状态与过去的行为表现。惩戒是否合乎比例应就每一个案来考量，不应一概而论。

（3）平等。其含义是学校在执行惩戒规定时，应前后一贯，而且不歧视地适用于所有学生，以保证学生受到平等的对待。但对于教师当场实施的一般教育惩戒，因属于教师教育教学及课堂管理的专业判断，需要教师根据学生性格特点、具体情形自主选取适当的方式，而不宜机械、片面地追求平等。

（4）符合正当程序。其含义是除了教师可以当场实施的一般教育惩戒，

① *Soglin v. kauffman*，418 F. 2d 163（7 Cir. 1969）

其他学生惩戒必须遵循正当的程序。我国教育立法对于纪律处分提出了明确的正当程序要求，对中小学的较重和严重教育惩戒规定了具体的正当程序，美国最高法院在1975年"戈斯案"① 中，确立了公立学校学生惩戒必须遵循宪法第十四修正案所确立的正当程序原则，要求学校对学生做出短期停学处分时，须有某种形式的通知与听证的机会。而且必须坚持"惩戒愈是严厉，程序应愈正式"的基本原则，对于更为严厉的惩戒，学校须提供更为正式的程序。

（5）不侵害学生其他权利。其含义是惩戒应当尊重学生的基本权利，不因惩戒而侵害学生的其他权利。麦卡锡（McCarthy）与坎布龙-麦凯布（Cambron-McCabe）教授曾指出："除非为了更高的公共利益，否则不得侵害学生之宪法权利。"（秦梦群，2004）³⁵¹ 实施惩戒首先应注意维护学生的人格尊严，不得侮辱、讽刺、挖苦学生。其次，惩戒应注意保护学生的受教育权，避免因惩戒而损害学生接受教育的权利。如美国判例法要求，学校在对学生实施隔离措施时，任课教师需要另择时间对受惩戒学生进行单独辅导，不因惩戒而侵害其受教育的权利，这就是一种起到很好平衡效果的举措。除此之外，还应注意在惩戒过程中保护学生的隐私权，不在处分公告或其他途径中公布涉及学生隐私的内容。②

（6）重视善后处理。惩戒无论如何谨慎仔细、合乎规范，都会给学生以较强的刺激。因此，惩戒过程的结束并不意味着教育过程的结束，惩戒之后的善后处理十分重要。教师要关注被惩戒学生的言行举动，给学生以适当的关照，避免不良后果的发生。此外，要一如既往地爱护被惩戒的学生，不能对其产生偏见，避免让学生因受惩戒而自卑甚至自弃。

---

① 419 U. S. 565；95 S. Ct. 729；42 L. Ed. 2d 725；1975 U. S. LEXIS 23 October 16, 1974, Argued January 22, 1975, Decided.

② 如上海某中学电视台播出了两名学生在晚自习搂抱、亲吻的镜头，使两名学生感到"非常之难受、尴尬、震惊"，"导致情绪很低落，严重影响学习，导致高考失败"，2003年8月，学生以学校擅自录像、公开播放的行为构成侵犯自己的隐私权、名誉权等理由，一纸诉状将母校告上法庭。上例两位学生虽然违反了《中学生日常行为规范》，也违反了学校的校规校纪，但学校公开其隐私，侵犯了学生的隐私权。

2. 实施惩戒的要件

对学生实施惩戒的前提条件是学生的行为具有可苛责性。所谓可苛责性，是指学生做出了损害他人合法权益或破坏公共秩序的错误行为，应当受到惩戒。这些行为必须客观上对社会其他成员的权益造成干扰，如学生损坏教育教学设备、打架斗殴等，都符合可苛责性要件，应当受到惩戒。但若学生只是由于个人智力因素导致成绩不够理想，"太笨"本身则不具有可苛责性，不应为此对学生进行惩戒。《中小学教育惩戒规则（试行）》禁止因学业成绩而对学生实施教育惩戒的缘由即在此。高等学校对学生某些科目不及格或不及格科目太多的情况，也只能对其提出重修这种具有"教育效果"的方式，或是予以"退学"，而不宜采取纪律处分措施。

对学生的惩戒还应满足可归责性的要求。所谓可归责性，是指社会或他人可以期待该行为人避免该行为的出现，但该行为人因故意或过失而未能避免。可归责性又可称为期待可能性。学生的行为是否具有可归责性，应视个别学生主观的责任能力及责任条件而定。所谓责任能力，系指学生具备责任能力，本应知道并可以避免却未能避免，从而对他人权益或公共利益造成损害。我国台湾地区学者认为，未到刑事责任年龄的学生，还处在尝试错误时期，应以生活教育为宗旨，尽可能对犯错学生使用具有教育性质的措施，减少使用纪律处分，并且所有惩戒措施都不应留存于档案中。高等教育本质上已经脱离生活教育的层次，可以更多地采取惩戒措施，如开除学籍这种处分在义务教育阶段不适用，但在高等教育阶段则可以。（李惠宗，2004）[128]

所谓责任条件，主要是指行为是否具有故意或过失。教育法上对学生故意或过失的认定，基本与刑法相同。故意是指学生明知行为会产生损害他人或公共利益的结果，却有意使这种结果发生，包括对不法损害结果的知与欲两个因素。而过失是指学生应当知道行为会产生损害他人或公共利益的结果，却因疏忽大意或过于自信未能注意而导致结果的发生，具有应注意、能注意与不注意三个要素。学生具备上述责任能力与责任条件，始得受到惩戒。

学生惩戒有时会涉及其与学生其他法律责任的竞合问题，也就是当学生的某个行为同时触犯校规、行政法或刑法时，校规所产生的惩戒责任会否被其他法律责任吸收的问题。一般说来，如果学生的行为同时违反校规和刑法，应受学校的惩戒及刑事制裁，依据"刑惩并行原则"，可以同时处罚，不违反"一事不两罚"原则。如果该行为同时违反刑法、行政法及校规，则刑法责任可以吸收行政责任，但并不吸收校规规定的惩戒责任（李惠宗，2004）[129-130]，学校仍可对学生实施惩戒。

（三）学生惩戒的程序

1. 国外的学生惩戒程序

在 1975 年审理的"戈斯案"中，美国联邦最高法院通过对一个停学 10 天的学生惩戒案件的审理，确认学生惩戒受宪法第十四修正案的规范，即学生惩戒应当满足正当法律程序的要求，该案成为确立学生惩戒程序的经典判例。

（1）惩戒应有正当法律程序

美国联邦最高法院在"戈斯案"中认为，宪法第十四修正案禁止各州未经正当法律程序，剥夺任何人的生命、自由或财产。受教育事关学生的财产利益，不经最起码的程序，不能仅以学生行为不当为由而加以剥夺。而且，学校基于不当行为的指控，将学生短期停学 10 天，倘若通过之后并加以记录，则其指控可能严重损害受惩戒者在同学与教师中的声誉及地位，并会影响其将来接受高等教育与就业的机会，与学生名誉上的"自由"利益也密不可分。因此，学生惩戒应受到宪法第十四修正案正当法律程序的约束。

联邦最高法院认为，是否适用正当法律程序，不是看受损害的利益有多严重，而要看该利益的性质。只要财产利益的剥夺不是微不足道的，其严重性就与是否适用正当法律程序条款的问题无关。短期停学 10 天并非微不足道的，因此不能忽视正当法律程序条款。停学的严重性虽然小于开除，但是，教育是国家和州政府最重要的事业，因此所有将学生驱逐出学校的行为都必须符合最起码的程序要求，即使是短期停学 10 天，在学生的生命中也是重要的事项，学校必须给予学生最基本的正当法律程序的保护。

联邦最高法院承认，学校规模大且复杂，要维持既定的教育功能，适度的惩戒是必要的。但是停学不仅是一种必要的管理手段，也是一项有价值的教育设计。如果没有让惩戒人员与学生有交流意见的机会，告诉学生其所犯的过错，让其说出内心的想法，以确保没有不正义存在的话，惩戒行为就会失去意义。正当法律程序不仅是必需的，在教育上也是很有价值的。

（2）什么程序才是正当的

正当法律程序条款并非一成不变，其用语相当隐晦与抽象，但毋庸置疑，它至少包含这样的含义：在剥夺生命、自由或财产之前，必须给予当事人通知与听证的机会。在美国一些允许体罚的州，实施体罚时必须"有其他学校人员在场，并事先告知惩戒理由"（秦梦群，2004）[350~360]。韩国有一项被称为"学校生活预示案"的规定，对学校实施体罚的对象、缘由、器械、部位都做了详细的规定，并对实施体罚的程度、时机、方式做了严格的限制，如：教师绝对不能用手或脚直接进行体罚；实施体罚的场所要避开其他学生，在有校监和生活指导教师在场的情况下进行；实施体罚之前要向学生讲明理由，并对学生的身体、精神状态进行检查；受罚学生有权提出以其他方式代替体罚；等等。这些规范化的做法，一方面可以减少乃至杜绝教师任意惩罚学生的现象，另一方面可以减轻对受罚学生的身体和心理的伤害。

在"戈斯案"中，联邦最高法院认为，当学生面临不超过 10 天的短期停学处分时，应有得到指控通知的权利，如果学生否认，校方应提出证据说明，也让学生有说明的机会。原则上，通知与听证应在停学之前进行，但如果学生留在学校会对人员、财物或教学活动构成危害，则应立即实施停学。

通知与听证是学生惩戒最基本的程序，但随着惩戒的严厉程度增加，正当法律程序的要求也越多。因此，长期停学或开除学生需要比基本程序更多的正式程序，学生有权要求召开听证会，其监护人及代理人可以出席听证会，也可以聘请法律顾问出席听证会，在听证会中有提出证人、证据及交叉诘问证人的权利等。但是在特殊情形下，即使是短期停学，也不排除需要在基本程序之外有更多保障的可能性。

英国的学生惩戒程序也包括通知与听证两个环节。英国 1996 年《教育法》第 157 条规定校长在对学生实施短期停学和开除处分时，应当立即通知学生或其父母，通知的内容包括停学的期间或是开除的决定、被停学或开除的原因，以及学生或其父母向学校董事会及地方教育当局提出申诉的权利，同时，校长也应当向地方教育当局和董事会通报上述事项。（孙云晓 等，2006）[249] 在听取学生或其父母的意见方面，法院并不要求学校必须举行听证会或进行口头听证。如果学生被告知了指控性质并被给予了书面陈述理由的公平机会，法院允许视察员仅靠书面提呈处理申诉，不必经口头听证即可勒令学生退学。

在对学生采取一些事实惩戒措施时，英国《教育法》要求学校也应当遵循必要的程序（孙云晓 等，2006）[265-266]。例如，对学生实施课后留校的惩戒时，法律的要求如下。第一，校长必须预先制定留校的规定并使该规定在学校普遍为人知晓，并且采取措施让当时在本校注册的每个学生的父母注意到该规定。第二，法律要求留校决定应当是为了纠正学生行为而可能实施的措施之一，必须由校长或者基于此目的而特别或一般授权的其他在校教师做出决定。第三，所有情况下的留校都必须是合理的。其判断标准是根据该事件的具体情况确定，并且任何决定采取该留校措施的人都应当对留校学生有关的特殊情况有所了解，包括该学生的年龄、该学生的任何特殊教育需求、任何影响该学生的宗教上的需求和当必须为学生从学校回家做出安排时，其父母是否能做出适当的替代安排。第四，学生的父母必须在留校发生前最迟 24 小时内收到书面的通知。

（3）何时不需正当法律程序

尽管法院没有给出具体的例子说明什么情况下不需要正当法律程序，但一般而言，教师即时对学生做出的事实惩戒因为本质上属于一种教育学的方法或手段，因此并不需要正当法律程序。此外，根据美国的判例，惩戒很可能包括放学后将学生留在学校、在校试读①及暂时禁止学生参加某些课外活动。虽然受教育整体上被法院视为一种受到宪法保护的财产权利，受到正当法律程序保护，但学生参加体育运动或其他课外活动是否具有财产利益、是否受到正当法律程序的保护还不确定。在一个曲棍球队员因违反训练规则被吊销六个星期的队员资格的案例中，法院认为参与运动是一项特权而非财产权利，除非涉案者被赋予了某些特定利益，否则正当法律程序一般不适用，所以法院可能在暗示正当法律程序在这种情形下的不适用性。② 然而有学者指出，法院在运动方面所做的权利与特权的区分不会持续太久，在高等教育层次，参加运动在某些时候已经被视为一项财产权利，也有些法院已经认可高中学生参加运动是被正当法律程序条款所保护的③，可见，正当法律程序的适用范围呈逐渐扩大的趋势。

2. 我国的学生惩戒程序

我国对学生惩戒的程序问题日渐关注。在 1998 年"田某诉北京科技大学案"中，法院即指出，对学生按退学处理，涉及被处理者的受教育权利，从充分保障当事人权益的原则出发，作出处理决定的单位应当将该处理决定直接向被处理者本人宣布、送达，允许被处理者本人提出申辩意见。北京科技大学没有照此原则办理，忽视当事人的申辩权利，这样的行政管理

---

① 1982 年，在一个因纪律原因被学校开除后又重返学校作为试读学生的案件中，联邦法院确认该学生未被剥夺任何自由或财产利益，因而不适用正当法律程序。参见：*Boynton* v. *Casey*，543 F. Supp. 995（D. Me. 1982）.

② *Buhlman* v. *Bd. of Educ.*，436 N. Y. S. 2d 192（Sup. Ct. 1981）（dicta）.

③ 例如：*Regents of Univ. of Minnesota* v. *NCAA*，422 F. Supp. 1158（D. Minn. 1976），rev'd on other grounds，560 F. 2d 352（8th Cir. 1977）；*Breasch* v. *DePasquale*，265 N. W. 2d 842（Neb. 1978），cert. denied，439 U. S. 1068（1979）.

不具有合法性①，明确提出了对学生惩戒的程序要求。

2005 年，教育部修订《普通高等学校学生管理规定》，第 55 条专门规定："学校对学生的处分，应当做到程序正当、证据充足、依据明确、定性准确、处分恰当。"此外，还具体规定了高等学校学生惩戒的事由、决定、执行机构、惩戒程序及学生申诉等具体问题，使高等学校的学生惩戒有了基本法律依据。2017 年《普通高等学校学生管理规定》在此前的基础上根据高校管理的新形势增加了新的内容，如处分期限的规定、处分程序的完善与申诉制度的加强等，使惩戒规则更加完备。相比之下，中小学校的学生惩戒一度欠缺统一立法，其纪律处分程序主要在学籍管理的地方立法中规定，直到 2020 年《中小学教育惩戒规则（试行）》的颁布改变了这一状况，其对较重教育惩戒和严重教育惩戒的程序进行了统一规定，由此建立了中小学教育惩戒的基本程序。

一般而言，学生惩戒在事前、事中和事后都应有必要的程序。在严重教育惩戒或纪律处分决定做出之前，学校应书面通知学生及其监护人，告知学生被惩戒的事由和将要受到的惩戒，给学生一个合理的时间做出回应或申辩。说明理由分为合法性理由和正当性理由，前者包括行为的事实以及规定；后者主要为自由裁量的依据。（章剑生，2000）[33] 说明理由制度向学生及其监护人表明决定并非凭空做出、主观臆断的，体现了对学生权益的尊重，也为学生辩护提供了针对性内容。如《普通高等学校学生管理规定》第 55 条规定，"在对学生作出处分或者其他不利决定之前，学校应当告知学生作出决定的事实、理由及依据，并告知学生享有陈述和申辩的权利，听取学生的陈述和申辩"，即属事前程序。但在例外情况下，如果学生留在学校会对他人、学校财产或教育教学秩序构成即时危害，学校也可以立即加以惩戒而事后尽快通知。

事中程序主要体现在惩戒决定的主体应当明确。哪些惩戒可以由教师自行决定，哪些惩戒必须由学校决定，应在立法中加以明确。根据现有立法，对于一般教育惩戒，教师个人即可决定并当场实施，对于其他教育惩

---

① 参见《最高人民法院公报》1999 年第 4 期。

戒及纪律处分，则须由学校做出决定。《普通高等学校学生管理规定》第 56 条规定，"对学生作出取消入学资格、取消学籍、退学、开除学籍或者其他涉及学生重大利益的处理或者处分决定的，应当提交校长办公会或者校长授权的专门会议研究决定"，对开除学籍等决定的做出主体做了严格限定。

事后程序主要体现在对学生做出惩戒处分后，告知学生享有的申诉权，并履行档案记录、向教育行政机关备案或报告等相关手续。《普通高等学校学生管理规定》对学生惩戒的程序有一系列规定。其第 53 条规定："学校对学生作出处分，应当出具处分决定书。处分决定书应当包括下列内容：（一）学生的基本信息；（二）作出处分的事实和证据；（三）处分的种类、依据、期限；（四）申诉的途径和期限；（五）其他必要内容。"第 55 条规定："在对学生作出处分或者其他不利决定之前，学校应当告知学生作出决定的事实、理由及依据，并告知学生享有陈述和申辩的权利，听取学生的陈述和申辩。处理、处分决定以及处分告知书等，应当直接送达学生本人，学生拒绝签收的，可以以留置方式送达；已离校的，可以采取邮寄方式送达；难于联系的，可以利用学校网站、新闻媒体等以公告方式送达。"第 58 条规定："对学生的奖励、处理、处分及解除处分材料，学校应当真实完整地归入学校文书档案和本人档案。被开除学籍的学生，由学校发给学习证明。学生按学校规定期限离校，档案由学校退回其家庭所在地，户口应当按照国家相关规定迁回原户籍地或者家庭户籍所在地。"

在中小学阶段，学校在拟对学生实施严重教育惩戒和纪律处分时，也应当听取学生的陈述和申辩。学生或者家长申请听证的，学校应当组织听证。除此一处规定外，听证会目前尚不是法律要求的必须进行的学生惩戒程序，但有些学校已经自行引入①。作为一种听取受处分学生意见的有组织的、较为严格的程序形式，听证会必须满足一些基本的要求，包括：

- 听证由独立的、没有偏见的机构或个人主持；

---

① 参见下列报道：《给学生申辩的权利，青岛出台中小学生处分听证制度》，《法制日报》2002 年 5 月 18 日；《学生受处分是否有标准，北京部分学校引入听证制度》，《北京青年报》2001 年 10 月 29 日；《华东政法学院处理学生先听证》，《中国青年报》2000 年 5 月 9 日。

- 学生有权获知影响其利益的决定及理由；
- 学生有机会为自己辩护；学生有获得法律帮助的权利；
- 听证必须做记录，并且只能根据记录中的事实做出决定；
- 听证应该公开进行。（王锡锌，2002）

听证应该对决定的做出具有实质性的意义，而不仅仅是走过场，因此，在听证过程中，应当充分重视听证笔录的效力。"案卷排他性原则"要求行政机关的裁决只能以案卷为依据，不能在案卷以外，将当事人所未知悉的和未论证的事实作为依据，它是对当事人辩护权、辩论权的最后保障。没有该原则，听证制度中所设定的一切其他原则、制度都将成为空谈。学生惩戒的听证程序也是一样，管理者通过听证而形成的决定一定要有某种书面材料作为证据，足以证明它确实把学生及相关参与人的意见、看法融入了该处理决定。当事人在听证会上充分发表自己的观点，反驳于己不利的主张，并被如实记录，经当事人审阅签字后随卷保存，并以此作为对学生做出处理的依据。若日后当事人发现处理决定没有以听证笔录为参考，则可以通过一定的途径寻求救济。只有这样，听证程序才具有实质意义，既有外在的合法形式，也有内在的合法基础。

总之，学生惩戒作为一种学校教育和管理的手段、一个不可回避的现象，如果没有必要的法律和制度规范加以约束，必然会对学生权益造成侵害。必须遵循法治的原则，建立规范的学生惩戒制度，使惩戒从无序、隐性的自发状态变为规范、显性的法治管理，发挥有效的管理和育人作用，促进学生德、智、体、美、劳的全面发展。

四、学生权利的救济

（一）学生权利救济制度的发展

学生权利救济制度是伴随学生权利的发展而产生的。在学生权利未被承认和尊重的年代，根本谈不上学生权利的救济，20 世纪中后期以来，学生权利得到普遍尊重之后，学生的权利救济制度才逐渐形成并发展起来。

1. 特权学说与学生的权利救济

特权学说曾是美国用来划分权利的一种学说。所谓特权（privilege），是指个人没有事先存在的权利而从政府方面所取得的利益。这种利益出于政府的馈赠，不构成个人既得权利（right）。政府特权可以随时取消，不受宪法上正当法律程序的限制。当事人对于特权利益所享有的保护，只以创设特权的法律中的规定为限。如果法律中没有规定，或者没有足够的规定，当事人不能要求享受宪法上正当法律程序的保护。（王名扬，1995）[392]

特权学说产生于消极国家时代。其时政府的职能有限，行政人员也有限，人民从政府那里得到的福利也极其有限。所以当时的法律将普通法所保护的利益称为权利，权利受正当法律程序的保护；将政府提供的利益称为特权，特权不受正当法律程序的保护。接受公立教育因此也被认为是从政府那里获得的利益，属于特权，不受正当法律程序的保护，也没有相应的权利救济制度。而随着时代的发展、福利国家的出现，政府事务日益增多，大部分公民的福利也直接或间接来源于政府，公民的这些利益也必须受到足够的保护，因而特权学说所涵盖的范围日渐缩小。但直到20世纪60年代以前，美国司法仍认为接受高等教育是政府所创造的一种特权。[①] 在该理论之下，高等学校对学生管理有充分的自由裁量权，而学生对接受高等教育并没有主张的权利，更缺乏相应的权利救济制度。直到1961年，联邦第五上诉法院于"狄克逊案"中推翻了特权理论，认为只要学生在学校有良好表现，便有权利留在公立高等教育机构之中。此后，学生在接受高等教育期间的各种权利才得到全面的保障，学生权利救济制度日渐完善。

2. 特别权力关系与学生的诉权

特别权力关系曾是大陆法系国家解释学校与学生关系的主导理论。在该理论盛行的年代，公立学校对于处于特别权力关系中的学生有总括性的

---

① *Board of Trustee* v. *Waugh*, 105 Miss. 623, 62 So. 827 (1913).

命令支配权，只要是出于实现教育目的的需要，不需要特别的法律依据，就可以自由地制定校规校纪。当处于特别权力关系中的学生不服从上述命令时，为维持内部秩序，学校有权行使公权力，对学生做出惩戒，如开除学生的学籍。因为上述措施是特别权力关系内部的措施，即使学生对之不服，只要不涉及学生作为公民的地位，学生便不能向法院申请有关救济。在特别权力关系理论的支配下，学生的诉权在很大程度上被剥夺了。

但随着20世纪70年代以来特别权力关系理论的修正，学生的诉权逐渐得到认可。无论是后来提出的重要性理论还是基础关系理论，都承认涉及学生重要性事项或基础（基本）关系的事项，如公立学校做出的关于学生身份的取得、丧失、降级、学历或学位的获得等决定，以及影响学生基本权利的事项，都属于可诉的行政行为，承认了学生的诉权。但修正后的特别权力关系理论仍然主张学校具有一些不同于其他社会组织的特点，其需要为维持教育教学秩序及良好的教育效果而对学生的行为规范做出指引和必要的限制，因此学校有对学生服装和仪表进行规范，或对学生作息时间及宿舍管理等提出要求的权力，这些管理措施只要有合理正当的理由，并不需要明确的法律依据，也不属于可诉的行政行为，学生一般不能对这些管理措施提起诉讼。

我国学界持较为相近的看法，在总体上支持学生享有诉权，但也认为学生并非对任何学校管理措施均享有诉权。学者指出，司法审查对大学自治的介入并不是对学校内部教育过程的法律化，而是制约侵害权利和防止不正当法律程序，因而应当是有限介入。具体来讲，首先是介入作用有限。因为法院本身不能主动提起诉讼，它必须遵循"不告不理"的司法原则；而且司法权力是消极的，它只是一种事后救济，并且宪法学本身通过系统的学说限制了司法权力。其次是介入范围的有限性。司法审查应仅局限于制约侵害权利和程序的现象，而不涉及实质性的教学和学术问题。最后则是受理条件的有限性。司法审查对大学自治的介入应以行政复议前置为受理条件和原则。（程雁雷，2000）

当今各国的教育法治都非常重视学生的权利，具有明显的权利本位特征，作为学生权利救济中关键一环的诉讼权，自然也得到了教育法的承认和保障。但由于法律传统和理论学说的不同，各国仍然存在一些差异，但这并不妨碍学生权利救济的总体趋势在向着愈加完善的方向发展。

（二）我国的学生权利救济制度

1. 学生申诉制度

我国 1995 年《教育法》规定了学生的申诉权，允许学生在不服学校的处理决定，或是认为学校和教师侵犯其合法权益时，依法向主管的行政机关申诉理由，请求处理。1995 年国家教委在《关于实施〈中华人民共和国教育法〉若干问题的意见》中指出："各级教育行政部门要按照《教育法》和《教师法》的规定，建立和健全教师、学生的行政申诉制度。……各级各类学校还应建立和健全校内的申诉制度，维护教师、学生的合法权益。"2005 年，教育部修订《普通高等学校学生管理规定》，对高校学生申诉的程序、机构、受理与处理等内容进行了较详细的规定。2017 年颁布的《普通高等学校学生管理规定》将"学生申诉"单列一章并将其细化。这一系列立法使得学生申诉制度，特别是高校学生申诉制度逐渐规范化，成为重要的学生权利救济制度。在中小学阶段，除了地方立法，2020 年公布的《中小学教育惩戒规则（试行）》也对学生申诉制度做出了相对统一的规定。

在中小学阶段，学生申诉可以分为校内申诉和校外复核两个层次。中小学生如果不服学校的处理决定，包括《中小学教育惩戒规则（试行）》所规定的严重教育惩戒或纪律处分，或是认为学校和教师侵犯其合法权益的，可以在决定做出后 15 个工作日内向学校提起申诉。学校应当成立由学校相关负责人、教师、学生以及家长、法治副校长等校外有关方面代表组成的学生申诉委员会，受理申诉申请，组织复查。学生申诉委员会对学生申诉的事实、理由等进行全面审查，做出维持、变更或者撤销的决定。学生或者家长对学生申诉处理决定不服的，可以向学校主管教育部门申请复核。

在高等教育阶段，学生申诉分为校内申诉和再申诉两个层次。高校学生对取消入学资格、退学处理或者违规、违纪处分决定有异议的，在接到学校处理或者处分决定书之日起 10 日内，向学校学生申诉处理委员会提出书面申诉。学生申诉处理委员会对学生提出的申诉进行复查，并在接到书面申诉之日起 15 日内作出复查结论并告知申诉人。情况复杂不能在规定限期内作出结论的，经学校负责人批准，可延长 15 日。学生申诉处理委员会认为必要的，可以建议学校暂缓执行有关决定。学生申诉处理委员会经复查，认为做出处理或者处分的事实、依据、程序等存在不当，可以作出建议撤销或变更的复查意见，要求相关职能部门予以研究，重新提交校长办公会或者专门会议作出决定。

学生如果对高校的复查决定有异议，可以在接到学校复查决定书之日起 15 日内，向学校所在地省级教育行政部门提出书面申诉。省级教育行政部门在接到学生书面申诉之日起 30 个工作日内，对申诉人的问题给予处理并作出决定。省级教育行政部门在处理因对学校处理或者处分决定不服提起的学生申诉时，应当听取学生和学校的意见，并可根据需要进行必要的调查。根据审查结论，区别不同情况，分别作出下列处理：事实清楚、依据明确、定性准确、程序正当、处分适当的，予以维持；认定事实不存在，或者学校超越职权、违反上位法规定作出决定的，责令学校予以撤销；认定事实清楚，但认定情节有误、定性不准确，或者适用依据有错误的，责令学校变更或者重新作出决定；认定事实不清、证据不足，或者违反本规定以及学校规定的程序和权限的，责令学校重新作出决定。

2. 行政复议制度

行政复议制度是公民、法人或者其他组织认为行政机关的行政行为侵害其合法权益，依法向该机关的上一级行政机关或者法律、法规规定的行政机关提出申请，由受理申请的行政机关对原行政行为进行重新审查并做出裁决的活动及制度。教育领域中的行政复议具有以下特征：行政机关行政行为的存在和争议是行政复议的前提条件；行政复议以学校、教师、学生为申请人，以行政机关为被申请人；行政复议是一种行政活动，是行政机关行使职权的活动；行政复议以行政机关行政行为的合法性与合理性为审查内容；行政复议虽然是一种行政活动，但它具有准司法性，程序较为严格。

必须指出的是，对于学生而言，除了其权益直接受到教育行政机关侵害提起行政复议之外，更多的是其对学校的处理或行为不服提起申诉，进而向教育行政机关申请复核或再申诉，之后对教育行政机关的复核等决定提起行政复议。根据《行政复议法》的相关规定，学生遇有下列情形之一的，可以申请行政复议：

- 对行政机关作出的行政处罚决定不服；
- 对行政机关作出的行政强制措施、行政强制执行决定不服；
- 申请行政许可，行政机关拒绝或者在法定期限内不予答复，或者对行政机关作出的有关行政许可的其他决定不服；
- 对行政机关作出的赔偿决定或者不予赔偿决定不服；
- 申请行政机关履行保护人身权利、财产权利、受教育权利等合法权益的法定职责，行政机关拒绝履行、未依法履行或者不予答复；
- 认为行政机关违法集资、摊派费用或者违法要求履行其他义务；
- 认为行政机关在政府信息公开工作中侵犯其合法权益；
- 认为行政机关的其他行政行为侵犯其合法权益。

根据《行政复议法》第 13 条的规定，当学生认为行政机关的行政行为所依据的规范性文件不合法时，具体包括国务院部门的规范性文件，县级以上地方各级人民政府及其工作部门的规范性文件，乡、镇人民政府的规范性文件以及法律、法规、规章授权的组织的规范性文件，在对行政行为申请行政复议时，可以一并向行政复议机关提出对该规范性文件的附带审查申请。

学生认为行政行为侵犯其合法权益的，可以自知道该行政行为之日起 60 日内提出行政复议申请；但是法律规定的申请期限超过 60 日的除外。因不可抗力或者其他正当理由耽误法定申请期限的，申请期限自障碍消除之日起继续计算。

行政复议机关收到行政复议申请后，应当在 5 日内进行审查，审查结果有三种：符合法定条件的应当受理；不符合申请条件的不予受理并说明理由；对符合法律规定，但是不属于本机关受理的行政复议申请，应当告知申请人有管辖权的行政复议机关。

行政复议机构自行政复议申请受理之日起 7 日内，将行政复议申请书副本或者行政复议申请笔录复印件发送被申请人。被申请人应当自收到申请书副本或者申请笔录复印件之日起 10 日内，提出书面答复，并提交当初做出行政行为的证据、依据和其他有关材料。除法律有规定外，行政复议机关应当自受理申请之日起 60 日内做出行政复议决定，情况复杂，不能在规定期限内做出行政复议决定的，经行政复议机关的负责人批准，可以适当延长，并书面告知当事人，但延长期限最多不超过 30 日。

复议机关对复议案件经过审理后，应根据不同的情况做出如下复议决定：

- 行政复议机关决定维持该行政行为；
- 行政复议机关决定变更该行政行为；
- 行政复议机关决定撤销或者部分撤销该行政行为，并可以责令被申请人在一定期限内重新作出行政行为；
- 行政复议机关不撤销该行政行为，但是确认该行政行为违法。

行政复议决定书一经送达，即发生法律效力。申请人如果对复议决定不服，可以在收到复议决定书之日起 15 日内，或者法律、法规规定的其他期限内向人民法院起诉，但复议决定不停止执行。如果申请人逾期不起诉又不履行决定的，行政机关可以申请人民法院强制执行。

3. 行政诉讼

行政诉讼制度是指公民、法人和其他组织认为行政机关和行政机关工作人员行政行为侵犯其合法权益依法向人民法院提起诉讼，由人民法院进行审理并做出判决的制度。行政诉讼制度是在人民法院主持下进行的处理和解决行政争议的活动，适用独立的行政诉讼程序，是保护公民、法人及其他社会组织合法权益的重要法律救济制度，自然也适用于学生。根据现有法律规定，行政诉讼的受案范围具体包括以下事项：

- 对行政拘留、暂扣或吊销许可证和执照、责令停产停业、没收违法所得、没收非法财物、罚款、警告等行政处罚不服的；
- 对限制人身自由或者对财产的查封、扣押、冻结等行政强制措施和行政强制执行不服的；
- 申请行政许可，行政机关拒绝或者在法定期限内不予答复，或者对行政机关作出的有关行政许可的其他决定不服的；
- 申请行政机关履行保护人身权、财产权等合法权益的法定职责，行政机关拒绝履行或者不予答复的；
- 认为行政机关违法集资、摊派费用或者违法要求履行其他义务的；
- 认为行政机关没有依法支付抚恤金、最低生活保障或者社会保险待遇的；
- 除前款规定外，人民法院受理法律、法规规定可以提起诉讼的其他行政案件。

但对于国防、外交等国家行为，行政法规、规章或者行政机关制定和发布的具有普遍约束力的决定、命令，行政机关对行政工作人员的奖惩、任免决定以及法律规定由行政机关最终裁决的行政行为，不得提起行政诉讼。

学生提起行政诉讼需要具备以下条件：原告合格；有明确的被告；有具体的诉讼请求和事实根据；属于人民法院的受案范围和受诉人民法院管辖；符合起诉的时间限定和法定形式要件。法院接到符合起诉条件的诉状应当登记立案，对于不能当场判定是否符合起诉要求的，应当接收起诉状，7日内做出是否受理的决定。受理起诉后，人民法院对行政行为进行合法性审查并依法做出驳回原告诉讼请求、撤销或部分撤销、变更原处罚决定、确认违法或确认无效以及要求被告在一定期限内履行等判决。行政诉讼当事人不服一审法院未生效的判决、裁定，可在法定期限内提起上诉，请求上一级法院进行审判。第二审程序中，上级法院要对上诉案件进行全面审查并分别做出维持原判、裁定；依法改判、变更或者撤销原判决发回重审等判决。对已生效的判决、裁定或其他法律文书，在义务人拒不履行时，行政机关或第三人可以向人民法院申请强制执行或者由行政机关依法采取强制执行措施使其得以实现。

行政诉讼在教育领域曾引起两个较大的争论。一个是学生若对公立学校的处理决定不服，能否提起行政诉讼。在传统理论下，行政诉讼的被告必须是行政机关，学校作为事业单位不能成为行政诉讼的被告。但实际上，公立学校虽然是事业单位，不具有行政机关的资格，但是法律赋予了它一定的行政管理职权。公立学校与学生之间的管理关系不是平等的民事关系，而是特殊的行政管理关系。它们之间因管理行为而发生的争议，不是民事争议，而是行政争议，应纳入行政诉讼的受理范围。这一论点不仅在学术界得到了较大共识，而且已经为我国的司法实践所应用。1998 年，北京市海淀区人民法院受理"田某诉北京科技大学案"，1999 年，该院受理"刘某诉北京大学、北京大学学位评定委员会的行政诉讼案"，此后还有一系列学校行政诉讼案件的受理和审理，标志着行政诉讼已经成为学生权利救济的重要制度。

第二个问题是受教育权未在明确列举的行政诉讼的受案范围中，能否对其进行救济。有学者从法解释学的角度论证学生对其受教育权的受损享有诉权，理由是尽管《行政诉讼法》所列举的受案范围不包括受教育权利，但也没有明确将受教育权排除，因而学生受教育权的司法救济取决于《教育法》的相关规定。而《教育法》第 43 条对此的规定是，"对学校给予的处分不服向有关部门提出申诉，对学校、教师侵犯其人身权、财产权等合法权益，提出申诉或者依法提起诉讼"。这一规定指出学生可诉的范围是人身权、财产权等合法权益。按照我国的立法惯例，"等"一般具有"等外"的含义，也就是说，学生可诉的范围除人身权、财产权外，还应包括其他权利。而受教育权作为学生至关重要的一项权利，应从加强对其权利保护的角度，解释为包含在此条的"等其他权利"之内（温辉，2000），这就为学生运用行政诉讼制度解决相关权利纠纷提供了法理依据。

随着"田某诉北京科技大学案"的成功受理，以及我国行政诉讼的受案范围逐步扩大，学生对教育行政机关涉及就近入学、歧视等损害受教育权的行政行为已经可以顺畅提起行政诉讼。目前留下疑问的仍是对公立学校的诉讼问题，也就是公立学校的哪些行为是可诉的，哪些不是可诉的，以及区分的理据何在。现有法理和案例只明确了对于开除学籍等严重侵害受教育权并影响到学生身份的行为的诉讼问题，但其他尚未影响到学生身份的有损受教育权的行为尚未能进入行政诉讼的大门，比如评定奖学金、选课处理、记过处分等。而从比较法的角度观察，随着特别权力关系理论的扬弃，德国、日本等国已经大幅提高了对学生受教育权的诉讼保护程度，将侵害受教育权的学校行为全部纳入行政诉讼救济对象，未来我们应当如何处理学校诉讼范围或可诉事项的问题，仍需持续研究。

联合国经济、社会和文化权利委员会在 1990 年关于"缔约国义务的性质"的一般性意见中也强调："除了立法以外，可被认为是适当的措施还包括，为根据国家法律制度看属于司法范围的权利提供司法补救办法。例如，委员会注意到，不受歧视地享有公认的人权往往可以通过司法或其他有效补救办法得到适当的促进。……第 13 条第 2 款（甲）及同条第 3、第 4 款……看来也能由许多国家的司法体系和其他机构加以立即适用。认为上述所说的条款本身无法加以执行的任何看法都是很难成立的。"[1] 据此，学生所享有的接受免费初等义务教育的权利、选择教育的自由以及公民建立教育机构的自由等都应包括在司法救济的范围之中。

4. 行政赔偿

在学生权利受到行政机关或学校侵犯，特别是在被学校处分，延迟得到或失去学历学位证书等时，学生可否在诉讼中得到赔偿，是需要加强研究的重要问题。

在美国，学生在权利被侵害时主张赔偿的请求要视情况确定。只有在

---

① HRI/GEN 1/Rev. 5, 26 April 2001, para. 5.

下列情况下，学生才能得到实质性的损害赔偿：首先是有证据显示学生受到了实际的伤害，包括精神或情绪上的伤害，以及财产损失；另外，如果学校主管人员故意剥夺学生权利，法院也会使用惩罚性的赔偿措施惩罚或阻止这些人员。不过，即使学生不能证明学校是有意地侵犯他们的权利或者受到了实际的损害，法庭也可在权限范围内要求学校官员支付法庭费用和律师费用，这些费用可能是相当大的。（Fischer et al., 1991）[247]

在法国，学生通常会以学校的错误决定导致自己失去就业或成功的机会要求赔偿，而行政法院则只有当在学校的过错和学生遭受的损失之间发现直接和确定的因果关系时才会判决赔偿，而且赔偿数额没有统一的计算标准，通常在考虑损害发生时的工资标准、就业机会等因素后具体确定。在一个著名的法国案件中，一名巴黎第五大学的学生，因1978年学校在仅仅考虑了他最终的成绩而没有考虑其全部成绩的情况下，拒绝向其颁发文凭而提起诉讼。巴黎行政法庭认为学校的过错导致原告延迟四年才得到文凭，造成工作机会的丧失，判决学校向其赔偿3000法郎。但最高行政法院考虑到该专业在当时的就业前景，特别是他可能获得的工资，认为该学生遭受的损失更为严重，因此将赔偿数额变更为100000法郎。而在另一个案件中，一名学生被学校错误地延长了一年大学课程，行政法庭判决10000法郎的赔偿，该生不服上诉至最高行政法院，要求获得100000法郎赔偿，最高行政法院具体分析了学校的过错后，认为学生遭受的损害并不严重，驳回了其申请。（王敬波，2007）[266-267]

在我国，学生权利被行政机关或学校侵犯时能否获得赔偿，需要区别对待。学生的人身权和财产权被侵害的，较为容易获得赔偿。其中，学生的人身权和财产权被学校侵害的，学生可通过民事诉讼获得民事赔偿；学生的人身权和财产权被行政机关侵害的，可以依照国家赔偿制度获得相应的赔偿。但对于学生的其他权利，特别是被学校处分或未获得毕业证书、学位证书等，因涉及学生的受教育权和学校行政权的行使，能否获得赔偿，取决于国家赔偿制度的规定。

我国1994年颁布，2010年、2012年两次修正的《国家赔偿法》第2条规定："国家机关和国家机关工作人员行使职权，有本法规定的侵犯公民、法人和其他组织的合法权益的情形，造成损害的，受害人有依照本法取得国家赔偿的权利。"该条款确定了我国国家赔偿责任的四个构成要件：一是职务行为主体，即必须有其职务行为可能引起国家赔偿责任的组织或个人，在我国，其指国家行政机关、审判机关、检察机关及上述机关的工作人员；二是职务违法行为，即职务行为主体做出了《国家赔偿法》中规定的违法行为，没有这些违法行为就不能产生赔偿责任；三是损害结果，即职务行为主体的职务违法行为只有产生了损害后果，具体指人身权与财产权的实际损害，才能产生国家赔偿责任；四是因果关系，即职务行为主体的职务违法行为与损害结果之间必须有因果关系。

由此可见，目前我国国家赔偿属于最狭义的类型，不仅把国家在私经济领域的一切赔偿排除在外，而且把国家在公权力领域内对无过错（或合法）行为造成的损害进行的赔偿（补偿）也排除在了国家赔偿范围之外。即使是公权力领域内的职务违法行为，国家赔偿又将其损害后果具体限定在人身权和财产权两个方面，未将受教育权的损害列入赔偿范围，因此在教育领域中可发挥的作用有限。

在"田某诉北京科技大学案"中，针对原告学生提出的因学校过错导致其延迟一年获得毕业证书与学士学位证书要求赔偿的请求，法院指出："虽然原告因被告的行为未能按时办理毕业手续，致使原告失去与同学同期获得就业的机会，可能失去取得一定劳动收入。但是，根据《国家赔偿法》第 3 条、第 4 条的规定，国家赔偿的范围应当是违法的行政行为对当事人的人身权和财产权的实际侵害。本案被告拒绝颁发证书的行为，未对原告形成人身权和财产权的实际损害，且国家目前对于大学生毕业分配实行双向选择的就业政策，原告以被告未按时颁发毕业证书致使其既得利益造成损害的主张不成立，作为被告的学校不承担赔偿责任。"基于此，法院驳回了原告的赔偿请求。总体而言，目前我国的国家赔偿制度尚不能很好地为学生提供权利救济，应当逐步扩大国家赔偿的范围，将学生由于行政机关或学校的行为所遭受的损失纳入国家赔偿范围。

第八章 弱势群体教育与法律

一、弱势群体的受教育权及其平等保护

(一) 教育平等的内涵

1. 关于教育平等的几种代表性理论

受教育权作为国际人权公约及多数国家宪法所保障的基本人权，应当为所有人平等享有和行使。但在教育实践过程中，关于什么是教育平等，如何才能做到使所有人平等享有受教育权却存在着大量争议。和平等概念从古到今所引起的各种争论一样，学术界对教育平等的内涵也有不同角度的分析和认识，不同时期、不同国家存有各种不同的教育平等理念和相应的政策取向。

有学者从历史发展的纵向角度考察各国促进平等受教育权的策略，认为教育机会均等概念的发展经历了三个阶段：最早是致力于有教无类的理念，以求每一国民均有接受基本教育的权利；第二阶段则希望透过因材施教的措施，使每一位学生在受教育过程中都能获得适合其需要与能力的个别化的适性照顾；第三阶段则强调对于社会文化经济不利及弱势族群，以差别待遇补偿的原则，使他们有迎头赶上的机会，以实现社会正义的精神。(黄昆辉，1972)[89-110]

也有学者认为，当今世界各国的教育法规对受教育权的规定是十分具体而丰富的，由此形成的教育平等内涵可从义务教育阶段与非义务教育阶段两个方面加以说明。义务教育阶段的教育平等包括就学权利平等、教育

条件平等及教育效果平等三个层次。而非义务教育阶段的教育平等主要表现为受教育机会的平等。（劳凯声，1993）[105-115]

还有学者对来自不同理论视角的教育平等观进行总结，发现存在四种程度不同的教育平等观：第一种是极端的人道主义方式，即不计效益的教育资源投入，努力使不同条件的学生在教育成就上达到一定的水平；第二种是弱化的人道主义方式，即采取积极的差别待遇，对教育条件、文化背景处境不利的地区和学生投入更多的教育资源，努力使其与其他学生的教育成就尽量接近，缩小差距；第三种是绩效主义的方式，主张为所有人投入同样的教育资源，强调机会平等，但承认学生成绩差距的必然性，认为教育效果是每位学生的能力和努力程度的反映；第四种是功利主义的方式，追求教育资源投入效益的最大化，根据学生所能获得的效益即学业成绩的高低来确定教育资源的投入。在基础教育发展过程中，世界上越来越多的国家采用"积极差别待遇"的公平原则。

2. 非歧视与教育平等：《取缔教育歧视公约》的界定

从实定法的角度审视教育平等的概念与内涵，最重要的依据是联合国教科文组织1960年通过的《取缔教育歧视公约》。该公约主要从定义教育歧视的角度来界定教育平等的内涵。根据该公约第1条的规定，教育"歧视"是指基于种族、肤色、性别、语言、宗教、政治或其他见解、国籍或社会出身、经济条件或出生的任何区别、排斥、限制或特惠，其目的或效果为取消或损害教育上的待遇平等。这个概念不仅详细列举了禁止歧视的各种理由，而且强调是否有歧视的"目的"或产生了歧视的"效果"是判断歧视的重要标准。

根据该公约及其后一系列评论与法律文件的规定，可以将受教育的"不歧视"原则界定为四个方面。

第一，在享有和行使受教育权的过程中，人人不能因种族、肤色、性别、语言、宗教、政治或其他见解、国籍或社会出身、经济条件或出生等被公约禁止的歧视理由而受到区别、排斥、限制或特惠。该公约明文规定下列四种情形属于歧视：

- 禁止任何人或任何一群人接受任何种类或任何级别的教育；
- 限制任何人或任何一群人只能接受低标准的教育；
- 对某些人或某群人设立或维持分开的教育制度或学校；
- 对任何人或任何一群人加以违反人类尊严的条件。

第二，"不歧视"原则并不禁止教育中的一切差别对待，而主要看其行为的目的或效果。如果基于合理的理由对受教育者进行区分，而实践中也未产生"否认或妨碍任何人在平等的基础上享有受教育权"的效果，就不构成歧视。如该公约指出下述三种情况不属于歧视：

- 在教育机会和条件同等的情况下对男女学生设置分开的学校；
- 设置某种特定宗教或语言的学校，且这种学校是可自由选择的；
- 设置符合国家标准的私立学校，且这种学校是可自由选择的。

第三，不歧视原则包括教育的两个主要方面，一方面是教育机会平等，另一方面是教育待遇平等，包括教育的标准、素质及条件的平等[①]。两者一个强调形式，一个强调过程和结果，将机会平等与结果平等予以合理联结。此外，联合国经济、社会和文化权利委员会还专门指出："由于经费分配政策的巨大差异导致的居住在不同地域的人的教育质量差别可能构成公约规定的歧视。"（Economic and Social Council，1999）[para35] 地区间教育质量的差别被视为教育歧视的一种可能表现形式。

第四，随着平等概念的进一步发展，不歧视原则逐渐开始包括对弱势群体的照顾和补偿。联合国教科文组织，联合国经济、社会和文化权利委员会及消除对妇女歧视委员会一致指出，对于那些事实上受到歧视的弱势群体，各国可以采取一些如"积极行动"、"优惠待遇"或"配额制度"等的特别优惠措施以促进其受教育权的平等，并明确指出这样的区分和特惠

①　见《取缔教育歧视公约》前言及第 1 条第 2 款。

并不构成对另外一些人的歧视，但要求这些措施必须在达成所追求的目标之后停止使用。

不歧视是人权保护包括受教育权保护的一项重要原则，其内容是非常丰富的。正如我国学者指出的那样，虽然哲学家和法学家们长期就"结果平等"与"机会平等"的问题争论不休，但可以说不歧视原则是平等权的核心内容。为了实现人与人之间的平等，人权条约缔约国不仅有废除一切现存歧视性法律、政策以及设施，即在立法和政策上遵循不歧视原则的消极义务，还有采取措施防止和禁止私人间歧视，以及对因歧视而长期受到侵害的弱势群体给予适当补救的积极义务。只有在不歧视原则的基础上，作为人权的平等权才有积极的意义。不歧视原则使实现机会平等有了更明确的针对性和可操作性。同时，尽管不歧视原则侧重程序上的平等，但是，由于该原则也强调实际效果，特别是在经济、社会及文化权利方面含有一定的结果平等要素，因此，不歧视原则也是将"机会平等"与"结果平等"有机联系起来的一个纽带。（龚韧刃，2005）[6-7]

3. 从"普莱西案"到"布朗案"：美国教育平等内涵的演变

受教育权虽然不是美国联邦宪法保障的基本权利，但被认为与宪法所保障的财产权与自由权具有密不可分的联系，因此受到宪法第十四修正案平等保护条款的保障。但受教育权平等保护的具体内涵也经历了一个逐步发展的过程。这其中标志性的司法判例是确立了"隔离然而平等"原则的1896 年"普莱西案"①，以及 1954 年宣布该原则违宪的"布朗案"②。

（1）"普莱西案"："隔离然而平等"原则的确立

19 世纪六七十年代，美国相继通过了宪法第十三、十四、十五修正案和《民权法》，保障公民的平等权利，然而出于历史原因，有些州很多领域仍存在种族隔离。1892 年，路易斯安那州公民普莱西从新奥尔良乘火车去

---

① *Plessy v. Ferguson*，163 U. S. 537（1896）.

② *Brown v. Board of Education*，347 U. S. 483（1954）.

柯灵顿。列车长查票时，见普莱西坐在白人车厢，便命令他到黑人车厢去坐，而普莱西坚持不去黑人车厢。于是列车长便叫来警察将其逮捕，交由法院判罪。① 普莱西认为他享有所有美国公民所享有的一切社会、政治及经济平等权，同时认为承办本案的法官不公，损害了他享有的联邦公民的权利，遂在联邦地方法院反告法官弗格森违宪，剥夺了自己应得的司法救济权利。该案经各级法院审判，结果均对普莱西不利。最后，他上诉至联邦最高法院。

联邦最高法院经审理后认为，路易斯安那州有关隔离的法令不违反联邦宪法，并特别指出，白人和有色人种之间存在的肤色差别，是由肤色的不同造成的，只要人们可以从肤色区别出白人人种和有色人种的不同，这种差别就会存在。尽管联邦宪法规定了两个种族在法律面前完全平等，但是并不想取消由于肤色不同而形成的差别，也不想把两个种族强制混合在一起（这种空间上的隔离并不意味着一个种族在地位上低于另一个种族），由此确立了"隔离然而平等"原则。也就是说，只要政府在有形条件上为白人和有色人种提供了同样的设施，那么他们即使是隔离的，但也是平等的。

"普莱西案"虽然不是一个涉及教育问题的案件，但是该案中提出的"隔离然而平等"原则不仅使以往的种族隔离学校合法化，也为以后实施"隔离然而平等"的公立教育提供了法律依据，成为此后半个多世纪主导美国教育平等保护的基本理论和各级法院处理公立学校种族案件的基本准则。

(2)"隔离然而平等"原则在高等教育领域受到巨大挑战

自"隔离然而平等"原则确立之后，它就不断受到挑战，其中以高等教育领域为甚。1938 年的一个案件②中，一名黑人学生报考密苏里州立大学

---

① 该案的背景是，1890 年，路易斯安那州众议院通过的一项法案规定："本州的所有铁路公司在运送旅客时，都必须为白人和有色人种提供平等然而隔离的设施，可以为每列客车提供两节以上的车厢，也可以把一节车厢分为两部分，以保证设施的隔离。……任何人都不能占用不属于其种族的座位。"所以这个案件的核心问题是路易斯安那州的该项法律是否违宪。

② *Missouri ex rel Gains v. Canada*，305 U. S. 337（1938）.

法学院，校方因其是黑人而拒发入学证，于是该学生便控告密苏里州立大学。最高法院认为：第一，密苏里州专为黑人设置的林肯大学既为综合性大学，就应该维持与密苏里州立大学同等的教育水准，设立法学院；第二，林肯大学既不设立法学院又不设置法学课程，而黑人学生又不得进入密苏里州立大学学习法律，那只能到外州接受教育，这无疑剥夺了其由宪法平等保护条款所赋予的权利；第三，宪法平等保护条款是针对公民个人的，该黑人学生有权要求林肯大学设立法学院或设置法学课程，哪怕只有一个学生就读。最终，法院判决该学生胜诉。

1950 年，联邦最高法院又在同一天判决了两个挑战"隔离然而平等"原则的高等教育案件。在第一个案件①中，一名得克萨斯州的黑人学生申请进入得克萨斯州立大学法学院，而该校禁止招收黑人学生，于是得克萨斯州政府另外设立了一个只招收黑人学生的法学院，但该学院的学术水平却比得克萨斯州立大学法学院要低。此案中，最高法院判决该黑人学生应该获准进入得克萨斯州立大学法学院学习，认为得克萨斯州政府的迂回做法是违反宪法第十四修正案的平等保护条款的。在第二个案件②中，一名黑人学生申请在俄克拉何马州大学攻读教育学博士，校方因其肤色而拒绝他入学，该学生于是控告校方歧视。联邦地方法院审理后判决州法违宪，于是俄克拉何马州议会立即修改了法律，准许黑人大学设置白人大学的各种课程，也允许黑人学生进入白人大学攻读高级学位。但是在新法实行后，黑人学生在校园内仍然与白人学生隔离，与白人学生分开座位上课，在图书馆的特别指定区域自修阅读，不得使用一般的公用阅览室或研究室，并只能在分开的时间于学校食堂用餐，于是该学生再次提起诉讼。联邦最高法院审理后认为，学生间彼此相处时有差别对待，这是州政府不能控制的，但州政府强加禁限实行差别待遇则是另外一回事，这种实行差别待遇的州法无异于强行剥夺了黑人学生在宪法上所享有的"平等保护"权，故判新法违宪。

---

① *Sweat v. Painter*，339 U. S. 629（1950）.

② *Mclaurin v. Oklahoma State Regents*，339 U. S. 637（1950）.

(3) "布朗案"："隔离然而平等" 原则被宣布违宪

20 世纪上半叶，"隔离然而平等" 原则虽在高等教育领域不断受到挑战，但在基础教育领域仍有很大影响力，直到 1954 年 "布朗案" 发生，才划时代地被彻底打破。"布朗案" 中，布朗夫妇要求当地的学校允许他们的孩子到专为白人学生开办的学校上学，但被拒绝，布朗夫妇遂根据宪法第十四修正案关于平等保护的条款，向地区法院提起诉讼。结果，地区法院以 "隔离然而平等" 原则为依据，判决布朗夫妇败诉。1954 年，布朗夫妇仍以同样的理由上诉到联邦最高法院。类似的案件在其他州也有发生，由于这些案件涉及一个共同的法律问题，即黑人和白人分校是否仍能维持教育机会的平等，是否与宪法第十四修正案中的平等保护条款相违背，所以联邦最高法院将这些案件放在一起考虑，连同布朗夫妇的诉讼一起做出了裁决。

联邦最高法院经过几次审慎的辩论，认为教育对民主社会有着重要的作用，受教育是做一个好公民的基础。它可以使儿童了解文化价值，使他们做好就业准备，使他们能够适应环境。一个儿童如果不能获得受教育的机会，他就很难在生活中取得成功。如果一个州已经承担为儿童提供受教育机会的责任，就必须把其作为权利提供给所有儿童。而种族隔离的学校虽然在有形条件上可能是同样的，但在无形条件方面则并不一样，因而仅仅根据种族因素而把儿童隔离开，是剥夺了少数种族儿童受法律平等保护的权利。最终，在 1954 年 5 月 17 日，联邦最高法院首席大法官沃伦在全国的期待与瞩目之下，就本案宣布种族隔离措施无效，在学校中实行种族隔离是违反宪法的。

"布朗案" 在美国教育法的历史上具有里程碑意义，随着其判决的出现，"隔离然而平等" 原则被彻底否定，受教育权的平等保护原则最终在法律上被确立。并且，"布朗案" 作为一个重要的宪法判例，其影响不仅仅局限于公共教育，还包括社会生活的各个方面。它迫使美国政府对各种容忍种族隔离的方式进行审查，之后出现了一系列法院决定和 1964 年《民权法》，原有的各种以种族或种族差别为基础的种族歧视条文失去了法律效力，引发了美国社会的重大变革。

4. 我国受教育权平等保护的内涵

我国公民享有平等的受教育权，这是宪法平等原则在受教育权保障中的具体体现。由于受教育权包括社会权（受益权）和自由权（防御权）两方面的功能，因此平等的内涵也涵盖了这两个方面。一方面，公民在教育社会权上平等，这意味着公民可以平等取得教育机会、平等利用教育条件。另一方面，公民在教育自由权上平等，这意味着公民可以平等地选择教育。当前，教育社会权（受益权）的平等在我国受到的关注更多。

（1）平等取得教育机会

公民实现受教育权的主要途径是学校教育，进入学校就读是其权利实现的第一步。在义务教育阶段，每个适龄儿童均有就学权利，国家必须予以保证。这种就学权利不能因儿童的民族、种族、性别、家庭背景等而有差别，也不能与儿童的能力挂钩，必须坚持免试入学。这些都已被我国的《义务教育法》所保障。

为了确保儿童的平等入学机会，《义务教育法》规定各级政府必须根据适龄儿童的数量和分布状况，依照就近入学的原则，科学合理地举办义务教育学校。在城市，新建居民区需要设置学校的，学校建设必须与居民区的建设同步进行，保障城市新建居民区适龄儿童就近入学。在乡村，则应根据需要设置寄宿制学校，保障居住分散的适龄儿童入学接受教育。除了这些普通学校设置，该法律还特别规定了其他适龄儿童的就学问题，包括为残疾儿童设置符合其学习生活等特殊需要的特殊教育学校或班级，为有严重不良行为的儿童少年设置专门的学校，为那些未完成义务教育的未成年犯和被采取强制性教育措施的未成年人设置专门的学校实施义务教育，并对那些经批准进行文艺、体育等专业训练的适龄儿童提供适当的义务教育等。除此之外，针对我国目前存在的流动儿童入学问题，《义务教育法》第12条也做出专门的规定，要求居住地政府接受随父母或其他监护人在该地居住但没有当地户籍的适龄儿童入学并为其提供平等接受义务教育的条件，保障所有适龄儿童的就学权利。

在非义务教育阶段，公民享有平等取得教育机会的权利，国家应当建立公平的考试制度，确保在以成绩和能力为基础的公平竞争机制下保障该项权利实现。除成绩与能力外，不得将公民的性别、民族①或生活习惯（如吸烟）等作为对学生分类的基础，也不得将此作为录取与否的标准。

国家还必须采取措施，为那些中途辍学或虽已结业但未能获得所需的基本读、写、算及生活能力的青年人提供各种继续学习的机会。国家所提供的继续教育机会必须确实有用并且适合这些公民所处的环境和现实需要，帮助他们提高生活能力和实际工作能力，使他们成为创造未来的积极力量。

正像世界教育论坛的专家所指出的那样，青年人，尤其是女性青少年面临各种限制他们的学习机会和挑战教育制度的危险与威胁，其中包括剥削性的劳动、就业不足、冲突与暴力、吸毒、学龄期的怀孕及艾滋病毒/艾滋病等，如果没有适当的预防与干预措施，他们事实上的就学权利会受到极大影响，因此政府应根据需要设立相关帮助青少年的项目，向其提供避免上述危险所需的信息、技能、咨询和服务。

(2) 平等利用教育条件

入学只是公民实现受教育权的首要条件，但仅此并不足够。受教育权的目的是公民个体人格的充分发展和完善，要实现这一目的，公民还需要适当的教育条件保障。这些条件包括校舍、场地、设施设备及图书资料等物质条件，还包括合格的师资、科学规划设置的课程以及良好的学校制度环境和校园文化。这些教育条件是适龄儿童真正实现其受教育权不可或缺的保障，至少在义务教育阶段应达到基本的标准并维持地区、学校间的相对公平。

在这方面，国家首先需要在科学研究和规划的基础上确定义务教育学校的基本办学条件和标准，保证全国的义务教育学校条件达到上文所述的基本标准。为此，特别要加强义务教育的经费投入保障，改善和提高农村、

---

① 法律允许的符合条件的少数民族优惠措施除外。

贫困、少数民族地区及城市薄弱学校的办学条件。国家还必须建立教师的工资标准及其经费保障制度，对义务教育学校的教师资格、职务、聘任、培养和培训以及合理流动制度做出明确规定，特别要做出对农村及少数民族地区优惠的规定。如《义务教育法》规定为边远贫困地区和民族地区的教师提供特殊津贴，鼓励高校毕业生到这些地区任教；建立规范化的校长和教师流动制度，组织校长、教师在城乡之间以及不同学校之间流动；等等。这些都是提高相对落后地区及学校的师资水平，缩小地区之间、学校之间办学条件和办学水平及教育质量的差距，保障适龄儿童平等受教育权的重要措施。

在非义务教育阶段，特别是高等教育阶段，受教育权主要表现为一种机会的公平，而且由于高等学校的目标与功能定位的不同，学校之间存在办学条件的差异是一种不可避免的现象，学生在不同办学水平的高等学校接受教育，并不构成受教育权的不平等。但在一所学校内部，其教育设施、课程等必须平等地面向所有受教育者开放，不能因为学生的性别、民族、家庭背景及经济状况等人为地施加禁限、区别对待。例如学校的体育设施和活动项目虽然可能存在更适于男生或女生，或者通常男生或女生更多参与的情况，但这只能作为学生自由选择的结果，而不可由学校事先限制某个性别的学生参加，否则即构成不平等对待。①

（二）弱势群体受教育权的平等保护

1. 弱势群体的界定

弱势群体，也称处境不利群体，是社会学、政治学、教育学研究的重

---

① 如美国法律要求学校平等对待男生和女生，不可出于性别原因将学生排除于学校提供的某些课程或活动项目之外，即使对结婚或怀孕的学生，学校也必须平等对待。美国法律还要求学校为"男生"或"女生"运动所提供的经费支持总体上同等。由于每一种体育项目的花费不同，比如乒乓球与游泳或高尔夫运动所需的花费就有很大不同，因此不要求学校为每个具体项目提供完全相同数额的资助，但要求为男生和女生提供大致相同的经费支持。参见 Fischer L, Sorenson G P. School law, for counselors, psychologists and social workers［M］. 2nd ed. New York：Longman Publishing Group, 1991：241.

要领域。所谓弱势群体，是指由于自然、经济、社会和文化方面的低下状态而导致其处于不利社会地位的人群或阶层。当从受教育者自身状态来定位弱势群体时，实际上就是指那些由于生理、经济或其他客观原因而在享有和行使受教育权时处于不利境地、需要特别保护的人群。教育弱势群体具有以下三个特征。第一，它的成因既可能是客观的或自然的，也可能是主观的或人为的。前者如性别差异、先天或后天残疾等，后者如社会歧视。第二，它是一个相对于社会优势或正常群体的概念，并且由在享用受教育权方面具有"低下状态"这一共同类别特征的人所组成。而这种共同类别特征的形成，则是由于社会优势群体所制定的标准。第三，他们被有意无意地以不公正的方式对待。相对于其他正常群体而言，他们在教育方面所应该占有的份额未能得到公平分配，其公正待遇也未能得到制度的有效保证。（胡劲松，2001）

弱势群体的类型确定常存在差别。《达喀尔行动纲领》的定义是："全纳教育……必须考虑到穷人和处境最差的群体，包括童工，边远农村居民和游牧者，民族和语言上处于少数的人，受冲突、艾滋病毒/艾滋病、饥饿与疾病影响的儿童、青年及成年人，以及有特殊学习需求的人。"

联合国在考察各国教育立法及政策措施是否足以保障受教育权实现的过程中，主要考虑了 11 类"脆弱及先天处境不利的群体"，具体包括：农村儿童、流动儿童、无家可归儿童、女性主导家庭的儿童、残疾儿童、穷人、女性、文盲、非洲人、有色人种及印第安人。

我国教育法所关注的弱势群体，目前主要包括家庭经济困难、革命老区、民族地区、边远地区、欠发达地区的受教育者，残疾人，女童，流动儿童，留守儿童，孤儿，事实上无人抚养的儿童等。

2. 弱势群体受教育权的确认发展历程

对弱势群体进行保护的重要前提是确认其与普通群体具有相同的受教育权，这一点看似简单，但事实上经历了一个逐步发展的过程。联合国受教育权问题特别报告员在 2003 年的年度报告中用一个不断扩大的同心圆来描述这一过程，呈现出了那些原先被排斥的群体不断融入和成为受教育权主体的变化过程。这个发展过程主要分为四个阶段（Tomasevski，2003）[12，21]。

● 在第一个阶段，受教育被确认为一项权利。但确认受教育权的国家经常将公民以外的人明确排除在受教育权主体之外。因此，在那些要求入学必须提交身份证明的地方，没有国籍的人、家庭佣人和没有身份证明的儿童很容易被隐含地排除在外。

● 一旦受教育被确认为一项人权，第二个阶段就会出现隔离。在此阶段，女童、土著人、残疾人或者少数族群虽被给予了受教育的机会，却被限制在隔离的且条件较差的学校。

● 第三个阶段包括了从隔离逐渐到融合的过程。新融入主流学校的族群不得不适应新的环境，放弃他们的母语或宗教，或者在进入寄宿学校后离开他们惯有的居住地。在主流学校中，女童不得不学习为男童设计的课程，土著人和少数族群儿童必须适应另一种语言的授课和那些经常否认其自身存在的历史教学。这个过程或许能用融合的目的来论证其合理性，但也有不同的解释。同化带来的是强制性的统一；融合的过程虽然承认差异，但只是将其作为对"通则"的一种背离，因此新进入者必须去适应"通则"，而这些"通则"大多反映的是那些最早进入者、自我赋权的权利主体的关键特征——有利于男性而不是女性，或是有利于讲主流语言的人而不是讲方言的人。

● 第四个阶段使"适应多样化"成为必需。原先"要求儿童适应所获得教育"的状况正在被"要求教育适应每一个儿童的最大利益"的状况所替代，弱势群体的受教育权真正得到全面而公正的认可和保护。

3. 弱势群体受教育权的平等保护：以妇女和女童为例

妇女和女童是弱势群体的一个重要组成部分，"妇女和女童的人权是普遍性人权当中不可剥夺和不可分割的一个组成部分。使妇女能在国家、区域和国际各级充分、平等地参与政治、公民、经济和文化生活，消除基于性别的一切形式歧视，这是国际社会的首要目标。"[1] 目前国际社会对妇女权利，特别是其受教育权的保障给予了普遍的关注，关于其保障原则、途径和措施的规定非常丰富且具有典型性，对于分析弱势群体的权利保障具有重要的参考价值。

1979 年，联合国大会通过《消除对妇女一切形式歧视公约》[2]。该公约以具有法律拘束力的形式载明了国际公认的适用于所有领域妇女的妇女权利原则。该公约的基本法律准则是禁止对妇女的一切形式的歧视。关于"对妇女的歧视"一词的界定，公约第 1 条指出，是指"基于性别而作的任何区别、排除和限制其作用或目的是要妨碍或破坏对在政治经济、社会、文化、公民或任何其他方面的人权和基本自由的承认以及妇女不论已婚未婚在男女平等的基础上享有或行使这些人权和基本自由"。这一规定给歧视下了一个全面的定义，包括任何基于性别的待遇差别：

- 有意或无意地使妇女处在不利地位。
- 使整个社会不能在家庭和公共领域都承认妇女的权利；
- 使妇女不能行使她们应享有的人权和基本自由。

国家在禁止对妇女的歧视并实现男女平等方面承担着重要责任。《消除对妇女一切形式歧视公约》第 2 条提出国家必须采取措施消除公共和私人领域中对妇女一切形式的歧视，以一切适当办法，推行消除对妇女歧视的政策。为此目的，国家首先要承担立法的任务：包括将男女平等的原则列入本国宪法或其他有关法律；采取适当立法和其他措施，包括在适当情况下实行制裁，以禁止对妇女的一切歧视；废止本国刑法内构成对妇女歧视的一切规定。除此之外，国家还需保证政府当局和公共机构不采取任何歧

---

① 《维也纳宣言和行动纲领》（*Vienna Declaration and Programme of Action*，A/CONF. 157/24），世界人权会议 1993 年 6 月 25 日通过，第一部分，第三章，第十八段。

② 中华人民共和国全国人民代表大会常务委员会于 1980 年 9 月 29 日通过决定，加入此公约。同时声明不接受公约第二十九条第一款的约束。该款规定缔约国之间遇有争端，经仲裁不能达成协议，任何一方得将争端提交国际法院裁决。

视妇女的行为或做法，并且为妇女确立与男子平等权利的法律保护，通过各国的主管法庭及其他公共机构，切实保护妇女不受任何歧视。

国家单是制定了无性别偏见的法律还不能满足要求，因为这只是一种"纵向的"性别平等，即妇女个人面对公共当局时的性别平等，对于实现男女平等还远远不够。国家还必须努力争取实现"横向的"非歧视，采取一切适当措施，消除任何个人、组织或企业对妇女的歧视，直至禁止家庭内部的歧视。

法律的改变只有处在支持性的环境中才是最有效的，因此，国家不仅要修改法律，而且要努力消除歧视性的习俗和惯例，努力消除使性别角色方面的陈规旧俗长期存在的旧的社会、文化和传统模式，并创造一个促进妇女充分实现其权利的良好的社会整体环境。

在妇女受教育方面，《消除对妇女一切形式歧视公约》第10条规定：

缔约各国应采取一切适当措施，消除对妇女的歧视，并保证妇女在教育方面享有与男子平等的权利，特别是在男女平等的基础上保证：

（a）在各种教育机构，不论其在农村或城市，职业和行业辅导、学习的机会和文凭的取得，条件相同。在学前教育、普通教育、技术、专业和高等技术教育以及各种职业训练方面，都应保证这种平等；

（b）课程的选择、考试、师资的标准、校舍和设备的质量相同；

（c）为消除在各级和各种方式的教育中对男女任务的任何定型观念，应鼓励实行男女同校和其他有助于实现这个目的的教育形式，并特别应修订教科书和课程，修改教学方法；

（d）领受奖学金和其他研究补助金的机会相同；

（e）接受成人教育、包括成人识字和实用识字教育的机会相同，特别是为了尽早缩短男女之间存在的教育水平上的一切差距；

（f）减少女生退学率，并为离校过早的少女和妇女办理种种方案；

（g）积极参加运动和体育的机会相同；

（h）有接受特殊教育性辅导的机会，以保障家庭健康和幸福，包括关于计划生育的知识和辅导在内。

　　除了上述的一般性规定，《消除对妇女一切形式歧视公约》还要求各国制定方案，向妇女提供返回学校或参加专门培训的机会，以使那些过去未能享受到平等教育机会的妇女有机会"赶上来"，从而能够在工作场所和整个社会发挥平等的作用。并且在第 14 条（d）项特别规定了要保证农村妇女接受各种正式与非正式的训练和教育，包括实用识字的训练和教育在内，以提高她们的技术熟练程度。

　　鉴于妇女在很多国家或地方长期处于弱势地位的历史，要实现真正的男女平等，仅有法律规定的平等并不足够，因此，《消除对妇女一切形式歧视公约》第 4 条特别指出："缔约各国为加速实现男女事实上的平等而采取的暂行特别措施，不得视为本公约所指的歧视，亦不得因此导致维持不平等或分别的标准；这些措施应在男女机会和待遇平等的目的达到之后，停止采用。"该条确认，即使妇女获得法律上的平等，也还不能自动保证她们在现实中得到平等待遇（事实上的平等）。为了加速使妇女在社会和工作场所得到实际上的平等，只要不平等现象继续存在，便允许国家采取特别的补救措施。1988 年，消除对妇女歧视委员会第七届会议通过了第 5 号一般建议，提出"各缔约国应采用临时特别措施，例如积极的行动、优惠待遇或配额制度等，促使妇女进入教育、经济、政治和就业领域"。

　　总体来看，对妇女和女童这一弱势群体受教育权的平等保护包括三类不同性质的内容，要求国家采取不同的措施实现（Centre for Human Rights United Nations Office at Geneva，1995）[12]。

　　第一项内容是机会平等。在世界上，正式剥夺女童受教育权的地方不多，但是真正的教育平等要求制定具体和有效的保障措施，以确保女生能像男生一样获得相同的课程和其他教育和助学机会。在许多国家，父母不期望女儿在家庭之外谋求职业前程，因此，女童在完成基本或初级教育之后往往被劝退学。即使在初级学校，男生的课程也往往比女生的严格、难度大。缔约国应对教育制度加以改造，使之不再产生或容许男女有两种标准和机会。另外，国家应在必要时，设置专门的方案，鼓励女学生深造，并鼓励父母容许其女儿这样做。例如，可以为上大学、技术学校和职业学校的女学生设立奖学金的形式。

第二项内容是消除整个教育制度中有关男女角色的陈腐观念。学校里所使用的教科书往往强化传统的不平等的陈旧观念，特别是在就业以及家庭和抚养责任方面。教师可能促进男女角色方面的陈旧观念的传播，比如不鼓励女学生参加数学、科学、体育及其他所谓的"男性"学习或活动领域。因此，国家应在必要时修订教科书并为教师提供专门的培训课程，以克服基于性别的歧视。

第三项内容是缩短男女之间在教育水平上的现有差距。国家应制定具体方案，向妇女提供返回学校或参加专门培训的机会，使过去未能享受到平等教育的妇女有机会"赶上来"，从而在工作场所和整个社会发挥平等的作用。

二、弱势群体与积极差别待遇

联合国人权中心指出："平等的概念不单单意味着以同样方式对待所有的人。给不同处境的人以同等的待遇只会使不公平长期存在下去，而不会使之消失。只有努力解决并纠正这些处境上的不平衡，才会产生真正的平等。"（Centre for Human Rights United Nations Office at Geneva，1995）正是这种更广阔的平等观念在争取弱势群体受教育权得到承认和接受的斗争中成了指导原则和最终目标。如何采取措施改善弱势群体由于文化历史经济等各方面的因素而面临的不利处境，一直是各国教育法律和政策面临的重要问题，也成为积极差别待遇措施产生的重要原因。而各国共同面临的重要法律问题就是差别待遇措施是否具有合法性，以及是否符合平等原则。

（一）积极差别待遇的概念与类型

积极差别待遇①意指对弱势群体实施的各种特殊优惠措施的总和，是教

---

①　目前学界对积极差别待遇的概念用法并不统一，还有"肯定性行动""积极行动""纠偏行动""优惠待遇""优惠性差别待遇""积极纠正歧视待遇方案""矫正歧视法案"等不同的译法。

育平等的内涵从水平平等发展到垂直平等的结果。在不同的历史时期、不同的国家，由于对弱势群体的界定不同，对教育平等的内涵理解不同，所采取的积极差别待遇措施并不完全相同。在基础教育领域，英国 20 世纪 60 年代率先实施的教育优先区（educational priority areas）计划较有代表性，在高等教育领域，则以美国高等学校录取政策中的种族优待措施引起的争论最多。

1. 教育优先区计划

英国最早提出的教育优先区计划是改善处境不利地区教育状况的最有代表性的一种积极差别待遇措施。教育优先区的概念首次出现于 1967 年英国《卜劳顿报告书》中，指被政府列为物质或经济极为贫乏和不利，须优先予以改善以利于教育机会平等理想实现的地区。计划的主要内容是通过国家干预，对教育优先区及其内的学校予以财政及各种补助，以改善其教育状况。

《卜劳顿报告书》引用英国曼彻斯特大学威斯曼教授的一项研究结果指出：家庭环境是影响儿童学业最主要的因素，而且儿童年龄越小，受环境因素影响越大。因此，该报告书建议英国政府为避免物质或经济贫乏地区儿童在起跑线处于劣势，教育机会不能平等，应积极介入改善这些地区学校的校舍与校区环境，采取一项全国性的教育补偿计划。

《卜劳顿报告书》提出了八项教育优先区的具体指标，用来界定处于不利环境的学校和地区，使其成为政府补助的对象，分别是：儿童父母从事的职业较多为非技术性（劳力性）的与非专业性的；家庭人口较多；依赖社会福利津贴较多者；居住情况较拥挤者；离校率与缺席率较高者；智慧不足、身体残障与问题行为的出现率较高者；单一父母的家庭或离异家庭较多者；儿童或其父母非以英语为母语的家庭。

政府对符合指标的教育优先区学校加大投入，使其校舍、教学设施、图书数据、师资水平等方面尽快达到全国平均水平。具体实行的措施包括：采取小班制；给予额外的教师津贴；配置教师助理；更新校舍；充实硬件设备；增设托儿所；充实师资；建立教育优先区与各师范院校之间的联系网络；于各地的教师中心设置教师在职训练课程，为中小学师提供在职进修的机会；加强学校与社会之间的联系；设立"小区学校"；促使各地区的社会组成结构走向异质化、多样化，加强各层面的协调行动；教育科学部与中央层级研究部门均应着手进行评估研究，以便发现在教育优先区中，何种方案是最具建设性的结果，以有助于未来长期方案的规划；在教育优先区的方案下，国库对地方教育当局的教育经费应随其实际需要而调整增加，政策亦应针对经费补助的方式或系统谋求必要的改进。

到 20 世纪 70 年代末，英国的教育优先区计划已经基本终止，但其通过积极差别待遇实现教育平等的努力仍在继续。例如，关于教育优先区的指标一直都有定期的更新或修改，而且一些教育优先区计划也因为接受了如来自康芬曲（Coventry）小区教育发展中心的补助而能继续推行。同时，教育优先区的观念也传递到了社区发展地区（Community Development Areas，CDAs）、社会优先区（Social Priority Areas，SPAs）、都市优先区（Urban Priority Areas，UPAs）、教育行动区（Education Action Zone，EAZ）等（陈丽珠，1998；杨军，2005），实际上对英国的弱势补偿政策仍有影响。

英国的教育优先区计划受到很多国家和地区的重视，美国、法国、荷兰、挪威、澳大利亚等国家纷纷跟随，中国台湾地区也从 1995 年开始实施教育优先区计划，对列入教育优先区的学校或地区投入大量经费加以扶持，用于开展系列补助项目。如推展亲职教育活动；补助文化资源不利地区学校学习辅导；补助文化资源不利地区学校发展教育特色；修缮偏远或离岛地区师生宿舍；开办国小附设幼儿园；充实学校基本教学设备；供应学童午餐设施；发展原住民教育文化特色及充实设备器材。在实施教育优先区计划的过程中，其补助指标随着各年计划的重点屡有调整，但"原住民""离岛或偏远交通不便之学校""低收入户、隔代教养、单（寄）亲学生比例偏高之学校""中途辍学率偏高之学校""教师流动率及代课教师比例偏高之学校"等指标则未有改变。这些措施对提升弱势地区学校的教育平等起到了一定作用。

除英国的教育优先区计划外，美国早在 20 世纪 50 年代即由纽约市政府率先实行了"更高视野计划"（Higher Horizon Program），为贫困儿童开设小班，派专门训练过的教师进行额外的课业指导和心理学的辅导活动等，丰富贫困儿童的文化活动。1965 年，美国国会颁布《初等及中等教育法》，旨在解决出生于不利背景儿童的教育问题，帮助他们在公平的境况中完成教育，第 1 条即规定为处境不利儿童数量集中的学区增加拨款，实施补偿教育，大大促进了此后补偿教育在美国的推行。

日本通过立法促进偏僻地区的教育，其颁布的《偏僻地方教育振兴法》要求地方政府必须着力谋求偏僻地方教育的振兴，国家负责为地方提供经费补贴。重点关注偏僻地区教材与教具的配备，特别是有关体育、音乐教育设施的配备，充实教育内容；特别考虑偏僻地区教职员的定员，为教职员支付偏僻地方津贴，提供住宅建筑优惠、协助医疗健康管理及促进其他生活福利的提高；确保教师进修机会、进修旅费及相关必要费用；对偏僻地方的儿童与学生实施健康管理，采取措施方便其走读。

总体而言，以英国教育优先区计划为代表的对弱势地区的补助政策尽管存在许多有待改进与加强的地方，但它采用国家介入的办法，改变弱势群体的不利处境，通过倾斜政策和特殊扶持，使处境不利儿童能与其他儿童站在同一起跑线，以实现平等的受教育权（李艳 等，2006），还是具有积极的意义。

2. 美国高等教育录取中的种族优待措施

自 1954 年"布朗案"之后，美国联邦法院判定任何形式的种族隔离都是不公平的，也是违宪的，要求全国所有的公立学校系统逐步废除种族隔离政策，为少数族裔学生提供与白人学生进入相同公立学校就读的机会。1964 年，美国国会通过的《民权法》第六章要求废除公立学校的种族隔离政策，为所有种族的学生提供平等的受教育机会。这些措施虽然大大促进了少数族裔受教育权的平等，但仍被认为不能弥补其过去所受到的损害。就如约翰逊总统在对霍华德大学毕业生的演讲中表示的那样，美国仅靠民权法律还不足以消除种族歧视行为，因为"你不能找来一个被脚链束缚了很多年的人，除去他的脚链，让他站到比赛起跑线上，告诉他'好了，你现在可以去和其他对手公平竞争了'，就自以为做到了完全的公平"（Kull，1992）[186-187]。少数族裔学生由于长期的歧视历史及各种原因而竞争能力不足，需要得到某种补偿，种族优待措施便作为一项针对少数族裔的补偿性政策在高等教育录取中得到广泛应用，具体又形成了配额制、双轨制、加分制和附加审核制等不同的方式。（王俊，2007）[72]

配额制是指将录取计划中的固定数量的名额专门预留给少数族裔申请人。如在"巴基案"① 中，加利福尼亚大学戴维斯医学院在20世纪70年代初招收学生时，采取了针对不同申请人的普通录取方案和特别录取方案。在普通录取方案中，录取委员会按照以下步骤审核申请：第一，依照2.5的平均分数绩点（Grade Point Average，GPA）标准筛选合格申请人并给予面试机会；第二，委员会成员各自根据申请人概况为其打出1—100分的基准分数（benchmark score）；第三，委员会根据申请人履历和基准分数总分进行审核；第四，委员会做出录取决定，委员会主席负责列出最终候选人名单。特别录取方案的程序与普通录取方案类似，但其针对的是非裔、墨西哥裔、亚裔和印第安纳裔申请人，并由一个多数成员为少数族裔的特别录取委员会完成。在这一方案下，特别申请人的GPA不一定要达到2.5也可获得面试机会，并且他们无须与普通录取方案下的申请人竞争。特别录取委员会将排名在前16位的特别申请人名单递交普通录取委员会审核，如果第一次递交的名单未能全数通过，特别录取委员会会继续递交排名靠后的特别申请人名单，直到普通录取委员会决定录取的特别申请人达到16名。这种方案就是典型的预留固定名额的优先对待措施。

双轨制是指在录取审核中对少数族裔申请人和非少数族裔申请人采用不同的审核标准，将前者的入学标准置于后者的入学标准之下，从而增加少数族裔申请人入学的机会。"霍普伍德案"② 的被告得克萨斯大学法学院在20世纪90年代根据申请人的GPA和法学院入学考试（Law School Admission Test，LSAT）成绩换算出"得克萨斯指数"，并做出初步的录取决定。

① *University of California Regents v. Bakke*，438 U. S. 265（1978）.

② *Hopwood v. State of Texas*，78 F. 3d 932（5th Cir. 1996）.

1992 年，法学院按照指数排名将申请人分别划分到假设录取、假设拒绝和自由考虑范围中。为了使新生班中墨西哥裔和非裔学生的比例分别达到10% 和 5%，法学院对白人适用的假定录取指数是 199，而非裔和墨西哥裔申请人的指数只需要达到 189 就可以被列入此类。假定拒绝的指数差别更为显著，对白人申请人适用的指数是 192，而对非裔和墨西哥裔申请人适用的则是 179。这即是双轨制的录取方案。

加分制是指录取审核中在对所有申请人采取相同标准换算录取分数排名后，给予少数族裔特定分数的加分照顾，从而增加其被录取的机会。在"格拉茨案"① 中，密歇根大学在 20 世纪 90 年代将非裔、西班牙裔和印第安纳裔学生视作校园中"未被充分代表的少数族裔"。为了增加这些族裔的申请人被录取的机会，密歇根大学本科录取办公室决定在审核总分为 150分、确保录取分数为 100 分的基础上对这类申请人给予 20 分的加分照顾，成为加分制的典型。

附加审核制是指在录取审核中将族裔背景作为一系列传统审核因素之外的附加审核因素，族裔因素可以占有一定的权重，但不得起到确保少数族裔申请人入学的决定性作用。如在"格鲁特案"② 中，密歇根大学法学院执行了一项促进学生群体多元化的录取政策，在强调传统入学审核因素的同时，还通过录取"关键数量"的未被充分代表的少数族裔学生，以加强多元化，达成融合非裔、西班牙裔和印第安纳裔学生的使命，因此在录取审核中将族裔背景作为一系列传统审核因素之外的附加审核因素。

在以上四种积极学生录取政策中，除附加审核制得到了终审法院的认可外，配额制、双轨制和加分制都遭到了否决。终审法院的一致看法是，在这三类录取政策中，种族因素都对录取结果产生了决定性的影响，这必然损害非少数族裔申请人的合法权益。

种族优待措施作为一项补偿性政策，并非一项永久性政策，一旦以往因歧视的历史所造成的不利处境得到改善，少数族裔的社会地位和经济地

---

① *Gratz* v. *Bollinger*，123. S. Ct. 2411（2003）.
② *Grutter* v. *Bollinger*，123. S. Ct. 2325（2003）.

位得到提高，社会形成了可以公平竞争的大环境，种族优待措施就会终止实施。因此，今日美国已有部分州通过了限制或者禁止种族优待措施的法令或宪法修正案，如1996年10月加利福尼亚州以54%对46%的投票结果通过了该州宪法修正案第209号提议，规定"本州不得在公共雇佣、公共教育或者公共契约的施行中基于种族、性别、肤色、民族或者出身国别歧视任何个人或群体或者给予其优先对待"。华盛顿特区也在两年后通过了内容相似的民权法条款。而2003年，联邦最高法院在"格鲁特案"判决书中明确表示：希望美国社会在25年后将不再使用种族优待措施来促成已经被认可的国家利益。

（二）积极差别待遇的司法审查

1. 从"巴基案"到"费希尔案"：积极差别待遇措施司法审查原则的发展

尽管积极差别待遇的宗旨是改善弱势群体在就业和教育领域中缺乏竞争力的状况，提高其社会经济地位，缓和愈演愈烈的种族矛盾，但任何形式的优先对待都可以被理解成一种"歧视"，因此给予少数族裔优先对待的政策一直受到多数族裔阶层的反对。反对者援引美国联邦宪法第十四修正案的平等保护条款和1964年《民权法》的相关条款，指出积极差别待遇实际上是对美国社会多数族裔的"反向歧视"。从1974年的"德夫尼斯案"①开始，质疑高等教育中种族优待措施合法性的诉讼案件就从未停止，而对特定群体给予怎样的优先对待以及如何考虑种族和性别因素也就成了高等学校是否能够成功应对司法诉讼的关键。尽管关乎种族优待措施的诉讼在各级各区法院的判决结果有时存在严重的分歧，但从在1978年的"巴基案"中首次审查种族优待录取政策的合法性到2003年的"格拉茨案"和"格鲁特案"再次涉及该争议，美国联邦最高法院不断完善审理此类案件的

---

① *DeFunis v. Odegaard*，416 U. S. 312（1974）.

司法原则。

"巴基案"是第一起成功上诉到联邦最高法院并做出判决的种族优待措施案件。该案中，加利福尼亚大学戴维斯医学院在录取中分别采取针对一般申请人的普通录取方案和针对非裔、墨西哥裔、亚裔和印第安纳裔申请人的特别录取方案，并将录取计划中的 16 个名额专门预留给少数族裔申请人。即便在第一轮申请审核中无法招收到全部配额的合格少数族裔申请人，也会在第二轮审核中降低录取标准以招收到足够的少数族裔申请人，而不会将这部分录取名额划分给非少数族裔申请人。该案的原告白人巴基在 1973 年和 1974 年两次申请戴维斯医学院，经普通录取方案审核后均被拒绝，但医学院在这两年中都录取了分数比巴基低很多的特别申请人，甚至在 1973 年巴基的申请被最终拒绝时，医学院依然还有 4 个特别录取名额没有确定候选人。在入学申请第二次被拒绝后，巴基向州初审法院起诉加利福尼亚大学。

州初审法院和州高等法院都判决医学院的特别录取方案违宪且在今后的录取中不得考虑种族因素，但是就医学院是否应当录取巴基并未形成一致的判决意见。州初审法院认为缺少足够的证据表明如果没有特别录取方案，巴基就一定会被录取，所以不支持巴基的入学请求。而州高等法院却认为医学院无法证明即便没有特别录取方案，巴基也不会被录取，所以医学院必须录取巴基。此外，州高等法院还判决加利福尼亚大学以后不得在入学申请中考虑种族因素。最终此案被上诉到联邦最高法院。

联邦最高法院的九名大法官对该案产生了重大的分歧。四名法官认为这不是宪法案件，只是涉及《民权法》的案件。由于 1964 年《民权法》规定接受联邦财政补助的学校不得实施种族歧视行为，如果积极差别待遇不属于种族歧视，就必须有经议会通过的明文法案才行，但当时并没有类似的规定，因此医学院的录取方案构成种族歧视，巴基应当入学。但另外四名法官认为，此案属于宪法案件且应当启动中度审查标准。依此原则，由于历史上存在种族歧视，少数族裔医生的数量低于正常比例，所以增加其数量是一项重要的政府目标，也就构成医学院采取积极录取政策的正当理由，所以加利福尼亚大学在入学申请中考虑种族因素是合宪的。

　　鲍威尔大法官与上述两派意见都不完全相同。首先，他认为该案是宪法案件；其次，他认为戴维斯医学院是新近成立的学院（1968 年成立），未有歧视少数族裔的历史，因此没有必要弥补过去的歧视伤害，而增加少数族裔医生也并非迫切利益；再次，他认为形成多元化学生群体的目标是一项迫切利益，只要其不对非少数族裔学生造成过度的负担，依然有存在的必要；最后，他认为该案既然涉及种族歧视，就应当启动严格审查标准而非中度审查标准。因此，戴维斯医学院为促进学生群体多元化而在录取中考虑种族因素具有正当理由，但其通过配额制的方式将巴基这样的申请人排除在录取考虑范围之外的做法不是达成该目标所必需的，因而不能通过严格审查标准。最终，最高法院以 5∶4 的票数裁定：戴维斯医学院特别录取方案违宪；应录取巴基；加利福尼亚大学仍可在以后的招生中考虑种族因素，部分维持并部分否决了州高等法院的判决。

　　"格鲁特案"是联邦最高法院 2003 年审理的一个高等学校种族优待措施案件。该案中，密歇根大学法学院在 20 世纪 90 年代执行了一项促进学生群体多元化的录取政策。在强调传统入学审核因素的同时，法学院也将族裔背景作为一系列传统审核因素之外的附加审核因素加以考虑，但该因素不得起到确保少数族裔申请人入学的决定性作用。该案的白人原告格鲁特在 1996 年向法学院提出入学申请，在被拒绝后向联邦地区法院提起诉讼。

　　联邦地区法院认为法学院试图创建多元化学生群体的理由并非一项迫切利益，而且其录取政策也未做到"紧密缩限"（narrowly tailored），故判决法学院败诉。联邦第六巡回上诉法院则推翻了地区法院的判决，理由是"巴基案"已经创设了将多元化作为一项迫切利益的司法先例，而法学院将种族作为一项潜在的附加因素加以考虑，也符合紧密缩限的要求。第六巡回上诉法院的裁定最终获得联邦最高法院的支持。此时，九名联邦最高法院的大法官中，仅有两名是当年审理过"巴基案"的，这一事实表明，在"巴基案"近 30 年之后，联邦最高法院对高等教育录取中的种族优待措施依然持肯定态度。

此后，2016年联邦最高法院做出判决的"费希尔案"①虽然支持了得克萨斯大学，但进一步严格了对公立高校积极差别待遇录取政策的司法审查原则。其要求学校在考虑学生种族因素之前，必须"证明"其他种族中立录取政策不足以实现多元化学生群体的目标，这无疑要求学校承担更多的举证责任，以给出"有理由、有原则的解释"。公立高校如果要在录取政策中面向少数族裔学生实施积极差别待遇，就必须根据其确立的教育目标，对录取政策开展周期性和持续性的反思评估，不断使其精细规范，始终将对种族因素的考虑限定在适当且必要的范围内。（申素平 等，2018b）

2. 积极差别待遇的司法审查原则

"差别性待遇有无正当的理由，已成为当前的社会问题。"（大须贺明，2001）[38] 日本学者大须贺明提出的这句话其实在当今各个社会都具有普遍的适用性。一般说来，"并不是每种差别都构成歧视。除了确定差别（性别）标准外，也有必要考虑差别的结果"（Centre for Human Rights United Nations Office at Geneva，1995）[5]。如果差别待遇的结果是否定或妨碍了其他人的平等权，则差别是歧视性的，是应禁止的；如果采取的差别待遇措施是为了实现弱势群体的法定权利，加速实现他们的事实平等，则不构成歧视。但正像消除对妇女歧视委员会指出的那样，"采取这些特别措施应只是为了加速实现妇女事实上的平等，而不应是为了给男人和妇女确立不同的标准。换言之，评价任何特别措施是否适当，应看实际上是否存在着歧视做法。因此，一旦达到了机会和待遇平等的目标，这些特别措施便不再需要，应停止使用"（Centre for Human Rights United Nations Office at Geneva，1995）[8]。

大须贺明则提出了分析差别待遇合法性的两种审查方式和标准，分别是严格审查和比较缓和的审查（大须贺明，2001）[38-45]。若是对差别待遇做严格审查，则必须考量下列三个标准。首先，差别待遇不能侵害"最低限度生活"，对受差别待遇者的个人生活实态要加以严格的证明。其次，对于

---

① *Fisher v. University of Texas*，136 S. Ct. 2198（2016）.

由差别待遇导致的国家的利益，要求能够客观地、具体地得以确定，即不能把国家为此得到的抽象而暧昧甚至是假设的利益，当成差别待遇的正当理由。最后，对于由差别待遇给国家带来的所有利益与其理由是否相符，必须严格证明。只有这三个标准都能满足，才能证明差别待遇的合法性。而在比较缓和的审查方式下，只要有一定合理的理由，差别待遇即属于立法机关裁量的范围，就可通过合法性检验。在具体检验标准方面，只有第二项标准需要原原本本地适用。也就是说，在比较缓和的审查方式下，只要能够将采取差别待遇措施所能获得的国家利益加以客观具体地确定，其合法性就能得到证明。

美国司法审查高等教育录取中的种族优待措施案件首先解决的问题也是确定审查标准①。一般而言，美国法院在审查政府行为是否合宪时会根据案情不同而启动初级审查、中级审查或严格审查程序。初级审查是指法院适用合理性标准（rationality standard）审查政府是否在寻求某种合法的政府目标，且选择的手段与目标之间存在合理关联。中级审查是指法院审查政府目标是否相当重要且所采取的方案与目标之间是否有实质性关联（substantial relation）。严格审查是标准最为严苛的司法审查，法院会审查政府区别对待民众的决定是否基于迫切利益（compelling interest）的目标且政府采纳的方案是否经过紧密缩限。

在 1978 年联邦最高法院审理第一起高等学校种族优待录取案件（"巴基案"）时，布伦南、怀特、马歇尔和布莱克曼四位大法官认为，善意的种族优待措施案件不必启动严格审查程序，只需参照中度审查标准即可。而撰写判决书的鲍威尔大法官则认为，所有关乎种族歧视的案件，不论是对少数族裔还是对多数族裔，都应当采取相同的严格审查标准。此后，该案确立的严格审查标准在一系列种族优待录取案件中都得到了应用。因此，高等学校的种族优待录取政策必须同时满足严格审查的两项标准才可被认定为合宪：第一，高等学校必须提出其录取政策是基于一项迫切利益，

---

① 以下有关美国司法审查种族优待措施的标准和紧密缩限问题的内容，主要参考了王俊的《美国高等教育政策中的积极行动》一文（参见劳凯声. 中国教育法制评论：第 5 辑 [M]. 北京：教育科学出版社，2007.），特此说明并致谢。

第二，高等学校录取政策中的种族分类在达成迫切利益的目标时必须经过紧密缩限。

关于迫切利益，迄今为止，联邦最高法院认可的迫切利益有三种：国家安全、补救以往政府性歧视造成的现有影响及多元化学生群体。"巴基案"中，鲍威尔大法官虽然否定戴维斯医学院将"补救以往政府性歧视造成的现有影响"作为此案的辩护理由①，但认可了"多元化学生群体"的重要性，指出"对于高等教育的特质而言，思考、尝试和创新的氛围尤为关键，我们相信多元化的学生群体可以加强这样的氛围"。与之类似的是在"史密斯案"② 中，联邦第九巡回上诉法院也判定多元化构成一项迫切利益。但不同的意见则在"霍普伍德案"中出现，联邦第五巡回上诉法院认为补救历史歧视损害和创建多元化学生群体均不足以构成迫切利益，更不能作为给予差别对待的正当理由，而且认为鲍威尔大法官的观点不能代表联邦最高法院多数法官的意见。"约翰逊案"③ 中的联邦第十一巡回上诉法院也表达了同样的态度，即学术环境下的多元化并非一项迫切利益。但是在 2003 年，多元化学生群体作为一项迫切利益再次得到联邦最高法院的肯定，因此到目前为止，它依然是美国高等学校采取种族优待录取政策的最重要的辩护理由。

紧密缩限问题是在 1978 年的"巴基案"中确立的，它要求高等学校将多元化学生群体作为一项迫切利益时，做出的种族分类必须经过紧密缩限，这样才能满足宪法的要求。但是"巴基案"并没有对紧密缩限做出详细的解释，鲍威尔大法官也只是指出多元化包含一系列综合的条件和特征，而种族只是其中一项重要的因素，因此倡导将种族作为附加因素，对申请人进行全面的审核。由于最高法院在"巴基案"中否决了摒弃竞争性审核的

---

① 戴维斯医学院指出其之所以要为少数族裔申请人预留名额，是为了弥补历史歧视造成的问题，增加服务于贫困地区的少数族裔医生的人数。但鲍威尔大法官则认为，创建于 1968 年的戴维斯医学院至诉讼发生时并没有歧视少数族裔的历史，也就没有弥补歧视损害的必要，否定了戴维斯学院将"补救以往政府性歧视造成的现有影响"作为此案的辩护理由。但并非整体否认"补救以往政府性歧视造成的现有影响"是一项迫切利益。

② *Smith v. University of Washington Law School*，233 F 3d 1188（9th Cir. 2000）。

③ *Johnson v. Board of Regents*，263 F. 3d 1234（11th Cir. 2001）。

配额制，后来很多法院在审理案件时也是从种族优待录取方案是否造成与配额制相同的效果的角度来审核其是否经过紧密缩限，因此双轨制和加分制都因被法院认定会产生与配额制相同的结果而被判定违宪。直到 2003 年，联邦最高法院才在"格拉茨案"和"格鲁特案"中对紧密缩限提出五项具体的审查标准。

第一，竞争性审核。这是指高等学校应当确保每位符合条件的申请人进行充分的相互竞争，而非采取将不同申请人群体隔离或适用不同标准以降低少数族裔申请人竞争性的做法。法院认为，如果高等学校将种族作为一项附加审核因素，即便其在录取程序中占有相当的权重，也不会构成配额制。

第二，具体化考虑。这是指高等学校种族优待录取政策必须保持灵活性，以确保对每一名申请人的评估是将其视为独立的个体，而非以其种族或民族背景确定其申请特征。法院认为，虽然高等学校可以在录取程序中考虑种族因素，但是种族不能成为决定性的因素，同时由于高等学校具备评估申请人各项素质的能力，所以它必须考虑非种族的因素，以确保所有促进学生群体多元化的因素在最后的录取决定中都发挥积极的作用。密歇根大学法学院的录取方案之所以能够通过严格审查，是因为其在考虑种族因素的同时，还考虑了其他对白人学生和有色人种学生均产生影响的多元因素。

第三，种族中立选择。这是指高等学校在采取种族优待录取政策之前，应当慎重考虑是否存在同样可以达成多元化学生群体目标的种族中立的录取办法。不过，是否选择种族中立办法，关键在于其是否在形成多元化学生群体过程中发挥适当和有效的作用。例如，按照固定百分比或者班级名次录取高中毕业生的中立措施不仅无法适用于研究生录取，也提前排除了对申请人进行具体化考虑的可能性。同时，法院也表示高等学校无须穷尽所有可能的种族中立办法，因为该标准并不苛求高等学校在保持卓越学术声誉和为不同族裔提供平等受教育机会之间做出非此即彼的选择。所以，这一标准可以不适用于所有的高等学校。

第四，非过度负担原则。这是指种族优待录取政策不得对非受益的族裔群体造成过度的负担，即高等学校在录取中给予少数族裔学生优待措施的同时，不能歧视非少数族裔学生。

第五，有限时效原则。这是指种族优待录取政策作为一项未实现平等对待各族裔成员目标之前的临时性政策，其对少数族裔的优先对待必须有一个时间上的终止点。尽管高等学校秉持其创建多元化学生群体的理念，但其之所以能够通过考虑种族因素达成该目标，也是以政策的有限时效作为前提的。因此，联邦最高法院在"格鲁特案"判决书中明确表示：希望美国社会在 25 年后将不再使用种族优待措施来促成已经被认可的国家利益。

在 2016 年"费希尔案"的判决中，联邦最高法院进一步提高了对紧密缩限的要求，要求大学证明其在诉诸种族分类之前，可用并且可行的种族中立替代方案均不足以实现目标。相比"格鲁特案"判决仅要求大学"考虑"种族中立替代方案的可能性，"证明"一词则要求大学给出实际证据。换言之，联邦最高法院开始进一步关注大学为了实现学生群体多元化目标，是否曾经论证甚至尝试实施种族中立替代方案。（王俊，2022）

与此同时，名为"学生公平录取"（Students for Fair Admissions）的非营利组织在 2014 年分别对哈佛大学和北卡罗来纳大学提起诉讼，称其实施的种族优待录取政策违反平等保护条款。2023 年 6 月 29 日，联邦最高法院合并审理两案，判决两所大学的录取政策违宪。联邦最高法院给出了四项判决理由。一是种族优待录取政策旨在实现的目标是模糊的、无标准的，法院难以在司法审查中对其进行充分衡量。二是两所大学所采取的种族分类标准明显过于宽泛，学生分类存在武断不清和包含不足的情况。三是种族优待录取政策以负面或刻板的方式使用种族因素，而大学录取本身是零和博弈，对某些申请人有利的录取程序必然以对另一些申请人造成损害为代价。四是两所大学没有明确提出停止实施种族优待录取政策的时间，由于难以衡量目标的实现程度，自然也难以确定"有意义的终点"。基于这些理由，联邦最高法院认为种族优待录取政策"难以和平等保护条款的保障相互调合"，判决其违宪。①

① *Students for Fair Admissions v. Harvard*，600 U. S. _（2023）．

三、残疾人教育立法

（一）残疾人教育与教育立法

1. 残疾人教育的发展

残疾人接受教育是社会文明发展到一定程度的产物。在人类社会的早期，人们把残疾人视为社会的累赘和负担，根本谈不上对他们的教育问题。直到文艺复兴时期，由于启蒙思想的广泛传播，自由、平等、博爱思想逐步深入人心，在启蒙思想旗帜的指引下，传统观念对残疾人认识上的束缚被突破，残疾群体开始被视为具有人格尊严的群体。同时，人道主义者也开始从人性的角度进行呼吁，残疾人的人格尊严和价值应该得到全社会尊重和承认，从而奠定了残疾人享受教育平等待遇的思想基础。（陈文奎　等，2006）

近代，随着人权保障观念的发展和依法治国思想的兴起，平等权利的保护受到关注。在民主国家内，所有公民的法律地位都是平等的，国家对于每位公民都负有"生存照顾"的义务。教育是关系到个体生存的一项基本权利，国家有义务和责任保障所有公民的受教育权，而残疾人作为公民中的一部分，其受教育权也应受到平等保护。因此，从 20 世纪开始，尤其是第二次世界大战以来，世界上的大多数国家都通过立法来保障残疾人的生存权、发展权及包括受教育权在内的各项基本权利，以使每一个残疾人的潜力得到最大的发展，使他们能更有尊严地生活。

长期以来，联合国为解决残疾人问题做了许多努力。联合国大会曾宣布 1981 年为"国际残疾人年"；1982 年通过《关于残疾人的世界行动纲领》，并宣布 1983—1992 年为"联合国残疾人十年"；1992 年 10 月举行了首次关于残疾人问题的特别全会，并通过决议确定每年 12 月 3 日为"国际残疾人日"；1993 年又通过了《残疾人机会均等标准规则》。2006 年 12 月 13 日，第 61 届联合国大会以协商一致的方式通过了具有里程碑意义的《残疾人权利公约》。公约的核心内容是确保残疾人享有与健全人相同的权利，并能以正式公民的身份生活，公约涵括了残疾人应享有的各项权利，包括健康、就业、受教育和无障碍环境等方面的权利。公约于 2007 年 3 月 30 日开放给各国签署，2008 年 5 月 3 日，该公约及其附加议定书正式生效。

2. 美国的残疾人教育立法

美国对残疾人教育立法非常重视，在联邦国会历年通过的有限的教育法律中，有关残疾人教育的法律占很大比重（见表 8.1）。最早于 1970 年制定的《残疾人教育法》开残疾人专门教育立法的先河，其后该法历经多次修订，不仅名称发生了变化，从残疾者（儿童）改为身心障碍者（儿童），内容也在不断充实和完善。而在历次修订中，又以 1975 年的《全体残疾儿童教育法》和 1990 年的《身心障碍者教育法》最为重要。除了上述专门的教育立法，美国国会于 1973 年通过的《康复法》第 504 节条款也在残疾人教育方面发挥着重要作用。

表 8.1　美国国会历年通过的有关残疾人教育的法律

年份	法　案	内　容
1970 年	《残疾人教育法》	首次为残疾人进行教育立法，认定残疾人是具有特殊需求的个体，州必须为其安排适当的教育；所有使用联邦经费兴建的教育设施必须配合残疾人。
1973 年	《康复法》第 504 节条款	不允许"其他方面合格的残疾学生"在任何接受联邦资助的项目或活动中受到歧视。要求对残疾人给予合理的安置，规定 1977 年以后的学校设施必须是无障碍的；除了保护残疾学生不被歧视，也被用于保护教师、行政人员以及其他人。
1975 年	《全体残疾儿童教育法》	规定受到该法经费资助的州（所有州都是）必须对该州的残疾学生进行评估并提供"免费且适当的公共教育"及最低限度的其他相关服务；要求对所有 3—21 岁的残疾学生提供个别化教育计划（IEP）；在教育安置上，残疾学生及其父母应有的权利受到保障。

续表

年份	法　案	内　容
1986 年	《残疾儿童保护法》	为在涉及残疾分类、安置或服务纠纷中胜诉的残疾儿童的家长或监护人提供一笔"合理的律师费"，作为对他们的补偿。
1986 年	《全体残疾儿童教育法修正案》	鼓励政府发展为残疾婴儿、初学走路的儿童及其家庭提供早期干预的整合性的综合计划。这里的"残疾"包括发育迟缓，或是具有在结果上与发育迟缓相似的智力或身体问题的低年龄儿童。
1990 年	《身心障碍者教育法》	将自闭症与外部脑伤儿童纳入保障对象，且将名称由残疾儿童变更为身心障碍儿童；保障父母在身心障碍儿童的评估、安置、听证等相关程序中的权利。
1990 年	《身心障碍者法》	学校必须改善所有的设施以保证身心障碍学生和教师行动自如。
1997 年	《身心障碍者教育法修正案》	对接受特殊教育的具有暴力攻击行为且影响他人的学生，学校可视情况将其从班级中移走最多 55 天。
2004 年	《身心障碍者教育促进法》	第一次写入了对"高素质"特殊教育教师的定义：持有特教教师全国认证书，包括通过替代性途径获得的认证书；通过美国国家特教教师执照考试，并持执照在美国国内任职特教教师。要成为"高素质"的教师还需要具备额外的执照。修订了对具有身心障碍的学生惩戒的规定：如果身心障碍学生的不当行为与其残疾无关，则应对其施予与普通学生相同的惩罚；如果身心障碍学生的不当行为与其残疾有关，那么在惩戒之前，要注意对身心障碍学生进行程序性保护。
2015 年	《每一个学生都成功法》	强化了特殊教育中家庭的职能，认为包括特殊儿童家长在内的所有家庭成员都应当积极参与到教育过程中；在家庭教育以外，特殊儿童家长的参与范围不再局限于参与学校活动与知情权，而是包括对学校改革、特殊儿童学习评估等多方面的参与。

3. 我国的残疾人教育立法

我国于 1990 年颁布的《残疾人保障法》是较早对残疾人教育进行规定

的法律，它明确了残疾人的受教育权，并专辟一章对残疾人教育问题进行了较为详细的规定。1994 年根据该法制定的《残疾人教育条例》进一步对《残疾人保障法》的相关条款进行了细化，与《残疾人保障法》一起构成我国残疾人教育法的主体。《教育法》在第 39 条重申"国家、社会、学校及其他教育机构应当根据残疾人身心特性和需要实施教育，并为其提供帮助和便利"，再次确认对残疾人教育予以扶助的原则。《残疾人保障法》2008年修订后，在原有立法的基础上，着重对残疾人教育的免费和资助问题予以强调。① 2017 年修订的《残疾人教育条例》则适应了特殊教育发展的新趋势，突出融合教育理念，对政府在特殊教育中的职责、特殊教育条件保障、师资的培育等事项均做出了详细的规定。而 2020 年修订的《未成年人保护法》也重点关注了特殊儿童受教育权的保障，规定"各级人民政府应当保障具有接受普通教育能力、能适应校园生活的残疾未成年人就近在普通学校、幼儿园接受教育；保障不具有接受普通教育能力的残疾未成年人在特殊教育学校、幼儿园接受学前教育、义务教育和职业教育"。

在残疾人平等享有受教育权方面，《残疾人保障法》第 3 条第 1 款明确规定："残疾人在政治、经济、文化、社会和家庭生活等方面享有同其他公民平等的权利。"在此基础上，《残疾人保障法》在其第 21 条第 1 款进一步强调："国家保障残疾人享有平等接受教育的权利。"《残疾人保障法》第21 条第 2 款、第 3 款和第 4 款进一步细化了政府、社会和学校多方主体在保障残疾人享有平等接受教育权利方面的义务。《残疾人教育条例》第 2 条第 1 款也明确规定："国家保障残疾人享有平等接受教育的权利，禁止任何基于残疾的教育歧视。"

在残疾人教育的重点、内容和形式方面，《残疾人保障法》第 22 条指出："残疾人教育，实行普及与提高相结合、以普及为重点的方针，保障义务教育，着重发展职业教育，积极开展学前教育，逐步发展高级中等以上教育。"第 23 条规定："残疾人教育应当根据残疾人的身心特性和需要，按

---

① 我国《残疾人保障法》于 1990 年制定，经过了 2008 年、2018 年两次修订，其中 2008 年是一次重大修订，2018 年仅做了极小的修正，故仅在此提及 2008 年《残疾人保障法》的修订。

照下列要求实施：（一）在进行思想教育、文化教育的同时，加强身心补偿和职业教育；（二）依据残疾类别和接受能力，采取普通教育方式或者特殊教育方式；（三）特殊教育的课程设置、教材、教学方法、入学和在校年龄，可以有适度弹性。"

针对上述第二点，也就是依据残疾类别和接受能力对残疾人采取普通教育或者特殊教育方式的问题，《残疾人保障法》第 25 条进一步规定："普通教育机构对具有接受普通教育能力的残疾人实施教育，并为其学习提供便利和帮助。普通小学、初级中等学校，必须招收能适应其学习生活的残疾儿童、少年入学；普通高级中等学校、中等职业学校和高等学校，必须招收符合国家规定的录取要求的残疾考生入学，不得因其残疾而拒绝招收；拒绝招收的，当事人或者其亲属、监护人可以要求有关部门处理，有关部门应当责令该学校招收。普通幼儿教育机构应当接收能适应其生活的残疾幼儿。"第 26 条规定："残疾幼儿教育机构、普通幼儿教育机构附设的残疾儿童班、特殊教育机构的学前班、残疾儿童福利机构、残疾儿童家庭，对残疾儿童实施学前教育。初级中等以下特殊教育机构和普通教育机构附设的特殊教育班，对不具有接受普通教育能力的残疾儿童、少年实施义务教育。高级中等以上特殊教育机构、普通教育机构附设的特殊教育班和残疾人职业教育机构，对符合条件的残疾人实施高级中等以上文化教育、职业教育。提供特殊教育的机构应当具备适合残疾人学习、康复、生活特点的场所和设施。"《残疾人教育条例》则在第 3 条明确规定，残疾人教育应优先采取普通教育方式。

在特殊教育师资培养、待遇和其他辅助措施方面，《残疾人保障法》规定，国家应有计划地举办各级各类特殊教育师范院校、专业，在普通师范院校附设特殊教育班，培养、培训特殊教育师资；普通师范院校开设特殊教育课程或者讲授有关内容，使普通教师掌握必要的特殊教育知识；特殊教育教师和手语翻译享受特殊教育津贴。此外，政府有关部门应当组织和扶持盲文、手语的研究和应用，特殊教育教材的编写和出版，特殊教育教学用具及其他辅助用品的研制、生产和供应。《残疾人教育条例》则对特殊教育师资的培育培训保障、培育标准、待遇等方面做了更为具体的规定。

（二）残疾人教育立法的主要内容

1. 残疾人的界定

残疾人教育立法首先要对残疾人的概念进行界定，此种界定关系到法律适用对象的范围。我国《残疾人保障法》第 2 条规定，"残疾人是指在心理、生理、人体结构上，某种组织、功能丧失或者不正常，全部或者部分丧失以正常方式从事某种活动能力的人"，具体包括视力残疾、听力残疾、言语残疾、肢体残疾、智力残疾、精神残疾、多重残疾和其他残疾的人。具体的残疾标准则由国务院规定。而 2011 年我国发布的《残疾人残疾分级和分类》国家标准基本延续了《残疾人保障法》对残疾人概念的定义。

美国对残疾人的界定要宽泛一些。根据美国 1970 年《残疾人教育法》的规定，残疾人是那些健康受损害的人以及因此需要特殊教育和相关服务的人①。《康复法》第 504 节条款对残疾人的定义更为宽泛，是指那些有残疾状况的人、过去曾受过损害的人和那些被认为有损害的人，包括语言、听觉、视觉与脸部的损伤，或脑性麻痹、癫痫、肌肉营养不足、多重硬化症、癌症、糖尿病、心脏病、心智迟缓、情绪障碍，以及知觉障碍、识字困难、轻微脑功能失常与发展性失语症等特殊学习障碍②。在此定义下，艾滋病儿童也因被认为是受过损害的人而受到《康复法》第 504 节条款的保护。1990 年美国通过的《身心障碍者教育法》将残疾人（Handicapped）一词更改为身心障碍者（Individuals with Disabilities），并将"自闭症"和"外部脑伤"纳入身心障碍的范围，进一步扩大了法律保障的对象。

2. "零拒绝"政策

"零拒绝"（zero reject）政策是西方发达国家残疾人义务教育入学政策

---

① 20 U. S. C. § 1401（a）（1）.

② 34 C. F. R. 104. 3（j）（1）.

的基本原则，最早是根据美国 1975 年《全体残疾儿童教育法》中"州政府及地方学区要向所有残疾儿童提供教育"的规定而得出的。根据该原则，每一个残疾儿童都不得被拒绝于学校教育之外，尽管教育资源很有限，但残疾儿童的教育不能因经费的限制而终止或减少服务内容。"零拒绝"政策保证每个残疾儿童都不会被排除在公共教育体系之外，保障每一个残疾儿童的受教育权不被侵犯。但是在此原则确立后，还是有一些身体残疾程度较重，被校方或地方学区认为已不具备教育的价值的儿童被学校拒绝入学。因此在实践中，对于"零拒绝"政策是否包括所有残疾儿童，"所有"（all）指的是不是"每一个"（any），学校是不是可依据儿童残疾的程度将某些儿童排除于学校教育之外，一直存在争议，直到 1989 年美国联邦法院在一个案件①的审理中对此问题做出了回答。

此案中，原告是美国法院受理的相关案件中残疾程度最严重的儿童，他比预产期提前两个月出生，因先天不足而在呼吸道方面有严重的问题，同时伴随脑功能失常以及严重的心智与智力发育迟缓问题，原告从 1 岁开始就接受相关服务，医生认为他没有学习能力而只能有反射性反应，他的母亲却希望他能接受特殊教育服务，当这一要求遭到学区拒绝后，其母将学区告上法庭。

学区努力说服联邦地区法院，指出相关法令能够支持其做法。其在陈述理由中说，由于原告自身的残疾程度，原告不具备学习的能力，已经无法通过教育活动使他的情况得以改善，这个时候再要求学校提供没有帮助的教育服务，从根本上看是无济于事的。地区法院同意了学区的意见，认为国会立法的用意不是要做无功之举——教育那些没有学习能力的儿童，因而判决学生败诉。

联邦上诉法院不同意地区法院的判决，指出"零拒绝"政策的受教育对象指的是所有人，当然也包括原告，并强调法律规定的受教育机会并不是在儿童有学习能力时才有效，因此判决学生胜诉。最高法院拒绝审理本案，因此学生最终胜诉。

---

① *Timothy v. Rochester School District*，875 F. 2d 954（1st Cir.）（1989）.

我国 2008 年修订的《残疾人保障法》提出了"保障义务教育"，显著区别于之前所提出的"着重发展"的定位。2017 年《残疾人教育条例》修订，在此原则下对适龄残疾儿童、少年的具体情况进行分类，分别确定了四种就学类型，实现残疾人义务教育的全覆盖、零拒绝。具体而言，首先，确保能够适应普通学校学习生活、接受普通教育的，就近到普通学校入学接受义务教育；其次，能够接受普通教育，但是学习生活需要特别支持的，根据身体状况就近到县级人民政府教育行政部门在一定区域内指定的具备相应资源、条件的普通学校入学接受义务教育；再次，不能接受普通教育的，由县级人民政府教育行政部门统筹安排进入特殊教育学校接受义务教育；最后，需要专人护理，不能到学校就读的，由县级人民政府教育行政部门统筹安排，通过提供送教上门或者远程教育等方式实施义务教育，并纳入学籍管理。

2017 年 4 月，教育部办公厅、中国残联办公厅发布的《关于做好残疾儿童少年义务教育招生入学工作的通知》指出，各地要按照"全覆盖、零拒绝"的要求，根据残疾儿童的实际制订教育安置方案，逐一做好适龄残疾儿童少年的入学安置工作。尤应指出的是，上述法律法规和政策中的相关规定，在原初意义上均属于残疾人公民应当享有的基本权利，而非国家单方给予的福利待遇。因此，包括政府、学校、社会在内的多方主体应当采取一切适当措施，促使残疾人公民的上述权利真正实现。

3. "其他方面合格的残疾人"应享有平等的权利

残疾人在教育中享有平等的权利，在义务教育阶段应坚持"零拒绝"原则保障每个儿童的受教育机会；在非义务教育阶段，残疾人的入学机会则不得仅因其残疾的事实而被剥夺，也就是那些"其他方面合格的残疾人"应被保障享有平等的受教育机会。"其他方面合格的残疾人"这一概念最早由美国《康复法》第 504 节提出，但因没有相关定义，对于其准确含义一直存有争议。直到 1979 年，美国联邦最高法院才在一个案例①中对"其他

---

① *Southeastern Community College v. Davis*，442 U. S. 397，406（1979）.

方面合格的残疾人"做出了界定。该案中，一位有严重听力障碍的女性要求进入医学院学习护理课程，被以有听力障碍为由拒绝入学，遂提起诉讼。最高法院指出，"其他方面合格的残疾人"是一个"虽有残疾但能满足所有教育要求的人"，也就是说，一个人虽有残疾，但若能满足所有的教育要求，学校并不需要为其大幅修订课程计划，这个人就是"其他方面合格的残疾人"。最高法院将该定义运用于本案的分析，发现医学实习是护理课程的重要组成部分，而该女性却因听力微弱而无法进行实习，学校如果录取她，则必然需要为其删除医学实习的内容，这将实质性改变学校的课程计划，因此判定她不是一个"其他方面合格的残疾人"，学校有权拒绝其入学。

在另一个案件①中，一名有严重身体残疾的中学生想参加学校资助的西班牙旅行，这个学生的身材矮小（3.5 英尺），肢体天生残疾，每天只能乘坐特别的交通工具到学校，并且在校期间需要一名助手帮助。学校认为她的情况特殊，要求有一个助手随她一起旅行，并且助手的费用由她自己负担，否则就不能参加西班牙之旅活动，最后因学生拒绝负担助手费用引起诉讼。法院在审查了西班牙旅行这一活动的内容之后，认为这个学生不能靠她自己的能力跟上团队的活动，并且这次活动对她的健康有实质性的危险，而她本人却拒绝承担带上一名助手的费用，判定她不属于"其他方面合格"的学生，学校无须为该学生提供免费助手这种积极性的安置服务。

我国《残疾人保障法》和《残疾人教育条例》都高度强调残疾人的教育平等权。《残疾人保障法》第 25 条第 2 款明确规定："普通高级中等学校、中等职业学校和高等学校，必须招收符合国家规定的录取要求的残疾考生入学，不得因其残疾而拒绝招收……"《残疾人教育条例》第 2 条第 1 款规定"国家保障残疾人享有平等接受教育的权利，禁止任何基于残疾的教育歧视"，第 7 条规定"对符合法律、法规规定条件的残疾人申请入学，不得拒绝招收"，并在第五章"普通高级中等以上教育及继续教育"中明确规定了包括政府、社会、学校在内的多方主体在保障残疾人平等接受非义

---

① *Wolff v. South Colonie Cent. School Dist.*，534 F. Supp. 758（N. D. N. Y. 1982）.

务教育阶段教育方面的义务。此外，教育部、中国残疾人联合会联合发布的《残疾人参加普通高等学校招生全国统一考试管理规定（暂行）》（2017年修订）亦旨在保障残疾人平等参加普通高等学校招生全国统一考试，并明确要求各级教育考试机构为残疾人参加高考提供必要支持和合理便利。

4. 为残疾人提供"免费且适当的公共教育"

一些国家的残疾人教育立法根据残疾人的身心发展特点和本国义务教育的规定而给予残疾人接受"免费且适当的公共教育"的权利，但"免费且适当的公共教育"的内涵和标准不尽相同。美国是对残疾人教育相当重视的国家，其在 1975 年《全体残疾儿童教育法》中首次规定政府应为残疾儿童提供"免费且适当的公共教育"，随后联邦最高法院在 1982 年的一个案件①中对该概念做了清晰的界定。该案中，一个有少量残余听力，同时是优秀唇读者的学生因要求学校为其所有课程都提供手语教师被拒而认为学校侵犯了她根据《全体残疾儿童教育法》享有的获得"免费且适当的公共教育"的权利。联邦最高法院在该案中否定了之前低级法院将"免费且适当的公共教育"解释为要求"州政府最大限度地保护每一个残疾儿童享有与提供给非残疾儿童相当的机会"的观点，认为"免费且适当的公共教育"意味着"教育者必须提供有充分支持性的服务措施以保证儿童从教学中获得教育利益的个别化教学"。

根据上述定义，法院判定，该案中学校虽然没有为学生提供手语教师，但为其制订了个别化教育计划并配备了 FM 助听器，学生正在接受"个别化教学和相关的服务"并"比较容易地逐年级进步"，而且在班级里的表现比一般儿童要好，证明学校对该生的教育是充分的，同时学校也遵循了《全体残疾儿童教育法》中规定的所有程序要求，因此学校没有违反法律。

由此案的判决可见，对何为"免费且适当的公共教育"，美国联邦立法要求的仅是"机会的最低门槛"，也就是学区与学校设计的个别化教育计划要使残疾学生能够真正在教育上获益，但不要求最大限度地发挥残疾学生

---

① *Board of Education v. Rowley*, 102 s. ct. 3034（1982）.

的一切潜力。当然，此案只是界定了"免费且适当的公共教育"的最低要求，却不能排除各州或学区愿意最大限度发展残疾儿童潜力的努力，因此事实上，美国有些州已经通过州的立法为"适当的教育"定下了更高的标准。

为了向儿童提供"免费且适当的公共教育"，美国 1975 年《全体残疾儿童教育法》要求各州和学区组织专门团队对所有 3—21 岁的残疾学生分别设计制订个别化教育计划。个别化教育计划必须包括下列信息：残疾学生目前的成绩表现水平，残疾学生的未来教育目标，为残疾学生提供的特别教育类型和相关服务措施，残疾学生能够进入主流教育的程度和可能性，残疾学生的评估计划（每年至少进行一次评估）。后来颁布的《身心障碍者教育法》对个别化教育计划又增加了两项新要求。第一，个别化教育计划必须声明学生毕业后可以进行的转衔服务（transition services）内容，要求学校必须与相关单位加强联系，帮助学生在满 16 岁离开学校之前了解其未来的出路和方向。第二，当一个合作单位无法提供议定的服务时，个别化教育计划小组必须开会讨论其他可合作的转衔单位，以利身心障碍学生的发展。（秦梦群，2006）[85]

在判断残疾儿童教育是否适当时，还会涉及是否接受主流教育的问题。主流教育强调的是尽可能将残疾儿童与同年龄段的非残疾儿童安置在同一教育课程，也就是最大限度地使残疾儿童在常规课堂接受教育或在"最少限制的环境"① 下接受教育。"主流教育"是残疾儿童教育中的一项基本原则，在各国残疾人教育立法中均有程度不同的体现。如美国联邦法律规定，若要获得联邦经费资助，各州必须建立一套程序，确保残疾儿童最大限度地可能与非残疾儿童一起接受教育，特殊课堂、隔离学校，或者其他将残疾儿童从常规教育环境中分离的措施，只能在儿童的残疾性质使得其在常规课堂接受教育时不能有效地使用支持性的服务措施时才能出现。② 因此，

---

①　"最少限制的环境"，英文为"Least Restricted Environment"，简称 LRE，是判断残疾儿童教育是否适当的重要因素。它主要涉及残疾儿童安置环境的适当性，除了指尽量使残疾儿童进入主流教育，也包含学校应建设无障碍环境以满足残疾学生需要的意思。

②　20 U. S. C. § 1412. 5（1982）.

美国联邦教育立法的基本要求是，在做出残疾儿童教育安置决定时必须要考虑的是，不仅应能使残疾儿童从教育中获益，而且应在最少限制的环境中提供这种教育，应把儿童安置在若非残疾即可就读的学校，如果可能，应尽可能安排在离这个儿童的家较近的学校。（Fischer et al.，1991）[121]

我国对残疾人实施免费义务教育，《残疾人保障法》规定各级人民政府对接受义务教育的残疾学生、贫困残疾人家庭的学生提供免费教科书，并给予寄宿生活费等费用补助；强调应当根据残疾人的身心特性和实际需要实施残疾人教育，并通过实施教育推动残疾人平等参与社会生活。《残疾人教育条例》第2条直接指出，残疾人教育的目的在于"根据残疾人的身心特性和需要，全面提高其素质，为残疾人平等地参与社会生活创造条件"。第3条第3款规定："根据残疾人的残疾类别和接受能力，采取普通教育方式或者特殊教育方式，优先采取普通教育方式。"此外，还分别在第23、第24条规定了对残疾学生的适当教育问题，其一，在普通学校随班就读的残疾学生，可以适用普通义务教育的课程设置方案、课程标准和教材，但是对其学习要求可以有适度弹性；其二，残疾儿童、少年特殊教育学校（班）应当坚持思想教育、文化教育、劳动技能教育与身心补偿相结合，并根据学生残疾状况和补偿程度，实施分类教学；必要时，应当听取残疾学生父母或者其他监护人的意见，制定符合残疾学生身心特性和需要的个别化教育计划，实施个别教学。

5. 为残疾人提供援助和相关服务

残疾人的身心条件较为特殊，其教育往往需要一些配套的服务。《儿童权利公约》第23条规定，缔约国确认残疾儿童有接受特别照顾的权利，应鼓励并确保在现有资源范围内，依据申请，斟酌儿童的情况和儿童的父母或其他照料人的情况，对合格儿童及负责照料该儿童的人提供援助。鉴于残疾儿童的特殊需要，考虑到儿童的父母或其他照料人的经济情况，在可能时应免费提供按照第2款给予的援助，这些援助的目的应是确保残疾儿童能有效地获得和接受教育、培训、保健服务、康复服务、就业准备和娱乐机会，其方式应有助于该儿童尽可能充分地参与社会，实现个人发展，包括其文化和精神方面的发展。

日本在1954年颁布《关于对盲人学校、聋人学校和养护学校的就学奖励的法律》，规定为就读于上述特殊学校的学生提供特殊补助，包括饮食费、走读或回家所需的交通费和跟随照管人所需的交通费、居住学校附设宿舍的经费（包括一日三餐和一次课间餐所需费用、洗脸用杂品、通信用品、修补衣服用品、内衣类用品）、修学旅行费以及学习用品的购入费。即使对接受高中阶段特殊教育的学生，除学习用品和跟随照管人所需的交通费不予提供外，其他各种费用均应与义务教育阶段一样予以提供。

美国联邦《全体残疾儿童教育法》规定学区和学校应为残疾儿童提供"相关服务"。其后将"相关服务"定义为"交通和为帮助残疾儿童从特殊教育中获益而可能需要的诸如发展性的、矫正性的及其他支持性的服务"①。这些支持性的服务涵盖言语病理学和听力服务、心理服务、生理的和职业的治疗、娱乐，以及医疗和咨询服务（除去那些仅用于诊断和评估的医学服务）②。但经常引起分歧的是支持性服务与医疗服务的区分问题，因为根据上述立法规定，支持性服务是地方学区必须提供给残疾儿童的，属于"相关服务"的内容，但纯粹的医疗服务则不在学区必须提供的"相关服务"当中。在联邦最高法院1984年审理的一个案件③中，一位有脊椎碎裂症的学生由于无法自行排尿，要求地方学区为其提供"透明间歇性导尿管"来清理膀胱，因遭到拒绝而起诉。联邦最高法院认定，"透明间歇性导尿管"虽然是由医生处方要求的，但属于"相关服务"中的支持性服务，学区必须提供。最高法院还在此案中提出了地方学区及学校提供"相关服务"的三项基本原则："相关服务"只能向那些有需要的且正在接受特殊教育的残疾学生提供；提供"相关服务"的目的是让儿童在受教育过程中获益；"相关服务"必须是护理人员或相关合格人员可以担任或执行的，并非由医生执行。

我国相关立法亦在不断推动对残疾人接受教育的援助和服务。《残疾人

---

① 20 U. S. C. §1401（17）（1982）.

② 20 U. S. C. §1401（17）（1982）.

③ *Irving Independent School Dist. v. Tatro*, 468 U. S. 883（1984）.

保障法》指出"各级人民政府应当将残疾人教育作为国家教育事业的组成部分，统一规划，加强领导，为残疾人接受教育创造条件"，规定"政府、社会、学校应当采取有效措施，解决残疾儿童、少年就学存在的实际困难，帮助其完成义务教育"。《残疾人教育条例》在上述条款基础上做出了一些细化规定。例如，其第16条规定，优先在部分普通学校中建立特殊教育资源教室，配备必要的设备和专门从事残疾人教育的教师及专业人员，并支持其他普通学校根据需要建立特殊教育资源教室，或者安排具备相应资源、条件的学校为招收残疾学生的其他普通学校提供必要的支持。第50条规定："新建、改建、扩建各级各类学校应当符合《无障碍环境建设条例》的要求。县级以上地方人民政府及其教育行政部门应当逐步推进各级各类学校无障碍校园环境建设。"第51条规定学校对经济困难的残疾学生应当按照国家有关规定减免学费和其他费用，并按照国家资助政策优先给予补助，特别提出了"鼓励有条件的地方优先为经济困难的残疾学生提供免费的学前教育和高中教育，逐步实施残疾学生高中阶段免费教育"，为残疾人教育提供了重要的援助和支持。未来可从充分实现残疾人受教育权的角度，进一步加强为残疾人教育提供的支持性服务，完善残疾人教育支持服务体系。

参考文献

ALEXY R，1999. 作为主观权利与客观规范之基本权［J］. 程明修，译. 宪政时代（4）：83-98.

阿部照哉，池田政章，初宿正典，等，2006. 宪法：下：基本人权篇［M］. 北京：中国政法大学出版社.

白桂梅，龚刃韧，李鸣，等，1996. 国际法上的人权［M］. 北京：北京大学出版社.

蔡定剑，2006. 宪法精解［M］. 2 版 . 北京：法律出版社.

蔡琳，2020. 家庭秩序：国家法的构造与限度［J］. 浙江学刊（5）：20-28.

蔡震荣，1993. 公法人概念的探讨［M］//翁岳生教授祝寿论文集编辑委员会. 当代公法理论：翁岳生教授六秩诞辰祝寿论文集. 台北：月旦出版公司.

蔡志方，1993. 从"释字三零八号解释"谈教师的法律地位［J］. 师说（52）：10-17.

查士丁尼，1989. 法学总论：法学阶梯［M］. 北京：商务印书馆.

陈醇，2002. 论国家的义务［J］. 法学（8）：15-19.

陈丽珠，1998. 台湾省教育优先区计划实施之评估研究：教育机会均等理念之实践［R］. 台中："台湾省政府教育厅".

陈文奎，阮李全，2006. 特殊教育立法问题研究：人文关怀的视角［J］. 中国特殊教育（6）：47-52.

陈新民，1997. 行政法学总论［M］. 台北：三民书局.

陈小君，2020. 民法典"特别法人"入法动因、功效与实践［N］. 检察日报，2020-07-15（3）.

陈晓波，2019. 不送适龄孩子入学 云南怒江 53 户家长惹上"官司"［EB/OL］.（2019-07-14）［2022-12-01］. http://yn.yunnan.cn/system/2019/07/14/030326428.shtml.

程介明，等，1997. 教育行政［M］. 香港：香港公开进修学院出版社.

程雁雷，2000. 论司法审查对大学自治的有限介入［J］. 行政法学研究（2）：33-36.

成有信，等，1993. 教育政治学 ［M］. 南京：江苏教育出版社.

成有信，1997. 教师职业的公务员性质与当前我国师范院校的公费干部学校特征 ［J］. 教育研究（12）：39-42.

大须贺明，2001. 生存权论 ［M］. 北京：法律出版社.

邓静秋，2021a. 家庭教育促进法的宪法逻辑 ［J］. 苏州大学学报（教育科学版）（4）：64-71.

邓静秋，2021b. 国家介入家庭教育的宪法界限 ［J］. 首都师范大学学报（社会科学版）（6）：163-170.

董保城，1992. 论教师工作权之保障与维护 ［J］. 师说（44）：22-25.

董保城，1996. 师生权利与义务 ［J］. 教育资料与研究（10）：29-33.

董保城，1997. 教育法与学术自由 ［M］. 台北：月旦出版公司.

高家伟，2007. 教育行政法 ［M］. 北京：北京大学出版社.

龚韧刃，2005. 不歧视原则与中国农民权利 ［M］//北京大学法学院. 北大国际法与比较法评论：第3卷第2辑. 北京：北京大学出版社.

龚向和，2004. 受教育权论 ［M］. 北京：中国人民公安大学出版社.

何海波，2000. 通过判决发展法律：评田永案件中行政法原则的运用 ［J］//罗豪才. 行政法论丛：第3卷. 北京：法律出版社.

何希皓，1995. 父母在儿童教育中的宪法地位 ［J］. 宪政时代（2）：101-114.

胡锦光，任端平，2002a. 受教育权的宪法学思考 ［M］//劳凯声. 中国教育法制评论：第1辑. 北京：教育科学出版社.

胡锦光，张德瑞，2002b. 关于齐玉苓案的法理学思考 ［J］. 河南省政法管理干部学院学报（6）：13-23.

胡劲松，2001. 从教育公平看弱势群体的受教育权 ［N］. 中国教育报，2001-07-21（4）.

胡劲松，葛新斌，2001. 关于我国学校"法人地位"的法理分析 ［J］. 教育理论与实践（6）：19-24.

胡劲松，2004. 德国学校法的基本内容及其立法特点：以勃兰登堡、黑森和巴伐利亚三州学校法为例 ［J］. 比较教育研究（8）：1-6.

怀学兵，2021. 家庭教育立法研究 ［D］. 兰州：兰州大学.

黄宾松，1985. 美国路易斯安那州宪法简介 ［J］. 宪政思潮（72）：131-170.

黄宾松，1986. 美国加利福尼亚州宪法 ［J］. 宪政思潮（74）：154-194.

黄昆辉，1972. 论教育机会均等［M］//方炳林，贾馥茗. 教育论丛：89-110. 台北：
　　文景.

季卫东，1999. 法治秩序的建构［M］. 北京：中国政法大学出版社.

姜明安，1999. 行政法与行政诉讼法［M］. 北京：北京大学出版社.

江材讯，2021. 家庭教育地方立法的首次突破和重要尝试：对《重庆市家庭教育促进条
　　例》的解读［J］. 中华家教（3）：13-20.

江平，1994. 法人制度论［M］. 北京：中国政法大学出版社.

姜琦，等，1925. 义务教育之研究及讨论［M］. 北京：商务印书馆.

蒋鸣湄，谢尚果，2021. 控辍保学"官告民"案实践检视与走向［J］. 广西民族大学学
　　报（哲学社会科学版）（6）：135-143.

焦海涛，2009. 论"促进型"经济法的功能与结构［J］. 政治与法律（8）：77-84.

教育部人事司，1999. 高等教育法规概论［M］. 北京：北京师范大学出版社.

荆磊，沈红，2006. 学习自由与研究型大学高素质人才培养［J］. 江苏高教（6）：85-87.

康德尔. 1967. 比较教育：上［M］. 台北：台湾商务印书馆.

劳凯声，1993. 教育法论［M］. 南京：江苏教育出版社.

劳凯声，郑新蓉，等，1997. 规矩方圆：教育管理与法律［M］. 北京：中国铁道出
　　版社.

劳凯声，2003. 变革社会中的教育权与受教育权：教育法学基本问题研究［M］. 北京：
　　教育科学出版社.

李惠宗，2004. 教育行政法要义［M］. 台北：元照出版公司.

李晋梅，2002. 家长教育参与权之研究［D］. 台北：台湾政治大学.

李明昌，2003. 在家教育法制化之研究［D］. 新北：辅仁大学.

李明舜，2021. 家庭教育促进法专家解读：妇联组织实施家庭教育促进法的定位与职责
　　［N］. 中国妇女报，2021-12-06（6）.

李艳，杨川林，2006. 美国补偿教育计划述评：兼谈对我国基础教育公平的启示［J］.
　　内蒙古师范大学学报（教育科学版）（6）：25-28.

李震山，2005. 多元、宽容与人权保障：以"宪法"未列举权之保障为中心［M］. 台
　　北：元照出版公司.

梁慧星，2002. 最高法院关于侵犯受教育权案的法释［2001］25号批复评析［EB/OL］.
　　（2002-04-22）［2008-03-31］. http：//www. civillaw. com. cn/article/default. asp？ id＝
　　10093

林纪东，1989. 法学绪论 [M]. 台北：五南图书出版公司.

林建军，2021. 家庭教育法的调整对象及其逻辑起点 [J]. 河北法学（5）：96-106.

林建军，2022.《家庭教育促进法》的权利基础及其体系展开 [J]. 中国社会科学院大学学报（7）：37-52，141.

林孟皇，1999. 学校组织之民主化与学校自治（上）：兼论公立高级中等以下学校校务委员会之召开 [J]. 研习资讯（1）：49-75.

林子仪，1996. 评李国伟教授《教育基本法的理念分析》[J]. 教改通讯（19）：4-8.

刘春荣，1996. 教师专业自主权与学生受教权之关联 [J]. 教育资料与研究（10）：42-44.

刘春荣，1998. 教育松绑潮流中的教师专业自主 [J]. 教育天地杂志（95）：30-38.

刘风景，2022. 促进型立法的实践样态与理论省思 [J]. 法律科学（西北政法大学学报）（6）：14-24.

刘权，2022. 比例原则 [M]. 北京：清华大学出版社.

刘松山，2003. 有关公民受教育权的几个问题 [M] //劳凯声. 中国教育法制评论：第 2 辑. 北京：教育科学出版社.

刘太刚，吴峥嵘，2017. 我国家庭教育立法的调整范围、立法模式及功能导向 [J]. 中华女子学院学报（4）：5-10.

刘兴汉，1992. 教师不是公务员：从工作特性分析说明 [M] //瞿立鹤. 教师法定身份权. 台北：教育会.

刘育喆，2003. 公立高等学校对学生的身份处分权论纲 [M] //劳凯声. 中国教育法制评论：第 2 辑. 北京：教育科学出版社.

刘跃南，鞠晓雄，2006. 超越理论争议和现行制度局限的实践：广州市两级法院裁判学生诉高校行政案件的实证研究 [M] //湛中乐. 大学自治、自律与他律. 北京：北京大学出版社.

刘作翔，1996. 法治社会中的权力和权利定位 [J]. 法学研究（4）：69-79.

罗豪才，1999. 行政法学 [M]. 北京：中国政法大学出版社.

罗豪才，2001. 行政法学 [M]. 新编本. 北京：北京大学出版社.

罗爽，2018. 我国家庭教育立法的基本框架及其配套制度设计 [J]. 首都师范大学学报（社会科学版）（1）：182-188.

吕来添，1997. 论中小学教师辅导管教之专业自主权：以"教师法"第 16 条及第 17 条为中心 [D]. 嘉义：中正大学.

马尔赛文，唐，1987. 成文宪法的比较研究［M］. 北京：华夏出版社.

马怀德，2000. 公务法人问题研究［J］. 中国法学（4）：40-47.

马岭，2004. 对"齐玉苓案"相关问题的法律思考［J］. 中国青年政治学院学报（4）：106-110.

毛雷尔，2000. 行政法学总论［M］. 北京：法律出版社.

梅扬，2020. 比例原则的适用范围与限度［J］. 法学研究（2）：57-70.

密尔，1982. 论自由［M］. 香港：商务印书馆.

莫纪宏，2003. 受教育权宪法保护的内涵［M］//劳凯声. 中国教育法制评论：第2辑. 北京：教育科学出版社.

南京师范大学《教育学》编写组，1984. 教育学［M］. 北京：人民教育出版社.

彭梵得，2005. 罗马法教科书［M］. 修订本. 北京：中国政法大学出版社.

秦惠民，1998. 走入教育法制的深处：论教育权的演变［M］. 北京：中国人民公安大学出版社.

秦梦群，1997. 教育行政：实务部分［M］. 台北：五南图书出版公司.

秦梦群，2004. 美国教育法与判例［M］. 台北：高等教育出版.

秦梦群，2006. 美国教育法与判例［M］. 北京：北京大学出版社.

申素平，2003a. 论我国公立高等学校的公法人地位［M］//劳凯声. 中国教育法制评论：第2辑. 北京：教育科学出版社.

申素平，2003b. 公立高等学校与政府的分权理论［J］. 比较教育研究（8）：1-4.

申素平，周航，2018a. 我国学生伤害事故处理立法的回顾与展望［J］. 全球教育展望，2018（12）：118-128.

申素平，王俊. 2018b. 美国公立高校少数族裔学生录取政策的历史演进与思考：以德克萨斯大学为例［J］. 华中师范大学学报（人文社会科学版）（3）：182-189.

沈姗姗，1997. 教师专业与教师自主权之社会学探讨［D］. 新竹：新竹师范学院.

沈宗灵，1994. 法理学［M］. 北京：高等教育出版社.

宋春雨，2001. 齐玉苓案宪法适用的法理思考：受教育权的性质与公民基本权利保护的法律研究［N］. 人民法院报，2001-08-13（2）.

孙云晓，张美英，2006. 当代未成年人法律译丛：英国卷［M］. 北京：中国检察出版社.

王道俊，王汉澜，1989. 教育学［M］. 北京：人民教育出版社.

王工厂，2012. 教师劳动权诉讼救济实证研究［J］. 郑州大学学报（哲学社会科学版）

（6）：55-58.

王焕勋，1988. 马克思教育思想研究［M］. 重庆：重庆出版社.

王敬波，2007. 高等教育领域里的行政法问题研究［M］. 北京：中国法制出版社.

王俊，2007. 美国高等教育政策中的积极行动［M］//劳凯声. 中国教育法制评论：第
5 辑. 北京：教育科学出版社.

王俊，2022. 美国公立大学积极差别待遇录取政策研究：司法审查的视角［M］. 北京：
社会科学文献出版社.

王错，2006. 在家教育的合宪性与合法性：兼谈我国宪法上受教育权与受教育义务之内
涵［C］//孟母堂相关法律问题学术研讨会论文集. 北京：中国人民大学宪政与行政
法治研究中心.

王名扬，1995. 美国行政法［M］. 北京：中国法制出版社.

王天一，夏之莲，朱美玉，1993. 外国教育史：上［M］. 2 版. 北京：北京师范大学出
版社.

王万华，2000. 行政程序法研究［M］. 北京：中国法制出版社.

王锡锌，2002. 正当法律程序与"最低限度的公正"：基于行政程序角度之考察［J］.
法学评论（2）：23-29.

王振宇，葛沚云，曹中平，等，1992. 儿童社会化与教育［M］. 北京：人民教育出
版社.

韦德，1997. 行政法［M］. 北京：中国大百科全书出版社.

韦克凡，2001. 乡政府状告失学儿童家长［N］. 法制日报，2001-11-01（7）.

温辉，2000. 受教育权可诉性研究［J］. 行政法学研究（3）：52-59.

温辉，2003. 受教育权入宪研究［M］. 北京：北京大学出版社.

翁岳生，1990. 行政法与现代法治国家［R］. 台北：台湾大学.

翁岳生，2000. 行政法［M］. 北京：中国法制出版社.

沃尔夫，巴霍夫，施托贝尔，2007. 行政法：第三卷［M］. 北京：商务印书馆.

吴德星，1997. 论中国行政法制的程序化与行政程序的法制化［J］. 中国人民大学学报
（1）：83-88.

吴俊生，1943. 教育哲学大纲［M］. 北京：商务印书馆.

吴明益，1994. "国家"管制教育市场的合理地位与制度因应：以教育权的保障为中心
［D］. 台北：台湾大学.

吴清山，2003. 教育法规理论与实务［M］. 台北：心理出版社股份有限公司.

肖金明, 2008. 政府执法方式变革：建立和完善"官告民"制度 [J]. 中国行政管理 (1)：24-26.

肖新喜, 2019. 论民法典婚姻家庭编的社会化 [J]. 中国法学 (3)：105-122.

谢鹏程, 1999. 公民的基本权利 [M]. 北京：中国社会科学出版社.

谢瑞智, 1996. 教育法学 [M]. 增订版. 台北：文笙书局.

谢瑞智, 1999. 宪法新论 [M]. 台北：文笙书局.

谢瑞智, 2000. 宪法新论 [M]. 增订版. 台北：正中书局.

谢文全, 1984. 教育行政制度比较研究 [M]. 高雄：复文图书出版社.

谢仲明, 1985. 教育与教育目的 [J]. 中国文化月刊 (74)：48-59.

熊贤君, 1998. 千秋基业：中国近代义务教育研究 [M]. 武汉：华中师范大学出版社.

徐雷, 陶好飞, 2017. 公立高校教师人事争议诉讼现状及特征研究：基于 134 份裁判文书的实证视角 [J]. 复旦教育论坛 (4)：40-46.

徐建, 姚建龙, 2004. 家庭教育立法的思考 [J]. 当代青年研究 (5)：24-28, 11.

许安标, 1996. 关于中央与地方法权限的划分 [J]. 中国法学 (3)：38-43.

许崇德, 1999. 宪法 [M]. 北京：中国人民大学出版社.

许崇德, 2003. 中华人民共和国宪法史 [M]. 福州：福建人民出版社.

许庆雄, 1991. 社会权论 [M]. 台北：众文图书公司.

许巍, 2007. 被忽视的权利：学生的隐私权不得侵犯 [J]. 中学生时代 (3)：12-13.

许育典, 1994. 论国民教育基本权利之法规范 [D]. 台北：台湾政治大学.

许育典, 2002. 法治国与教育行政：以人的自我实现为核心的教育法 [M]. 台北：高等教育文化事业有限公司.

许育典, 2005. 教育宪法与教育改革 [M]. 台北：五南图书出版公司.

许育典, 2007. 在学关系下教育行政的法律监督：以中小学生为核心 [J]. 教育研究集刊 (2)：73-101.

许志雄, 陈铭祥, 蔡茂寅, 等. 1999. 现代宪法论 [M]. 台北：元照出版公司.

薛刚凌, 1998. 行政诉讼受案标准研究 [J]. 法商研究 (1)：39-46.

薛化元, 1997. 教师地位与权利义务：以台湾中小学教师为中心 [M]. 台北：业强出版社.

薛晓华, 1996. 台湾民间教育改革运动："国家与社会"的分析 [M]. 台北：前卫出版社.

亚里士多德, 2003. 政治学 [M]. 北京：中国人民大学出版社.

杨建顺，1998. 日本行政法通论［M］. 北京：中国法制出版社.

杨军，2005. 英国促进基础教育均衡发展政策综述［J］. 外国教育研究（12）：6-10.

杨巧玲，2000. 教育行政的松绑与再规范：以在家自行教育为例［J］. 教育政策论坛（5）：97-116.

姚建龙，2018. 从子女到家庭：再论家庭教育立法［J］. 中国教育学刊（9）：34-38，80.

叶俊荣，1995. 美国最高法院与正当法律程序［M］//焦兴凯. 美国最高法院重要判例之研究. 台北：台湾"中央"研究院欧美研究所.

叶强，2018. 论作为基本权利的家庭教育权［J］. 财经大学（2）：75-94.

叶强，2019. 家庭教育立法中的家庭教育权再探［J］. 中国德育（22）：28-31.

叶阳永，2021. 公立小学教师人事关系法制化研究［J］. 北京大学教育评论（4）：85-101，186.

尹力，2000. 义务教育阶段儿童受教育权利研究［D］. 北京：北京师范大学.

尹文强，张卫国，2007. 受教育权的国家义务分类浅析［J］. 比较教育研究（3）：69-73.

于安，1999. 德国行政法［M］. 北京：清华大学出版社.

于文豪，2016. 通过防治种族灭绝、歧视与隔离来实现平等：联合国涉种族三公约的背景与制度体系［J］. 人权（3）：134-151.

余芳，陈书昆，2003. 我国公立中小学法律地位的法理学分析［J］. 教学与管理（20）：38-40.

袁希涛，1921. 义务教育［M］. 北京：商务印书馆.

张弛，韩强，2005. 学校法律治理研究［M］. 上海：上海交通大学出版社.

张焕庭，1979. 西方资产阶级教育论著选［M］. 2 版. 北京：人民教育出版社.

章剑生，1997. 行政程序法比较研究［M］. 杭州：杭州大学出版社.

章剑生，2000. 行政行为说明理由判解［M］. 武汉：武汉大学出版社.

张静，2004. 学生权利及其司法保护［M］. 北京：中国检察出版社.

张庆福，1998. 宪政论丛：第 1 卷［M］. 北京：法律出版社.

张瑞芳，2003. 高等教育领域中受教育权的程序保护［M］//劳凯声. 中国教育法制评论：第 2 辑. 北京：教育科学出版社.

张翔，2005. 基本权利的双重性质［J］. 法学研究（3）：21-36.

郑贤君，2003. 论公民受教育权的宪法属性：兼议社会权利的宪法地位［M］//劳凯声.

中国教育法制评论：第 2 辑. 北京：教育科学出版社.

中华人民共和国教育部研究室，1998. 《中华人民共和国高等教育法》释义［M］. 哈尔滨：黑龙江教育出版社.

中央教育科学研究所比较教育研究室，1989. 简明国际教育百科全书：人的发展［M］. 北京：教育科学出版社.

中央教育科学研究所比较教育研究室，1992. 简明国际教育百科全书：教育管理［M］. 北京：教育科学出版社.

周小明，1996. 信托制度的比较法研究［M］. 北京：法律出版社.

周志宏，1989. 学术自由与大学法［R］. 台北：蔚理法律事务所.

周志宏，1999. 第十单元：社会权总论、教育权［J］. 月旦法学杂志（48）：127-135.

周志宏，2001. 私人兴学自由与私立学校法制之研究［M］. 台北：学林文化事业有限公司.

周志宏，2002. 受教育的权利与使受教育的义务：强迫入学条例之检讨［J］. 教育研究月刊（97）：32-43.

周志宏，2003. 教育法与教育改革［M］. 台北：高等教育文化事业有限公司.

邹晓巧，2020. 《消除对妇女一切形式歧视公约》的规范与实施：兼评中国的履行情况［J］. 人权研究（3）：73-86.

BAUCH B A, 1988. Is parent involvement different in private schools［J］. Educational Horizons, 66（2）：78-82.

BIGELOW T P, VOKOUN M J, 2005. "What choice do I have?" reading, writing, and speaking activities to empower students［M］. Portsmouth, NH：Heinemann.

BIRCH I K, RICHTER I, 1990. Comparative school law［M］. Oxford：Pergamon Press.

BRITTLE L V, 1994. Attitudes of elementary principals toward parent involvement in schools in the commonwealth of Virginia［D］. Johnson City：East Tennessee State University.

BRYAN A G, 1999. Black's law dictionary［M］. 7th ed. Minnesota：West Group.

CENTRE FOR HUMAN RIGHTS UNITED NATIONS OFFICE AT GENEVA, 1995. Human Rights Fact Sheet No. 22（Rev. 1），discrimination against women：the convention and the committee［R］. Geneva：UN Office of the High Commissioner for Human Rights.

CENTRE FOR HUMAN RIGHTS UNITED NATIONS OFFICE AT GENEVA, 2001. Human Rights Fact Sheet No. 16（Rev. 1），the committee on economic, social and cultural rights［R］. Geneva：UN Office of the High Commissioner for Human Rights.

COGAN M L, 1953. Towards a definition of profession [J]. Harvard Educational Review, 23 (1): 35-50.

COMMITTEE ON ECONOMIC, SOCIAL AND CULTURAL RIGHTS, 1990. General Comment No. 3: the nature of states parities obligations (Art. 2, para. 1 of the Covenant) [R]. Geneva: Commithe on Economic, Social and Cultural Rrights. session. U. N. Doc. E/C. 14/12/1990.

COMMITTEE ON ECONOMIC, SOCIAL AND CULTURAL RIGHTS, 1999a. General Comment 11: Plans of action for primary education (article 14 of the International Covenant on Economic, Social and Cultural Rights) [R]. Geneva: Commithe on Economic, Social and Cultural Rrights.

COMMITTEE ON ECONOMIC, SOCIAL AND CULTURAL RIGHTS, 1999b. General Comment No. 13 (Twenty-first session, 1999) The right to education (article 13 of the Covenant) [R]. Geneva: Commithe on Economic, Social and Cultural Rrights. .

COOMANS F, 2002. In search of the core content of the right to education [G] //CHAPMAN A, RUSSELL S. Core obligations: building a framework for economic, social and culrutal rights. Antwerp: Intersentia.

DANIEL J, HARTLEY N, LADOR Y, et al. , 1995. Academic freedom 3: education and human rights [M]. London: Zed Books Limited.

DAUDET Y, SINGH K, 2001. The right to education: an analysis of UNESCO's standard-setting instruments [R]. New York: UNESCO.

ECONOMIC AND SOCIAL COUNCIL, 1999. Right to education: scope and implementation: general comment 13 on the right to education [R]. New York: Economic and Social Council.

ELKINS Z, GINSBURG T, MELTON J, 2014. Characteristics of national constitutions, version 2. 0 [EB/OL]. (2014-07-18) [2020-07-22]. https: //comparativeconstitutionsproject. org/.

FARRINGTON D J, PALFREYMAN D, 2021. The law of higher education [M]. 3rd ed. Oxford: Oxford University Press.

FISCHEL W A, 2002. An economic case against vouchers: why local public schools are a local public good [C]. Dartmouth Economics Working Paper.

FISCHER L, SORENSON G P, 1991. School law for counselors, psychologists and social workers［M］. 2nd ed. London：Longman Publishing Group.

FOSTER W F，PINHEIRO G，1988. Constitutional protection of the right to education［J］. Daltousie Law Journal（11）：759-832.

GERSHOFF E T，FONT S A，2016. Corporal punishment in U. S. public schools：prevalence，disparities in use，and status in State and Federal policy［J］. Social Policy Report，30（1）：1-26.

HAWLEY W D，1995. The false premises and false promises of the movement to privatize public education［J］. Teachers College Record，96（4）：735-742.

HOBSON P，CRESSWELL R，1993. Parental rights，education and liberal tolerance［J］. Discourse，14（1）：44-51.

HODGSON D，1998. The human right to education［M］. Aldershot：Dartmouth Publishing Company Ltd.

KULL A，1992. The color-blind constitution［M］. Cambridge：Harvard University Press.

LABAREE D F，2000. No exit：you can run but you can't hide from education as a public good ［G］//CUBAN L，SHIPPS D. Reconstructing the common good in education：coping with intractable American dilemmas. CA：Stanford University Press.

LEHMAN D，2003. Bringing the school to the children：shortening the path to EFA［EB/OL］.［2023-06-20］. http：//www. worldbank. org/education/notes.

LYMAN I，1998. Homeschooling：back to the future?［Z］.

MATHESON A A，1975. Judicial enforcement of academic tenure：an examination［J］. Washington Law Review，50（3）：597-622.

NATIONAL CENTER FOR EDUCATION STATISTICS，2003. Home schooling in the United States：2003［R］. Statistical Analysis Report.

NOWAK M，1995. The right to education［M］//EIDE A，KRAUSE C，ROSAS A，et al. Economic，social and culture rights：a textbook. Dordrecht：Martinus Nijhoff Publishers.

O'MOORE M，MINTON S J，2004. Dealing with bullying in schools：a training manual for teachers，parents and other professionals［M］. London：Paul Chapman Publishing.

POOLE K P，1988. Education law：an outline of the law relating to the public system of education in England and Wales［M］. London：Sweet & Maxwell.

RANDALL E V，1994. Private schools and public power：a case for pluralism［M］. New

York：Teachers College Press.

SEAVEY W A, 1957. Dismissal of students："due process"［J］. Harvard Law Review, 70 (8)：1406-1410.

SMITH G P, 1980. Student rights of passage：a full or limited partnership in university governance［J］. Journal of Law & Education, 9 (1)：65-79.

SWAP S M, 1990. Parent involvement and success for all children：what we know now［M］. Boston：Institute for Responsive Education.

TODD C J, 1995. The semester project：the power and pleasures of independent study［J］. English Journal, 84 (3)：73-76.

TOMASEVSKI K, 2003. Economic, social and cultural rights, the right to education［R］. Report of the Specail Rapporteur, Submitted Pursuant to Commission on Human Rights resolution.

TOMASEVSKI K, 2004a. Manual on rights-based education：global human rights requirements made simple［R］. Bangkok：UNESCO.

TOMASEVSKI K, 2004b. Economic, social and cultural rights, the right to education［R］. E/CN. 4/2004/45.

TURNER J N, 1996. Panic over children's rights［J］. Newcastle Law Review, 1 (2)：72-95.

VALENTE W D, VALENTE C M, 1980. Law in the school［M］. Columbus：Merrill Publishing Company.

WILLMORE L, 2002. Education by the state［R］. New York：United Nations.

WORLD POLICY ANALYSIS CENTER, 2020. Constitutional approaches to the right to education［EB/OL］.［2024 - 08 - 20］. https：//www. worldpolicycenter. org/sites/default/files/Fact%20Sheet%209%20-%20Constitutional%20Approaches%20to%20the%20Right%20to%20Education. pdf.

東京大学憲法研究會, 1953. 註解日本国憲法：上卷［M］. 東京：有斐閣.

高柳信一, 1969. 大學の自治と學生の自治［R］. 法學セミナー.

高田敏, 1970. 学生の権利［M］//日本法社會學會. 大學問題の法社會學研究. 東京：有斐閣.

结城忠, 1994. 學校教育にぉける親の權利［M］. 東京：海鳴社.

神田修, 1993. 教育法と教育行政の理論［M］. 東京：三省堂.

小笠原正, 1980. 憲法理念上教育法：判例評議を中心として［M］. 東京：學阳书房.

永井憲一, 1977. 教育権［M］. 東京：三省堂.

永井憲一, 1980. 義務教育の無償制の意義：教科書費国庫負担請求事件［M］// 永井
　憲一, 今橋盛勝 , 1985. 教育法入門［M］. 東京：日本評論社 .

有倉遼吉, 天城勲, 1958. 教育関係法Ⅱ［M］. 東京：日本評論社.

佐藤功, 1979. 憲法Ⅱ［M］. 東京：日本評論社.

后　记

　　本书是我主持的全国优秀博士学位论文作者专项资金资助项目"受教育权利研究"的最终成果之一，在历经 5 年的积累、思考、写作与修改之后，今天，它以虽不太完美，但非常真诚的面貌展现在读者的面前，希望引起更多人对教育领域中法律问题的关注和思考，也期待来自各方面的中肯建议和批评，以助我今后的研究和本书的修订。

　　自 1995 年到北京师范大学教育系攻读教育法的硕士学位以来，我已经在教育法领域学习、研究并从事教学达 13 年。尽管在这个过程中我发生了很多变化，从硕士到博士，从学生到教师，从北京师范大学到中国人民大学，从青春年少到而立之年，但我依然热爱自己选择和从事的这个研究方向，喜欢从法学的视角分析教育领域中的各种问题，愿意尽一切可能去拓展教育法学的研究视野。因此，在 5 年前申报全国优秀博士学位论文作者专项资金资助项目的时候，我放弃了自己所熟悉的高等教育法制的课题，而选择进入自己非常关注但了解不深的受教育权研究。因为在我看来，受教育权既是教育法学的核心概念和逻辑起点，也关系到教育的方方面面内容，无论是教育目的，还是学校、教师和学生制度，抑或是课程和教学，其中都有受教育权的问题。选择受教育权的研究课题，可以让自己更全面地把握教育法学的内容，也可以更深入地理解教育，而这，正是像我这样从"教育学体系"出来的教育法学研究者的优势和责任所在。同时，我还抱着一个想法，那就是要有勇气接受挑战进入新的研究领域，让自己在新课题的压力下努力学习更多新的东西，时刻提醒自己不要止步不前。

　　事实证明，我也确实为这个想法付出了代价。5 年当中，我在思考与写作中经历了许多的欣喜、困惑、豁然开朗和重陷迷思，尤其在工作和家庭的双重压力下，这个过程似乎比写博士论文还要痛苦。但是，这中间也有美丽的回忆，尤其是在本书写作的关键时期，我到台湾政治大学做了两个月的访问研究，在政大后山和景美溪畔如诗如画的山水间，我得以在古旧却人情味十足的社科资料中心的阅览室里遍读台湾各大学有关教育法的博士硕士论文，在一进去就想读书的图书馆看了各种以前仅在参考文献中见过书名的著作，也得以与台湾各地各大学研究教育法学或其他教育问题的先进与朋友切磋问题。这段经历对本书的写作有莫大的帮助，因为我国的法制传统受德、日影响甚巨，面对大量的德、日文献，对我这样英语背景的人来说，真是望洋兴叹，但所幸我国台湾地区的教育法学者大多具有德、日的留学背景或语言基础，因此通过阅读台湾同行的著作，我获得了大量的研究资料，为本书增色不少。

在本书初稿完成之后，我受国家留学基金委资助来到牛津大学做访问学者，于是在这个有着800年历史和各式美丽绝伦塔尖的古老大学里，又一次重温"学生"生活，每天与意气风发的牛津学子一起上课和讨论，穿梭在法律和教育图书馆里读书和写作，而在上课和研究之余，再加班进行本书的最后校对和修改工作。虽然生活节奏异常紧张，但有此机会静心读书和思考，反思自己和自己的研究，也反思中国的教育和大学制度，心中常有不吐不快的感悟和一种获得新知后的幸福感。这不仅是我一生中难得的经验，也为本书做了最后和最好的注释。

一本书的完成，总有许多人要感谢。首先要感谢我的导师，北京师范大学劳凯声教授。他将我引入教育法学的大门，至今仍不时为我指点迷津。每次跟他交谈，都发现他又有些新的观点和想法，而对任何新的学术思潮和动向，他也比我们这些年轻人更为敏感。这一点是做学生的我永远敬佩的地方，也是我时刻提醒自己不敢忘怀的地方。还要感谢中国人民大学秦惠民教授，他既是我的领导，也是我的师长与同行。他敏锐的问题洞察力和精准的文字表达能力，是我一直努力学习的对象，而他给予我的关心和指导，对本书以及我的学术之路有着重要的意义。同时要感谢我一向敬重的各位师长，我的同事、朋友和同学，他们使我在研究过程中感到师长与同伴的支持与友谊。特别要感谢我的学生，他们对书中一些观点的反馈和讨论对我启发很多，而赵荣涛、李娟娟和李天舒在本书后期的文字排版和注释体例修改方面则付出了辛勤的劳动。当然，最后要衷心感谢教育科学出版社，是他们的支持才使得本书如此顺利地出版。

本书初稿完成的那天，恰是我人生中的一个特殊日子，因此，将这本书献给我的先生，应该最合适不过。我珍惜今天的幸福时光，也感恩曾经历过及拥有的一切！愿明天更美好！

申素平

2008 年 4 月 10 日初稿完成

于中国人民大学

2008 年 12 月 10 日修订稿完成

于英国牛津大学

第 2 版 后 记

本书出版以后，我国教育立法有了许多新的进展。仅在法律层面，2015年教育法律一揽子修正，《教育法》《高等教育法》《民办教育促进法》均在其中，完善教育基本制度和高校管理制度，调整民办学校管理制度，充实教育违法行为法律责任是重点修改内容；2021年《家庭教育促进法》颁布，为学校、家庭、社会协同育人机制的建设奠定了重要的法制基础；同年，《教育法》再次修正，以法律形式确认德智体美劳全面发展的教育方针；2022年，《职业教育法》完成修订，明确职业教育的类型定位以及相应的制度安排。2023年6月，国务院常务会议讨论并原则通过《学前教育法（草案）》和《学位法（草案）》。与此同时，《教师法》的修订也进入关键阶段。教育立法的前景令人期待。

不止如此，与教育相关的重要法律也有新的进展。2020年，我国相继修订《未成年人保护法》和《预防未成年人犯罪法》，前者提出"保护未成年人，应当坚持最有利于未成年人的原则"，后者对未成年人的偏常行为进行分级预防，提出细化矫正的措施。同年我国《民法典》颁布，不仅深刻影响教育主体的民事活动，而且引发各领域的法典化热潮。2021年，全国人大常委会立法工作计划提出"研究启动环境法典、教育法典、行政基本法典等条件成熟的行政立法领域的法典编纂工作"，教育法典概念的提出对教育法和教育法学的体系化提出了全新的要求和任务。

在立法快速发展的基础上，教育行政执法的重要性也逐渐显现，建立和完善教育行政执法体制，提高教育行政执法能力和水平，日渐成为教育法治建设的突出任务。与此同时，我国教育法学研究的范围和深度有了很大拓展，研究队伍不断壮大，优秀成果大量涌现，新的理论和观点层出不穷，这些进展和变化都需要及时体现在本书当中。因此，从 2020 年起我开始着手修订本书，除了修正此前发现的一些错漏，主要是根据最新研究成果和立法动态更新有关的理论、数据和法律条文，调整若干部分的结构，增删有关的参考文献，并对全书文字表述的准确性逐句推敲确认。由于修订内容较多，而且过程中新的立法和案例不断出现，我的想法也在思考中不断修正，因此持续了三年才得以完成。我的博士生周航、吴楠、马钰、赵卓雅、王子渊、余若凡、赵赫栋等都不同程度地参与了其中部分工作，谨向他们表示感谢。

从 2008 年完成本书写作，到 2023 年完成再版修订，正好是 15 年的时间，我也从那个年轻人变成了今天的中年人。然而岁月流逝，对教育法学热爱的初心不曾改变。感谢导师劳凯声先生至今不断的指导，感谢中国人民大学对教育法学学科的重视，感谢历届教育法学课堂上学生的反馈，使我有机会以这份热爱为业，并在教学研究中积累修订要点。在这 15 年中，我结识了很多教育学和法学界的师友，他们对我厚爱有加，给予我鼓励和帮助，难以一一列名，在此一并致谢。最后还要感谢本书修订的责编、教育科学出版社王晶晶编辑，她认真负责又极具耐心，每次面对我的问题和要求都能第一时间做出积极回应，没有她的辛勤劳动，本书难以顺利完成修订。

写这份后记的时候，我的身边已经多了一个 12 岁的女儿。在后两年的修订期间，只有我们母女相依为伴，我们痛并快乐地经历了她从芬兰读完三年小学回国适应五六年级的种种状况。在整个修订过程中，我都需要认真对待这个很早就在芬兰学习了《儿童权利公约》并坚决要维护自己权益的女儿，这时时都在提醒我该如何认识儿童、理解教育、研究教育法律。因此，我愿将这本修订之作献给她！

申素平

2023 年 7 月 19 日星期三

于北京家中

出 版 人　郑豪杰

责任编辑　王晶晶

版式设计　孙欢欢

责任校对　贾静芳

责任印制　米　扬

图书在版编目（CIP）数据

教育法学：原理、规范与应用 / 申素平著.
2 版. --北京 : 教育科学出版社，2024.12. -- ISBN
978-7-5191-3774-8

Ⅰ. D922.161

中国国家版本馆 CIP 数据核字第 2024NJ6999 号

教育法学：原理、规范与应用（第 2 版）
JIAOYU FAXUE：YUANLI、GUIFAN YU YINGYONG（DI 2 BAN）

出 版 发 行	教育科学出版社				
社　　　址	北京·朝阳区安慧北里安园甲 9 号		邮　　编		100101
总编室电话	010-64981290		编辑部电话		010-64989363
出版部电话	010-64989487		市场部电话		010-64989009
传　　　真	010-64891796		网　　址		http://www.esph.com.cn
经　　　销	各地新华书店				
制　　　作	北京金奥都图文制作中心				
印　　　刷	河北鑫彩博图印刷有限公司		版　　次		2009 年 3 月第 1 版
开　　　本	720 毫米×1020 毫米　1/16				2024 年 12 月第 2 版
印　　　张	26.25		印　　次		2024 年 12 月第 1 次印刷
字　　　数	373 千		定　　价		96.00 元

图书出现印装质量问题，本社负责调换。